“十三五”国家重点出版物出版规划项目

中国当代法学家文库

刑法学研究系列

法典化时代的刑法立法

周光权 著

中国人民大学出版社

·北京·

序

对于刑法在社会治理中的意义和功能，必须给予高度评价。自 1979 年至今，我国立法机关对现实国情深刻洞察，及时总结司法实践中的做法，学习外国的立法经验，借鉴人类法治文明成果，制定出了凝聚最大共识的刑法典及十余个刑法修正案。改革开放后四十多年来，我国刑事司法总体上坚持了罪刑法定原则，能够做到重罪重判、轻罪轻判、罪刑相当。也正是因为刑法立法发挥了积极作用，我国经济秩序、社会秩序才能得到有效维护，一大批妨害社会管理秩序、危害公共安全、侵犯公民个人法益的犯罪才受到及时惩治，而对一些社会危害性较小的行为，检察机关能够及时作出不起诉决定，人民法院能够作出无罪判决，使打击犯罪和保障人权的关系得到协调。

晚近的多个《刑法修正案》增设了大量轻罪，处罚力度加大，立法总体上是在“做加法”。对此，学理上有不少批评意见。但是，必须承认，放眼世界，现代刑法立法在国家和社会治理中的角色，从来就不是消极的，“积极刑法立法观”只不过是对刑法参与社会治理的姿态的提炼和概括。

本书除导论外，共分为十三章，涉及以下五方面的问题：（1）高度肯定改革开放后四十多年来我国刑法立法取得的巨大历史功绩。（2）对最近十余年来的“积极刑法立法观”予以认可，并深入探究其背后的合理因素。（3）我国刑法立

法中，法定刑配置不太科学、合理的问题比较突出，因此，需要认真对待如何优化法定刑配置，在立法上如何完善终身监禁的规定、限制死刑适用的问题。(4) 面对积极刑法立法观，学者不能固守古典法治批评立法的立场，从而丧失对立法提出建设性意见，推动刑法教义学与时俱进发展的契机。(5) 在法典编纂的理念得到广泛提倡的背景下，如何制定科学、完备、统一的刑法典，是未来非常值得研究的问题。

对于我国刑法立法问题，理论上存在不少根本性的争议。但我认为，未来确实需要认真研究按照法典编纂的理念对刑法进行大规模修改这一重大问题。我们必须看到，法典化运动和"对法律规范的内容进行阐释的哲学思潮相联系。这种哲学观念认为只有从理性教导人类的基本规则中得到的法律规范才是有效的。它表明了具有严格一致性、彼此互相依赖并且其结果具有数学上的确定性的相互间的关系，这种关系存在于归属于同一理想体系的不同法律模式之中。相信存在着与永恒且不变的理性相一致的规则就等于承认存在着永恒且不变的法律规则"①。

我所赞同的理念是，在立法过程中，刑法学者应该尽可能提供建设性的意见。一旦立法通过，学者的使命就不再是一味地批评、指责立法，不要动辄就把刑法典形容为一个"四处漏水的木桶"，而应怀着敬畏之心去认真解释刑法条文，使某些乍看起来似乎有些许瑕疵的立法在实践中能够合理地、有效地运行，从而把刑法解释得没有漏洞。

也就是说，立法者创制了法律规定，学者在法律框架和脉络的基础上，发展出理念和概念，而这些理念和概念与法律之间具有或直接明显或曲径通幽的逻辑关联；与这些理论和概念之间的矛盾，就可能会在逻辑上导出与法律相冲突的结果。正是因为这种逻辑关联性，理论与法律血肉交融，成为一体，法教义学与实定法之间形成了一种独特的共生关系，也因而具有了适用于并指导司法实践的正当性和权威性。可用一个比喻来对教义学方法的运用加以形象化：一个运用教义学方法的学者，经常会站在一个缺乏法条的地方，向远处的某个法条扔去绳索，

① 罗道尔夫·萨科．比较法导论．费安玲，等译．北京：商务印书馆，2014：286.

套在那个法条上，从而让自己的观点与那个法条之间建立一种逻辑关联。于是，赞成或反对自己的观点，经过这逻辑绳索的传递，最后就变成了赞成或反对那个法条。这样一来，自己的观点就与法条之间形成了一种逻辑共生关系，分享了实定法的权威性，从而可以运用这个观点去解决法律没有明文规定的问题。在这个意义上，法教义学规则的权威性或约束力，归根结底是来自实定法。[①] 对学者而言，已经颁行的刑法典是解释的对象，而不是可以肆意嘲笑和横加指责的对象。我们一定要考虑到，立法、司法、学理解释上的良性互动，对于刑事法治的形成都极其重要，对立法的过多批评一定会损及法律的尊严、权威和统一。

在这一意义上，理论上需要将刑法解释学和刑法立法学相对清晰地分开，不能在解释和适用刑法过程中夹杂过多的对立法展开批评的内容。

本书属于在刑法立法学方面进行探索的初步研究成果。鉴于对刑法立法学的研究有待深入，其相关的理论构架如何搭建学者之间尚未达成共识，对近年来刑法立法合理性的相关分析也是见仁见智，因此，本书不成熟之处很多，恳请方家批评指正。

周光权

2023 年 12 月 8 日

① 车浩．理解当代中国的刑法教义学．中外法学，2017（6）.

目 录

导 论 刑法参与社会治理的积极姿态 …… 1
一 …… 1
二 …… 3
三 …… 4
第一章 积极刑法立法观的确立 …… 7
一、刑法修正案所承受的诸种批评 …… 7
二、刑法理论的转向及其对立法的影响 …… 11
三、积极刑法立法观的关联问题探讨 …… 23
四、结 语 …… 32
第二章 法典编纂的理念与刑法全面修订 …… 34
一、现行刑法是实质上的法典 …… 34
二、基于法典编纂的理念全面修订刑法的必要性 …… 40
三、基于法典编纂的理念全面修订刑法的关键问题 …… 46
四、基于法典编纂的理念全面修订刑法的相关问题 …… 69
五、结 语 …… 74
第三章 我国应当采用统一刑法典立法模式 …… 76
一、附属刑法立法的中国实践：探索与放弃 …… 77

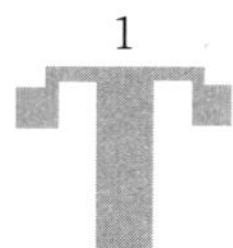

二、附属刑法立法模式的优劣之辨 …………………………………… 81

三、我国有必要维持统一刑法典：关于放弃附属刑法立法的进一步讨论 …………………………………………………………… 90

四、结　语 ………………………………………………………………… 101

第四章　转型时期刑法立法的思路与方法 …………………………… 103

一、晚近刑法立法的特色与变貌 …………………………………… 103

二、未来刑法立法的总体思路 ……………………………………… 114

三、未来刑法立法的具体方法 ……………………………………… 130

四、结　语 ………………………………………………………………… 135

第五章　积极刑法立法观与增设轻罪 ………………………………… 138

一、积极刑法立法观及其所面临的批评 …………………………… 139

二、轻罪设置过少带来重罪被误用的风险 ………………………… 144

三、刑法功能主义与增设轻罪 ……………………………………… 156

四、结　语 ………………………………………………………………… 164

第六章　刑法立法的最新进展与司法前瞻

——《刑法修正案（十一）》之评述 ………………………………… 165

一、《刑法修正案（十一）》的立法考量因素 ……………………… 165

二、《刑法修正案（十一）》的主要内容 …………………………… 173

三、刑法修改对于未来司法实践的影响 …………………………… 185

四、结　语 ………………………………………………………………… 194

第七章　危险驾驶罪的司法现状与立法完善 ………………………… 196

一、现状与问题 ………………………………………………………… 196

二、危险驾驶罪的司法限定 ………………………………………… 199

三、危险驾驶罪的立法完善 ………………………………………… 213

四、危险驾驶罪的情境预防策略 …………………………………… 218

五、结　语 ………………………………………………………………… 222

第八章　罪刑法定与增设妨害业务罪 …… 223
一、对利用计算机信息技术实施危害行为定性的类型分析 …… 223
二、罪刑法定与刑法“软性解释”的限度 …… 227
三、解决问题之道：增设妨害业务罪 …… 241
四、结　语 …… 244
第九章　刑法立法与认罪认罚从宽制度的衔接 …… 246
一、刑法与认罪认罚从宽制度衔接的必要性 …… 248
二、刑法与认罪认罚从宽衔接的宏观考察 …… 254
三、刑法与认罪认罚从宽衔接的具体设计 …… 262
四、结　语 …… 267
第十章　立法活跃化与刑法学的应变 …… 268
一、立法活跃化及其所承受的批评 …… 268
二、立法活跃时代刑法教义学的应变：观念论 …… 275
三、立法活跃时代刑法教义学的应变：方法论 …… 283
四、结　语 …… 289
第十一章　法定刑配置的科学化 …… 290
一、我国《刑法》分则中法定刑配置的检视 …… 290
二、优化法定刑配置的理念 …… 297
三、优化法定刑配置的若干具体方法 …… 304
四、结　语 …… 312
第十二章　我国刑法中终身监禁的合宪性改进 …… 314
一、终身监禁合宪性的学理讨论 …… 314
二、终身监禁合宪性的比较法考察 …… 316
三、宪法性约束与我国终身监禁的改进 …… 324
四、结　语 …… 332
第十三章　死刑的立法控制 …… 334
一、我国死刑立法概览 …… 334

二、检视死刑问题的应有姿态 …… 337
三、未来立法削减死刑的着力点 …… 342
四、结　语 …… 348

“轻罪时代”呼唤社会治理转型（代跋） …… 349

导 论 刑法参与社会治理的积极姿态

每一部刑法都对应特定的时代，必须为相应历史阶段的社会发展和人民群众的生存发展提供最有力的保护。如果社会发展对增设新罪提出了要求，就必须通过惩罚来确认行为的不值一提；反之，如果社会本身是很平稳的，或者某些危害行为处于下降趋势或者是微不足道的，就可以考虑删除某些犯罪规定。简单地认为刑法立法只能“做加法”或者只能“做减法”，都不是一种务实的态度。必须承认，现代刑法立法在国家和社会治理中的角色，从来就不是消极的，我所认同的“积极刑法立法观”只不过是对刑法参与社会治理的姿态的提炼和概括。

一

在我国法律体系中，刑法处于举足轻重的地位。制定完善、科学的刑法，对社会主义法律体系的形成与发展、完善至关重要。

新中国成立后的第一部《刑法》即 1979 年《刑法》积极回应了刑事领域的法治需求，其在当时所发挥的惩罚犯罪、保障人权的作用，无论如何评价都不为过。当然，由于时代的局限以及司法实践经验有限，这部《刑法》仅有 192 个条文，罪名较少，刑罚较为轻缓。1981 年以后，随着社会转型的加快，犯罪现象

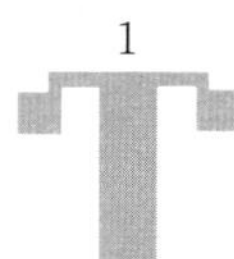

日趋猖獗。为适应惩罚犯罪的需要，截至 1997 年 3 月，我国先后又通过了 25 部单行刑法，并在 100 余部行政法律中规定了罪刑条款。这些刑法规范的颁布，对于稳定社会秩序、惩罚犯罪，是极其必要的。但是，单行刑法、附属刑法规范过多，过于分散，难免有相互矛盾之处，既使司法适用上难度很大，也可能使法制的统一受到影响。所以，我国在 1997 年对 1979《刑法》进行了修订。刑法修订的基本思路是：制定有特色、统一和完备的刑法典；保持刑法的连续性和稳定性，可改可不改的，尽量不改，尽量使新刑法明确与具体。

1997 年修订后的《刑法》共有 452 条，在犯罪与刑罚的相关规定上都有重大改动，取得了立法上的重大进展。(1) 重视权利保障。为适应依法治国、建设社会主义法治国家的需要，1997《刑法》明确规定了罪刑法定、适用刑法人人平等和罪责刑相适应等三项现代刑法基本原则，并废止了有罪类推制度，并在罪刑关系设置等多个方面体现了保障人权的思想。(2) 大幅度限制死刑。(3) 完善惩罚手段，处罚严厉化，例如，将成立累犯的时间条件从刑满释放后的 3 年增加到 5 年，规定对于累犯不适用缓刑、不得假释。(4) 立法更为明确。在总则中，对正当防卫权的行使作出了详尽规定，对于保障公民依法行使防卫权提供了法律武器；对单位犯罪的概念和处罚标准作出了明确规定。在分则中，对一些原来比较笼统、原则、有所含糊的规范尽量作出明确而具体的规定，取消或分解了罪名含义宽泛、模糊的投机倒把罪、流氓罪和玩忽职守罪等三大“口袋罪”，增强了刑法立法的科学性和可操作性。(5) 形成了科学的罪名体系，并配置了轻重适度的法定刑。在刑法分则中，大量增设新罪名，严密法网。刑法分则共分 10 章，对 400 余个罪名作了规定，为准确定罪量刑提供了标准，有效拓宽了新的处罚领域，增设与有组织犯罪、集团犯罪有关的恐怖活动犯罪、黑社会性质组织犯罪，以及有组织地实施的走私类犯罪、强迫交易等经济犯罪，大幅度扩大了处罚范围。

1997 年《刑法》修订始终贯彻了科学立法、能动立法、理性立法的理念：在科学立法方面，其特别强调体系结构的完备、罪刑关系设置的合理和具有可操作性，堪称科学立法的典范。在能动立法方面，其根据社会情势的变化，及时增

设了相当规模的新罪，加大了犯罪化的力度，注重处罚的早期化、处罚范围扩大化。可以认为，1997 年《刑法》是一部具有鲜明时代特色、积极回应司法实践需求、能够有效保障人权的统一刑法典。

刑法典的完善“永远在路上”。1997 年《刑法》当然也有其局限性，需要不断完善，主要是针对恐怖主义、极端主义犯罪的罪名较少，对网络犯罪的立法具有滞后性，涉及民生保护的犯罪较少，大量犯罪的设置以实害犯、结果犯为立法原型，危险犯的相应规定较少。为使 1997 年《刑法》更为完备、合理，最近二十余年间，基于社会情况和犯罪形势的发展变化，以及立法认识的逐步深化，全国人大常委会先后通过了一个单行刑法和十一个《刑法修正案》，刑法立法活动较为活跃。其中，《刑法修正案（九）》的立法力度最大，其增设了针对恐怖主义、极端主义的犯罪，虐待被监护、被看护人罪，利用网络犯罪实施的或者由网络服务提供商实施的犯罪，泄露、报道不应公开的案件信息罪，虚假诉讼犯罪，伪造及使用虚假身份证件罪，在法律规定的国家考试中作弊的关联犯罪，惩治违法上访、“医闹”的犯罪，传播虚假信息的犯罪，对有影响力的人行贿等。《刑法修正案（十一）》在犯罪化方面也做了很多努力。可以说，《刑法修正案（九）》和《刑法修正案（十一）》的篇幅，就是“小切口”的独立刑事法典。

二

从比较法的角度看，晚近各国立法都具有重罚化、严厉化、处罚早期化的倾向。[①] 我国刑法立法也具有这一特征，社会形势的发展变化，尤其是转型中国的社会治理需求是推动刑法大规模修改且越来越具有功能性的直接动因。晚近的刑法修改，展示了刑法参与社会治理的积极姿态，刑法成为广泛地参与社会治理的“功能性工具”，对社会生活实施了必要的、积极的干预（而非过度干预）。如果考虑转型社会的背景，再固守相对简单化的传统刑法观在当下中国未必是合时宜

① 井田良．変革の时代における理论刑法学．东京：庆应义塾大学出版会，2007：34.

的。社会转型的情势决定了未来的立法必须具有能动性，增设新罪是未来很长历史时期内刑法立法的核心任务。

不过，刑法参与社会治理总是有一个限度和边界。首先，不能将反伦理或者仅停留在思想领域、私人之间的行为犯罪化。其次，不能将过于轻微或其他法律（民商法、行政法）足以调整的社会关系作为刑法规范的对象。再次，对公众的处罚呼吁必须进行过滤。在现代社会，媒体的发达、传播的迅捷使公众的处罚呼吁可以充分表达出来并被放大；社会成员的价值观分化，不同群体对违法行为的感受不同，对犯罪化的不同要求也都被提出来。我国不少刑法立法就是回应社会需求的结果。但是，众声喧哗中存在大量非理性的、个人化的因素，立法者必须对此进行充分评估，反复论证某种危害行为的普遍性特征，防止针对个别行为进行“特例立法”；防止将轻微行为犯罪化。最后，充分评估以配置重刑的方式回应社会治理需求可能带来的负面效果。例如，如果加大对行贿行为的惩处力度，在其对侦破案件并未起关键作用，或者行为人无重大立功表现时，对在被追诉前主动交代行贿行为的，如果不能免除处罚（最多只能从轻或者减轻处罚），在“博弈”的过程中，可能彻底使“污点证人”不开口，最终使受贿案件无法破获，这可能会削弱打击国家工作人员腐败犯罪的力度，不利于保护法益。

三

自 1979 年《刑法》颁行至今，四十多年来，我国刑法立法积累了很多经验，其中，我认为相对较为重要的一个经验就是：适度扩大犯罪圈，使刑法成为有效参与社会治理的功能性工具，对社会生活实施必要的、积极的干预。换言之，刑法立法不能拘泥于形式上的刑法谦抑性，不能认为处罚范围越小越好，不能在需要刑法有效干预时，在立法上反而缩手缩脚，反应过于迟缓。中国社会转型的情势决定了未来的立法仍然必须具有能动性、积极性，增设新罪在今后很长历史时期内仍然是刑法立法的核心任务。在这个意义上，必须承认我国最近十多年来的刑法立法实践坚持了“积极刑法立法观”。

立法是高水平创作。未来的刑法立法必须多方听取意见，凝聚共识，尽可能采纳各方面的观点，要多用老百姓能够看得懂的、最为通俗的语言，对法条用语、条文位置甚至标点符号都精益求精，使我国刑法典成为经典的法律文本。未来，应进一步增强刑法立法的科学性、民主性与时代性，我认为最为重要的是两点：一方面，要充分发挥大数据的作用，把实践中的突出问题，尤其是侵害新型、重要法益的行为通过司法统计以及其他渠道的大数据收集起来，把实务难题、立法必要性、处罚分寸感等充分揭示出来，使立法有实证基础，有实践支撑，而不是拍脑门、凭感觉立法，立法有针对性，一旦写出来就“好看”“管用”；另一方面，刑法立法必须对公众的处罚呼吁进行有效过滤，不能将过于抽象和稀薄的利益都纳入保护范围，尤其要注重防止重刑化，尽可能大幅度减少设置死刑的罪名。

我国现行《刑法》的法定刑配置存在大量不合理之处，加之刑法修正案立法已经积累到一定程度。此时，我们应该认真思考法典编纂或法典化理念之下的刑法修改问题。“法典编纂是指对一国法律进行分科编制而形成具有公力的法律书面之事业，或者是指将既有法律进行整理编辑而形成法典的工作，或者是将新设法律归类编纂而形成一编的法典工作”①。与法典编纂相对立的刑法“解法典化”的主张未必合理：在刑法典之外形成了诸多特别刑法或组合为行政刑法，促成了刑事立法的多中心主义，亦即多元立法模式。此外，这种选择与我国刑事法治的基本国情、司法现状、理论逻辑也存在很大差距。我国作为成文法国家，必须重视法典的意义。大陆法系国家“全都要求一个完满的、全备的、无须解释即可回答所有可能问题的法典”②。这种对法典的过分“迷思”确实是不现实的。但不可否认，成文立法在弥合人类永恒的价值冲突、解决不同正义立场的碰撞上，具有不可替代的作用，这也是成文立法的尊严之所在。③ 有学者指出，将实践中比较稳定的规则以成文法的形式表现出来，放弃那些针对过于具体或临时性的问题

① 穗积陈重．法典论．李求轶，译．北京：商务印书馆，2014：5.

② 阿图尔·考夫曼．法律哲学．2版．刘幸义，译．北京：法律出版社，2011：60.

③ 杰里米·沃尔德伦．立法的尊严．徐向东，译．上海：华东师范大学出版社，2019：168.

而制定的特别法，同时根据某种与法典化相协调并且具有权威性的学说来将所有规则合并为一种严谨的体系，就有可能制定出真正具有原创性的法典。① 如此说来，在法典编纂的理念指导之下，对我国现行《刑法》、《关于惩治骗购外汇、逃汇和非法买卖外汇犯罪的决定》、各个刑法修正案、《反有组织犯罪法》、《反电信网络诈骗法》等进行法典化编纂，制定一部科学、完善的统一刑法典，就是未来很值得研究的问题。

① 罗道尔夫·萨科．比较法导论．费安玲，等译．北京：商务印书馆，2014：288.

第一章　积极刑法立法观的确立

一、刑法修正案所承受的诸种批评

对《刑法修正案（八）》（2011 年）、《刑法修正案（九）》（2015 年）进行观察，不难发现晚近中国刑法立法具有以下五方面的鲜明特色：（1）拓宽了处罚领域。增设与有组织犯罪、集团犯罪有关的危害公共安全、破坏经济秩序和妨害社会管理秩序罪，成倍地扩大处罚范围；将某些预备行为、帮助行为明确规定为实行（正犯）行为；增设大量法定刑较低，涉及管控的轻罪；将许多原来以劳动教养来处理的行为轻罪化，部分填补劳动教养制度废除之后所留下的处罚空档。（2）在一定程度上转变了法益观。一方面，刑法从“消极的法益保护”——如果没有法益受到侵害，刑罚权就不能启动，逐步转变为“积极的法益保护”——立法上主动去发现、积极去评估未来可能出现的法益危险或实害并及时跟进，确立危害性相对较低的轻罪行为“入刑”标准；另一方面，针对某种可能造成危险的行为设置罪刑规范，从重视法益实害转向重视法益的抽象危险，从注重保护传统意义上的个人法益转向注重保护公共法益和社会秩序。（3）增加了新的处罚手段，刚柔相济。“刚”表现为处罚严厉化，包括：将死缓犯的减刑幅度缩小；增设限制减刑制度；扩大特殊累犯的范围；提高数罪并罚时有期徒刑的最高限；缩小缓刑适用范围；增设禁止令；提高了部分犯罪（如操纵证券、期货市场罪，组织、领导、参加恐怖组织罪，组织、领导、参加黑社会性质组织罪，寻衅滋事罪，敲诈勒索罪，抢夺罪）的法定刑；对贪污、贿赂罪犯判处终身监禁；对行贿罪、收买被拐卖的妇女儿童罪的处罚立场变得很严厉。“柔”表现为：一方面，降低某些犯罪（如绑架罪）的法定刑起点；另一方面，大幅度缩小某些犯罪（如逃税罪、针对注册资本的犯罪）的适用范围，进行实质的非犯罪化。（4）赋予了刑法新的机能。例如，通过增设新罪将部分原本具有民事性质的“欠债不还”行为犯罪化（如增设拒不支付劳动报酬罪等）来参与社会管理，解决社会突出矛盾；将严重丧失社会诚信的虚假诉讼、使用虚假身份证件、考试作弊等行为犯罪化。（5）时常面临新的难题。晚近两个修正案所设置的很多新罪对行为的描述高度概括，不再追求发生实际侵害的“结果导向”，使不法的直观性、可感性减弱；刑法成为解决社会问题时必须考虑的手段，与传统上减少社会对立面、缩小刑罚打击范围的思路拉开了距离，势必招致大量质疑。[①] 刑法立法总体面貌的上述变化，概括起来讲就是：刑法规制社会生活的深度、广度和强度都有大幅度拓展、扩张，不仅“管得宽”，而且趋于严厉和强势。《刑法修正案（十一）》（2020 年）总体上沿袭了上述立法发展态势。

对立法趋势的上述变化，学界似乎“一边倒”地给予批评[②]，认为其使刑法工具化、过快膨胀、过度干预社会生活。其实，早在 2011 年制定《刑法修正案（八）》时，就有部分学者强烈反对危险驾驶罪的立法，其主要站在古典主义刑法观的立场，认为增设该罪与我国刑法立法一贯坚持的“结果本位”做法不一致。[③]《刑法修正案（八）》通过之后，又有不少学者对其提出进一步的批评。例

① 更为详尽的分析，请参见周光权．转型时期刑法立法的思路与方法．中国社会科学，2016（3）。

② 理论上，也有对《刑法修正案（九）》总体上给予肯定的主张，如高铭暄教授等的论文对该立法中透露出的犯罪标准降低、刑法针对妨害社会管理秩序行为大量增设新罪、刑罚目的的调整基本给予肯定。高铭暄，李彦峰．《刑法修正案（九）》立法理念探寻与评析．法治研究，2016（2）。

③ 冯亚东．增设“危险驾驶罪”不可行//陈泽宪．刑事法前沿：第 6 卷．北京：中国人民公安大学出版社，2012：373.

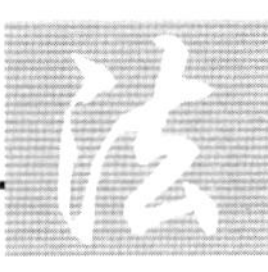

如，有学者认为：修正案立法以扩大国家刑罚权力、缩小或限制公民的自由为内容，使得我国刑事立法在工具主义的轨道上前行，社会治理过度刑法化。这种做法具有高度的社会风险与危害，它将改变国家权力与公民权利的结构，导致国家司法资源的不合理配置，降低刑法的公众认同，阻碍社会的创新。防止社会治理过度刑法化，必须反对刑法对刑事政策的过度回应，强调刑法的“司法法”属性；要积极提倡刑法参与社会治理的最小化，坚守近代社会所确立的刑法保护公民自由这一根本使命。[①] 而在2015年制定《刑法修正案（九）》过程中，对草案的批评声一直不绝于耳，先后饱受质疑的问题有死刑罪名取消[②]、网络犯罪以及虚假诉讼罪的增设、扰乱法庭秩序罪的修改[③]等方面。

在《刑法修正案（九）》通过之后，这种批评也似乎没有停息，颇有代表性的批评意见是：（1）违反刑法谦抑性。《刑法修正案（九）》所规范的某些行为，运用民事的、行政的法律手段和措施足以抗制，没有必要通过刑事立法将其规定为犯罪。刑法原本是“法律最后一道屏障”，现在的立法违反了刑法的谦抑性，其大量规定属于情绪性立法，并不合适。[④]（2）导致刑法工具主义。作为刑法立法的一种新的取向，“新刑法工具主义”产生于中国现代化转型过程中，表现为刑法为了应对社会发展的危机，在其原有的实用工具主义的基础上，衍生出以安抚民意、稳定民心、减少转型危机可能带来的政治风险为立法导向的立法活动。“新刑法工具主义”的形成有其深厚的社会基础，刑罚功能定位不当是其产生的根本性原因，并在金融刑法立法扩张过程中有着最显著的反映。“新刑法工具主义”偏离了刑事立法的法益保护基准，造成了立法空置或选择性司法现象。为贯彻法治国家立法正当性标准，有必要在批判性反思“新刑法工具主义”取向的同时，促使刑法立法理性回归。[⑤]（3）刑法不能自洽。有的学者认为：在晚近我国

① 何荣功．社会治理“过度刑法化”的法哲学批判．中外法学，2015（2）.

② 陈兴良．死刑罪名废除争议：观察与评论．中国法律评论．2015（2）.

③ 林维．刑法应当如何平等规制律师．中国法律评论，2015（2）.

④ 刘宪权．刑事立法应力戒情绪：以《刑法修正案（九）》为视角．法学评论，2016（1）.

⑤ 魏昌东．新刑法工具主义批判与矫正．法学，2016（2）.

刑法立法中，刑法前置化的倾向愈发明显，这主要表现为预备行为实行化、既遂形态前置化，行政、民事违法行为不断进入刑法制裁的视野，导致行政、民事违法行为与刑事违法行为之间的界限消失，导致罪名形式化、空洞化、黑洞化，导致刑法自洽性被削弱。① （4）与刑法教义学抵触。有学者主要从法教义学角度，结合法益概念、一般预防目的、正犯与边缘行为的关系等来分析《刑法修正案（九）》立法的得失，认为本次修法存在总论虚置与现象立法、立法的体系性思维与法条内在逻辑的矛盾等问题。② 此外，还有学者主要从事实归纳和形式解释论的角度对《刑法修正案（九）》关于虚假诉讼罪的立法，尤其是提起虚假诉讼骗取财物可以构成诈骗罪的规定进行了批评。③

上述批评中，应当说有一些言之成理的内容（尤其是从法教义学角度对立法所做的批评），立法者应该认真听取并在未来的立法活动中加以吸纳，因为“在那些成熟的人中，很是珍惜批评；正是通过明智的批评，才会制定出更公正的法律，更新过时的法律”④。但是，问题的另一面是，法律是解释的对象，不是批评和嘲笑的对象。“在以法典为中心的法律体系中，对于立法者留下的抽象规则与具体个案之间的间隔，由法官与法律学者共同加以填补（具体化）。也即是：立法者（必然）提供抽象规则，法律学者则是阐述这些规则具体内涵的专家，而（受这些法律学者启发的）法官则在具体个案中确定这些内涵的具体意义。”⑤ 在刑法立法任务完成之后，学者的使命并不在于批评，而在于合理地进行解释。更何况，在我看来，目前对刑法修正案立法的许多批评，其所立足的刑法观以及对批评工具的使用都与当下中国的时代特色和时代精神未必相契合，有很多经不起推敲的地方。

---

① 孙万怀．违法相对性理论的崩溃：对刑法前置化立法倾向的一种批评．政治与法律，2016（3）．
② 车浩．刑事立法的法教义学反思：基于《刑法修正案（九）》的分析．法学，2015（10）．
③ 杨兴培，田然．诉讼欺诈按诈骗罪论处是非探讨．法治研究，2015（6）．
④ 詹姆斯·克里斯蒂安．像哲学家一样思考．赫忠慧，译．北京：北京大学出版社，2015：380．
⑤ 马丁·W. 海塞林克．新的欧洲法律文化．魏磊杰，等译．北京：中国法制出版社，2018：73．

二、刑法理论的转向及其对立法的影响

晚近刑法立法所呈现出来的前述五个方面的特点，说明与传统刑法理念所不同的刑法立法观在中国已经确立。这一抉择有其合理性。学界针对晚近两个刑法修正案的批评，我认为在很大程度上受制于传统刑法观即“古典理念型”刑法观。但是，这种刑法观念所面对的社会情势、其所针对的行为危害，都与今天有所不同；其关于刑法谦抑性原则如何约束立法权的假定，未必符合实际。因此，站在古典主义刑法观的立场批评晚近我国的刑法立法，认为其就像“四处漏水的木桶”，显然有失公允。

（一）传统刑法观的缺陷以及其转向

1. 传统刑法观的基本思路

“17 世纪欧洲的思想环境中产生了一次决定性的变化：蓬勃有力的启蒙思潮旨在通过对传统的宗教、政治、法律和文化权威进行理性的批判检讨而使个人摆脱中世纪的束缚，并且从理性出发，恢复和重建其世界观”①。随着启蒙运动的风起云涌，社会结构发生变化，人们对封建刑法制度开始进行反思，古典刑法思想开始确立，其对行为、构成要件、刑罚目的等重大问题提出了系统的解决方案。按照耶赛克的说法，“启蒙运动制定理性的刑事政策，开始了现代刑事司法的新纪元。自然法思想导致人们思考刑法的意义和目的，思考适用自由刑的人道主义思想，思考刑法在区分法与宗教的世俗化，思考刑罚权通过国家契约论与法定原则的联系”②。“古典理念型”刑法观与刑法立法的关联性在于：（1）犯罪是具有自由意志的人经过理性计算后所实施的行为，理性选择的基础是国家制定并公布了成文刑法，处罚必须和行为人事前对规范的认识相匹配。古典主义刑法观

---

① K. 茨威格特，H. 克茨．比较法总论．潘汉典，等译．北京：法律出版社，2004：208.

② 汉斯·海因里希·耶赛克，托马斯·魏根特．德国刑法教科书．徐久生，译，北京：中国法制出版社，2001：118.

的方法论是形而上学的，其理论假定以高扬理性旗帜为前提，认为存在理性社会、理性犯罪人、理性立法者。理性社会表明其面临的风险有限，危害行为可控。理性人，是具有自由意志且能够对自己行为负责的人。针对这种人，国家通过制定明确且易于理解的规范，就能够赋予个人行动自由并适度约束理性人的行为。基于理性、自由的观念，犯罪必须是法定的、成文的，而且其表述必须明确，在刑法没有禁止时公民可以按意愿行事，从而体现刑事法律对人性的尊重。反之，客观要件表述模糊，不法的客观性、可感性较弱的，以及个人没有选择自由、违反责任主义的刑法立法，都在禁止之列。(2) 不法具有客观性。立法要惩罚的是造成实害后果的行为，因此，犯罪形象以实害犯为原型，处罚范围极其有限。自贝卡利亚以来的古典刑法思想认为，犯罪是客观的、外在的，衡量犯罪的唯一标准是行为对社会的危害性。为此，刑法必须将公认的、严重危害社会的“恶”规定为犯罪。如此一来，立法者脑海里的处罚形象基本上就是实害犯，针对危险犯、行为犯的规定基本被排斥。(3) 基于刑罚正义以及报应刑的考虑，监禁刑被立法者所青睐。按照古典刑法观，刑罚的正当性论证必须考虑其所能够带来的利益，即通过防止引起危害后果的那些行为来增进社会的总体幸福以及实现社会正义。而监禁能够迫使罪犯反思、忏悔；能够提供一种尺度，以利于司法统一，权力不被任意使用，实现对犯罪的报应；在监禁罪犯过程中，司法机关对罪犯进行持久、多方位的考察，使其得到规范化训练，更好地与社会合作；在监禁过程中，司法力量得到全方位展示。

总之，在古典刑法观的思考框架内，受理性约束的立法必须尽可能针对可以观察的现实侵害确定处罚规范，刑法的明确性、处罚范围的节制（刑法补充性、最后手段性）、处罚与社会正义及报应挂钩等，都是古典刑法观的法治国思想的核心内容。从这个意义上讲，古典刑法观明显具有保守特点。

2. 传统刑法观所面临的难题

在当下中国刑法立法中，“古典理念型”刑法观面临两重难题：以18世纪中叶之前的社会治理为原型的古典刑法观是否能够自洽；是否能够适应现代社会发展的需要，很值得研究。

应当说，在当代中国要彻底贯彻“古典理念型”刑法观是不合时宜的：一方面，古典刑法观以个人让渡权利形成国家刑罚权的社会契约论为前提。从观念上看，这一假定所导致的结论有诸多可疑之处。古典刑法观重视个人自由，反对刑法干预个人行动。但是，自由总是有限度的，“作为人的原始状态，首要源泉，自由是一种国家与社会既不能压制也不能限制的原则；自由使人具有了人的资格，创造了人类的人。然而，自由总是呼唤着理性，以寻找管理自由的规则”①。所以，自由始终受理性、法律的约束，在现代社会增设很多新罪客观上对自由可能有所阻碍，但未必没有合理性。古典刑法观过于重视抽象性思考，重视权利保障，忽略刑法反应的灵活性，限制预防型刑事政策功能的发挥，有其不足。退一步讲，即便肯定社会契约论假定的意义在于最大限度地约束立法权②，但在现代社会，也应该肯定个人让渡的权利内容会随着社会的发展而有所变化——随着科学技术的进步，人们的价值取向、行为方式都在发生变化，行为的潜在危险和危险个体通过以前从来没有出现过的侵害行为造成损害的风险也在增加，由此出现新的利益以及保护呼吁，刑法有时就必须作为最后手段登场。刑法在现代社会的扩张，等于承认了这一事实：公民在订立契约时已经概括地允诺，在社会面临新的风险的场合，立法者有权辨识风险、评估风险，将某种可能受到侵害的新型利益积极地确定为刑法要保护的法益。另一方面，“古典理念型”刑法观所确立的，更多的是一个“理想的彼岸”。这一理想和目标确实具有诱惑力，也值得我们去追求。难题在于：人类从来没有，事实上也不可能实现古典刑法观所确立的目标。有学者指出，在评价刑法扩张处罚范围的立法趋势时，“不应该轻率地陷入一种片面的立场，并信誓旦旦地保证‘古典自由主义刑法’的优点，事实上，纯粹的古典自由主义刑法从来没有存在过”③。这对于人类来说，是一个残忍但不得不接受的事实。追求理性和法治的目标，当然不会错，问题在于现实世界的立

① 戴尔玛斯-马蒂．刑事政策的主要体系．卢建平，译．北京：法律出版社，2000：29.

② 我国刑法学者固然不能承认其思想受到社会契约论的影响，不过，在那些批评立法的主张中，隐约可以看到社会契约论的影子：立法者能够确定刑法规范来进行惩罚的行为一定是有限的。

③ 埃里克·希尔根多夫．德国刑法学：从传统到现代．江溯，等译．北京：北京大学出版社，2015：25.

法逻辑不可能按照古典刑法思想所假定的理性社会、理性立法者、理性人的框架去推演。现代社会所面临的各种不确定性、各种风险充分说明古典刑法观对社会的观察太过乐观；犯罪人在现代社会中，其价值追求具有多样性，其不计后果的贪婪本性会暴露无遗，在集团犯罪、跨国的恐怖主义犯罪中，基于理性考虑再犯罪的成分明显下降；受突发事件、罕见事件刺激所启动的刑事立法屡见不鲜；立法上在很多时候不得不将一般预防作为治理社会的利器。

也正是基于此，现代各国的刑事立法才不约而同地开启了“古典理念型”刑法观的现代性转向进程，从而在其立法中大量采纳比古典刑法观更为缓和、折中且更具有“现代性”的思想——包括后期古典刑法学的规范主义，甚至包括刑法学新派的部分合理见解①，由此势必带来立法总体面貌的转变：从形而上学的理性思考适度转向更为现实的具体考量、经验判断；从结果导向转向行为导向；从惩罚传统犯罪转向特殊领域（打击恐怖主义、有组织经济犯罪、网络犯罪）；从报应转向积极的一般预防；不再死守用法益概念约束立法者这一阵地。因此，现代刑法立法明显具有功能性，从消极立法变为积极立法。对此，有学者在评价德国 1975 年至 2005 年的刑法发展趋势时指出，刑法立法呈现两大趋势：经由犯罪化和刑罚严厉化而进行的刑法扩张；通过去除明确和有约束力的规则而出现的刑法灵活化。现在的刑法典“背离了古典自由主义的、旨在保护个人权利的刑法模式，而总是延伸到新的领域，如环境、毒品、有组织犯罪、恐怖主义、高科技犯罪和产品责任……德国刑法并非在谦抑，而是在不断向外扩展，其中包含了远远处于‘古典’刑法理论之外的领域”②。

3. 我国当下的刑法立法不应该固守“古典理念型”刑法观

在社会情势明显变化且劳动教养制度被废除，恐怖活动犯罪等有组织犯罪、网络犯罪激增的大背景下，许多学者对晚近刑法立法的积极反应仍然给予激烈批

① 对此更为详尽的分析，请参见周光权．法治视野中的刑法客观主义．第 2 版．北京：法律出版社，2013：203。

② 埃里克·希尔根多夫．德国刑法学：从传统到现代．江溯，等译．北京：北京大学出版社，2015：25.

评，我认为主要是其刑法观并未因应社会情势的变化而进行适度转变，即其在批评我国刑法立法时，所秉持的是古典刑法观。但是，从教义学的角度看，过于重视客观的、自然科学意义上的结果以及因果关系的古典刑法观，将处罚局限于不法特征明确的实害犯，对不作为犯、未遂犯、抽象危险犯尽量不处罚的立法方案，是一个“失败的方案”[①]。在刑法观念逐步转向功能主义，刑法与刑事政策紧紧铰接在一起的今天，用古典刑法观的“矛”攻击当代中国刑事立法的“盾”，其所得出的结论并不能令人信服。

当然，考虑中国现代社会的特质，尤其是法治建设的道路还很漫长，在刑法领域贯彻法治立场仍然是我们的首选，采用激进的刑法全面干预社会生活模式显然不是治国良策，现在应该坚守的就应当是对古典刑法观进行适度修正的客观主义：(1) 扩大刑法规制范围，将刑罚目的定位于积极的一般预防。为此，应当重视行为违反规范的性质，强调刑法规范对个人行为的指引，进而增设必要的具体危险犯、行为犯（抽象危险犯）。(2) 重视对有组织的共同犯罪、经济犯罪的打击；承认不同法律部门之间处罚上的竞合而非排斥关系。(3) 重视处罚手段的多元化，监禁刑的“霸主”地位应当被动摇。

这样的刑法观，明显受政策思想的影响，是功能主义、积极主义且与转型中国的社会现实相照应的。现在的有力说认为，刑法和刑事政策二者之间存在交互影响的关系：一方面，刑事政策思想全面渗透到刑法体系中，刑法体系特别是犯罪论体系因为刑事政策的介入而被大幅度改造，变得更加实质化，价值评价的程度更高；另一方面，刑法学的发展对刑事政策的运用发挥着限制功能，刑法学试图同时为那些合理的政策运用提供合理性论证。由此，刑事政策与理论刑法学中的犯罪论之间的联系开始被有意识地强化。所以，刑法原则型的论证进路与政策型的论证进路之间并非你死我活的关系，在对立中求共存、妥协的方法论是什么，才是最为重要的。[②] 对此，罗克辛指出：“只有允许刑事政策的价值选择进

① 罗克辛．刑事政策与刑法体系．蔡桂生，译．北京：中国人民大学出版社，2011：65.

② 类似的观点，请参见劳东燕．罪刑规范的刑事政策分析：一个规范刑法学意义上的解读．中国法学，2011 (1)。

入刑法体系中去，才是正确之道，因为只有这样，该价值选择的法律基础、明确性和可预见性、与体系之间的和谐、对细节的影响，才不会倒退至肇始于李斯特的形式——实证主义体系的结论那里。法律上的限制和合乎刑事政策的目的，这二者之间不应当互相冲突，而应该结合在一起。”① 基于上述理念，现代刑法立法将指引人们举止的规范作为引导社会变革的工具来使用，对构成要件客观性的要求可能有所降低，在极个别情况下对“行为人行为”的理念和立法实践并不绝对拒斥。由此，也就不难理解在《刑法修正案（九）》的部分规定中所存在的“行为人刑法”色彩（例如，增设职业禁止的保安处分措施；规定网络服务提供商不履行信息网络安全管理义务，经监管部门责令改正的，并不构成犯罪，只有“拒不改正”的，才作为犯罪处理），以及大量规定处罚早期化、共犯正犯化等。这样说来，在晚近刑法立法的基本观念有所变化的情况下，仍然从古典刑法观出发，去批评具有相对合理性的刑法立法，难免会给人以不在同一平台对话、“隔靴搔痒”、过于保守的感觉。

（二）积极刑法立法观符合时代精神

现代刑法立法的功能性特征极其明显，立法者的反应更为迅捷，通过刑法控制社会的欲望更为强烈，触角也伸得更长。对这种刑法立法活跃的现象，欧陆国家称为立法的“灵活化”，日本则称为立法的“活性化”，其实说的都是相同的意思：刑法立法必须符合时代精神。我国刑法立法在当下从消极立法观向积极立法观的渐进式转向，恰好和这种时代精神相一致。

1. 通过增设新罪的法治方式治理社会是“刚性”需求

黑格尔曾经说过，每一部刑法都属于它特定的时代，对应当时市民社会的状况。“如果社会本身是动荡不安的，就必须通过惩罚来确立样板，因为相对于犯罪的样板，刑罚本身也是一个样板。如果社会本身是很稳定的，犯罪在法律上的地位就是微不足道的，就可以根据地位的趋势来考虑废除犯罪。”②

① 罗克辛．刑事政策与刑法体系．蔡桂生，译．北京：中国人民大学出版社，2011：15.

② 戴尔玛斯-马蒂．刑事政策的主要体系．卢建平，译．北京：法律出版社，2000：29.

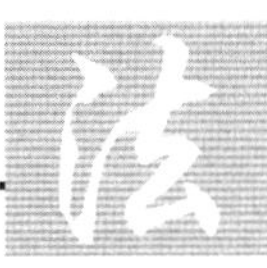

在现代中国，有三个方面的问题迫使刑事立法必须作出积极反应：(1) 新技术的发展和运用与传统监管手段有限之间的矛盾日益突出，仅仅用行政监管措施无法有效遏制某些危害很严重的行为。因此，增设大量利用信息网络的犯罪就在所难免。(2) 某些越来越重要的权利需要保护。例如，在民法对隐私权的保护力度有限的情况下，增设侵犯公民个人信息罪、泄露不应公开的案件信息罪都势在必行。(3) 社会诚信缺失到极其严重的程度，导致行为无底线时，就必须增设虚假诉讼罪、使用虚假身份证件罪等，因为通过其他社会管控手段明显难以遏制类似行为，进而引发大量诈骗、敲诈勒索等财产犯罪，非法集资、骗取贷款、骗取保险金等经济犯罪，以及“缠访”、“闹访”、聚众冲击国家机关、妨害公务、造谣生事等妨害社会秩序犯罪。针对上述领域的犯罪化，有学者指出：从犯罪圈变化的角度看，以保障公共安全、维护社会秩序为主要问题导向，以刑法功能的积极发挥为基本价值指引是《刑法修正案（九）》的基本立法理念。犯罪社会危害性标准呈降低趋势、刑罚积极一般预防目的突出是刑法功能积极发挥的具体体现。公共安全、社会秩序的主要问题导向具有价值合理性与现实合理性。犯罪的社会危害性标准降低与我国当前社会状况相适应，对刑罚积极一般预防目的的突出应给予肯定评价。①

当然，反对犯罪化立法的学者可能认为，通过提高治安处罚的力度可以实现社会治理，没有必要增设新罪。但是，问题在于：在废除劳动教养之后，治安管理处罚无论其措施多么严厉，其力度都是有限的，而且有的行为人（例如，非法获取公民个人信息后四处拨打骚扰电话、推销电话的人，反复非法“闹访”、“缠访”的人）可能在多次接受治安处罚后仍不罢休，行政处罚完全不能遏制其行为。此时不增设刑罚手段，就等于没有处罚措施，最终导致社会失序。此外，还需要特别考虑的一点是：有的治安处罚措施直接剥夺行政处罚相对人一定期限的人身自由，具有相当程度的严厉性，但其由公安机关一家独立决定并执行，缺乏司法审查和制约机制，被处罚者的辩护权利及救济措施缺乏。如果立足于建设法

① 高铭暄，李彦峰．《刑法修正案（九）》立法理念探寻与评析．法治研究，2016 (2).

治中国的考虑，就更应该将这些事关公民人身权利剥夺的处罚事项纳入刑事法官的裁判范围，将新型犯罪或轻罪“这一传统理论不能解决的难题推给其他法律领域，更非可选之策”[①]。因此，为有效治理社会，将部分危害性相对较大、之前作为劳动教养或治安拘留对象的行为予以犯罪化，就是无可厚非的。[②] 而《刑法修正案（九）》增设非法利用信息网络罪、扰乱国家机关工作秩序罪，组织、资助非法聚集罪，就有这方面的考虑。对刑法学者而言，显然不能一方面力主废除劳动教养制度，对治安拘留不受司法审查进行批评；另一方面又强烈反对增设新罪，放任社会失序。

2. 处罚早期化具有必要性

我国刑法立法中的处罚早期化，主要基于三方面的考虑：(1) 改革开放以来，我国社会逐步从农业社会进入工业社会。汽车工业的发展，对计算机、互联网等新技术的采用全方位影响国民生活，社会交往和社会关系的维持在很大程度上依赖于人们相互之间的诚信以及对于技术、设备的信赖。为维护国家、社会和个人利益，必须对利用新技术过程中可能产生的各种危险尽早加以识别并有效遏制，因此，处罚早期化的合理根据与转型中国社会的发展存在客观联系。正是基于这一考虑，立法者早在《刑法修正案（六）》所增设的妨害信用卡管理罪中就已经流露出对处罚早期化措施的青睐。《刑法修正案（九）》增设的危险驾驶罪，大量增设的与信息网络相关联的犯罪（尤其是将预备行为正犯化、处罚抽象危险犯）等，都说明立法者对处罚早期化手段的运用已经达到娴熟的程度。(2) 仅仅从法益实害的角度看问题，不仅对新型行政犯的惩罚显得没有意义，对几乎所有犯罪的解释力也都很有限。例如，一个杀人行为，在被害人死亡的场合，具体法益已然受到侵害，此时，再讨论对当前的、特定的法益的保护，其实际意义已经很有限。对此，学者指出：“对于这个已经被摧毁的法益客体而言，刑法事后对行为人所为的制裁无论如何都是太迟了。换句话说，如果只着眼于已发生之具体

---

① 冈特·施特拉腾韦特，洛塔尔·库伦．刑法总论Ⅰ．杨萌，译．北京：法律出版社，2006：33.

② 刘仁文．论中国刑法结构之改进//陈泽宪．犯罪定义与刑事法治．北京：中国社会科学出版社，2008：30.

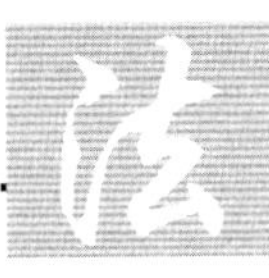

个案中被攻击的法益客体，那么在我们对杀人者施以刑罚时，根本已经没有可供保护的法益……刑法事后对于行为人所做的制裁可以说是与法益保护完全没有关联。倘若只针对过去已经发生的事实，势必就无法理性地说明制裁规范的正当性。”[①] 因此，刑法必须要考虑对规范的维护和积极的一般预防，就此而言，设置相当数量的危险犯规定、将共犯行为正犯化，是在法益实害造成之前对法益进行提前保护的重要手段。当然，这确实也可能会使刑法介入还相当早的行为阶段，或者去保护还很抽象的、难以具体把握的法益。(3) 中国境内恐怖活动猖獗，加之全球化和国际化的影响，境外有特殊政治和意识形态诉求的犯罪集团，以及为追求经济利益而成立的犯罪组织和境内犯罪组织和个人相勾结，大规模实施跨境非法活动，借助刑法的力量对这些犯罪“打早打小”“露头就打”显然是有必要的，尤其是在打击恐怖主义犯罪领域，如果一定要求立法克制，只能对实害犯进行处罚，未必是务实的态度。《刑法修正案（九)》增设了准备恐怖活动罪，强制穿戴恐怖主义、极端主义服饰标志罪等，惩治恐怖活动实施之前的早期行为，从总体国家安全观出发，统筹考虑刑法与反恐怖主义法、反间谍法的衔接配套，当然有其正当性。而类似有组织犯罪的早期行为，在绝大多数国家也都作为犯罪行为加以惩治。如果我国刑法不作出这种反应，就会出现恐怖组织的早期行为在欧美以及日本被作为正犯处罚，在中国却难以被定罪的情形，由此导致中国在履行国际义务方面存在一定法律障碍。

处罚早期化的立法，尤其是抽象危险犯的规定，不要求出现如同具体危险犯那样的事实上可以确定的法益具体危险，相反，行为人只要实施了一个“在立法者看来”具有一般性危险的行为就够了，立法的理由就已然充足，这能够在极大程度上弥补实害犯立法的不足。不可否认的事实是：危险驾驶罪的规定，确实对一般国民发挥了积极预防和引导作用，对控制交通事故的发生有正面效果。在我国步入汽车社会之后，再去坚守传统的运用过失致人死亡罪兜底处罚交通违法行为的理念，未必正确。就立法必须增设新罪来对付危险驾驶行为这一点，我国和

① 蔡圣伟．刑法问题研究（一)．台北：元照出版有限公司，2008：78.

其他发达国家如日本并没有差别。而日本对危险驾驶及其致死、致伤行为，不仅设立的罪名远比我们多，处罚也远比我们重。对照同样处于汽车社会、但交通事故尤其是致死率远比我们低的日本，我国刑法关于危险驾驶犯罪的规定不仅需要，而且还亟待扩大处罚范围，提高处罚力度。①

至于学者关于处罚早期化可能导致行政、民事违法行为与犯罪之间界限消失，使罪名形式化、空洞化的担心，在一定程度上也是多余的。因为关于危险犯、拟制正犯的规定，一定会考虑广义的损害原则，对法益危险进行仔细评估，寻找立法的实证基础；同时，在处罚早期化立法中，其实一定会顾及其与行政及民事违法的界限。例如，在《刑法修正案（八）》规定危险驾驶罪之后，立法者很快修改了《道路交通安全法》，取消了行政法上关于醉酒驾车的行政处罚规定，从而避免了行政违法和刑事违法的责任交叉。因此，在到处充斥风险的现代社会，将立法上的损害原则、比例原则等仍然用实害犯、结果犯的尺子去衡量，可能是不合时宜的主张。

3. 刑法谦抑性不反对在现代社会增设必要数量的新罪

对我国晚近刑法立法进行批评的学者，大多认为刑法谦抑性的主要功能是制约立法权，即在其他部门法无法惩治严重危害社会的行为时，立法者才通过制定犯罪与刑罚对该类行为进行补充规制。②

刑法谦抑性（辅助性、最后手段性）原则当然可以同时适用于立法和司法活动，但认为其应当捆住立法者的手脚，防止其增设新罪的冲动的观点并没有充足的道理，而且与事实不符。(1) 由于犯罪的社会危害性具有易变性，某些原来由其他法律法规调整，危害相对较小的行为，会提升其危害性，通过立法增设新罪就是合理的；我国刑法中规定的犯罪类型总体较少，在现代社会要实现善治，就必须增设相应规模的犯罪，来实现其他法律法规难以达到的社会控制目标，这些

---

① 谢佳君．日本危险驾驶致死伤罪的立法探析：以对我国危险驾驶罪的立法借鉴为视角//赵秉志．刑法论丛：第43卷．北京：法律出版社，2015：406.

② 刘宪权．刑事立法应力戒情绪：以《刑法修正案（九）》为视角．法学评论，2016 (1).

都说明，增设新罪与刑法谦抑性不矛盾。[①] 相反，如果不及时增设新罪，对某些实务上感觉有处罚必要性的行为，就往往通过类推解释的方式被处理，这样不仅谦抑性原则被突破，连罪刑法定这一法治“铁则”也被动摇，更是得不偿失。例如，有的法院对编造、传播地震信息开玩笑的行为以编造、传播虚假恐怖信息罪论处[②]，但虚假灾情信息和虚假恐怖信息明显属于性质不同的信息，将编造、传播虚假的灾情、疫情信息的行为认定为编造、传播虚假恐怖信息罪，显然是违反罪刑法定原则的类推适用，否则《刑法修正案（九）》第 32 条增设编造、传播虚假信息罪的立法理由就有所欠缺。与此相类似的情形还有，对组织出卖人体器官的行为，在《刑法修正案（八）》第 37 条增设新罪之前，很多法院都采用类推方法对行为人以非法经营罪论处。这充分说明，在立法缺位的场合，司法机关对某些社会危害性较大的行为并非坐视不管，惩罚的冲动难以抑制，其在定罪上不是“打擦边球”就是“走钢丝”，这些做法对被告人权利保障更为不利，也分割了立法权。因此，与其在表面上固守“古典理念型”刑法观让立法保持其消极性（但法治立场经常被实务所突破），还不如采用积极立法观及时增设新罪。（2）在现代社会，谦抑性对立法的制约事实上有限。由于法益概念在现代社会被逐步抽象化、精神化、稀薄化是不可扭转的趋势，法益概念的批评功能日渐式微，某种原来并不受重视的利益一旦立法者认为有必要在刑法上加以保护，其就上升为法益；许多立法与其说是要保护国民的利益，不如说是为了回应国民“体感治安”的降低，试图保护其“安心感”，从而使立法带有明显的象征性色彩。[③] 如此一来，基于法益概念对立法权进行制约的诸多原则的力量自然就逐步下降，以刑法谦抑性作为批评立法的工具，势必具有某种程度的随意性和想当然的成分。[④] 对

---

① 张明楷．刑法的基础观念．北京：中国检察出版社，1995：155.

② 例如，2012 年 2 月 14 日晚 22 时许，被告人张某开玩笑，向其朋友多人发送自编的地震信息。后该信息内容被大量不明真相的短信接收者转发、转告，引起几个乡镇几百名群众恐慌，半夜露宿野外。后被告人张某被河南省巩义市人民法院以犯编造、故意传播虚假恐怖信息罪判处有期徒刑 1 年。陈真，王东庆．编造传播地震信息开玩笑是否构成犯罪．人民法院报，2013－08－14。

③ 松原芳博．刑法总论重要问题．王昭武，译．北京：中国政法大学出版社，2014：17.

④ 井田良．变革の时代における理论刑法学．东京：庆应义塾大学出版会，2007：33.

此，库伦教授指出，目前并不能根据一个可以普遍使用的观点来判定，人类的哪些利益重要或不重要，需要或者无须用刑法进行保护。“随着一种显著区别于刑法迄今为止所对付的所有危险和威胁的认识的不断增加，将刑法限制于保护可衡量的（fassbar）法益成为一种毫无希望的做法，因为这种威胁是由人类实施的，对现实生活基础不间断的毁灭。……但仍有部分观点想倒转历史车轮，把刑法局限于与 19 世纪的‘经典’模式相符的，至少是被狭义定义的‘核心领域’(Kernbereich)。”①虽然在理论上，法益概念“倾向于从名义上寻找有效的宪法秩序，将合法的刑法利益范围限定在对于个人自由的发展、个人基本权利发挥和在此目标阐明建立的国家制度正常运转极其必要的‘事实或目标设定’上”，但是，由于立法民主化，传统法益理论“在很多地方失去了宪制话语权”②。“在实践中，立法者为轻微违法行为规定相应轻微刑罚的做法，长期以来就没有被宣布为违反宪法。当不能确定轻微的手段（例如单纯的民事惩罚）是否足以充分保障结果的时候，立法者还享有对此行使自行评价的特权。因此，辅助性原则就属于一种刑事政策的准则，而不是一种强制性规定。”③ 立法更多的是一种社会政策性的决定，立法者可以基于法益保护的理念在一定范围内将犯罪行为转化为违反行政法、民商法的行为，或者将违法行为犯罪化。理论上动辄指责立法违反谦抑性原则未必有实证基础和充分说理。(3) 肯定积极刑法立法观并不否定刑法谦抑性或最后手段性原则，但应将谦抑性原则的着眼点主要从钳制立法转向制约司法活动，即在实务上运用民法方法足以惩罚违法行为的，就不需要动用刑法（刑法的补充性）；刑法对财产等犯罪的认定（尤其是对财物概念、财物他人性等的判断）必须和民法的立场一致（刑法的二次规范性）。只要在实务上贯彻好谦抑性原则，用好不起诉、定罪免刑或缓刑制度，即便立法上对轻罪的增设持积极态度，立法功能化扩张所带来的危险性也能够得到有效化解。(4) 我国刑法立法中的“统一

---

① 冈特·施特拉腾韦特，洛塔尔·库伦．刑法总论Ⅰ．杨萌，译．北京：法律出版社，2006：32.

② 米夏埃尔·帕夫利克．公民刑法中的犯罪与刑罚．赵书鸿，译//赵秉志．走向科学的刑事法学．北京：法律出版社，2015：78.

③ 克劳斯·罗克辛．德国刑法学总论．第1卷．王世洲，译．北京：法律出版社，2005：24.

刑法典”立法模式已经在最大限度上确保了刑法的谦抑性。如果采用刑法典、单行刑法、附属刑法“三分天下”的散在型立法模式，势必在大量行政法中规定犯罪及其处罚，对犯罪构成要件要根据行政法律的许多模糊性规定确立，行政违法和刑事违法的界限会无限趋近，从而导致立法膨胀，刑法的独立性丧失，处罚范围放大，刑法的谦抑性才真的有可能被动摇。

三、积极刑法立法观的关联问题探讨

基于积极的刑法立法观，未来的中国刑法立法从总体思路和相关配套技术上看，需要重点考虑以下诸方面。

（一）根据需要再增设相当规模的轻罪

迄今为止，中国刑法中的罪名只有 500 来个，这对有着 14 亿人口的大国的治理来说是很不利的。其实，刑法中的罪名如果少于 1000 个，在社会治理上就必然捉襟见肘。在这方面，国外立法积累了很多经验值得我们借鉴。近三四十年来，大陆法系国家的刑法立法无一例外地大规模“做加法”；英美法系国家的制定法所增设的罪名则数以千计。这些动向在我们看来可能多多少少有些夸张，但适度增加新罪，是未来立法绕不开的话题。西田典之教授指出，在 1960 年之前，日本刑法典长期未将土地、建筑物之类的不动产作为第 235 条盗窃罪的客体，对虽然非法占有他人土地的行为，未按盗窃罪处理，这主要是考虑到不动产与动产不同，其所在位置明确，通过民事诉讼容易返还，因而没有必要作为刑事处罚的对象。“但是，在战后的混乱之中，非法占据土地的事件不断发生，另外，又由于民事诉讼当时陷入‘职能麻痹’状态，已经不能期待通过民事诉讼来予以充分的保护。因而有通过刑罚来予以抑止的必要，于是刑法第 235 条之二新设了侵夺不动产罪。”[①] 国外立法所走的这种犯罪化道路，很值得我们借鉴。

---

① 西田典之．日本刑法总论．第 2 版．王昭武，等译．北京：法律出版社，2013：26.

1. 增设新罪必须从确立行为规范的角度入手

趋向于犯罪化的积极立法观必须从传统上理解的严重社会危害性中解脱出来，因为“在立法论上，更为直接的是要以保护该时代社会中的既存的规范为基础”①。刑法立法只不过是要“立规矩”，即确立行为对错的标准（行为规范），只要基于行为人主观上恶的意思所实施的行为在性质上是错的，即便没有发生实害，没有造成传统上所理解的“严重”社会危害性，刑法也不能袖手旁观，否则整个社会就没有章法可言。为确立明确的行为规范，未来的刑法立法需要明确：其一，法律是一种以满足社会具体需要为目标的问题解决反应系统。刑法必须凸显其确定性，尽可能具有相对清晰的意思。拉德布鲁赫指出，我们必须承认，法律的安定性需要法律的实证性；如果不能明确认定什么是公正的，那么，就必须明确规定什么应该是正确的。② 为此，在立法上必须清晰描述犯罪轮廓，揭示行为类型与样态，为司法裁判提供指引，减少适用上的分歧。其二，为了满足罪刑法定的要求，实现一般预防的刑罚目的，促进公众对规范的认知，要求公众遵守规范，就有必要在行为时点提前告知公众行为适法、违法的界限究竟在哪里。立法者从大量的违法行为中挑选部分行为作为犯罪加以规定，必须使用民众最容易理解的语言描述难以容忍的行为举止，强调文本平易化，明确对国民的行为限制。其三，在分则规定中，原则上采用“行为”立法模式，只有在少数情况下才使用“行为＋情节或结果”的表述。为此，可以不再沿用现行刑法中规定的“数额较大或情节严重”的犯罪构成要素规定模式，改变立法定量的方法。按照上述思路，以未来可能新增的财产犯罪或经济犯罪为例，任何不法财物或财产性利益的行为在刑法上都是不能容忍的，而只有取财多少都不可以的“行为”立法模式才能体现刑法的行为规范性质，才能为公民提供行动指南。至于是不是对每一起取财数额较小的行为都定罪，则应由司法上根据其具体情况裁量决定。③ 这种立法模式的优点是显而易见的：如果不法取得财物的行为只有达到 5 000 元或者 1

① 松宫孝明．刑法总论讲义．钱叶六，译．北京：中国人民大学出版社，2013：12.

② 拉德布鲁赫．法哲学．王朴，译．北京：法律出版社，2005：73.

③ 周光权．行为无价值论和结果无价值论的关系．政治与法律，2015 (1).

万元才构成犯罪时，犯罪的发生率必然提高，因为许多行为人会对不法取得1万元以下的财物持无所谓态度，会以“恶小”而为之；反过来，如果行为人知道不法取财1元钱也是犯罪时，犯罪行为才有可能会减少，刑罚的预防功能也才能有效发挥。

2. 增设新罪必须从重点领域突破

增设新罪，必须考虑不同领域的特殊性进行重点突破。《刑法修正案（九）》对信息网络的相关犯罪进行犯罪化，其影响一定是积极的。今后的犯罪化，应该寻找别的突破口。例如，似乎应特别注重考察破坏环境行为在中国的严重性和处罚必要性。世界各国的环境犯罪立法，都无一例外地是“做加法”，将处罚范围越扩越大（从一开始立足于防止水污染到逐步打击造成大气、土壤污染的行为，从刑法保护陆地到惩治破坏海洋资源犯罪，从传统的对环境资源的物理性破坏拓展到功能性损害），将处罚时点提得越来越早（从结果犯一步步拓展到具体危险犯、抽象危险犯）。目前中国刑法中的环境犯罪都是结果犯，未来的犯罪化立法显然不能等到结果造成后刑法才出面，因为环境犯罪破坏严重，环境一旦被污染难以恢复，等到造成后果后刑法才介入会出现保护不力的弊端。[①] 因此，在环境犯罪立法上，坚守以结果犯为原型的古典刑法观也不可能成功，传统刑法对于环境问题是格格不入的，就此而言“传统刑法是落伍的。说传统刑法落伍是因为刑法的反应太迟了，因为损害已经既成事实。其实，即便犯罪是一种工具犯或危险犯，实际上人们的追诉总是要等到损害结果发生以后才开始。还有刑罚，绝大多数情况下，刑罚与已经发生的损害相比犹如抛石打天。”[②]

3. 增设新罪，主要是增设“轻罪”

如果考虑到未来中国刑法势必“膨胀”的现实，进行犯罪化就必须事先考虑重罪和轻罪的区分问题。在这方面，有法国模式和德国模式可资借鉴。法国将犯罪分为重罪、轻罪和违警罪三类。违警罪，就是违反秩序法的行为，按严重程度

---

① 侯艳芳．关于我国污染环境犯罪中设置危险犯的思考．政治与法律，2009（10）．

② 戴尔玛斯-马蒂．刑事政策的主要体系．卢建平，译．北京：法律出版社，2000：253.

从低到高分为1至5级。以侵犯财产的违警罪为例，其级别分类如下：威胁要毁坏财物并造成轻微损害的，是1级违警罪；威胁要对人造成不具危险性的侵害，意图毁坏财物的，是4级违警罪；故意毁坏他人财物但仅造成轻微损害的，是5级违警罪。违警罪的主刑是罚金。德国1975年刑法典则把犯罪区分为重罪和轻罪。未来中国刑法立法是应该采用重罪、轻罪的区分，还是借鉴法国“罪分三类”的做法，很值得研究。但无论如何，应当在我国目前的刑法体系中引入犯罪分层的思路，制定专门的《轻犯罪法》，移置目前刑法典中属于轻罪的部分，例如，将扒窃、“醉驾”等行为从刑法典中移入《轻犯罪法》；将部分治安管理处罚或者原劳动教养的对象轻犯罪化；改变犯罪一定是社会危害性极其严重的行为的观念，随时根据社会治理的需要再增设轻犯罪的罪名，实行必要的、积极的刑法干预。这样，既能保持刑法立法的明确性、稳定性，又能够确保其及时参与社会治理，保持立法的活跃。

最后需要指出，即便肯定积极的立法观，我也认为，增设新罪总是有限度的，立法者必须遵守比例原则，在法益保护与尊重个人自由之间取得某种微妙的、多数人都能够接受的平衡。理由在于：构成要件有惩治犯罪的功能，但同时也约束个人，罪名过多所呈现的罪刑扩张意味着国家刑罚权的膨胀，必然相应导致个人权利的限制与压缩，形成对公民行动自由的妨碍。

（二）原有的处罚方法轻易不要“由轻改重”

增设新罪，在处罚上一定要贯彻“轻刑化”的要求。“选择犯罪化的目的，是通过严密法网来强化人们的规范意识，而不是用严厉的刑罚来处罚轻罪。”[①]同时，在对以前的规定进行修改时，也尽量不提高处罚幅度。在《刑法修正案（九）》中，存在两个处罚“由轻改重”的规定：（1）1997年《刑法》第241条第6款规定，收买被拐卖的妇女、儿童，按照被买妇女的意愿，不阻碍其返回原居住地的，对被买儿童没有虐待行为，不阻碍对其进行解救的，可以不追究刑事责任。《刑法修正案（九）》第15条将其修改为，收买被拐卖的妇女、儿童，对

---

① 冯军．犯罪化的思考．法学研究，2008（3）．

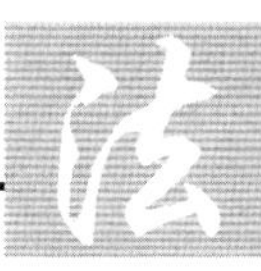

被买儿童没有虐待行为，不阻碍对其进行解救的，可以从轻处罚；按照被买妇女的意愿，不阻碍其返回原居住地的，可以从轻或者减轻处罚。（2）《刑法修正案（九）》第45条将1997年《刑法》第390条第2款中“行贿人在被追诉前主动交待行贿行为的，可以减轻处罚或者免除处罚”的规定，修改为“行贿人在被追诉前主动交待行贿行为的，可以从轻或者减轻处罚。其中，犯罪较轻的，对侦破重大案件起关键作用的，或者有重大立功表现的，可以减轻或者免除处罚。”但上述“由轻改重”的立法可能带来负面效果：针对收买被拐卖的妇女、儿童的行为人来说，如果没有网开一面的规定，可能导致其“鱼死网破”，带着被拐卖的妇女儿童东躲西藏，或者拘禁、殴打、虐待被害人，更不利于解救和保护被拐卖的妇女、儿童。针对行贿人来说，上述修改可能导致其在博弈过程中，“死不开口”，这样受贿案件无法侦破，更不利于反腐败。

因此，在未来的立法中，就罪名而言，增设相当规模的轻罪，进行必要的犯罪化是趋势；就处罚而言，则并不是刑罚越严厉越好。与犯罪化匹配的是处罚轻缓化或者刑罚规定“由重改轻”，至于反向的处罚“由轻改重”则务必慎之又慎。

（三）增强立法的实证基础

未来进行必要的犯罪化，增设的罪名势必大量属于危险犯，或者是将共犯行为正犯化，立法所依据的行为的客观损害在哪里、有多大这一实证判断如何得来，是否可靠，在很大程度上都会成为问题，立法上树立“假想敌”，保护目的理想化的成分增加。由此可能导致的现象是：立法者有可能根据其直觉确定处罚的对象，立法者的抉择，不绝对取决于实证上的危害后果或实存的法益保护需要，而受制于对危险的感受和判断；立法理由上对行为的损害难以进行有效论证，有时难以为审议立法的全国人大常委会委员所接受。

为此，在立法之前，法律草案起草部门必须就实践中问题的严重性进行深度调研，收集足够多的实例样本，凸显问题的严重性，并对国外的通常处理方式进行比较研究，进而提出有说服力的立法文本。同时，要尽量防止把社会危害特征暂时不清楚、不清晰的行为犯罪化，确保立法有实证支撑，对立法必要性的阐述具有说服力。

（四）对公众的情绪化呼吁需要过滤，立法者必须保持应有理性

刘宪权教授指出，《刑法修正案（九）》中情绪性立法现象表现较为突出和严重。废除嫖宿幼女罪，增设编造、故意传播虚假信息罪，增设拒不履行网络安全管理义务罪，加重对袭警行为的处罚，对收买被拐卖的妇女、儿童行为一律追究刑事责任，以及对重大贪污贿赂犯罪不得减刑、假释等规定均是《刑法修正案（九）》中情绪性立法的典型立法例。科学的刑事立法必须力戒情绪性立法，既要遵循刑法发展的内在规律，又要对舆论或民意的反应有所为且有所不为，如此才能将我国刑事立法水平推向一个新的高度，充分实现良法善治。[①] 我赞成上述立法必须尽可能与公众的处罚呼吁保持距离，防止情绪化立法的观点，立法不能沦为安抚民心的手段。但不认同其所说的《刑法修正案（九）》中有如此多情绪化规定的结论。

立法受舆论或民众情形影响这一点，在各国刑事立法中都难以避免，“以组织犯罪、毒品犯罪、交通犯罪为开端，呈现出了不知什么时候会成为被害人这种犯罪不安的状况”[②]。“在某种程度上，刑罚决策者顺应大众的政治压力，这种压力要求对‘犯罪采取强硬措施’。”[③] 毋庸讳言，刑事立法受制于非理性舆论引导这一问题，在当下中国也同样存在。当下国家作出刑事政策决定的机制与 1997 年或 1979 年刑法立法时有很大差异，当时的立法主要由国家主导，公众参与不多。但是，在刑法修正案立法过程中，由于刑法立法极其重要，各种力量介入立法过程，都想将自己的主张在新的立法中得到实现，公民要求国家机关考虑犯罪被害人的利益，要求考虑对公民安全的刑法保护，这种安全保护的要求通过大众媒体得以强化，使得立法机关也认为有必要满足这些处罚要求。例如，在《刑法修正案（九）》的立法过程中，公众对取消九个罪名的死刑的抵触、律师对泄露不应公开的案件信息罪的增设以及对扰乱法庭秩序罪的修改的强烈反弹都展示了

---

① 刘宪权．刑事立法应力戒情绪：以《刑法修正案（九）》为视角．法学评论，2016（1）．

② 高桥则夫．刑法总论．李世阳，译．北京：中国政法大学出版社，2020：25．

③ 沃尔克玛·金斯纳，等．欧洲法律之路：欧洲法律社会学视角．高鸿钧，等译．北京：清华大学出版社，2010：68．

立法受公众舆论影响的一面。这使得在刑事政策领域，国家意志的形成可能受到非法律专业人员的操控，人们对于刑罚的效果的实证发现以及收益和损失的权衡根本不感兴趣。在公众舆论中，通常要求对犯罪给予更严厉的刑罚，立法也乐于顺应这种严厉化的趋势。“尽管犯罪呈现的是稳定甚至是回落的态势，但是仍然要求给予越来越严厉的处罚，‘刑法问题的平民化’带来法学专业知识信心的丧失。”①

因此，公众的处罚要求需要立法者考虑并过滤，立法上必须保持足够的理性。由于立法权本能扩张的冲动客观上始终存在，立法者就必须在立法之前细致评估刑罚手段对于控制一定的行为是否必要和合适，同时，要审慎把握好立法时机。立法者对于增设新罪的呼吁必须善于倾听，静观其变，不能匆忙行事，即便对于公众强烈的犯罪化呼吁，也只有在对某种行为不能忍受时才能启动相关立法程序。尤其是在社会转型时期，行为的严重程度还不能充分把握，各方面分歧比较大时，理性地把握立法时机显得至关重要。例如，在国家大力推进司法改革的过程中，司法参与者的功能发挥、办事规则、权利边界等并不特别明确，很多因素不确定，控、辩、审各方的关系比较微妙时，不宜增设主要针对某一司法活动参与者（尤其是刑事辩护律师）的罪名，立法者必须能够心平气和、不受干扰、不带情绪地立法，法律才会指向长远，富有生命力。

（五）与积极刑法立法观配套的制度建设必须同步跟上

与未来积极立法观之下的犯罪化趋势相匹配，立法上就必须考虑：（1）认罪认罚、退赃从轻处罚规定的“总则化”。《刑法修正案（九）》第 44 条规定，犯贪污、受贿罪，在提起公诉前如实供述自己的罪行、真诚悔罪、积极退赃，避免、减少损害结果的发生，有第一项规定情形（数额较大或者有其他较重情节）的，可以从轻、减轻或者免除处罚；有第二项、第三项规定情形（数额巨大或者有其他严重情节的、数额特别巨大或者有其他特别严重情节）的，可以从轻处罚。这

① 井田良．社会变迁背景下日本刑法的发展．樊文，译//陈泽宪．刑事法前沿：第 7 卷．北京：中国人民公安大学出版社，2013：167.

一规定实际上确立了认罪认罚从宽处理的实体法地位，有其合理性，但仅作为分则性规定适用于贪污贿赂罪，不能“惠及”能够退赃的普通财产犯罪和经济犯罪，就既与这一规定的重要性不相匹配，也与刑法面前人人平等的原则相悖，且未能照应对大量轻罪不宜重罚的现实，需要提升该规定的地位，将其作为总则条文进行设置。(2) 建立与新设大量轻罪相契合的不起诉制度。目前，在我国刑事司法实务中，不起诉制度的运用受到严格控制，以 2015 年为例，全年起诉犯罪嫌疑人 130.9 万人，不起诉的仅为 2.5 万余人①，不起诉率低于 2%。其实，即便刑法典中所规定的都是传统的自然犯，而且假定其都是重罪，将不起诉率控制到这一水平也未必合适。在刑法修正案大量增设轻罪的背景下，将几乎所有的案件一概起诉到法院，使得更多的司法资源无法投入到对重大疑难复杂案件的处理中，明显是不合时宜的。反观近几十年来同样大幅度增设新罪的德国，其《刑事诉讼法》(1993 年) 规定，除了法定最低刑在 1 年以上的重罪外，检察机关都可以附条件不起诉。在德国司法实践中，附条件不起诉的做法相当成功，检察机关所受理的案件中，大量案件不起诉，只有 12%左右予以起诉；在不起诉的案件中，超过 84%以经济处罚方式解决。② 这种和积极刑法立法观相合拍的司法理念值得我们重视。(3) 打造不开庭审理的刑事速裁程序。2014 年 6 月 27 日，全国人大常委会决定授权最高人民法院、最高人民检察院在北京、天津等近 20 个地区的法院、检察院开展刑事速裁程序试点工作，对事实清楚，证据充分，被告人自愿认罪，当事人对适用法律没有争议的危险驾驶、交通肇事、盗窃、诈骗、抢夺、伤害、寻衅滋事等情节较轻，依法可能判处 1 年以下有期徒刑、拘役、管制的案件，或者依法单处罚金的案件，通过速裁程序处理。有关试点司法机关在速裁程序中精简收案程序，收案当日将案件交承办人；精简审查程序，全方位保证嫌疑人合法权利；精简办案程序，办案人在收到案件后 1 至 2 日内进行全案审

① 曹建明．最高人民检察院工作报告．2016 年 3 月 13 日，在第十二届全国人民代表大会第四次会议上．

② 滕炜．轻罪刑罚及处置制度改革思考//陈泽宪．刑事法前沿：第 2 卷，北京：中国人民公安大学出版社，2005：42.

查，尽快启动速裁程序予以办理；精简庭审程序，庭审中简化了起诉书制作，只宣读案件事实部分和法律认定部分，对被告人认罪且同意适用简易程序的案件不举证、不质证、不辩论，尽可能实现当日审理、当日结案、当日送达法律文书，一般在10分钟以内即可完成整个开庭审理过程。我认为，这一试点工作恰逢其时，在程序制度改革上与实体法的积极立法观遥相呼应，对其应该给予高度评价。未来在总结这一试点工作的基础上，应当在立法上进一步推进：适用速裁程序处理的案件，原则上可以不开庭，法官审查检察机关移送的材料之后，认为指控有事实和法律依据的，直接发出处罚令；如果被告人要求开庭或提出新的辩护理由的，才考虑开庭，由此进一步节约司法资源，推动轻罪案件快速处理。（4）减少羁押率。对积极刑法立法观指导下所增设的大量轻罪的罪犯，需要大幅度降低羁押率。我国目前对轻微刑事犯罪实行“够罪即捕”、捕后轻刑率高的现象严重，羁押率特别是审前羁押率过高，每年把几十万人、上百万人投进看守所予以羁押，这既耗费大量司法资源，也不利于减少社会对立面。检察机关在降低羁押率方面应该有所作为。例如，现在国外普遍采用的、我国一些地方检察机关也已经逐步探索开展的电子手铐、电子脚镣的做法，值得在全国范围内推广，其既能够避免对轻微刑事犯罪“够罪即捕”、捕后轻刑率高的现实问题，又能够保证在适用取保候审、监视居住后，嫌疑人、被告人不脱逃，保障刑事诉讼的顺利进行，一举多得。对此，可以通过地方试点或全国人大授权等方式进行探索，逐步推动立法完善工作。对取保候审、监视居住的人员都可以采取电子手铐、电子脚镣等电子监控手段来监管，还能够为缓刑率的提高创造前提条件，对我国刑事诉讼制度的完善具有重大意义。（5）降低犯罪的附随负面效应。《刑法修正案（九）》第1条规定，因利用职业便利实施犯罪，或者实施违背职业要求的特定义务的犯罪被判处刑罚的，人民法院可以根据犯罪情况和预防再犯罪的需要，禁止其自刑罚执行完毕之日或者假释之日起从事相关职业，期限为3年至5年。这是刑法关于职业禁止的规定。除《刑法修正案（九）》之外，还有不少法律、行政法规对犯罪人从事相关职业有禁止或者限制性规定。例如，《食品安全法》（2015年）第135条第2款规定，因食品安全犯罪被判处有期徒刑以上刑罚的，终身不得从事食品生产经营管理工作，也不得担任食品生产经营企业食品安全管理人员，其立场比刑法规定更为严厉。再如，《广告法》(2015 年) 第 70 条规定，因发布虚假广告，或者有其他本法规定的违法犯罪行为，被吊销营业执照的公司、企业的法定代表人，对违法行为负有个人责任的，自该公司、企业被吊销营业执照之日起 3 年内不得担任公司、企业的董事、监事、高级管理人员。此外，有关行政和经济法律中还规定，对于利用证券从业者、教师、会计等职业便利实施操纵证券市场、强制猥亵儿童、职务侵占等犯罪，或者实施违背职业要求的特定义务的背信运用受托财产、挪用资金等犯罪的，可以根据犯罪情况，尤其是特别预防的需要，禁止行为人自刑罚执行完毕之日起，在一定期限内从事相关职业。更为严厉的是，按照《公务员处分条例》的规定，对因犯罪受到刑罚处罚的公务员应当开除公职，这使一些人（例如，因“醉驾”被判处拘役的罪犯）由于触犯与其职责权力并无关联性的轻罪，而受到过于严厉的、比刑罚处罚后果还严重的处罚，这种负担过重的刑罚之外的犯罪附随效果的存在，明显和比例原则相悖。因此，要确保立法上的犯罪化思路得到贯彻，必须将刑罚附随惩罚性措施的严厉性降下来，让公众能够逐步形成这样的理念：大量犯罪并不是严重危害社会的行为；大量罪犯并非十恶不赦的人，而只是错误犯得稍微严重一些且应该迅速回归社会正常生活的人。

四、结　语

上述分析表明，随着刑法观从“古典理念型”向现代转型，立法也从相对保守、消极转向功能性、积极性已经是一个不得不承认的事实。问题的关键并不在于是否允许国家积极地进行立法，而在于，在此过程中如何对刑法谦抑性、法益概念、刑罚目的论、刑事实体法与程序法的关系等作出符合时代精神的理解；在未来立法积极推进的同时，如何同时确保刑事法治的许多“铁则”不被蚕食。这当然需要中国立法者有大智慧来把握好其中微妙的分寸。“现代社会中，不确定因素很多，人们往往将漠然的不安集中于对犯罪的不安，并试图通过重刑化来象

征性地消除这种不安，以求获得精神上的安宁。国家也能够通过回应这种诉求以维持威信，进而获得国民的支持与服从。对此，我感觉，刑罚正成为国家自导自演、国民自我满足的手段。”① 要防止因为国民的“体感治安”恶化而进行犯罪化、重刑化，在未来面对国民因为不安感上升而提出的不计其数的处罚呼吁时，我国刑法立法就必须尽可能防止保护法益的“稀薄化”，增强立法的实证基础，尽可能防止针对罕见事件的“特例立法”②，并对立法草案进行反复论证，多听取法学专家的意见，尽量减少刑法领域的象征性、倡导性立法，从而回应学界关于刑法谦抑性原则受到冲击的关切，以确保现代积极刑法立法观在法治框架内运行。

---

① 松原芳博．刑法总论重要问题．王昭武，译．北京：中国政法大学出版社，2014：10.

② 周光权．《刑法修正案（九）》（草案）的若干争议问题．法学杂志，2015（5）.

第二章　法典编纂的理念与刑法全面修订

在成功编纂《中华人民共和国民法典》（以下简称《民法典》）之后，立法机关如何适时推动条件成熟的立法领域的法典编纂工作，不断丰富立法形式，推动中国特色社会主义法律体系更加科学完备、统一权威，是值得认真关注的问题。

刑法是重要的部门法，在推动法典编纂的大背景下，对刑法立法现状及其发展前景进行审视很有必要。值得思考的问题主要有：《民法典》是我国第一部以“法典”冠名的法律，我国 1997 年修订的《中华人民共和国刑法》是否属于法典？如果其不属于法典，编纂刑法典的时机是否成熟？如果现行刑法已经是法典，是否有必要再提刑法典编纂或全面修订的话题？刑法领域的法典编纂和全面修订之间究竟是何关系，是否有清晰的界限？在未来的刑法立法中，究竟采用何种立法模式为好，在立法过程中需要处理好哪些关系，需要面对哪些难题？本章试图就上述问题进行回应。

一、现行刑法是实质上的法典

（一）我国刑法立法进程的简要回顾

我国在 1979 年制定了《中华人民共和国刑法》，其立法根据是宪法精神和司

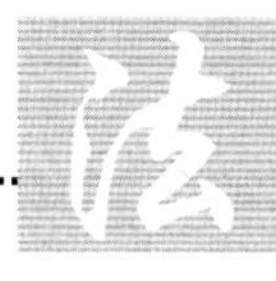

法实践经验。1979 年《刑法》的特点是罪名少、刑罚轻缓。在我国 1979 年立法过程中，并未有意识地使用法典的概念，也没有将法典化作为追求目标，但是，1979 年《刑法》部分借鉴了国外刑法典制定的经验，在体例上分为总则编和分则编，总则规定抽象的基本概念和原则，指导分则的实施；分则规定具体犯罪及其处罚标准，这一编排结构在一定程度上体现了法典的体系化，可以说是下意识地按照法典的结构、内容和标准去制定的。

目前，学界对 1979 年《刑法》是不是法典尚存在一定争议，加上我国自 20 世纪 80 年代开始很快制定了为数不少的单行刑法和附属刑法（行政刑法），因此，有意见认为 1979 年《刑法》并非统一的刑法典；1997 年修订以后的《刑法》才是新中国成立以来的第一部法典式的法律。① 但是，主流的观点认为："中国 1979 年刑法典宣告诞生。这也是中华人民共和国成立近 30 年第一次有了刑法典"，只不过 1979 年刑法典无论在体系结构、规范内容还是立法技术上都还存在一些不足。②

在 1979 年《刑法》正式实施以后，随着经济社会全面恢复正常和改革开放的不断深化，为了迅速建构相对灵活的法律规则，适应惩治犯罪和维护社会秩序的现实需要，我国制定了单行刑法和附属刑法。从 1981 年起，刑法立法进入高度活跃期。一方面，全国人大常委会开始通过制定决定和补充规定的方式，对刑法作出修改和补充，到 1995 年共制定了二十多个决定和补充规定，单行刑法由此产生，其中有的是对 1979 年规定的犯罪和刑罚进行修改，有的是补充规定新的犯罪和惩罚措施，其中既有社会治安领域的处罚决定，也有关于走私、税收、制售伪劣商品、知识产权、发票、金融秩序、公司管理等经济领域的处罚规定，还有对毒品、卖淫、国（边）境管理、野生动物等社会管理领域大量犯罪规定的补充修改。另一方面，在 107 部民事、行政、经济法律中规定了犯罪行为和刑事责任条款，共计 130 多条。例如，1992 年《妇女权益保障法》第 51 条规定，雇

① 胡康生．精心顶层设计是 1979 年刑诉法、刑法修改的显著亮点：立法人胡康生访谈．法制日报·法治周末版，2020－12－04．

② 高铭暄．中华人民共和国刑法的孕育诞生和发展完善．北京：北京大学出版社，2012：3．

用、容留妇女与他人进行猥亵活动，情节严重，构成犯罪的，比照刑法第160条（流氓罪）的规定追究刑事责任。这种立法模式的实质是在其他法律中设立了新罪名。据此，1979年《刑法》、单行刑法、附属刑法共同组成了我国的刑法体系。但是，单行刑法、附属刑法规范过多，过于分散，其中还存在相互矛盾之处，既使得司法适用上难度很大，也使法制的统一性受到影响。所以，1997年对刑法进行大规模修订实乃迫不得已。

从结构上看，1997年《刑法》分为编、章、节、条，有总则、分则和附则，共15章，条文数增加到452条，条文数量多、体量大；从犯罪设置上看，1979年刑法仅规定了130个罪名，经1997年修订保留了117个；1980年至1995年之间的单行刑法和附属刑法增加了133个罪名，经修订保留了132个；修订中又新设了164个罪名，因此，1997年刑法共设置了413个罪名，罪名数量多，设置相对合理。

应当认为，1997年《刑法》并非单纯对1979年《刑法》的部分修改，而是将1979年《刑法》与其他大量单行刑法、附属刑法进行系统整合，做进一步完善后编纂为统一的刑法典。在1997年3月6日八届全国人大五次会议上，王汉斌副委员长代表全国人大常委会做关于刑法修订草案的说明时明确指出："这次修订刑法，主要考虑是，制定一部统一的、比较完备的刑法典。制定一部统一的、比较完备的刑法典，是进一步完善我国刑事法律制度和司法制度的重大步骤，对于进一步实行依法治国，建设社会主义法制国家，具有重要意义。"①

1997年全面修订刑法以来，全国人大常委会根据惩罚犯罪、保护人民和维护正常社会秩序的需要，先后通过了一个决定和十一个修正案。历次刑法修订情况是：1998年12月，通过《关于惩治骗购外汇、逃汇和非法买卖外汇犯罪的决定》，增设了新罪；1999年12月，通过《刑法修正案》，共9条，主要增加规定有关会计犯罪、期货犯罪；2001年8月，通过《刑法修正案（二）》，仅1条，修改非法占用农用地罪；2001年12月，通过《刑法修正案（三）》，共9条，主要

① 王汉斌：《关于〈中华人民共和国刑法〉（修订草案）的说明》（1997年3月6日）。

补充资助恐怖活动罪、投放虚假危险物质罪等；2002 年 12 月，通过《刑法修正案（四）》，共 9 条，主要增加规定雇用童工从事危重劳动罪，完善走私罪等；2005 年 2 月，通过《刑法修正案（五）》，共 4 条，补充规定有关信用卡犯罪；2006 年 6 月，通过《刑法修正案（六）》，共 21 条，主要是修改完善有关重大安全事故犯罪、破坏金融管理秩序犯罪，增设枉法仲裁罪等；2009 年 2 月，通过《刑法修正案（七）》，共 15 条，增加规定利用未公开信息交易、组织领导传销活动、利用影响力受贿，以及侵害计算机信息系统和侵犯公民信息的相关犯罪；2011 年 2 月，通过《刑法修正案（八）》，共 50 条，主要内容是取消 13 个罪名的死刑，增加规定坦白制度，完善刑罚执行制度等，增设危险驾驶罪、拒不支付劳动报酬罪，修改完善生产、销售假药罪等；2015 年 8 月，通过《刑法修正案（九）》，共 52 条，进一步减少 9 个罪名的死刑；维护公共安全，加大对恐怖主义、极端主义犯罪的惩治力度；维护信息网络安全，完善惩处网络犯罪的法律规定；进一步完善反腐败的制度规定，加大对腐败犯罪的惩处力度；维护社会诚信，惩治失信、背信行为，如增加规定组织考试作弊犯罪、虚假诉讼犯罪；2017 年 11 月，通过《刑法修正案（十）》，仅 1 条，增设了侮辱国歌罪；2020 年 12 月，通过《刑法修正案（十一）》，共 48 条，其主要内容大致包括七大方面：涉及未成年人（对刑事责任年龄进行微调，以及对未成年人遭受性侵害时的特殊保护）的刑法修改；关于维护民众安全感的刑法制度的修改（如增设高空抛物罪、妨害安全驾驶罪等）；关于金融犯罪处罚标准的修改；关于民营企业发展的保护；大幅度修改侵犯知识产权犯罪，降低入罪门槛，提高其法定刑；强化野生动物保护、遗传资源管控等公共卫生方面的刑事立法以及其他方面（如袭警罪等）的增加、修改。

从 1979 年我国制定第一部《刑法》以来，经过 1997 年的全面修订，以及个别单行刑法和十一个刑法修正案的不断完善，我国刑法的结构较为完整，内容比较全面、丰富，对于各类主要犯罪都有所规定，具有鲜明的时代特点，基本能够适应惩罚犯罪、保护人民的目标。

（二）我国刑法立法一直遵循法典化方式

法典应当具备何种特征，不同的学者看法存在差异。但是，能够被称为法典的法律，一定是将大量规则汇总在一起并将它们组合为一个有机整体，其应具备基础性、现实性、稳定性、体系性等特征，法典的最高功能是助力于实现法律秩序的体系建构。对此，人们存在大致共识。在法典化的立法中，法律以明晰的、合乎逻辑的方式编排，相同的主题被体系化地排列在一起。① 如果以上述主张作为标尺，虽然我国刑法没有使用法典的称谓，但 1979 年《刑法》、1997 年《刑法》都具备法典的诸多特征，是实质上的法典。我国刑法是确保政权稳定，调整复杂社会关系的重要部门法，是国家法治体系的“四梁八柱”，管根本和长远，其基础性、权威性、现实性都不容置疑；刑法通常不会被轻易修改，稳定性没有问题；刑法是其他部门法的保障法，虽然它具有补充性，但是，其调整的社会关系极其广泛，是系统性的法律，有“大块头”的特点，体例结构复杂，具有法典的主要特征。

1979 年《刑法》是刑事领域规范的“总集成”，具有内在逻辑和系统性；1997 年统一刑法典的立法更是建立在理性基础上，广纳民意，并依靠立法智慧设计出的一套刑事裁判规范，具备完整清晰、逻辑严密的特点，形成了系统、完备、准确的规范体系，法典化特征更为明显。

（三）我国现行《刑法》的法典化水平还有很大提升空间

我国现行《刑法》是一部比较完备、大致能够适应惩罚犯罪需要的刑法典。但是，其是在法典化的立法意识相对薄弱的时代所制定的，因此，需要结合法典化的理念，考虑提升我国现行《刑法》的法典化水平这一问题。

近年来，也有人提出制定刑法典的倡议。但是，这不是特别准确的说法。还有意见提出要给现行刑法加“典”字，但是，如果没有一系列制度变化或创新，仅将《中华人民共和国刑法》改为《中华人民共和国刑法典》，可能仅具有形式意义。那么，未来要提升我国刑法的法典化水平，大致有两种路径：修订现行

---

① 威廉·B. 埃瓦尔德．比较法哲学．于庆生，郭宪功，译．北京：中国法制出版社，2016：220.

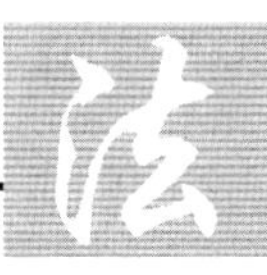

《刑法》或者编纂更高水平的刑法典。

有观点认为，由于现行《刑法》本身就是法典，下一步需要考虑的是重新修订而不是编纂。如果说使用刑法修正案方式修改刑法，相关条文积累到一定程度，经济和社会发展发生变化，需要在进一步总结司法实践经验的基础上去大规模修改刑法，这在立法技术上就属于全面"修订"刑法典，而不是"编纂"刑法典。全面修订的立法方法，不对刑法做大幅度改动，有利于保持刑事政策的连续性，为司法机关掌握和执行刑法，以及公民学习、遵守刑法提供了一个技术平台。

笔者原则上赞成修订现行刑法典的思路，而并不主张笼统地讨论编纂刑法典这一命题。从立法技术规范上讲，所谓的修订，是指对某部法律全面修改时采用的立法方式。如果不考虑社会治理的精准实现，总体上维持我国 1997 年《刑法》，并根据实践需要继续制定刑法修正案，并适时通过修订方式将刑法修正案的内容整合、融入 1997 年《刑法》中，这本身也是一个可以接受的方案。换言之，采用修正案模式对我国现行刑法进行修改、补充是比较好的方式，因为这既可以保持刑法的相对稳定性，又能够适应社会的发展变化。① 这一设想是建立在现行《刑法》具有极高的合理性这一前提之下的。但是，现行《刑法》自身存在各种各样的不足，缺乏某些重要的制度设计，内部结构不太合理，同时还需要协调其他部门法的关系。如果考虑到上述背景，继续按照传统的立法理念，长期依靠修正案立法方式，并在修正案积累到一定程度的大规模修订的设想未必能够使现行刑法完全契合法典化的要求。因为法典"是立法机关明文规定并公布实施的某一法律部门比较集中系统的法律文件，它不是已有规范性文件的汇编，而是在现有法律规范基础上制定新的立法文件，代替过去调整同一类关系的规范。近代法典具有学理性、系统性、确定性和内部和谐一致的特征，是大陆法系特有的一种高水准制定法。"② 因此，如果要使我国刑法成为"高水准制定法"，就需要认

---

① 高铭暄．20 年来我国刑法立法的回顾与展望//于改之．刑法知识的更新与增长：西原春夫教授 90 华诞祝贺文集．北京：北京大学出版社，2018：9.

② 董茂云．法典法，判例法与中国的法典化道路．比较法研究，1997（4）.

真研究如何按照法典化立法的应有逻辑，以及法典编纂的理念和要求，对我国刑法进行全面修改这一问题。因此，未来的刑法全面修改必须在法典化立法观念的指导下，遵循法典编纂的基本理念和应有逻辑有序开展。

二、基于法典编纂的理念全面修订刑法的必要性

现行《刑法》是法典，但其毕竟属于法典化意识相对欠缺的"起步阶段"的制定法，为此，未来极有必要以法典编纂的理念和要求为标尺，通过对现行《刑法》的"大修"来打造升级版的刑法典。

这个意义上的立法活动具有特殊性。一方面，刑法的"大修"与典型的法典编纂之间存在一定差别。关于法典编纂的定义，历来有争议。但是，一般认为，法典编纂"是指将一个或多个法律领域的全部素材在一部统一的法律中进行汇总和发展"[①]。法典编纂的理念是，通过法典化立法方式厘定、纂修的法律至少应具有现实性、整合型和系统性三大特征。现实性，是指法典编纂活动有某一方面现存的法律规范作为基础，这使得法典编纂区别于普通的法律制定活动；整合性，是指各个不同的法律、各个法条、各个要素在法典中被重组和协调，既要"提取公因式"，又要确保具体制度的设计合理、周密，这使法典编纂区别于一般而言的法律修改和汇编；系统性，则是指通过法典编纂形成有价值、有效力的一部新的系统性法律，这意味着拓宽了法律的覆盖面、影响力。而我国 1997 年刑法立法已经基本顾及了上述三个法典编纂的特征，未来的刑法立法活动无论如何展开，也都只是在原有的现实性、整合型、系统性基础上做一些"锦上添花"的文章，相关立法活动不可能像《民法典》的编纂那样具有典型的法典编纂性质。另一方面，刑法的"大修"又必须受制于法典编纂的基本理念及具体要求。法典首先具有统一化功能，即旨在为司法适用法律提供方向和稳定性，通过法典有助

① 沃尔夫冈·卡尔．法典化理念与特别法发展之间的行政程序法．马立群，译．南大法学，2021(2).

于克服混乱性、不确定性、矛盾性，并通过一致的规则、概念和制度生产合理性和连贯性。除此之外，法典还具有规范精简功能、创新功能、可接收性和有效性功能、定向和稳定化功能、减负功能、基准功能、模范功能、继受功能、推动功能等十余项功能。① 刑法大规模修改的最终目标是提升刑法的现实性、整合性、体系性，助力于法律秩序的系统性建构，增强其法典化色彩。由此展开的立法活动，虽然名义上是刑法的全面修改，但带有法典编纂的性质，其复杂程序远高于刑法修正案的制定以及传统上所理解的刑法全面修改。因此，如果一定要说未来的刑法全面修改是为了编纂更高水准的现代刑法典，也是能够成立的。② 换句话说，法典编纂要以合乎理性的方式展开，具体表现为遵守普适的原则、使用抽象的概念并形成合乎逻辑的体系，即"法典化是合乎逻辑地制定法的过程"③。以现行法为基础的刑法法典化进程，注定要将法典编纂的理念和要求内化于整个立法过程，融法典编纂和大规模修订于一炉。如此一来，刑法领域的法典编纂和法律全面修订之间就只有"一纸之隔"，其实质要求并无差别。

（一）新时代提出了基于法典编纂的理念全面修订刑法的新要求

刑法典是支柱性法律，其在国家和社会治理中至关重要。有无完善的刑法典，是一个社会是否成熟的体现。举凡世界上有法典的国家，无一不将刑法典的制定摆在重要位置。

1997 年《刑法》制定于我国社会主义市场经济兴起的阶段，在当时社会高速转型的过程中，为应对原有规则约束力减弱的现实，刑法立法在很大程度上带有匆忙应对的特性。二十多年来，我国经济和社会各方面的情况都有巨大变化，一方面，我国市场经济经过迅速发展期之后，规范有序的市场秩序逐步形成，成

---

① 沃尔夫冈·卡尔．法典化理念与特别法发展之间的行政程序法．马立群，译．南大法学，2021(2).

② 有学者认为，单纯的法典编纂，具有将分散的法律规范汇编成"书"的意味［张生．中国近代民法法典化研究（1901 至 1949）．北京：中国政法大学出版社，2004：7］。如果仅在这个意义上理解法典编纂，后文所论述的刑法典全面修改也就可以被视作法典编纂活动。

③ 何勤华，等．大陆法系与西方法治文明．北京：北京大学出版社，2014：211.

熟的信息技术得到大量运用，有关领域的社会关系较为稳定，不再变动频繁，这为基于法典编纂的理念全面修订刑法提供了良好的社会大环境。另一方面，近二十年来，有组织犯罪、经济犯罪尤其是金融犯罪、电信诈骗犯罪等已经大量涌现，立法和司法上的反应及时、有效，我国国家安全、公共安全、经济安全等方面面临的威胁都被有效化解，为刑法典全面修订积累了成功经验。

盛世才能修典。社会的发展、时代的变化及其需要是推动法典化立法的重要基础。1810 年法国刑法典、1871 年德国刑法典都反映了当时政治和时代的重要变化。因此，一个国家经济社会发展发生深刻变化、表现出新的时代气息时，就会对立法提出新的要求，法律制定背后必然体现时代任务和时代特色。我国 1997 年《刑法》规定罪刑法定、罪刑相适应、刑法适用一律平等基本原则，是刑法现代化的重要标志。立法技术上改变对犯罪的规定过于笼统的做法，取消“口袋罪”，都与当时的时代精神相契合。

在政治、经济、社会发生变化的新时代，罪刑法定原则、保障人权观念得到进一步落实，有大量犯罪需要增设，有些犯罪（如税收犯罪）原来很严重，现在犯罪的机会、危害性都降低，是否需要删除个别罪名，刑法与宽严相济刑事政策、认罪认罚从宽制度如何结合，都需要统筹加以考虑。这些都不是通过仅把分散凌乱的规定加以整合就能够解决的。由此必须呼唤刑法的改革，通过立法进行犯罪化或者非犯罪化的工作，来应对不同的犯罪现象。

基于法典编纂的理念全面修订刑法要契合新时代的要求，体现国家治理体系和治理能力现代化的成果，根据实践需要研究刑法典修订，要对过去的制度有所发展，将指导思想、理念和政策的变化充分展示出来，要有所创新。

（二）改革开放四十多年来立法及理论的积淀更为深厚

刑法是传统的、较为成型的部门法。未来完全可能在原有法律的基础上，结合实践经验和最新理论成果基于法典编纂的理念全面修订刑法，制定出体现中国国情和时代特征的体系性法典。

从目前看，基于法典编纂的理念全面修订刑法已有良好的立法实践和理论研究基础。1979 年以来，扎实丰富的刑事立法、司法理论研究和实践，为 1997 年

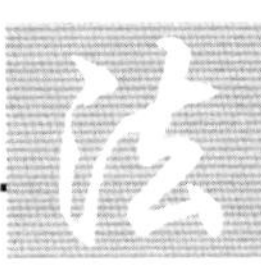

《刑法》修订奠定了坚实基础。1997年以来，刑事立法进入活跃阶段，新的问题不断涌现，刑法上的解决方案已具雏形，为基于法典编纂的理念全面修订刑法积累了丰厚的素材。尤其是最近二十多年来，我国刑事立法就恐怖犯罪、网络犯罪和环境犯罪增设了大量规定。这是建立在对这三类犯罪的法益侵害性、严重性与普遍性的基础之上的，立法具有合理性。恐怖犯罪对人民生命、财产安全的侵害，对社会秩序的扰乱都相当严重，刑法的回应是积极有效的；计算机系统与现代社会生活的正常运转紧密关联，个人信息、财产安全和人身安全等在互联网时代面临新的威胁，刑法对网络犯罪的规制有效防范了法益风险；环境犯罪危及人类生存和生活质量，其法益侵害性也是毋庸置疑的。因此，我国刑法关于恐怖犯罪、网络犯罪和环境犯罪的刑事立法探索是有的放矢的，绝对不是象征性立法，而是对于犯罪的有力回应，为未来基于法典编纂的理念全面修订刑法积累了大量成功经验。

在理论研究层面，近年来，刑法学对于犯罪成立条件、不作为犯、刑法因果关系、共同犯罪以及具体罪名的研究都达到较高的水平，取得了很多前沿成果，其中既有立足于顶层设计，从宏观上进行谋篇布局的研究，也有解决具体问题，能否妥善处理好刑法典中自然犯、法定犯领域的犯罪行为之间关系的研究，制定具有科学性、系统性的刑法典的理论准备更为充分。

（三）刑法与“周边”法律的协调需要通过基于法典编纂的理念全面修订刑法统筹解决

法典化立法的最大特点就是成体系、成系统。法典需要解决体系性问题，其涉及面广泛，仅解决单一问题的部门法不宜称为法典。刑法作为其他部门法的保障法和“二次性法”，其适用范围很广，相关定罪量刑制度需要进行系统性设计，确保刑法的内部、外部关系协调、统一。

基于法典编纂的理念全面修订刑法必须注重服务于完善以宪法为统帅的中国社会特色社会主义法律体系，需要仔细推敲其与“周边”相关法律的衔接、协调。其中，比较重要的问题大致有：(1) 刑法与其他刑事法的关系协调。要处理好刑法典与刑事诉讼法的关系，尤其是刑罚制度的设计要有助于认罪认罚从宽制度的推进，增加必要的轻刑制度，便于罪犯改造和及时返归社会。(2) 认真研究治安管理处罚法和刑法典的关系。如果考虑到进一步提升刑事法治水平这一点，治安管理处罚制度是否还需要保留，本身就是值得认真研究的问题。对于治安管理处罚，有的学者认为其虽然被定性为行政法，但是发挥了刑法的部分功能，其中 15 日以下的拘留是对行为人很严厉的处理措施，但没有把它纳入刑法框架，处罚机关能够免于承担刑事程序的证明责任，未受到适用刑法时的正当程序的严格约束，事实上用行政法上的处理方法隐秘地实现了刑法功能，因此，在程序上是值得质疑的。① 笔者并不赞成这种观点，认为可以考虑保留治安管理处罚制度，将其与刑法并列。但是，无法回避的是，在我国废除劳动教养制度之后，有的违法行为被分流到治安管理处罚之中，有的违法行为如果程度严重的，要作为轻罪处理。因此，在基于法典编纂的理念全面修订刑法过程中，对于哪些行为需要纳入刑法典，哪些需要留在治安管理处罚法里，不能不认真加以思考。(3) 适应打击恐怖组织犯罪、间谍犯罪、黑恶势力犯罪的需要，与反恐怖主义法、反间谍法以及即将出台的反有组织犯罪法相协调，系统考虑增设部分轻罪的问题；与监察法的实施相衔接，对贪污贿赂的相关犯罪设计进行细致研究，增设一些轻罪，以彰显党中央反腐败的坚强决心，保持对腐败犯罪的高压态势。(4) 加强刑法与民法典、行政法、经济法、社会法、环境法等其他部门法的衔接，通过将有的违法行为上升为犯罪行为，增设部分轻罪（尤其是涉及网络安全、生物安全、公共卫生、环境资源保护等方面的犯罪）来确保其他部门法具有权威性，增强中国特色社会主义法律体系的统一性、协调性。例如，《刑法修正案（八）》将刑法第 343 条非法采矿罪的构成要件加以修改，删除“经责令停止开采后拒不停止开采”等字样后，其和《矿产资源法》的相关规定之间就存在不协调，需要在未来基于法典编纂的理念全面修订刑法时一并考虑。(5) 就刑罚执行问题，与社区矫正法、政务处分法的关系需要协调得更好。(6) 吸纳立法解释、司法解释的合理内容。例如，根据 2014 年 4 月 24 日全国人大常委会《关于〈中华人民共和国刑

---

① 何荣功．经济自由与刑法理性：经济刑法的范围界定．法律科学，2014 (3).

法〉第三十条的解释》，公司、企业、事业单位、机关、团体等单位实施刑法规定的危害社会的行为，刑法分则和其他法律未规定追究单位的刑事责任的，对组织、策划、实施该危害社会行为的人依法追究刑事责任。根据2014年4月24日全国人大常委会《关于〈中华人民共和国刑法〉第一百五十八条、第一百五十九条的解释》，《刑法》第158条、第159条的规定，只适用于依法实行注册资本实缴登记制的公司。上述立法解释的内容，在未来基于法典编纂的理念全面修订刑法时，可以予以吸纳。此外，有关司法解释的合理内容（如多个司法解释对赃物的善意取得有规定），也可以考虑编入刑法典的相应位置。

（四）刑法体量大，其自身的不协调累积到一定程度时难以再依靠传统修订方式解决

编纂法典以该领域有较多现行法律条文，体量大，规范之间具有交叉、重叠、冲突或者不平衡的关系为当然前提。我国现行刑法已具有相当规模。1997年《刑法》共452条，其后全国人大常委会通过一个决定、十一个刑法修正案对刑法进行补充完善。经初步统计，截至2020年12月26日《刑法修正案（十一）》通过，修改过的刑法条文共138条，新增加的条款53条，删去的条文1条，刑法的修改比例近40%。经过上述修改，刑法实际条文数为504条，加上《关于惩治骗购外汇、逃汇和非法买卖外汇犯罪的决定》中关于骗购外汇罪的1条规定，现行刑法共有505条，483个罪名，成为除民法典之外，条文数量最多的法律。

现行刑法体量大的副产品是其在一定程度上产生了内在矛盾，择其要者：(1) 最为突出的问题是刑罚结构不合理。部分轻罪处罚重；第一档最高刑为5年有期徒刑的规定较多；死刑罪名较多；短期自由刑大量适用，且刑期偏重，这些现象的存在对法治国家建设有一定影响。(2) 在个别领域，如税收方面，行政犯设置的不合理、罪名叠床架屋等弊端有必要调适，刑法和相关税法的关系在税收法定的大背景下需要进一步协调；在金融诈骗犯罪方面，其与普通诈骗、合同诈骗犯罪交叉重叠地进行规定未必科学。(3) 我国自1997年《刑法》修订以来，先后出台了十一个刑法修正案。这些修正案本身也需要借法典编纂的机会进行深度整合。尤其是在修正案立法中，对个别犯罪所放的位置是否合适也需要统筹考虑。例如，《刑法修正案（八）》第 41 条在侵犯财产罪中增设了拒不支付劳动报酬罪，将其规定在《刑法》第 276 条之后，作为《刑法》第 276 条之一。对于这一立法，有不少学者提出批评，认为这是通过刑法手段追讨民事债务。但是，这是一种误解，其来自本罪系侵犯财产罪的法益定位。对于本罪的体系性位置，有的学者认为应该把它放到妨害清算罪中，也有学者认为其属于妨害公司企业管理罪，还有学者主张将其置于扰乱市场秩序罪中。[①] 这些争议表明，将本罪作为典型的财产犯罪可能是不合适的。拒不支付劳动报酬，经有关部门责令支付而拒绝支付的，才构成本罪。所以，本罪的核心是经有关部门责令支付而拒不支付，本罪行为具有藐视政府权威、妨害社会管理秩序的性质，因此，本罪的保护法益是有关部门发出的支付劳动报酬的指令这一公务行为必须得到执行的要保护性。尽管本罪的保护法益与债权人债权的实现之间存在关联，但将本罪的直接保护法益理解为有关部门的职能发挥和权威性更为妥当，这样一来，能否将本罪从侵犯财产罪一章挪到妨害社会管理秩序罪中就是可以考虑的。如此看来，在未来基于法典编纂的理念全面修订刑法时，如果能够从体现和把握新时代要求的角度切入，在现行刑法基础上，按照科学的立法方法做好顶层设计，将基本概念、原则、制度打造好，结构严谨、达到体系化要求的现代刑法典是可以形成的。这样的法典化立法，就不是仅对现行刑法做技术上的系统整合，而是对刑法立法科学化的实质推进。

三、基于法典编纂的理念全面修订刑法的关键问题

基于法典编纂的理念全面修订刑法既不是制定全新的法律，也不是简单进行法律汇编，是对现行有关法律规范的系统整合、编订纂修，既要保持现行法的稳定性，也要适应新形势进行适当的制度创新。为此，刑法典的“大修”需要解决

---

① 王骏．拒不支付劳动报酬罪立法正当性之再审视．法治研究，2017（5）．

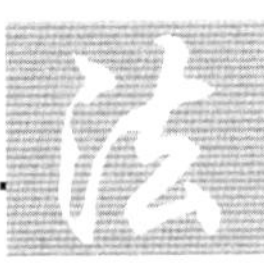

好以下关键问题。

（一）关于刑法立法模式

采用何种立法模式对基于法典编纂的理念全面修订刑法看起来是立法技术问题，实际上涉及法律责任体系、罪刑范围、刑事政策的运用、刑罚效果的实现等。因此，在法典化过程中，刑法立法模式（刑法的结构）问题特别值得关注。

总体而言，刑法立法模式有两种：多元立法模式（即将刑法分为普通刑法、单行刑法、附属刑法三类），统一立法模式（即制定统一的刑法典）。

1. 多元立法模式的利弊

多元立法模式有优点，一方面，单行刑法和附属刑法的制定相对容易，立法效率更高，能够“随机应变”，及时回应社会的诉求，适应性、灵活性和可操作性更强。[①] 另一方面，行政刑法的规定克服了“空白罪状”的弊端，有助于化解刑法立法的合宪性危机[②]，且构成要件容易设计，行政和刑事处罚能够衔接。

但是，多元立法模式也有其不足，不同时期的附属刑法处罚不平衡、不协调，容易导致重刑化趋势；行政法不断增加或修改，立法时难以抑制规定罪刑关系的冲动，所设置的罪名可能较多，容易造成“特别刑法肥大症”现象，公众熟悉附属刑法也较为困难，不利于实现犯罪预防，普通刑法和附属刑法的关系较为复杂，增加了法官准确裁判的难度。

张明楷教授对统一刑法典模式提出质疑，认为应当采用多元立法模式，其主要理由是统一刑法典立法模式肢解了刑法规范，不利于刑法适用。[③] 但是，这两个理由都是有疑问的。任何刑法规范都由禁止（命令）规范和制裁规范两部分组成，多元立法模式确实是将禁止（命令）规范、制裁规范均规定在行政法中，但也并非一体规定，通常是在许可、禁止某类行为部分就相关举止进行规

---

① 黄明儒，项婷婷．我国金融犯罪立法模式的选择．人民检察，2017（11）．

② 张明楷教授指出，统一刑法典立法模式导致刑法中出现大量的绝对空白刑法规范与相对空白刑法规范，并且形成了自然犯与法定犯一体化的立法体例。但是，绝对空白刑法规范违反了法律保留原则，使刑事立法模式与宪法不相协调。张明楷．刑事立法模式的宪法考察．法律科学，2020（1）。

③ 张明楷．刑法修正案与刑法法典化．政法论坛，2021（4）．

定，再在法律责任部分“有选择地”设置包含刑罚处罚在内的惩处措施，二者也可以说是割裂和肢解的；统一刑法典从形式上是将禁止（命令）规范规定在行政法中，将处罚问题规定在刑法中，但其与行政刑法立法模式的差异可以说仅为形式上的，即把关于行为指引的规定置于何处的问题，只要在适用上参考有关行政法的规定，对于行政犯的处罚就与多元刑法立法模式没有实质差异。至于就统一刑法典对刑法规范的肢解导致行刑衔接相当困难，不利于刑法规范的适用这一点而言，笔者认为其并未击中要害。行刑衔接确实困难，但其与相关犯罪被规定在刑法典还是行政法中关联性很弱，而是由行政违法和刑事犯罪之间的复杂关系所决定的，一方面，行政犯和自然犯的竞合关系对于行刑衔接带来诸多困难；另一方面，法秩序统一性原理之下，理论上对于行政犯违法性判断采取一元论、相对论与多元论也会影响行政犯的认定和处罚，即便采用多元立法模式，把所有行政犯都规定在行政法中，行刑衔接的难题也丝毫不会降低。

其实，对于多元立法模式的诸多不足已为我国的立法探索所证明。1979 年《刑法》颁布以后到 1997 年之间，我国制定了很多单行刑法和附属刑法，比如，1982 年 3 月 8 日全国人大常委会颁布的《关于严惩严重破坏经济的罪犯的决定》明确规定了走私罪、逃汇和套汇犯罪；1988 年 1 月 21 日，全国人大常委会通过的《关于惩治走私罪的补充规定》，规定了走私伪造货币、黄金、白银的犯罪；1995 年 2 月 28 日全国人大常委会通过的《关于惩治违反公司法的犯罪的决定》，增设了擅自发行股票、公司债券罪；1995 年 6 月 30 日全国人大常委会通过了《关于惩治破坏金融秩序犯罪的决定》增设了很多新的罪名。与此同时，我国在大量行政法中规定具体犯罪及刑罚。例如，1984 年《专利法》第 63 条规定了对假冒专利的行为追究刑事责任；1985 年《计量法》第 29 条规定了对制造、销售不合格计量器具的行为追究刑事责任；1984 年《森林法》第 36 条规定了对伪造或者倒卖林木采伐许可证的行为追究刑事责任；1984 年《药品管理法》第 51 条规定了对生产、销售劣药的行为追究刑事责任；1994 年《劳动法》第 96 条规定了对用人单位以暴力、威胁或者非法限制人身自由的手段强迫劳动的行为依法追

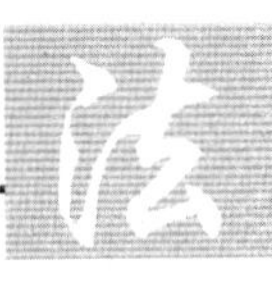

究刑事责任。1997 年我国制定了统一的刑法典，充分表明在很多国家实行的普通刑法、单行刑法、附属刑法“三足鼎立”的立法模式，在我国存在“水土不服”的突出问题。

2. 我国宜继续坚持统一刑法典的立法模式

首先，从实现妥当的处罚的角度看。我国的立法实践已经表明，分散立法的模式，由于立法思想不统一、立法方式不协调，导致刑法典、单行刑法、附属刑法之间存在着不少矛盾冲突，甚至给人以杂乱无章之感，影响了刑法施行的效果。更值得关注的是，在我国，各方面对于刑事手段还有很强的“依赖症”，如果允许附属刑法存在，今后每制定一个行政法，可能就会增设多个犯罪，甚至出现为保护行政机关的权威而进行过度犯罪化的局面，经年累月，会出现大量犯罪行为，严重扩大犯罪圈，使刑法的最后手段性被动摇。统一刑法典模式易于兼顾不同法律间的关系，保障犯罪处罚范围的妥当性，抑制处罚冲动。学者指出，将刑法限定为“核心刑法”，防止“行政刑罚法规的泛滥”，将行政法规的违反排除在刑罚处罚范围之外，仅作为行政违法的对象看待，是刑法立法的基本方向。[①]此外，在不同时期制定的行政法的侧重点、观察问题的角度有所不同，附属刑法的处罚力度也差异很大，例如，不同时期污染环境的实行行为不一样，增设的附属刑法的罪名和处罚就一定有差异，处罚轻重不一，极容易出现重刑主义，很多行政法都在最后一刻提高了处罚标准。因此，在行政法中设置罪刑规范存在很大的刑法立法不确定风险。

其次，从满足司法实务需要上看。我国地域辽阔，基层司法人员业务能力参差不齐，分散立法导致法条关系复杂，准确“找法”及理解法条竞合关系等，都使得实务中运用起来有困难。制定统一刑法典，法官处理刑事案件时都从刑法典中寻找裁判依据。评价法官处理刑事案件能力的标准，就看其对于刑法典的理解和运用的能力。此外，不在行政法当中规定犯罪，仅在狭义刑法中做规定，有助

① 浅田和茂．刑法全面改正への道——犯罪类型と法定刑について．山中敬一先生古稀祝贺论文集：上．东京：成文堂，2017：16.

于实务上解释构成要件时，作出有别于行政法的违法性或刑法上所固有的违法性的判断[①]，如果仅在行政法中规定犯罪，进行形式解释的可能性更多一些。

再次，从刑法与行政违法分立的立法格局看。刑法仅处罚具有法益侵害性的行为，动摇行政管理权威的行为必须造成与个人的生存、发展相联系的法益侵害时才可能成为刑法处罚的对象。将行政违法的许多行为作为刑法处罚对象，与我国实行违法和犯罪、行政处罚和刑罚二元分立的法律责任体系不相一致。我国有治安管理处罚制度，其相当于国外的轻犯罪法或者行政刑法，刑法与这些法律的界限需要进一步厘清，应由治安管理处罚法来管的，刑法并不涉及。因此，我国由有关行政管理部门决定和执行行政处罚措施（包括治安管理处罚），由公安机关、国家安全机关、国家监察机关分别执行部分刑事案件的侦查、调查，这与诸多实行分散立法的国家有很大的不同。用《治安管理处罚法》，《行政处罚法》等其他法律规定行政责任，《刑法》统一规定刑事责任，与我国的法律责任体系相协调，否则，连《治安管理处罚法》中也能够规定犯罪和刑法，行政法和刑法也就无法保持较为清晰的界限。

对于张明楷教授所提出的统一刑法典中的空白刑法规定违反了法律保留原则，因而与宪法不相协调的主张，我认为还需要仔细辨析。事实上，从现实角度看，由于社会高速发展，社会生活非常复杂，立法者不可能在各个领域都制定一个非常细致的法律规范。这只能通过立法部门和行政部门的分工协作才能完成。因此，借助于行政法规定罪，是不得已而为之。[②] 其实，即便允许制定附属刑法，在行政刑法中采用叙明罪状，在个别情况下也还得授权行政机关通过抽象的规范来确定处罚范围。例如，即便采用附属刑法的立法模式在《禁毒法》中规定涉及毒品的各种具体犯罪行为，但由于能够使人形成瘾癖的麻醉药品和精神药品是不断变化的，新型毒品尤其是“新精神活性物质”花样翻新、层出不穷，也就必须同时规定“麻醉药品、精神药品管理的具体办法，由国务院规定”，最终对

---

① 山口厚．刑法总论．第3版．付立庆，译．北京：中国人民大学出版社，2018：189.

② 洛塔尔·库伦．罪刑法定原则与德国司法实践．黄笑岩，译//梁根林，埃里克·希尔根多夫．中德刑法学者的对话：罪刑法定与刑法解释，北京：北京大学出版社，2013：117.

于哪些行为构成走私、贩卖、运输毒品犯罪，仍然不得不根据行政机关随时可能更新的毒品“目录”来确定。与此类似，对于非法经营行为，即便在附属刑法中予以规定，但市场监管部门的有关部门规章对行为性质的界定在犯罪判断上仍然具有实质影响，因此，难以认为附属刑法立法就与宪法更协调，多元立法模式的优越性难以就此得到充分证明。

最后，我国社会治理和法律文化传统决定了统一刑法典被赋予特殊使命。我国历史上的《唐律》，内容完备、设计周详，是中国古代法典的代表作，其内容都是“正刑定罪”的规定，是一部统一的刑法典。近代的《大清新刑律》以及《中华民国刑法》都是统一刑法典。这种刑法立法模式及其背后的传统，对当代刑法制度的发展不可能毫无影响。可以说，统一刑法典是我国重要的一项法律制度，是在长期立法实践中总结经验逐步摸索出来的，有其现实意义，也符合中国国情。

3. 统一刑法典之外不排斥单行刑法的存在

刑法典的本意是要对该领域的法律规范尽量全面、统一作出规定。但是，从各国立法实践来看，法典不能绝对实现那一目标。法典的弱点是不太适应现代社会的复杂变化，可能阻碍法律问题的解决，法律修订数量大而且很频繁的倾向也很明显，因此，刑法典的编纂要妥善处理稳定性与变动性的关系，尽可能兼顾规范集成和问题解决两大目标。

未来基于法典编纂的理念全面修订刑法之后，并不排斥通过修正案立法；此外，也还需要制定单行刑法。其实，我国在 1997 年《刑法》颁布之后，就制定一个单行刑法，即《关于惩治骗购外汇、逃汇和非法买卖外汇犯罪的决定》(1998 年)。之所以采用单行刑法的方式，主要原因是 1997 年《刑法》颁布不久，就遭遇了 1998 年的“亚洲金融危机”，当时国内骗购外汇的违法行为呈爆发态势，因此，刑法增设了骗购外汇罪。“当时在修改的形式、方式上，也曾考虑过采用修正案的方式。为此还征询了长期主持立法工作的王汉斌同志意见。他认为还是用决定的形式比较好，因这类犯罪是特定时期特定历史条件下产生的，鉴于当时我国对经常项目下的外汇已实行了自由兑换，资本项目也会逐步放开，到

那个时候这一犯罪的规定是否还有存在的必要还需要研究。现在用决定的形式规定这一罪名比采用修正案方式将其固化在刑法典中，将来处理起来在立法上要方便一些。”[①] 因此，我们确实需要准确认识法典与单行法的关系。法典，是使法律达到体系化的精巧技术，但法典缺乏灵活性、细节性，这些不足需要单行法予以弥补，因此，在“后法典时代”，在刑事领域制定一些单行刑法是必要的。[②]

（二）基于法典编纂的理念全面修订刑法必须进一步落实罪刑法定原则

1997年《刑法》的一大功绩是废除类推，明确规定了罪刑法定原则。在未来基于法典编纂的理念全面修订刑法过程中，如何进一步贯彻落实好这一原则以有效约束司法权，使得一贯地以保护公民权利的面目出现的“确定的”法官裁判更容易求得[③]，无疑是对立法者的一大考验。

理论上很多人认为这一原则仅约束司法机关。但是，这一原则不仅是法律适用原则，而且是刑法的基本原则，其应当对立法权、司法权都有所约束。在我国，罪刑法定原则在如下方面约束立法权：（1）对于没有造成法益实害、危险的行为，不能在立法上规定为犯罪。立法上只是将那些危险性较大的行为挑选出来予以成文化、犯罪化，而不能理会过于琐碎的事情。（2）在刑法分则的具体规定中，必须对个罪确定合理的法定刑，不能在刑法上设置处罚标准跨度过大的具体犯罪，否则，就和罪刑法定原则的精神有冲突。（3）刑罚规定必须明确，禁止在立法上确定过于残酷的刑罚，使得罪刑关系失衡。（4）立法者对刑法规定进行解释时，必须受刑法典的制约，不能脱离文本进行立法解释。

---

① 郎胜．刑法四十年（六）．法制日报，2019-03-27：第9版．

② 这一点在民法典的制定上也是如此。例如，在日本，除了民法典以外还制定了大量的民事单行法，有些是作为民法典规定事项的细则规定而制定的，例如，不动产登记法；有些是为了回应新的社会需求而制定的，比如，各种财团抵押法、租地法、租房法等。因此，为了平衡法典的相对稳定和适应社会发展需要之间的矛盾，在法典编撰过程中，可以将相对原则、较为稳定的内容纳入法典，在此之外，制定少数单行法对法典进行细化、补充。

③ 阿图尔·考夫曼，温弗里德·哈斯默尔．当代法哲学和法律理论导论．郑永流，译．北京：法律出版社，2002：280.

1. 贯彻罪刑法定原则需要减少空白罪状的立法

我国刑法分则的大量条款采用空白罪状的立法方式，行为的违法性需要根据行政法规、部门规章甚至规范性文件确定。从制定法的层面看，行政机关制定的规范对于某些特定行为的定罪发挥了重要作用，这对于一个迫切需要规范调整的中国转型社会来说是必要的。对于这种做法，实务上似乎也没有提出疑问，刑事司法人员普遍认为通过行政行为明确可罚性范围的做法是没有问题的。但是，理论上，由于空白刑法规定太多，行政法规、规章制度甚至行政机关的内部规范性文件对司法实务的影响力过于巨大，行政权取代了刑事立法权和司法权，在一定程度上扩大了处罚范围，冲击了罪刑法定原则。因此，基于法典编纂的理念全面修订刑法必须直面一个很具有挑战性的问题：在刑法分则中尽可能减少空白罪状的立法，减少关于定罪的授权性规定，将罪刑关系明确化，以减少刑法立法在合宪性、合法性方面的疑问。

2. 更加精准把握明确性原则

如果法律不明确，对行为人而言，缺少事前的告知，对其处罚就成为突然袭击；对一般国民而言，个人的行动自由也会受到限制，因此，刑法必须明确、具体，让一般国民具有预测可能性。席勒说过："立法者独自地处理着一种独立而且不肯合作的材料——人类自由"①。不能实现事前告知的规定应当尽可能避免，立法如果违反了这个要求，罪刑法定原则会受到冲击。对此，贝卡利亚论述得非常透彻："从全面计理生活的幸福和灾难来讲，立法是一门艺术，它引导人们去享受最大限度的幸福，或者说最大限度地减少人们可能遭遇的不幸"。而要达到这个目标，"就应该把法律制定得明确和通俗"②。在刑法典编纂中，应该防止对构成要件设置的不确定和模糊性。尤其是在设立新罪时，对处罚行为加以明确界定。

应该说，我国1997年《刑法》基本满足了明确性的要求：（1）把流氓罪、

① 转引自拉德布鲁赫．法哲学．王朴，译．北京：法律出版社，2005：89.

② 贝卡利亚．论犯罪与刑罚．黄风，译．北京：中国大百科全书出版社，1993：104.

投机倒把罪等“口袋罪”分解为内容具体、范围明确的若干种具体犯罪。(2) 对绝大多数犯罪采取一个条文一个罪名的立法方式，尽量明确、具体地描述犯罪构成的特征。(3) 重点严密了多发性犯罪的犯罪构成，设计了与犯罪形式的多样性相对应的多种犯罪构成，实现犯罪行为的类型化；同时，适当采用了堵截构成要件，形成严密法网的格局。例如，对于盗窃罪，1997 年《刑法》在保留 1979 年《刑法》规定的数额较大构成要件的同时，增设了多次盗窃的规定；《刑法修正案(八)》又增设了入户盗窃、扒窃、携带凶器盗窃三种构成盗窃罪的情形，从而弥补了以前对盗窃罪单纯计赃论罪之弊。(4) 对与犯罪构成有关的重要概念（如公共财产、重伤、首要分子、淫秽物品等）由刑法作明确的立法解释。

不过，我国现行刑法在实现明确性方面仍有很多不足，突出表现在：一方面，大量使用高度盖然性条款，以弹性构成要件的立法方法规定犯罪的基本构成要件（情节严重、情节恶劣、数额较大、后果严重）、加重构成要件（情节特别严重、情节特别恶劣、数额特别巨大、后果特别严重）和减轻构成要件（情节较轻）。类似规定，占了刑法分则条文的 1/3 以上。广泛使用类似条款，固然可以弥补刑法对法益保护不周延的不足，不至于放纵犯罪，但却有可能助长司法恣意，偏离公众的可预测范围。因为刑法明确性要求刑法能够为“具有通常判断能力的一般人”所理解，人们能够从中看出对特定行为是否要适用该法规。而高度盖然性条款显然不能为具有通常判断能力的人提供这一认识标准。既然罪刑法定原则以紧缩司法权、保障人权为归宿，那么，盖然性条款过多就有可能使司法机关不知所从，无法选择，增加司法活动的难度。另一方面，刑法对个别犯罪构成要件的设计方面也存在尚待进一步明确之处。例如，受贿犯罪本身是一种多发型渎职犯罪，如果要达到刑法明确性的要求，就应当针对受贿行为设置多个罪名，并描述其罪状。很多国家对受贿犯罪的立法也采取这种模式。此外，我国刑法对收受型受贿罪的成立，还要求符合为他人谋取利益的条件，使得司法机关对行为人具有某种职权而收受他人财物，但为他人谋取利益的行为不明显，或者连为他人谋取利益的承诺都缺乏的行为定罪困难。其实，这种行为的社会危害性是显而易见的：正是因为行为人享有职权，行贿人认为这种职权于己有用才去拉拢、收

买，在这种情况下，虽然收受财物者未为他人谋取利益，但是，权力腐败的可能性却始终是存在的，所以，利用职权收受财物本身就是腐败，收受的财物达到相当数额就是犯罪。对此，外国刑法一般规定单纯受贿罪加以解决。我国刑法在受贿等常见犯罪立法上的不明确、不周密，导致对刑法全面保护法益的期待难以准确实现。

未来基于法典编纂的理念全面修订刑法，对构成要件的设计应当尽可能明确，系统梳理现有规定中的不明确之处，同时要使新设置罪名真正成为现有体系的有益补充，以充分发挥刑法指引行为的功能、实现犯罪预防，同时便于司法机关正确运用。

（三）充分认识谦抑的法益保护对基于法典编纂的理念全面修订刑法的意义

保护法益能够尊重个人自由权利、确保个人发展的机会，有助于建立在保护个人目标上的国家作用的发挥。刑法的目的在于保护法益，这一说法在立法上有特殊的意义：立法不应当逾越法益保护的必要性。

首先，法益能够说明刑法立法的正当性。立法必须要保护法益，脱离法益保护的基本范围的立法欠缺正当性基础。由此可以防止立法参与者自说自话甚至夹带“私货”，寻求对于立法上的利益趋同和最大共识。罪刑规范的设置如果不是为了保护个人自由发展，也不是为了保护“实现个人自由的社会条件”（例如，正常的行政秩序），该规定就不具有合法性。对此，山口厚教授指出：“即便是明确的罚则，若是不当地侵害了国民的自由，仍会被理解为是违宪无效的。像这样的罚则，可以举出将无害的行为作为处罚对象的罚则，因过度的处罚范围而不当地侵害国民的自由的罚则等。”[①] 根据法益保护的要求，能够防止现象立法，即避免针对特定事件和突发社会现象设计构成要件、配置法定刑。现象立法缺乏体系性观念，低估了刑法理论解释实务难题的能力，可能导致规范松散、无体系、无保障和不稳定。只要重视法益的功能，有的现象立法就是不需要的。[②] 坚持法

① 山口厚．刑法总论．第3版．付立庆，译．北京：中国人民大学出版社，2018：19.

② 车浩．刑事立法的教义学反思：基于《刑法修正案（九）》的分析．法学，2015（10）.

益保护，用法益概念约束立法权就能够在很大程度上避免现象立法。

其次，法益是实存的概念。就立法活动而言，进入关注视野的法益一定是以具有经验性、可把握的实体（经验的实在性）、对人的有用性（与人相关的有用性）为前提的。刑事立法只有在有助于保护这种意义上的法益的限度之内才能够被承认，所以，法益必须作为实体存在而且对人有用，具有特殊的价值。通过犯罪预防所要达到的目的，也应该在于保护现实的法益。换言之，法益应以现实的基底为前提，具有存在论基础，否则，每一个犯罪的法益都可能被人为地抽象化为理念型的整体法益概念。“如果放弃现实性的要求，法益将完全丧失其自然属性，成为可以被生造、‘发明’或者随意捏造的面团，彻底失去批判功能”[①]。因此，经验上难以把握、过于抽象的利益不是刑法要保护的法益。这就要求立法者必须就实践中问题的严重性进行深度调研，收集足够多的实例样本，凸显问题的严重性。同时，要尽量防止把社会危害特征暂时不清楚、不清晰的行为犯罪化，确保立法有实证支撑，对立法必要性的阐述具有说服力。[②]

再次，法益说到底是个人利益。立法论上的法益必须能够还原为个人利益，比如公共危险犯罪，因为其可以还原为个人可以感受的利益侵害，因此是正当的，但是，像现行刑法中规定的聚众淫乱罪的保护法益就有疑问，他人发生性行为与一般人的利益受侵害之间的关联性很弱，立法的正当性值得推敲。因此，需要对现行刑法中的某些罪名进行进一步甄别，对于确实属于“无被害人的犯罪”的，可以适度“除罪化”。

在此需要讨论超个人法益或者集体法益的问题，立法中目前增设的一些轻罪被有的学者认为是超个人法益，从而对立法的正当性提出质疑。超个人法益应该可以还原为个人法益，立法必须符合民众的具体感受，如果一种利益无法被还原为个人利益，立法的正当性确实存疑。无论是否采用超个人法益的概念，就立法的正当性而言，超个人法益永远是个人利益的集合，其未必一定是刑法中各个具

① 陈金林．现象立法的理论应对．中外法学，2020（2）．

② 周光权．积极刑法立法观在中国的确立．法学研究，2016（4）．

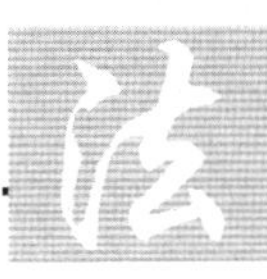

体罪名所保护的个人利益的结合，但是，必须是这个社会中的多数人均可以感受到的利益关系。

最后，立法论中的法益保护是补充性、谦抑性的。刑法所要保护的法益不是全面的、绝对的。刑法的归刑法，行政法的归行政法，实质的法益侵害是否存在成为设置罪名的理由，刑法并不保护单纯的行政监管秩序，对于该秩序的维护动用行政制裁措施就已足够。刑事立法者必须兼顾法益破坏的结果与危险（结果不法），以及侵害行为的种类与实施方式（行为不法），衡量是否将某一社会偏差行为纳入处罚范围，因此，刑法对社会生活的影响不能也不应发挥完整的规范功能，必须坚持刑法的最后手段性和补充性，立法上必须采取慎刑的态度，只有在没有其他处罚手段可以有效保障法益免受侵害的情况下，不得已才设置罪刑规范。"科处刑罚，与对重症病人施行具有危险性的手术可以类比。对于仅服用药物，不需要做手术就可以进行治疗的病人，医生没有必要施行可能使之承受危险负担的手术"①。坚持法益保护的补充性、谦抑性和宪法存在紧密关联，因为刑罚制裁措施涉及人身自由，而宪法强调人身自由的不可侵犯性，其必然要求立法者尽可能限制刑罚的适用，即刑罚只能在没有其他合适的手段确保对法益给予同等保护的情形下，才作为剩余手段加以使用。

（四）增设必要的总则性规定

基于法典编纂的理念全面修订刑法需要研究现行法的总则性规定，基于问题导向有所创新，体现指导理念和刑事政策的变化。

1. 规定轻罪与重罪的区分标准

《德国刑法》第 12 条以 1 年有期徒刑为界对重罪和轻罪进行了区分，低于 1 年有期徒刑或仅判处罚金的为轻罪，其余为重罪。《俄罗斯刑法》将犯罪分为危害不大的犯罪、中等危害程度的犯罪、严重犯罪、特别严重犯罪、异常严重犯罪五类。这些立法不是可有可无的规定，很值得我们借鉴。根据法定刑所表现出来的行为危害程度、罪过形式等在我国刑法典中对重罪和轻罪进行区分有诸多好

---

① 井田良．讲义刑法学总论．第 2 版．东京：有斐阁，2018：19.

处：（1）有助于真正落实罪刑相适应原则。关于重罪和轻罪的规定是刑法典的有机组成部分，预备犯、累犯、前科消灭，量刑以及免除刑事责任的规定等都与此有内在联系。例如，按照轻、重罪的区分，理应仅对实施严重犯罪、特别严重犯罪和异常严重犯罪的预备，才能进行处罚；轻罪的累犯从重处罚相对要轻；轻罪的前科可以消灭。这些蕴含立法者价值目标的分类规范，显然有助于实现犯罪的一般预防和特别预防。（2）对于轻罪的法定最高刑，应当有一个限制。我国现行刑法中不少犯罪的第一档法定刑为5年有期徒刑的规定就未必合适。（3）对于特别严重的犯罪、异常严重的犯罪主观上只能是故意，其法定刑可以设置为10年以上有期徒刑，除此之外的大量犯罪，其法定最高刑应当设置为10年以下，以此实现刑罚的轻缓化。（4）对于不满18周岁的人即使犯异常严重的犯罪的，也不能适用无期徒刑，判处有期徒刑的期限一般也不宜超过10年；在其实施轻罪时，原则上应适用缓刑。（5）有助于实现刑法和刑事诉讼法的衔接，例如，对于轻罪认罪认罚的，可以免除处罚、诉讼程序可以比现在更为简化等。

2. 增设关于结果加重犯的规定

结果加重犯，是指行为人实施了符合某一基本犯罪构成要件中的危害行为，却发生了超过该要件之外的加重结果，对于该加重结果，刑法规定了相应加重刑罚的一种犯罪类型。我国刑法分则大量规定结果加重犯，但由于我国刑法总则中并无结果加重犯的一般性规定，因而加重结果与基本行为之间必须存在何种关联，才符合结果加重犯的客观要件，在实务中的理解并不统一。例如，在为索取债务而扣押他人过程中，被害人苦于还不上巨额债务而自杀的，实务部门也大多认定被告人成立非法拘禁致人死亡。这一做法是不妥当的，因为对结果加重犯的处罚重于基本犯和过失犯数罪并罚的情形（多数结果加重犯的起刑点为有期徒刑10年），因此，为了贯彻罪刑相适应原则，对结果加重犯的成立必须进行严格限定。对此，学者指出，“各种犯罪（也包括像盗窃这样的犯罪）都能够导致反常的严重后果（例如，在追赶过程中摔死了），但是，立法者仅仅在确定的犯罪中，根据它们造成严重结果的一般性趋势来规定一种结果加重的情节，因此，只有在

从基本犯的典型危险中产生结果时，才适用这种行为构成”[①]。

为此，应当考虑在刑法总则中明确规定，加重结果能否归属于基本行为，应当在基本行为与加重结果之间存在直接的风险关联性，或者说基本行为中蕴涵着引起加重结果的内在风险，由此才能够将加重结果评价为基本行为的产物。至于立法上如何具体表述，还可以再斟酌。

3. 增设不作为犯的规定

对不纯正不作为犯，我国刑法总则本身并无规定，理论上由此总是会争议处罚不纯正不作为犯是否违反罪刑法定原则？因为把以“不得杀人”这种禁止规范为原型设计的作为犯的构成要件适用于根据“必须要保护被害人的生命”这种命令规范而成立的不作为犯，总是有学者质疑这样的做法有类推适用刑法规定的危险。

对此，从理论上当然可以回应说：不作为犯违反规范所提出的防止结果发生的命令规范，不作为犯的构成要件就是在作为犯的构成要件中，追加“具有保证结果不发生的义务人的不作为”这一构成要件。这种保证人说，是从刑法分则规定中解读出“不成文的保证人构成要件”追加到结果犯的规定之中。[②] 但是，如果在刑法总则中对不作为犯作出明确规定，就可以消除相关质疑。具体条文设计方案是：“负有特定义务的人，不履行自己的特定义务，造成危害后果的，应当依照本法的规定定罪处罚”。

4. 拓宽违法阻却事由的范围

由于我国刑事司法总体上抗干扰能力比较低[③]，实务中无罪率也很低，如果对违法阻却事由不作更多明确规定，都理解为超法规的阻却事由，那么对被告人的权利保护不利，所以，排除犯罪性的范围应当适度扩大，在正当防卫和紧急避险之外，对于抓捕实施犯罪的人造成损害、受强制后实施的危害行为、执行命令

① 克劳斯·罗克辛．德国刑法学总论：第1卷．王世洲，译．北京：法律出版社，2005：219.

② 这是德国学者考夫曼的说法，松宫孝明．刑法总论讲义．第5版．东京：成文堂，2017：90。

③ 周光权．正当防卫的司法异化与纠偏思路．法学评论，2017（5）.

和被害人承诺等，都应当明确地作出规定，以阻却行为的违法性，这样对个人的行为能够进行指引，用行为规范来统一人们的认识，进而改变审判上对于实质上无害的情形不敢宣告无罪的现状。仅仅依据刑法理论上所讨论的超法规的违法阻却事由来处理案件，对于法官来说存在诸多现实困难，唯有作出明确规定，才能为审判提供规范依据。

5. 对违法性认识作出规定

行为人欠缺违法性认识可能性，以及具有禁止错误的场合，其不具有谴责可能性。为了给被告人“出罪”提供相对明确的裁判依据，改变超法规的责任阻却事由仅有学理解释的局面，可以考虑在刑法总则中明确规定违法性认识问题。对此，2017 年 6 月 1 日最高人民检察院公诉厅《关于办理涉互联网金融犯罪案件有关问题座谈会纪要》（高检诉〔2017〕14 号）有所规定：“实践中还存在犯罪嫌疑人提出因信赖行政主管部门出具的相关意见而陷入错误认识的辩解。如果上述辩解确有证据证明，不应作为犯罪处理”。类似规定具有合理性，可以在未来的法典化进程中加以吸收。

（五）增设必要的轻罪

1. 理念的确立：积极刑法立法观具有合理性

积极刑法立法观和当下我国的社会发展状况之间具有高度契合性。“在一个社会治安总体状况较差、各种复杂疑难案件层出不穷同时立法科学化程度又一般的社会，如果教条式地将刑法自身的安定性奉为圭臬，为此不惜经常性地牺牲具体案件处理的妥当性、合理性的话，不但不会有助于法律至上主义观念的形成，反而是对刑法权威的削弱。”①

持消极刑法观的学者所提出的近年来增设新罪的立法仅具有象征性，增设新罪违反谦抑性，与法益保护原则相悖等观点与理由，是以古典刑法思想为出发点的。但是，该理论不能自在自为地成为绝对真理，在现代社会固执地坚持古典刑法的政策思想是难以为继的。对此，学者在评价德国 1975 年至 2005 年的刑法发

① 付立庆．论积极主义刑法观．政法论坛，2019（1）．

展趋势时指出，刑法立法呈现两大趋势：经由犯罪化和刑罚严厉化而进行的刑法扩张；通过去除明确和有约束力的规则而出现的刑法灵活化。现在的刑法典“背离了古典自由主义的、旨在保护个人权利的刑法模式，而总是延伸到新的领域，如环境、毒品、有组织犯罪、恐怖主义、高科技犯罪和产品责任。……德国刑法并非在谦抑，而是在不断向外扩展，其中包含了远远处于‘古典’刑法理论之外的领域”[①]。从教义学的角度看，过于保守的古典刑法观，将处罚局限于不法特征极其明确的实害犯，对不作为犯、未遂犯、抽象危险犯尽量不处罚的立法方案，是一个“失败的方案”[②]。因此，反对增设新罪的主张既不符合时代要求，对问题的讨论也过于宽泛，如同“拳头打在棉花上”，不具有现实针对性。事实上，面对某些“法无明文”的严重或者新型危害行为，司法一方面不得不进行处理以回应民众的呼吁，在社会治理进程中发挥刑法应有的功能，另一方面又必须直面刑法立法上轻罪设置少、规范支持不够的难题。两相权衡之后，司法往往基于其处罚冲动柔性地、灵活地解释刑法，在罪刑规范不明甚至缺乏的情形下适用重罪处理“难办”案件。对此，简单地指责司法机关违反罪刑法定原则，既不能抑制司法上处罚扩张的现实、不能消除司法困惑，又无助于保护被告人权利，无法使其免受更重的刑罚，解决之道就是增设轻罪。不及时增设轻罪，并不意味着司法上就一定会保守到对那些明显难以容忍的恶行一概都不予处罚，被告人最终所受的定罪处罚很可能会比立法消极论者所预想的还要重。因此，增设必要的轻罪，对于提供足够的裁判支撑、消除司法困惑，防止重罪被误用和滥用，实现妥当的处罚，均具有实际意义。[③]

事实上，最近三四十年，各国立法上极力扩大处罚范围的犯罪化趋势都不是一时的心血来潮，在今后一段时期内还会持续下去。[④] 自 1969 年至今，经过五十

---

① 埃里克·希尔根多夫．德国刑法学：从传统到现代．江溯，黄笑岩，等译．北京：北京大学出版社，2015：25.

② 罗克辛．刑事政策与刑法体系．蔡桂生，译．北京：中国人民大学出版社，2011：65.

③ 周光权．论通过增设轻罪实现妥当的处罚：积极刑法立法观的再阐释．比较法研究，2020（6）.

④ 敦宁．刑法谦抑主义的西方立场与中国定位//赵秉志．刑法论丛：第 52 卷．北京：法律出版社，2018：242.

余年的刑事立法发展，德国刑法中的犯罪范围逐渐扩大，制裁体系日益完善。立法者不仅在侵犯人身法益的犯罪、经济和财产犯罪、危害公共安全的犯罪、环境犯罪和性犯罪等领域增设大量条款，对刑罚、刑事没收制度的改革也卓有成效。自20世纪90年代起，德国在恐怖主义犯罪、有组织犯罪等领域的立法活动非常频繁，刑法扩张的趋势更加明显。近年来，德国已经开始用刑法手段对社会生活的各个领域进行规范，反映出刑罚处罚早期化、重刑化的趋势。[①] 日本国会近年来通过了大量刑事法律，对刑法进行频繁修改，到2017年6月，日本国会更是通过了关于修改有组织犯罪处罚及犯罪收益规制法部分规定的法律案，该法也被称为“共谋罪法”。该法规定，恐怖组织和其他有组织犯罪集团计划从事本法列举的法定刑为4年以上有期徒刑或无期徒刑、死刑的犯罪，二人以上策划有组织地实施该犯罪，并且有策划者已按照计划准备物资、查看现场或实施其他犯罪准备行为的，按情节轻重，对策划者处以最高5年以下惩役。[②] 日本刑法立法的积极和能动是显而易见的。

在这里还需要澄清的是：由于我国刑事立法坚持违法与犯罪的二元体系，尽量不将一般违法行为入罪，那么是否就不宜再增设过多轻罪？对此的回答是否定的，理由在于：(1) 任何国家的刑法中都有大量轻罪。轻罪可能被规定在统一刑法典中，也可能被规定在行政刑法中，没有足够数量的轻罪的刑法立法是无法想象的。(2) 在中国，如果不规定轻罪，由于我国法院判处的无罪案件极少，被起诉到法院的案件，在没有对应轻罪（如高空抛物罪）时，法院极有可能类推适用重罪（如以危险方法危害公共安全罪）。(3) 从目前立法看，每一个轻罪的设立，都对应着类型化的危害行为及法益侵害或者危险，都有其必要性。(4) 有些轻罪似乎被泛化（如危险驾驶罪），但主要是实务操作上对于构成要件、法益侵害以及违法阻却事由的把握上出现了问题，责任不在立法上。因此，不能笼统地、抽象地批评立法，不能认为我国的立法不再坚持区分违法与犯罪的二元体系。

---

① 金燚．德国五十年刑事立法发展史的考察、评析与启示．德国研究，2020 (2).

② 张明楷．日本刑法的修改及其重要问题．国外社会科学，2019 (4).

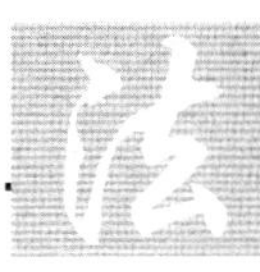

2. 应当考虑增设的轻罪

（1）设置发生率很高、各国普遍处罚的轻罪。我国现行刑法以及随后的修正案规定的具体犯罪看似很多，但由于大多缺乏类型性，从而产生许多处罚漏洞。缺乏类型性的一个突出表现是，对许多犯罪缺乏基本法条的规制，导致原本只需要一个法条就可以描述的犯罪行为，刑法典却用了十几个法条甚至更多，但仍然存在漏洞。例如，刑法有近二十个条文规定了背任罪的诸多特别情形，但没有关于背任罪的一般法条，导致对某些危害很严重的行为无法处理。类似问题在强制类犯罪中也存在。此外，刑法仅规定伪造、变造国家机关公文、证件、印章罪，未将使用伪造、变造的国家机关公文、证件、印章的行为犯罪化，导致危害更严重、更容易查证的行为不受刑法处罚。此外，在自然犯领域，刑法还应当增设一些重要的常见犯罪如暴行罪、胁迫罪、泄露他人秘密罪、侵夺不动产罪、伪造私文书罪、使用伪造、变造的文书罪等，以维护刑法的稳定性与正义。在法定犯领域，关于交通安全、食品安全、药品管理、环境保护、克隆技术、基因编辑以及金融等领域，也还需要增设大量的行政犯予以规制。①

（2）为弘扬社会主义核心价值观，有必要增设特定情形下的见危不救罪。对此，学者指出，就陌生人之间的见危不救而言，有“见义不为”型的见危不救和“举手不劳”型的见危不救之分。对自身或者第三人没有现实危险的救助他人生命的“举手不劳”型“见危不救”，不仅不会给自己增加负担，而且还会救助刑法中最为重要的保护法益即他人生命，增加社会整体利益，属于利人利己的行为，无论在保护法益上还是在维持社会生活秩序的最低限度上，都有入刑的必要。这种行为入刑，属于没有风险的行为，不违背人性，与刑法义务道德化无关，既不会导致偶然责任，也不会违反刑法谦抑性原则。不仅如此，在本罪设立之后，还可将历来被以作为犯处罚的部分见危不救行为吸收进来，使得有关不救助行为的处罚更加完善合理。②

---

① 张明楷．增设新罪的观念：对积极刑法观的支持．现代法学，2020（5）．

② 黎宏．一定条件下的见危不救入刑研究．中外法学，2018（3）．

（3）对现有部分罪名进行整合，对部分罪名进行分解，形成相应的轻罪。需要整合的情形，例如，目前针对增值税发票的犯罪以及所有发票的犯罪罪名太多，给人以较为凌乱的感觉，需要进一步整合，可以考虑设立一个虚开发票罪，规范所有虚开发票（包括增值税专用发票）的行为；对于妨害税收征管和追缴的犯罪都设计为结果犯，并用专门的一条规定对所有涉税犯罪，只要补缴税款、接受行政处罚并缴纳滞纳金的，不予定罪处罚，而不是将这样的除罪规定仅适用于逃税罪。为严厉惩治腐败犯罪，应当删除具体渎职犯罪中的“徇私”；删除受贿罪中为“他人谋取利益”的规定，增设事前受贿罪、事后受贿罪、单纯受贿罪、约定受贿罪等新罪，形成贿赂犯罪的“罪群”。需要进一步分解细化的情形很多。比如对故意毁坏财物罪，《德国刑法》从第 303 条起分别规定了物品毁坏罪、数据毁坏罪、对计算机的毁坏罪、损害公共利益的物品毁坏罪、建造物的毁坏罪、重要生产工具的毁坏罪等罪名，我国的相关罪名设置还很有限，增设轻罪就是必要的。

（4）适应社会发展需要，及时增设相当数量的轻罪。

一方面，对涉及人类生存环境的犯罪需要做大量规定，比如对破坏环境的犯罪，我国只笼统规定了一个污染环境罪，而德国刑法分别针对土壤、水域、大气、噪声等领域的污染，设置了独立罪名，并对行为进行了详尽的论述，从而全面保护法益；日本刑法也对各种具体污染环境的行为设置了多个罪名。此外，对涉及新型权利的犯罪，比如对噪声污染、性骚扰、严重侵害劳动者休息权利、堵塞交通等危害行为，还需要增设一些适当的罪名。[①]

另一方面，对于涉及信息网络技术运用的领域有必要增设足够多的轻罪。这里以妨害业务罪为例进行分析。在实务中，大量利用计算机信息系统妨害业务的行为大多以破坏生产经营罪定性，这使得罪刑法定原则在现代信息社会所面临的冲击超过以往任何时候。但是，破坏生产经营罪的客观行为是毁坏机器设备、残害耕畜或者“其他方法”。这里的“其他方法”，应当是与毁坏机器设备、残害耕

① 周光权．转型时期刑法立法的思路与方法．中国社会科学，2016（3）．

畜相类似的行为，而不是泛指任何行为，因为本罪与故意毁坏财物罪之间存在法条竞合关系，本罪是特别规定，即采用故意毁坏机器设备、残害耕畜等方法破坏生产经营。具体而言，在司法实务中，破坏生产经营的"其他方法"，主要表现为破坏电源、水源，制造停电、停水事故，破坏种子、秧苗，毁坏庄稼、果树，制造质量事故或者责任事故等。而这些方法都是物理性的对生产资料的破坏、毁坏。此外，在解释破坏生产经营罪的客观构成要件时，明显有一个"同类解释规则"的运用问题，即对于兜底条款的解释应当和并列的条款具有大体相当性，将其与之前明确列举的行为进行对照，使之在行为方式和侵害对象上保持一致。那么，行为必须表现为毁坏、残害等毁损，且毁损的对象必须是机器设备、耕畜等生产工具、生产资料时，才有可能构成破坏生产经营罪。在使用前述实行行为之外的其他手段妨害他人正常进行的业务时，司法上基于不当的政策考虑进行刑法的"软性解释"以扩张处罚范围，这种见招拆招的做法始终面临违反罪刑法定原则的质疑，使破坏生产经营罪沦为"口袋罪"。为惩处形形色色利用信息网络妨害业务的危害行为，填补过往立法"意图性的法律空白"，降低罪刑法定原则所承受的压力，有必要增设具体的妨害业务罪，以全面保护法益。①

（六）刑罚及配套处罚制度的合理化、体系化

1. 比例原则（罪刑相适应原则）

立法者运用刑罚的合法性在于对一般预防的追求，在此过程中应当遵循犯罪人再教育原则以及针对有责性侵害的法益保护比例性、补充性原则所提出的各项限制。② 比例原则所要求的是通过科处刑罚所追求的社会效益（预防具有社会危害性的行为）应当与刑罚本身蕴含的成本（尤其是对公民人身自由、财产以及名誉等方面的剥夺）在观念层面做相应的对比。如果从社会效用角度看，刑法的运用对于社会及个人造成的损害和刑罚产生的预防效果不具有可比性，立法者应当

① 周光权．刑法软性解释的限制与增设妨害业务罪．中外法学，2019（4）．

② 艾米利·多切尼．意大利法律制度中的犯罪：概念及其体系论．吴沈括，译．清华法学，2016（1）．

放弃对相关行为的惩罚。只有在有责性基础上对某一法益造成的足够严重的侵害，才值得诉诸刑罚。

在此，不能简单地认为犯罪的一般预防效果与刑罚的轻重成正比，进而轻易提高刑罚，这样反而会“钝化”国民对刑罚的感受，最后只能是不得不再次提高刑罚。就特殊预防而言，以隔离为中心的消极的特别预防得到强化，以教育改善为内容的积极的特别预防趋于衰退，减刑、假释都很困难，国民对羁押的长期化有一种期待，罪犯很难回归社会。

2. 消除对重刑化的误解

刑法最近不断创设新的处罚规定，或者提高现有犯罪的法定刑，进入了刑事立法的活跃化时代；实务上，对行为人科处超出其责任的刑罚的危险随时存在，但实际效果上并不能实现最合适的预防。因此，从目的和理性的视角不能将重刑主义予以正当化。处罚严厉化的倾向来自通过刑罚制裁就能有效保护法益的误解。直接保护法益的是行为规范，制裁规范只不过是间接地保护法益而已，此外，保护被害人的报应感情这一点也促进了这种倾向。但是，行为规范的任务是保护法益。在法益当中不包含被害人的报应情感的内容，否则就无法防止国家权力的滥用。

立法对刑罚的设置应当尽可能轻缓化。政策对个人权益的限制，唯其在合乎防止犯罪目的所需的最小限度内，在程序及实体方面均为适当时才能进行，因此，反对重刑配置应当是现代刑法立法的题中之义。立法问题涉及错综复杂的相互关系，与整个社会系统的互动性特别强。如果立法大幅增加对特定犯罪的最高刑，该类犯罪也许会下降，但是，一个未预期且不可避免的副产品就是另一类关联的犯罪也许会上升，因为实施关联犯罪所受的惩罚更轻，成本更低。犯罪的成本之一是预期的惩罚，对甲罪处罚重，行为人就可能用乙罪来置换。①

此外，对某些特定犯罪的刑罚配置问题需要专门研究，例如，对付经济犯罪需要高度的政策性。发达国家经济犯罪的刑罚大多不重，而发展中国家的刑法中

① 理查德·波斯纳．法官如何思考．苏力，译．北京：北京大学出版社，2009：70.

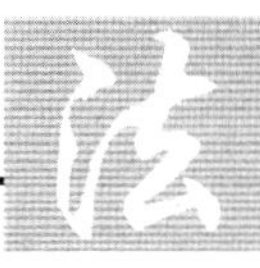

经济犯罪的刑罚较重。为了促进经济发展，在制定有关经济犯罪的刑法规范时，必须实现刑事政策的合理化，不宜打击面太大，更不要动辄使用重刑。“从宏观上看，经济犯罪是经济生活参与人在发展商品经济活动中附随产生的消极行为（在这一点上，它不同于其他所有犯罪），为了维护经济秩序必须惩罚这种犯罪，但是如果处罚过重，则可能在惩罚犯罪的同时遏制了参与经济活动的积极性。”①

3. 死刑的进一步限制

1997 年《刑法》规定了 68 个死刑罪名，但多数犯罪的死刑在实践中较少适用。近年来，尊重和保障人权逐步成为我国民主法治建设过程中所秉持的一个重要理念。2012 年，我国首次发表《中国的司法改革》白皮书，指出死刑直接关系到公民生命权的剥夺，适用死刑必须慎之又慎。党的十八届三中全会明确提出，逐步减少适用死刑罪名。经过《刑法修正案（八）》《刑法修正案（九）》两次修改后，死刑罪名降至 46 个。死刑罪名减少后，我国社会治安形势总体稳定可控，一些严重犯罪稳中有降。刑法修正案取消 22 个罪名的死刑，没有对社会治安形势形成负面影响，取消死刑后最高还可以判处无期徒刑，也不会放纵罪犯。

在此背景下，需要考虑进一步削减死刑罪名的问题，今后应当逐渐过渡到死刑只适用于情节严重的故意杀人犯罪（包括故意杀人罪，以及实施抢劫、强奸、放火等罪致人死亡的情形），即“有命案”的场合，从而减少死刑适用。虽然在民众的一般意识当中，看重报应和过高估计死刑功能的思想根深蒂固，但对罪犯适用死刑过多，同刑事立法的内在的逻辑相矛盾，对死刑有必要进行全面限制。基于此，建议进一步同步修改《刑法》第 49 条第 2 款，将“审判的时候已满七十五周岁的人，不适用死刑”的年龄界限予以降低。其实，在俄罗斯刑法当中，对已满 65 周岁的男子就不适用死刑。我国现有的规定并未充分体现对老年人的体恤，也没有顾及我国人均寿命的情况，以及已满 75 周岁以上老年人实施暴力犯罪极少的现实，因而需要进行修改。

---

① 杨春洗．刑事政策论．北京：北京大学出版社，1994：37.

4. 关于法定刑的协调

不同犯罪之间刑罚的协调是基于法典编纂的理念全面修订刑法需要解决的一大难题。例如，(1) 集资诈骗罪与非法吸收公众存款罪并不均衡；(2) 挪用资金数额特别巨大的，判处 7 年以上有期徒刑，比对应的挪用公款罪要重；(3) 收购野生动物法定刑比收买被拐卖的妇女、儿童法定刑要重；(4) 故意伤害罪和组织卖血罪的法定刑明显不协调；(5) 抽逃出资罪与挪用资金罪的法定刑失衡；(6) 行贿与受贿罪的处罚也不平衡。(7) 对于民营企业从业人员过于重视对其处罚与国家工作人员的平等性，进而提高职务侵占、挪用资金等罪的法定刑，未必具有合理性。(8) 绑架罪的起刑点为 5 年，比故意杀人罪还重，与罪刑相适应原则有抵触，需要对本罪及其他犯罪的起刑点进行系统研究。如此等等，不一而足。

5. 其他相关处罚制度的建构

首先，基于刑罚轻缓化以及与认罪认罚从宽制度相衔接的需要，对增设的许多轻罪的法定最高刑设置为 1 年以下有期徒刑。要考虑将认罪认罚、退赃从轻处罚规定“总则化”。《刑法修正案（九）》第 44 条规定，犯贪污罪，在提起公诉前如实供述自己的罪行、真诚悔罪、积极退赃，避免、减少损害结果的发生，有第一项规定情形（数额较大或者有其他较重情节）的，可以从轻、减轻或者免除处罚；有第二项、第三项规定情形（数额巨大或者有其他严重情节的、数额特别巨大或者有其他特别严重情节）的，可以从轻处罚。这一规定实际上确立了认罪认罚从宽处理的实体法地位，有其合理性，但仅作为分则性规定适用于贪污贿赂罪，不能“惠及”能够退赃的普通财产犯罪和经济犯罪，就既与这一规定的重要性不相匹配，也与刑法面前人人平等的原则相悖，且未充分考虑对大量轻罪不宜重罚的现实，需要提升该规定的地位，将其作为总则条文进行设置。[①] 其次，要考虑增设新的刑种，如强制社区劳动、剥夺勋章或荣誉称号等，为司法上实现罪刑相适应提供更多选项。再次，对赃款赃物的追缴，在符合一定严格限制条件的前提下适用善意取得制度。最后，要考虑降低犯罪附随后果的严重性，对应修改

① 周光权．积极刑法立法观在中国的确立．法学研究，2016 (4).

《政务处分法》，对某些轻罪（如危险驾驶等罪）的非刑罚附随后果，需要认真研究，妥善作出规定，使犯罪的附随后果符合比例原则要求。

四、基于法典编纂的理念全面修订刑法的相关问题

“启蒙运动确立的信念，使人相信法律可以建立在理性的基础上，这种理性的动机导致了法律变革，导致了理性与民法传统联盟，促成了官方编纂法典”①。法典应当关注特定时代所提出的现实问题，回应民众的关切，将内容相同的规定科学、有序地整合在一起，并为司法活动提供足够数量、尽可能明确、没有内在矛盾的裁判规则。在基于法典编纂的理念全面修订刑法过程中，还有一些与此相关重要问题需要研究。

（一）必须更加突出刑法典的中国特色

前已述及，我国从 19 世纪中叶以后，在很大程度上受德国、日本影响很深，主动学习外国的立法技术，以自由、民主、人权的观念为基础开展近代刑法立法，许多刑法制度采用欧洲的法律思想，与中国传统社会的基本理念有一定冲突，取而代之的是西方工业和商业社会的刑法制度，与我国社会的具体情境存在脱节，不符合中国现实的需要。那么，刑法改革必须要具有合理性、实用性、容易被司法人员所掌握，符合中国的社会的特点。“社会在发展，犯罪也在变化，研究解决惩治和预防违法犯罪实践中遇到的新挑战、新问题，为犯罪及其惩治划杠杠、定规矩，是刑法立法面临的重要任务。坚持问题导向，从我国国情出发，针对实践中出现的新情况、新问题，及时对法律规定作出调整，以适应维护国家安全、社会稳定和保护人民的需要，是刑法修改中一贯坚持的原则，是实事求是思想路线在刑法立法活动中的体现。”② 基于法典编纂的理念全面修订刑法必须

---

① 艾伦·沃森．民法法系的演变及形成．李静冰，姚新华，译．北京：中国政法大学出版社，1992：135.

② 郎胜．我国刑法的新发展．中国法学，2017（5）.

立足于实证分析，充分关注当下犯罪的态势。社会治安状况是检验现行刑法效果的主要标准，也是调整刑事法律制度的原始动因；某种危害行为的种类、发生频率、强度等，是制定刑法的基本出发点。

基于法典编纂的理念全面修订刑法应当尊重犯罪防控规律，对症下药，有的放矢，而不能违背事物发展规律，陷于空想，想当然地设计一些制度，要对犯罪成因的多样性、犯罪现象的复杂性、与犯罪斗争的长期性具有清醒认识，其所建构的法律制度才能回应中国社会现实需求，也才能在刑法典中充分实现宽严相济、赏罚分明的治理策略，展示民为邦本、本固邦宁的民本理念，追求天下无讼、和为贵的价值目标，贯彻明德慎罚的慎刑思想、罚当其罪的平等观念，以及保护鳏寡孤独、老幼残疾的恤刑原则，使我国刑法成为世界法律之林中特色最为鲜明、历史底蕴最为深厚、文化根基最为坚实的法典。

（二）理性对待民众的重罚呼吁

人民民主是一种全过程的民主。民众对犯罪和处罚的态度如何，在很大程度上是衡量一个国家文明程度的重要标志之一。在基于法典编纂的理念全面修订刑法过程中，需要认真开展调查研究，广泛听取民意，开门立法、问法于民，尊重民意，把全过程民主贯彻到编纂工作的各个环节。

当然，强调民主立法并不是对“众声喧哗”不加甄别。世界各国的立法实践已经表明，民众支持实施严厉刑罚的呼声很高；在刑事立法过程中，公众自觉或不自觉地会发出重罚呼吁，会通过各种渠道表达增设新罪、加重处罚的愿望，对刑法管理、控制社会的能力提出极高的期待，这一点无论是在英美国家还是欧陆各国都是如此。① 如果基于法典编纂的理念全面修订刑法对此“照单全收”，对法治国家刑法的司法运作会有消极影响。立法者需要关注民众对犯罪的恐惧感，但也应当理性评估刑法的功能，对于民众加重刑罚的呼声需要保持谨慎，不能单纯为了让国民有安全感而在某种行为的发生率并未增加，危害也并未提升的情况

---

① 罗伯特·卡根．美国与欧洲法律之路：六个根深蒂固的差异．高鸿钧，译//沃尔克玛·金斯纳，戴维·奈尔肯．欧洲法律之路：欧洲法律社会学视角．北京：清华大学出版社，2010：68.

下规定象征性的立法，或者相对随意地提高法定刑。在现代社会，各种媒体尤其是自媒体极其发达，其会放大社会的不安定这一侧面，会让普通人产生随时可能遭受犯罪侵害的错觉，这一定会对立法者产生很大影响。但是，这样一些媒体宣传未必有合理根据。在国民出现这种不安全感时，最主要的是及时澄清事实，提供准确的报道，而不是仓促回应国民的呼声进行象征性立法。“刑法严厉化的趋势看来可能是一系列成问题的发展的产物，并因此必须给予质疑地观察”[①]。一味迁就民众的重罚愿望，不但不会消除国民的很多疑问，而且会产生加深不安的负面效果。

此外，值得关注的是，有些重罚呼吁是被害人一方发出的。“随着犯罪——对犯罪被害以及应付犯罪被害之风险和恐惧的经历——成为日常生活中维持经济安全的经常性特征，犯罪日益成为政治问题，‘刑罚民粹主义’的时代出现了”[②]。对此，尤其需要立法者理性对待。刑法确实需要顾及被害人利益的保护。但是，正如日本学者所指出的那样，如果为了满足被害人一方的处罚要求，立足于这种被害报应思想，责任主义就得不到重视，从故意犯与过失犯之间责任程度差别很大这一点来看，对结果并无故意的危险驾驶致死伤罪的刑罚，最高到20年；连属于纯粹的过失犯的驾车过失致死伤罪的刑罚最高也达到7年，这就逾越了“刑罚与责任相适应”的原则。对加害人进行处罚，无法恢复被害人所遭受的损失，也就是说处罚加害人，不能救济被害人，这种认识才是被害人救济的真正出发点。[③] 按照上述逻辑，对于刑罚的设置不应当受到舆论、民众乃至被害人非理性呼吁的左右。坚守这一点，在“涉众型”经济犯罪的犯罪范围和法定刑设置中显得尤为重要。随着社会交往高度复杂化，刑法需要保护投资者、消费者权益，经济生活当中参与者因为缺少相关知识、信息而无法作出准确判断，其参与

① 井田良．社会变迁背景下日本刑法的发展．樊文，译//陈泽宪．刑事法前沿：第7卷．北京：中国人民公安大学出版社，2013：272.

② 尼姑拉·蕾西．囚徒困境：当代民主国家的政治经济与刑事处罚．黄晓亮，译．北京：中国政法大学出版社，2014：16.

③ 松原芳博．刑法总论重要问题．王昭武，译．北京：中国政法大学出版社，2014：9.

经济活动的自由决定权被侵犯，这样就出现增设新罪的呼吁，此时，刑法家长主义的适用领域也在不断地扩大。自己决定权被作为宪法上的权利而受到有力保护，被刑法的基本原理所认可。自己决定权只赋予“具有成熟的判断能力的人”。对于没有该种能力的人（包括无责任能力的人以及自由决定权受到限制的人）而言，从缓和的刑法家长主义出发，为了保护其本人的利益，在一定范围内可以用公权力对其自主决定权进行有限的干涉。① 但是，过多地适用刑法家长主义增设犯罪保护投资不慎的个人，公众会增加对国家的依赖感，进而出现大量“涉众型”经济犯罪，这些犯罪的范围不断扩大，刑罚也不断加重，这样会强化人们的自我暗示：自己属于缺少自律性的弱势消费群体，处于需要国家法律保护的地位，自己的投资利益受损之后会得到国家的保护。这种观念的蔓延不利于国家治理现代化的实现，因此，自我决定权受损后得到刑法保护的情形是有所限定的，对这类犯罪的刑法规制也一定有其边界。国家不能将“体感治安”的恶化、投资失败的挫败感作为立法理由之一，更不宜通过重刑化来象征性地消除这种不安，否则，刑罚就会沦为国家自导自演、国民自我满足的手段。

（三）不能对完善刑法典提出不切实际的要求

对于刑法典无论进行何种程度的“精雕细刻”，其都只能就一些重要制度作出符合时代要求的规定，不能对刑法典提出“包罗万象”“一网打尽”的期待。法典不应当一步到位地颁布，而应当以逐步立法的方式分阶段进行，否则会给立法者带来不可承受之重。编纂法典不应该使法律陷入固化状态，由于科学技术的飞速发展，法典在整体上和结构上都依赖于开放性和情势反应能力。在某一领域制定最终的、一劳永逸的规则的观点注定是无法立足的。学者指出，立法者将一定范围内的决定权交给法官这样的情形并不少，立法者不可能将所有的事态都考虑进去之后再立法，在制定法律的时候，立法者通常会在大脑里想象各种案件，然后，在其中的某处引出一条线而制定规则。但人的想象力具有极限，不可能对所有案件的细节毫无遗漏地想象出来，因此，在一定范围之内，将某些场合授权

---

① 曾根威彦．刑法学基础．黎宏，译．北京：法律出版社，2005：58.

给对具体案件的细节能够现实地认识，并在此基础上进行判决的法官去处理可能更好一些。这样的话，立法者在某种程度上不得不任由判例发展，而自己只能作一些基本的决定。那么，法官和立法者之间的作用的分担，就是要考虑的，立法和裁判的关系就非常微妙。①

法典由立法者制定，由法学家和司法者所解释。重要的不是苛求立法，而是在适用时敢于解释、准确解释刑法。立法不可能达到完美无缺的程度，司法上的明确性至关重要。某些刑法规范，其含义本身不是特别明确时，要借助法官之口，使立法主旨转化为司法上的明确性；某些可以作多重理解的刑法规范，需要通过司法行为确定其基本含义；某些存在相互对立的理解的规范，更需要通过法官的裁判展示国家的基本价值取向，从而使得刑法规范明确化。可以说，没有积极的、敢于解释和善于解释的司法裁判，就没有刑法的明确性，罪刑法定原则的生命力也就不存在。由此看来，实现罪刑法定原则在中国的再次启蒙，使之在立法论和司法论上都得到重视，可能是一个紧迫的任务。

（四）刑法学应当对基于法典编纂的理念全面修订刑法贡献更多智慧

“法典是法学研究和立法者意志的结合，因此，它既不是一部法学家的专著，又不是一部法规集，而是二者的结合。”② 近二十多年来，我国刑法立法发生了巨大变化，处罚的早期化、有效性明显增加，处罚范围更广，刑法深刻影响社会，且这种改变取得了很多正面的效果。但是，我国刑法学无论在概念还是方法论上，对于顺应时代发展、回应这种变革似乎还没有充分准备好，对立法的许多批评也还停留在想当然的层面上，对于犯罪变化及社会治理策略提升的认识还不那么深刻。如果承认基于刑事政策的立法是功能主义的，那么，刑法学也必须以功能主义的面目出现，理论层面的很多改变就是当然的、刻不容缓的。

就未来基于法典编纂的理念全面修订刑法而言，一方面，刑法学需要适度反

① 平野龙一．刑法的基础．黎宏，译．北京：中国政法大学出版社，2016：180.

② 桑德罗·史奇巴尼．法学研究方法以及对古罗马法学著作和近现代法典结构体系中若干问题的思考．比较法研究，1994（2）.

思站在古典法治主义立场的话语系统过于笼统、模糊，无法回应当代中国复杂的社会问题、犯罪现象。所以，不宜简单地批评立法，而应该反过来思考立法变革会对刑法学发展带来何种冲击，重新定位刑法学在现代社会的使命。在新的立法改革趋势面前，刑法理论应当重新审视自我定位，正视自身的不足，在概念、工具和方法论上更新。如此，才能在新的刑法变革时代找到自身的价值①，从而在基于法典编纂的理念全面修订刑法过程中以更加合作的姿态出现，并从中寻求刑法解释学发展的契机。

另一方面，在提出立法建议时，需要考虑有关方案的科学性、可行性。例如，有的学者建议，对于行为人实施教唆行为的，应当在分则中设置独立的“教唆罪”进行处罚。② 但是，如果该罪对被告人的内心意思流露就予以处罚，显然违背了行为主义，比在日本饱受批评的共谋罪走得更远，因为行为主义要求至少必须形成共谋，而且有人基于合意去实施危害行为并侵害法益的，才能对共谋者处罚。仅仅表达教唆的意思，通过语言文字进行指使、唆使的，其对法益的侵害极其抽象，规定独立教唆罪究竟是处罚行为的危险性，还是处罚行为人意思的危险性，并不明确，与刑法客观主义的立场相抵触。

五、结　语

在《民法典》制定出台以后，应当将基于法典编纂的理念全面修订刑法，打造刑法典的“升级版”提上议事日程。如果与法典化的内在要求相契合、科学合理的刑法典无法制定出来，真正的法典化体系就难以形成。我国作为人口大国、地域大国，国家的统一和政权的稳定，以及惩罚犯罪的现实需要，对于刑法立法提出了很高的要求，能够回应这种要求的，并不是一个接一个的刑法修正案，而是基于法典编纂的理念系统、科学、全面地修订刑法典。

① 米夏埃尔·库比策尔．德国刑法典修正视野下的刑事政策与刑法科学关系研究．谭淦，译．中国应用法学，2019（6）.

② 孙运梁，宁鲜鲜．试论独立教唆罪的设立．聊城大学学报（社会科学版），2014（1）.

制定一部统一的刑法典，需要足够多的努力，而且必须减少各种阻力。[①] 在具体立法过程中，应当始终立足于以人民为中心的立法理念，认真梳理最新理论研究成果，吸纳司法实践的成功经验，加强刑法与民法、行政法、经济法社会法等其他部门法的衔接，提升中国特色社会主义法律体系的统一性、协调性，在刑法中增设一系列重要制度，立足中国国情，坚持系统思维，展示刑法典的中国特色，解决实践中的难题，不刻意追求法典的条文数，不照搬照抄国外的立法模式。只要各方面齐心协力，就一定能够制定出一部更加符合时代要求、内在结构更为合理、能够管长远的刑法典[②]，切实促进刑法典的实质优化、长期稳定，确保基于法典编纂的理念全面修订刑法成为贯彻习近平法治思想的生动实践。

当然，要推动刑事立法精细化，注重法律的实用性，形成特色鲜明的社会主义刑法典，绝不能急于求成。学者指出，制定任何一部法典都会引发漫长的争论。[③] 基于法典编纂的理念全面修订刑法从提出动议、着手起草到最终完成，需要相当长的时间。当下要有大致的时间表、路线图。笔者的建议是：尽快对基于法典编纂的理念全面修订刑法进行调研，观察我国社会的深刻变化，密切关注其他部门法立法活跃化的现实，用足够的时间稳步推进起草、整合以及刑法典大规模修订的工作，到时机成熟的时候正式颁布精心汇编、纂修的刑法典，大幅度提升我国刑事领域的国家治理能力和治理水平，以展示大国治理的新气魄、新成就，向世界法治文明贡献中国智慧、中国方案。我们完全有理由相信“一部法典最令人瞩目的特征是它标志着一个新的开端”[④]。

---

① 李斯特．德国刑法教科书．施密特修订．徐久生，译．北京：北京大学出版社，2021：59.

② 一个国家的刑法典能够在100年以上持续发挥作用的情形并非绝无仅有。典型的例证如《德国刑法典》，其制定于1871年，施行了相当长时期，直到1975年才被《联邦德国刑法典》所取代，后者虽经无数次修订，但其作为现行的“核心刑法”一直在德国发挥作用；日本刑法典制定于1907年，虽然做过多次修订，但历经110余年其基本构成并无变化，一直沿用至今。

③ 本德·吕特斯，阿斯特丽德·施塔德勒．德国民法总论．第18版．于馨淼，张姝，译．北京：法律出版社，2017：5.

④ 艾伦·沃森．民法法系的演变及形成．李静冰，姚新华，译．北京：中国政法大学出版社，1992：153.

第三章　我国应当采用统一刑法典立法模式

刑法立法模式，大致包括统一刑法典模式和分散型立法模式两种，后者在核心刑法之外还包括单行刑法和附属刑法。由于统一刑法典立法模式也可能制定单行刑法，因此，其与分散型立法模式的差异在于是否承认附属刑法。附属刑法，是指分散规定于行政法、经济法、民商法、环境法、财税法等各种法律中的刑事规范，其目标是保证有关行政性法律的有效实施，对某些违反行政性准则的行为予以刑事制裁，一般是在各种行政性法律的末尾以“罚则”的形式予以规定，这就是所谓的“行政刑法”①。随着现代刑法中法定犯和行政犯的日渐增多，附属刑法的作用也重新受到世界各国刑事立法的重视，许多国家选择在行政性法律中独立规定行政犯的构成要件和法定刑。② 我国目前采用的是统一刑法典的立法模式，但近年来，学界对此做法一直有所质疑。多数学者认为，将附属刑法作为刑法典的补充，能够在一定程度上完善我国的刑法立法结构；可以借鉴国外刑法典与行政刑法双轨模式完善我国的附属刑法立法，由此既可以保持刑法典的稳定性，又可以节约立法成本。本章将对这些观点进行梳理和讨论，认为在讨论立法

① 西田典之．日本刑法总论．第2版．王昭武，刘明祥，译．北京：法律出版社，2013：5.

② 梁根林．刑法修正：维度、策略、评价与反思．法学研究，2017（1）.

模式变革时，必须看到附属刑法立法模式的诸多不足，从而主张我国应当继续坚持统一刑法典的立法模式。

一、附属刑法立法的中国实践：探索与放弃

（一）1997 年之前附属刑法的立法探索

众所周知，我国 1979 年颁布的《刑法》将所有的罪刑规范都囊括于其中，是一部统一的刑法典。随着改革开放的不断深入和我国社会政治、经济的不断发展，新型犯罪不断出现，为了适应社会转型所产生的惩治犯罪的需要，全国人大常委会又逐步制定了大量的刑事法律。自 1981 年至 1997 年开展刑法大规模修订前，全国人大常委会先后通过了 25 部单行刑法；此外，更为引人注目的是，在我国计量法、海关法、产品质量法、烟草专卖法等 107 部经济、民事、行政、军事方面的法律中附设了 130 多个专门的罪刑条款，附属刑法立法模式似乎被立法者所青睐。立法者显然认为，出于立法技术上的考虑，将与特定行政法律所规定的内容存在一定关联的犯罪行为及其处罚依附性地规定在该行政法的处罚规定之中，形成行政责任、民事责任、刑事责任一体规定的立法格局，而不将定罪量刑的内容从该行政法律中切割出来规定在刑法典即核心刑法之中，能够更有效地实现社会治理的目标。

必须承认，上述关于单行刑法和附属刑法立法的探索是有意义的，对于完善我国刑法的内容、促进刑法体系的科学发展有积极作用。通过逐步制定这些单行刑法和附属刑法，我国刑法的空间效力、溯及力、犯罪主体、共同犯罪、刑罚种类、死刑适用、量刑制度、罪数关系、分则罪名、具体罪状、法定刑设置等内容都得到了进一步的补充和完善，从而形成了刑法典、单行刑法、附属刑法规范相互补充、相互配合的局面。

但是，到 1997 年修改刑法之时，立法者逐渐认识到附属刑法立法模式也有不足，如有的罪刑条款设计相对比较随意，缺乏充分论证；部分附属刑法规范的具体规定之间、附属刑法规范与 1979 年《刑法》之间相互不协调，法条关系变

得比较复杂，刑罚轻重失衡的现象初露端倪；许多附属刑法规定较为粗略，难以达成社会治理的目标；刑事立法缺乏总体规划、不便于掌控，打破了1979年《刑法》的完整体系，使得整个刑法规范显得有些零乱；此外，附属刑法立法的实益也极其有限。“在当时的情况下，对刑法的社会需求增长了，为克服刑法短缺，大量的单行刑法与附属刑法得以制定并付诸实施；为遏制犯罪势头，重刑乃至死刑大量出台。单行刑法与附属刑法的篇幅曾经大大超过并淹没了刑法典。”① “法律越复杂，找法越困难，简化法律的要求就越迫切，于是便编纂法典。诚然，现存法律的复杂和浩繁一向是敦促编纂法典的一种强大的动力”②。为此，我国亟待制定一部全面系统的新刑法典。③ 1997年对刑法全面修订的目标就是“制定一部统一的、比较完备的刑法典”④。

为此，我国1997年修订通过的《刑法》将之前的所有附属刑法条文均纳入刑法典，实质上全面取消了附属刑法规范，使我国刑法立法模式重新回归到统一刑法典模式。可以认为，1997年刑法典是当时条文数最多、内容最丰富、规模最大的法典，标志着我国法典编纂技术和立法水平达到了前所未有的高度。

1997年《刑法》实施以来，全国人大常委会坚持统一刑法典立法模式，主要运用刑法修正案的形式进行刑法修改。到2020年，我国已先后制定11个刑法修正案，这表明“大一统”的刑法立法理念在立法实践中已占据着支配地位。可以认为，我国立法经过20世纪80年代初到90年代10余年的探索之后，最终放弃了附属刑法的立法模式。这一立法理念，也得到部分刑法学者的支持。例如，赵秉志教授认为，关于未来刑法的修法模式，我国应当发挥刑法法典化的优势，

---

① 陈兴良．刑法研究：第2卷．北京：中国人民大学出版社，2021：576.

② 艾伦·沃森．民法法系的演变及形成．李静冰，姚新华，译．北京：中国政法大学出版社，1992：131.

③ 赵秉志．中国刑法的百年变革：纪念辛亥革命一百周年．政法论坛，2012（1）.

④ 王汉斌．关于《中华人民共和国刑法（修订草案）》的说明．全国人大常委会公报，1997（2）：220.

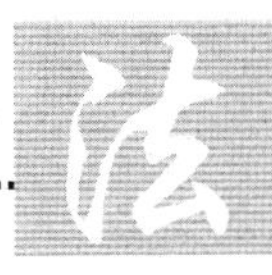

继续坚持统一的刑法典模式。[①] 笔者也认为，1997 年我国制定了统一的刑法典，充分表明在很多国家实行的普通刑法、单行刑法、附属刑法“三足鼎立”的立法模式，在我国存在“水土不服”的突出问题。[②]

（二）晚近附属刑法立法的“未竟”探索：《中华人民共和国生物安全法（草案）》

2019 年 10 月 21 日，《中华人民共和国生物安全法（草案）》提交全国人大常委会一审。全国人大环境与资源保护委员会主任委员高虎城在《关于〈中华人民共和国生物安全法（草案）〉的说明》第三部分“关于刑事量刑规定”中指出：“‘草案’在第六十四条、第六十九条、第七十一条、第七十二条中作出了刑事量刑的规定，主要有如下考虑：一是随着新型犯罪手段和方式不断出现，生物犯罪作为新型犯罪行为，刑法中没有相关规定，需要作为刑法重要补充的其他刑事法律规范发挥应有的作用；二是在生物安全法中直接作出刑事量刑的规定，有利于社会公众更完整、充分地理解法律规定的含义，有利于法律的实施；三是在生物安全法中直接作出刑事量刑规定，有利于体现犯罪与刑罚的统一，避免将犯罪与刑罚分割在两个不同的法律中；四是部分参照了国际上有关国家立法中刑事处罚规定的通行做法。”[③]

对此，有的学者持支持态度，认为在生物安全领域的犯罪中，刑法应当合理地建构对犯罪的反应机制，采用灵活的立法模式，改单轨立法模式为多元立法模式，形成单行刑法、附属刑法并存的体制，以充分发挥刑法的功能。除了刑法典本身，单行刑法和附属刑法也是刑法体系的重要组成。由于生物安全涉及诸多未知领域，如果仅通过刑法修正案的单一模式来修法，既可能过分延迟滞后又导致既有刑法体系的混乱，不利于发挥刑法的规范指引作用，所以，刑法修正案的单一修法模式已经不足以承担相应的刑法功能，附属刑法对生物安全犯罪的规制更

---

① 赵秉志．中国刑法立法晚近 20 年之回眸与前瞻．中国法学，2017（5）．

② 周光权．法典化时代的刑法典修订．中国法学，2021（5）．

③ 高虎城．关于《中华人民共和国生物安全法（草案）》的说明，2019 年 10 月 21 日在十三届全国人大常委会第十四次会议第一次全体会议上．

具有优势。①

但是，在行政和经济法律中规定可以直接适用的罪名和法定刑的探索并未获得成功，大一统的刑法立法模式仍得以保持。对此，全国人民代表大会宪法和法律委员会在《关于〈中华人民共和国生物安全法（草案）〉修改情况的汇报》中指出："草案第六章规定了法律责任，对一些违法行为直接规定了刑事处罚，具体列举了履行生物安全监督管理职责的工作人员应受处分的行为。有些常委委员、部门、单位和地方建议遵循我国现行刑事立法模式，删去刑事罪名的规定，由刑法统一规定……宪法和法律委员会经研究，建议作如下修改：一是考虑到刑法规范的统一性，暂不在草案中规定具体的刑事责任，只作衔接性规定，明确违反本法规定构成犯罪的，依法追究刑事责任。关于生物安全领域需要增加的刑事责任问题，拟在刑法修正案（十一）中统筹考虑。"② 2020 年 10 月 17 日全国人大常委会审议通过的《中华人民共和国生物安全法》（以下简称《生物安全法》）第 82 条规定："违反本法规定，构成犯罪的，依法追究刑事责任；造成人身、财产或者其他损害的，依法承担民事责任。"为与《生物安全法》相衔接，2020 年 12 月 26 日全国人大常委会审议通过的《刑法修正案（十一）》新增了三个罪名，分别是：非法采集人类遗传资源、走私人类遗传资源材料罪（《刑法》第 334 条之一），非法植入基因编辑、克隆胚胎罪（《刑法》第 336 条之一），以及非法引进、释放、丢弃外来入侵物种罪（《刑法》第 344 条之一）。

由此可见，我国虽然在 1997 年之前就附属刑法的立法进行过探索，但最终的选择是制定一部统一刑法典；在 1997 年《刑法》之后，全国人大常委会曾经在制定《生物安全法》的过程中，围绕是否在行政性法律中设立独立罪刑规范进行过探索，但经过反复斟酌后仍放弃了附属刑法的方案，相关犯罪的增设通过刑法修正案予以解决，统一刑法典的立法模式仍然得以固守。

---

① 张勇．生物安全立法中附属刑法规范的反思与重构．社会科学辑刊，2020（4）.

② 丛斌．全国人民代表大会宪法和法律委员会关于《中华人民共和国生物安全法（草案）》修改情况的汇报，2020 年 4 月 26 日在十三届全国人民代表大会常务委员会第十七次会议上．

二、附属刑法立法模式的优劣之辨

对于行政刑法的立法方式，提倡在商法、经济法、行政法等法律中直接规定具体犯罪的构成要件与法定刑，从而有效地规制行政犯罪的主张似乎呈现“一边倒”的趋势。[①] 有的学者明确指出：“法典化建立在唯理主义的理论范式之上，但是这种理论范式的科学思维存在诸多问题，它扭曲了刑法立法和司法的互动关系。在立法上不仅造成了刑法内在和外在体系的阻隔和破坏，而且选择单一的立法技术也容易出现问题。根据现代哲学观念的要求，多样化应当成为未来刑法立法模式的选择，它要求以刑法典为中心，协调发展单行刑法和附属刑法。”[②] 但是，笔者认为，这样的批评显得比较抽象，对附属刑法优点的分析也有可疑之处；对于以下问题，需要仔细辨析。

（一）附属刑法能否避免空白罪状

刑法中只规定罪名、法律效果以及构成要件的部分内容，而将构成要件其他部分（如禁止的内容）授权由刑法以外的其他法律或行政命令加以补充。这些有待补充的构成要件形成了空白罪状。

一般认为，在行政刑法中，行政法、经济法等所禁止的行为以及依法应为的行为，都由该法作出无所遗漏的规定；与违法行为模式相对应，在该法的法律责任部分也应规定违反前述某一条规定，如何处刑的内容，由此整合刑法和行政法的关系，使之建立紧密联系。对于违反行政法的行为，除了给予行政处罚之外，还对其中情节严重者进行刑罚处罚，使得处罚范围得以明确，从而确保罪刑法定原则的实现。具有明确性的附属刑法规范，既有利于公众理解罪刑规范，也有利于行刑衔接。而统一刑法典将有关行政法等部门法律所规制的犯罪直接引向刑法典，这使附属刑法的作用被忽视，还对我国司法实务的操作造成了不便，甚至可

---

① 黄河．行政刑法比较研究．北京：中国方正出版社，2001：80.

② 童德华．当代中国刑法法典化批判．法学评论，2017（4）.

能导致错误定罪。例如，有学者明确指出，现行刑法典的单一刑法规范体系不能实现刑法与生物安全法的有效对接，应当完善相关刑法规范的模式、方式。生物安全科学领域相关的行政法规范较多，附属刑法可以灵活地与之相衔接，针对各种违反行政法规的社会危害行为规定相应的刑事责任。生物安全犯罪涉及防控重大新发突发传染病、动植物疫情防控、应用生物技术研发、实验室生物安全管理、人类遗传资源与生物资源安全管理、防范外来物种入侵与保护生物多样性、防范生物恐怖袭击与防御生物武器威胁等多个方面，不仅涉及的领域非常广泛，而且具有高度的专业性，需要专门、全面、系统的法律规范体系加以规定，附属刑法在适用规范上更加明晰，可减少空白罪状的产生，并能更好地起到刑法指引功能和预防效果。①

但是，在讨论空白罪状与附属刑法的关系时，以下三方面是很值得关注的。

其一，行政刑法是否在适用规范上更加明晰，减少空白罪状的产生，并能更好地发挥刑法的指引功能和预防效果？其实，并非所有附属刑法的罪刑规范都可以在行政违法中找到相对应的罪刑条款，理想型的附属刑法是不存在的，因为很多行政性法律关于行为禁止的规范中就可能存在“有其他违法行为”的规定，行政刑法仍然避免不了空白罪状，对违法行为的界定“开天窗”的现象仍然存在。如果无法实现附属刑法条款与行政违法类型之间的对应，将使得附属刑法的立法优越性缺乏依托。例如，即便将我国《刑法》第 223 条所规定的串通投标罪规定在《招标投标法》中，也不可能在该行政性法律中对于什么是“串通”有明确规定。何为“串通投标”，也仍然是绝对的空白罪状。比《招标投标法》位阶更低的国务院《招标投标法实施条例》对“串通投标”的情形作出了具体规定，该条例第 39 条和第 40 条分别规定了“属于投标人相互串通投标”和“视为投标人相互串通投标”的情形，第 41 条还规定了“属于招标人与投标人串通投标”的情形，且在最后都采取了诸如“其他联合行动”“其他串通行为”等兜底性的表述。由此可见，即便采用附属刑法立法模式，某种违法类型仍然可能无法在全国人大

① 吴小帅．论刑法与生物安全法的规范衔接．法学，2020（12）．

及其常委会制定的行政性法律中加以规定，而必须依赖于国务院制定的行政、经济法规，对于犯罪的认定仍然必须依赖于行政权的参与。如此一来，是否采用附属刑法，完全是立法技术上的形式性考量，对刑法明确性以及空白罪状的避免不会产生实质影响。

其二，空白刑法规范由行政法规甚至行政决定进行填充也是必要的。例如，即便将 1997 年《刑法》第 330 条所规定的妨害传染病防治罪附属性地设立在我国传染病防治法中，对于“拒绝执行县级以上人民政府、疾病预防控制机构依照传染病防治法所提出的预防、控制措施”的理解，仍然必须依赖于县级以上人民政府、疾病预防控制机构的行政决定。类似的情形还很多，例如，在 1997 年《刑法》第 151 条第 3 款走私国家禁止进出口的货物、物品罪中，禁止进出口的货物是牛肉、煤炭还是其他货物，在法条中并未列明，是典型的绝对空白刑法规范，其中的内容就必须由行政命令填充，由相关行政主管部门确定。

犯罪认定的基本标准由刑法确定，但由行政权部分分享，这在很多具体犯罪的判断上都是难以避免的，即便采用附属刑法立法模式也不可能确保描述构成要件的权力由立法者彻底“垄断”。这里再以毒品犯罪为例进行分析。根据我国《刑法》第 357 条和《禁毒法》第 2 条的规定，毒品是指鸦片、海洛因、甲基苯丙胺（冰毒）、吗啡、大麻、可卡因以及国家规定管制的其他能够使人形成瘾癖的麻醉药品和精神药品。我国《禁毒法》第 25 条规定，麻醉药品、精神药品和易制毒化学品管理的具体办法，由国务院规定。因此，即便在禁毒法中规定涉及毒品的附属刑法，也无法杜绝范围不明确，由行政决定的问题。目前，我国由国务院有关部门确定的管制毒品包括 449 种麻醉药品和精神药品（121 种麻醉药品、154 种精神药品、174 种非药用类麻醉药品和精神药品）、整类芬太尼类物质、整类合成大麻素类物质，其中包含合成大麻素类物质、新增列管氟胺酮等 18 种新精神活性物质，数量之多在全世界位于前列。最高人民检察院《关于〈非药用类麻醉药品和精神药品管制品种增补目录〉能否作为认定毒品依据的批复》（2019 年 4 月 29 日发布）指出：“2015 年 10 月 1 日起施行的公安部、国家食品药品监督管理总局、国家卫生和计划生育委员会、国家禁毒委员会办公室

《非药用类麻醉药品和精神药品列管办法》及其附表《非药用类麻醉药品和精神药品管制品种增补目录》，是根据国务院《麻醉药品和精神药品管理条例》第三条第二款授权制定的，《非药用类麻醉药品和精神药品管制品种增补目录》可以作为认定毒品的依据。”这一司法解释性文件也是认可了犯罪认定标准的具体补充离不开行政命令或规章。也正是因为空白刑法规范需要结合行政法规、行政决定加以理解，刑法学上才会讨论补充空白刑法规范的行政命令有所变更时，是否属于制定新法或法律有所变更的问题。例如，政府商务部门突然发布命令禁止出口小麦，或者禁止经营某一商品时，确实可能因为行政立场的变化而使得犯罪范围不同。对此，学界通说认为，空白刑法规范是将犯罪构成要件的一部分保留给行政命令加以补充，实质上也是以行政命令来补充或补足刑法的处罚要件和范围，因此，行政命令有所变更，刑法的价值判断与处罚范围也随之变更，如果这种变更是对行为人更有利的，自然应当适用对行为人有利的条款；如果该变更对行为人不利，则不得溯及既往。对于这种问题的讨论，在采用附属刑法立法的国家仍然存在，这充分说明：行政命令的变化确实会影响犯罪的范围；绝对空白罪状的存在无论采用何种立法模式都无法避免。

其三，行政机关基于空白刑法规范条款制定配套规范时，受我国立法法的约束，不是随心所欲的，谈不上冲击罪刑法定原则的问题。“当法律自身大概显示了应受处罚之行为的轮廓”时，将犯罪成立要件的细目委诸法律以外的下位规范，这样的空白刑法规范就并不违反罪刑法定主义。① 当然，以空白刑法规范的方式授权行政法规或部门规章加以补充时，授权的目的、内容、范围应当相当明确，公众从授权的法律规定中能够预见行为的可罚性时，才符合明确性的要求。

（二）附属刑法的威慑力是否更强

主张附属刑法因行刑有效衔接，规范更加明确，能够有效威慑犯罪，有助于实现犯罪预防的观点，明显有一厢情愿的成分。

第一，行政法和刑法规范规定在同一部法律里就能够确保规范明确的说法过

① 高桥则夫．刑法总论．李世阳，译．北京：中国政法大学出版社，2020：30.

于大而化之。刑法明确性永远是一个相对的概念。谁也不会否认，刑法因其对公民的行动自由有所限制，就必须按照罪刑法定的要求，通过成文化的条文作出规定，且应符合明确性要求。不过，对于明确性，应当理解为规范的效果能够被一般人所预见。明确，不是法律文义具体详尽。如果法律所意欲规范的社会生活极其复杂，再考虑适用于个案的妥当性，适当使用不确定法律概念或概括性的法律概念也不违背刑法明确性。刑法典中为此有可能有意使用概括性语言，要求法官随着时代的发展对其含义进行解释。① 而要满足规范明确性的要求，未必就要采用附属刑法立法模式。附属刑法中不能避免兜底性规定，即便行刑衔接的规定也可能仅存在“弱的明确性”，需要法官通过准确的法律解释来尽量降低法规范中的不明确性。所以，无论采用哪一种立法模式，在立法论上都不能将明确性要求理解为一种准确性要求，而应理解为一种指导性的要求，即只要求立法者指导性地划定可罚性的范围。立法不可能尽善尽美，刑法典中规则术语的不完善表达并不意味着司法决策是不可预测的，也不一定是无法通过理性话语来加以论证的。相反，规范的透明度取决于共同体是否存在明确的共识。②

第二，单纯强调附属刑法的明确性，其目标是不完整的。“即便是明确的罚则，若是不当地侵害了国民的自由，仍会被理解为是违宪无效的。像这样的罚则，可以举出将无害的行为作为处罚对象的罚则、因过度的处罚范围而不当地侵害国民的自由的罚则等”③，像这样明确但存在合宪性疑虑的规范，完全可能出现在附属刑法中。

第三，规定在行政刑法中的罪名，其威慑力相对降低。附属刑法规范隐藏于其他民事、行政法律中，本身就不是立法的焦点问题；在行政犯膨胀后，其数量可能多到难以统计的程度，司法基层人员对这些规定很可能不了解，民众对这些

---

① 戴维·奥布莱恩．法官能为法治做什么：美国著名法官讲演录．何帆，等译．北京：北京大学出版社，2015：171.

② 米尔伊安·R. 达玛什卡．司法和国家权力的多种面孔（修订版）．北京：中国政法大学出版社，2015：37.

③ 山口厚．刑法总论．第 3 版．付立庆，译．北京：中国人民大学出版社，2018：19.

与其生活关系不大、具有专业或职业性质的犯罪规定更无从知晓[①]，因此，为数众多的刑法规范可能被社会所忽视，威慑力下降是必然的。事实上，在采用附属刑法立法模式的国家或地区，有很多学者主张“部分在实务上具有重要性的附属刑法条文，如在立法技术上不具有脱离主刑法规范的意义，即应回归到主刑法中”[②]。这种反向的呼吁，在很大程度上是基于对附属刑法威慑力下降的准确判断。

（三）附属刑法能否保证刑法典的稳定

有学者认为：“附属刑法本身具有维系刑法典稳定、衔接刑法与各部门法、为刑法提供持续性保证的功能。其具有实在内容、又以刑法典为基础和本源，故附属刑法是可以修正刑法典并达到刑法对社会治理作用的有效形式。”[③] 还有学者进一步指出，统一刑法典立法模式肢解了诸多刑法规范（有关行政犯的刑法规范的内容部分存在于刑法典中、部分散在其他法律中），因此，应当逐步过渡到多元立法模式。[④] 此外，由于行政犯罪、经济犯罪的变易性大，在其他法律中直接规定犯罪的构成要件与法定刑，可以避免刑法典的频繁修改。[⑤]

然而，通过附属刑法稳定刑法典的功效事实上难以实现：(1) 刑法典和附属刑法的关系并不明确，二者关系始终是变动的。(2) 如果保持立法的谦抑性，只规定少数犯罪，即便经济法、行政法频繁修改，刑法也可以不再作大的变动，规范国民一般社会生活的刑法典稳定性得以保持；如果有必要惩治新型经济犯罪，在刑法典中规定行政犯罪、经济犯罪的专章，并通过修正案模式对其加以丰富也是可行的。(3) 采用附属刑法立法模式，在大量出现行政犯或法条之间出现很多交叉、重叠关系的情形下，也会肢解刑法典。

（四）附属刑法立法能否避免合宪性疑虑

有学者认为，法律保留原则、明确性原则与比例原则是宪法原则。统一刑法

---

① 陈兴良．回顾与展望：中国刑法立法四十年．法学，2018（6）.

② 许泽天．刑法分则：上册．第3版．台北：新学林出版股份有限公司，2021：4.

③ 童德华．附属刑法：实现刑法参与国家治理的有效形式．时代法学，2020（1）.

④ 张明楷．刑法修正案与刑法法典化．政法论坛，2021（4）.

⑤ 张明楷．刑法的解法典化与再法典化．东方法学，2021（6）.

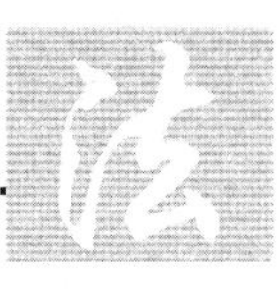

典立法模式导致刑法典中出现大量的绝对空白刑法规范与相对空白刑法规范，绝对空白刑法规范违反了法律保留原则，相对空白刑法规范不符合明确性原则。只有改变现行刑事立法模式，在行政法、经济法等法律中直接规定相关犯罪的构成要件与法定刑，在刑法典中仅规定自然犯，才能使刑事立法模式与宪法相协调。刑法条文对构成要件行为没有具体规定，构成要件规定委任于行政法规，这是很有疑问的立法。例如，我国《刑法》第225条第4项规定的"其他严重扰乱市场秩序的非法经营行为"由于没有确定范围，于是，国务院的行政法规可以直接决定什么行为构成非法经营罪。这种绝对空白刑法规范违反了宪法精神。要扭转这种局面，最妥当的办法是在行政法、经济法等法律中直接规定相关犯罪的构成要件与法定刑。从裁判规范的角度来说，现行立法模式中的相对空白刑法规范，使得即使是经过训练的司法工作人员，也难以正确处理刑法分则条文与其他法律的关系，导致刑法适用的界限不明确。①

但是，对于附属刑法一定会比刑法典更加具有合宪性的说法，还值得辨析，即不能认为刑法典立法模式就增加了刑法规范的违宪风险。

首先，从基本法理上考虑，行政法中规定犯罪与刑法规范，不可能彻底解决空白刑法的问题。任何行政法（例如环境领域、知识产权领域、税收领域等），都只能对急需解决的问题提出大致的解决方案，不可能事无巨细，而国务院的行政法规则可以在行政法授权的范围内进一步具体化补充。如果人们认为刑事可罚性只能由全国人大及其常委会制定的法律来规定，则通过行政法规进行入罪是不合适的。而且，即便是附属性质的行政刑法，其处罚在大量场合也依赖于行政行为是否许可该行为，刑法仍然需要顾及行政法规以及行政决定的态度。换言之，即便肯定附属刑法立法，行政法规、部门规章对于刑法进行具体化补充的功能仍然存在，如果法律关系复杂，行政法、经济法对此并无明确规定，而存在授权性规定的，无论一个行政犯是规定在行政法中，还是刑法典中，都有一个同时触犯国务院层面的行政法规和全国人大及其常委会制定的刑法的问题，单纯依靠全国

① 张明楷．刑事立法模式的宪法考察．法律科学，2020（1）.

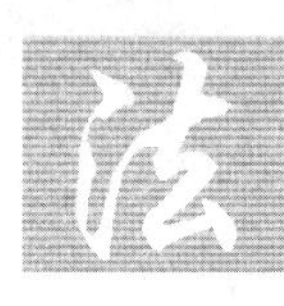

人大及其常委会制定的刑法，不可能完整地确定可罚性的范围，司法上必须通过对刑法和行政法规的共同解读，才能确定完整、妥当的构成要件范围。

其次，从实定法的规定看，行政法规对违法行为的规定中仍然必须保留为数不少的“其他的规定”，这也是没有办法的事情。由此不能认为在证券法中规定刑事责任，就能够使刑法适用的界限更明确。例如，1997 年《刑法》第 180 条规定了内幕交易罪、泄露内幕信息罪，其主体是内幕信息的知情人员。《中华人民共和国证券法》（以下简称《证券法》）第 53、54 条对内幕交易、泄露内幕信息的违法行为作出了规定，在前述主张附属刑法立法模式的学者看来，在《证券法》的法律责任部分规定罪刑规范就能够保证立法的明确性，就可以消除空白罪状。但是，即便如此立法，该罪主体的认定仍然依赖于《证券法》第 51 条关于证券交易内幕信息的知情人的规定，而该条第 9 项还是有“国务院证券监督管理机构规定的可以获取内幕信息的其他人员”的表述，因此，即便采用附属刑法立法模式，其主体的确定还是取决于有关主管机关的部门规章或决定。与此类似的问题是操纵证券市场罪。我国《证券法》第 55 条第 1 款规定：“禁止任何人以下列手段操纵证券市场，影响或者意图影响证券交易价格或者证券交易量：（一）单独或者通过合谋，集中资金优势、持股优势或者利用信息优势联合或者连续买卖；……（八）操纵证券市场的其他手段。”该条款最后一项规定的存在充分表明，即便采用附属刑法立法模式，对于“操纵证券市场的其他手段”，在行政法中也不可能明确。归结起来讲，行政法、经济法立法的复杂性，经济生活的多变性，都决定了行政立法中本身就存在大量关于违法行为的空白性规定，将罪刑规范依附于行政法，同样难以满足绝对的明确性要求，如果认为刑法典的绝对空白罪状规定存在合宪性疑虑，那么，在附属刑法立法模式下，由于绝对空白规定无法避免，这种疑虑也并没有减少。

再次，由全国人大及其常委会“垄断”关于犯罪认定的所有规范，并以此引导国民的行为，当然是最为理想的。但是，这一点其实很难做到。《中华人民共和国立法法》（以下简称《立法法》）第 10 条第 2 款规定，全国人民代表大会制定和修改刑事、民事、国家机构的和其他的基本法律。第 11 条第 4 项规定，对

于犯罪和刑罚只能制定法律。第 12 条规定，本法第 11 条规定的事项尚未制定法律的，全国人民代表大会及其常务委员会有权作出决定，授权国务院可以根据实际需要，对其中的部分事项先制定行政法规，但是有关犯罪和刑罚、对公民政治权利的剥夺和限制人身自由的强制措施和处罚、司法制度等事项除外。不过，由国务院对刑法空白罪状进行填充，不属于授权性立法，而是指在刑法有规定的前提下，对于构成要件的理解需要从刑法规定出发，结合行政法规、部门规章、行政决定才能确定。我国《立法法》第 72 条规定，为执行法律的规定需要制定行政法规的，国务院有权根据宪法和法律，制定行政法规。因此，国务院对刑法典中的空白罪状制定行政法规，属于《立法法》第 72 条规定的“为执行法律的规定需要制定行政法规”的情形，具有合法性。

需要承认，由国务院制定行政法规，对于某些特定行为的定性发挥了重要作用，这对于一个迫切需要规范调整的转型社会来说是必要的。司法实践也认可结合行政法规的入罪化，通过行政法规及行政行为明确可罚性是没有问题的。可以认为，司法实践已经偏离了对于罪刑法定的古典理解，而与现代社会的实际需要联系起来解决问题。当然，《立法法》第 72 条规定，为执行法律的规定需要制定行政法规的，国务院必须“根据宪法和法律”，制定行政法规。因此，国务院所制定的补充空白罪状内容的行政法规有一个合宪性和合法性问题。对此，我国《立法法》第 98 条规定，宪法具有最高的法律效力，一切法律、行政法规、地方性法规、自治条例和单行条例、规章都不得同宪法相抵触。第 108 条规定，全国人民代表大会常务委员会有权撤销同宪法和法律相抵触的行政法规，有权撤销同宪法、法律和行政法规相抵触的地方性法规。因此，如果认为据以补充空白罪状的行政法规与宪法相抵触，全国人大常委会可以启动合宪性审查。

最后，从域外实践看，多数学者认为犯罪认定的标准不是由立法机构独享的。这一点在污染环境等罪的认定中表现得特别充分，对此需要考虑环境管理法规。例如，在德国，学者认为将刑法的规定和联邦污染保护法律联系起来考虑犯罪成立问题，符合基本法第 103 条第 2 款的要求。同样作为联邦污染保护法的具体化，补充的《联邦污染保护第 4 号实施细则》也应在认定犯罪时一并考虑。虽

然“《联邦污染保护第 4 号实施细则》不属于正式法，但是起到了对正式法中的犯罪构成要件进行具体说明的作用。为了适应自然科学和技术的飞速发展。行政条例对正式法进行具体化补充的方式是非常必要的”。从现实角度来看，只有当行政条例或者行政行为对一个正式法所划定的范围进行具体化补充，以此来使国民了解和遵守时，行政权才能对具有行政从属性的刑法素材进行具体化补充。人们或许认为这样的方式违背了对法定入罪要求传统上的严格理解，这样的方式是从现实角度考虑的，原因在于：立法者出于复杂原因和应对飞速变化的现实问题，不可能单独在环境法这样的领域制定出一个非常细致的法律规范；只有通过立法部门和行政部门的分工协作才能完成。尽管立法部门和行政部门的分工明显与“纯理论性”的法定入罪标准相矛盾，但德国的司法实践对于联邦宪法法院意见中体现的这种分工协作是持赞成态度的，其可行性在于，“它体现了以正式法入罪的理想模式与现代社会对于规范化需求间的理性调和”①。在这里，议会通过相应的对行政权有利的“授权法规”而移交出自己作为立法者的职责，行政机关按照法律授权的内容、目的或者标准，就可以制定部分关于犯罪认定的实体的行政法规。

三、我国有必要维持统一刑法典：关于放弃附属刑法立法的进一步讨论

立法模式的合理性是相对的，刑法规范应该是随着本土社会的进展与需要而制定，立法模式也应根据某一国家的具体情况而制定，在作出选择时，是否实用和符合具体国情是需要优先考虑的因素。有学者指出，我国刑法立法模式的选择需要同时考虑事实、价值和技术三个层面，从而应当继续采取统一的刑法典模式：从事实层面看，统一刑法典模式是我国的历史选择与现实明证；从价值层面

① 洛塔尔·库伦．罪刑法定原则与德国司法实践//梁根林，埃里克·希尔根多夫．中德刑法学者的对话：罪刑法定与刑法解释．北京：北京大学出版社，2013：116－117.

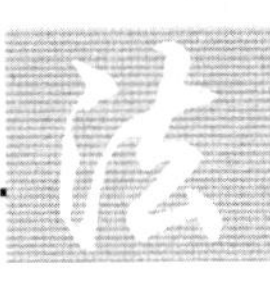

看，统一刑法典模式能够保证刑法立法的灵活性、统一性并实现刑法与非刑事法律的呼应；从技术层面看，刑法修正案以及刑法立法解释可以有效维护统一刑法典模式。① 本文基本赞同这一分析及结论，并认为能够从附属刑法立法模式的固有弊端及其在中国为何会“水土不服”这一视角出发，对中国的刑法立法模式选择进行更为细致的讨论。

（一）统一刑法典立法模式值得继续坚持

确实，单纯从技术的角度考察，刑法立法模式本身无所谓“好”或者“坏”。在宪法精神的指引下，只要立法者合理运用刑法典立法模式，就可以发挥刑法惩罚犯罪、保障人权的功能。

1. 法典化的努力值得肯定

“在比较法的视野下考察发现，两大法系在法典化问题上呈现出互相借鉴、吸收和融合的趋势。首先，在英美法系国家，制定法的数量快速增长，日益成为一种重要的法律渊源。其次，在大陆法系国家，一方面是判例法已越来越普遍地被认可为一种法律渊源；另一方面，在传统的基本法典之外，出现了大量的单行法规，呈现出所谓的解法典化趋势。当然，两大法系的差异仍然显著地存在，比如英美法系的制定法更多的是一种法律汇编，而不是大陆法系结构严谨的法典编纂。”② 在大陆法系国家，法学是以概念和逻辑为核心建立起来的知识体系，立法机关制定成文法典，成体系地表达法律规范。③ 在我国，刑法领域的法典化也是立法发展的方向。刑法典最大的优点在于，确定地、精确地界定每个应受刑罚处罚的行为。“宪法创建者心仪的一个目的是，不让任何人找寻安全之路或者边界之门（Dii Limini），以确定其行为是否构成犯罪，除了在立法机关的制定法典中寻找。”④

---

① 赵秉志，袁彬．当代中国刑法立法模式的演进与选择．法治现代化研究，2021（6）．

② 刘兆兴．比较法视野下的法典编纂与解法典化．环球法律评论，2008（1）．

③ 李龙．法理学．武汉：武汉大学出版社，2011：156．

④ 莫顿·J．霍维茨．美国法的变迁：1780—1860．谢鸿飞，译．北京：中国政法大学出版社，2019：24．

统一刑法典立法模式能够保障法律以明晰的、合乎逻辑的方式编排，将相同的主题体系化地排列在一起。[①] 所有法典的最高功能是助力于法律秩序的体系建构。法典能够为司法适用法律提供方向和稳定性，有助于克服规则的混乱性、不确定性、矛盾性，并通过一致的规则、概念和制度形成合理性和连贯性。[②] 1997年《刑法》修订以来的实践表明，刑法典模式能够确保立法的权威性和稳定性，限定处罚范围，保持刑罚均衡性。这也说明维持刑法典的统一性在当下中国是有必要的。“当代中国法制呈现出创新乃至现代化的基本趋势，而中国法律的法典化则是中国法制现代化进程和目标中一个至关重要的组成部分。实现中国基本法律制度的法典化，具有非常重要的历史和现实意义。”这一点，在刑法领域表现得尤为充分。

当然，统一刑法典模式不排除制定单行刑法以及大量刑法修正案。由全国人大常委会采用修正案的方式增设罪名和增加刑罚种类，从法律规定和法理上看也都具有正当性。[③] 法典通常难以一步到位地颁布，而应以逐步立法的方式分阶段进行，否则，会给立法者带来巨大的负担。编纂法典不应该使法律陷入固化状态。由于科学技术的飞速发展，法典在整体上和结构上都依赖于其开放性和情势反应能力。在某一领域制定最终的、一劳永逸的规则的观点注定是无法立足的。“如今拥有法典的诸国，在颁布法典之后，依然颁布无数的单行法也是众所周知的。”[④] 因此，在刑法典之外采用修正案模式对我国现行刑法进行修改、补充是比较好的方式，这既可以保持刑法的相对稳定性，又能够适应社会的发展变化。[⑤]

2. 刑法典的应有功能不应被削弱

有学者指出，刑法典（核心刑法）分则所维护的利益，应该是那些对社会来

---

① 威廉·B. 埃瓦尔德．比较法哲学．于庆生，郭宪功，译．北京：中国法制出版社，2016：220.

② 沃尔夫冈·卡尔．法典化理念与特别法发展之间的行政程序法．马立群，译．南大法学，2021(2).

③ 陈兴良．刑法修正案的立法方式考察．法商研究，2016（3）.

④ 穗积陈重．法典论．李求轶，译．北京：商务印书馆，2014：21.

⑤ 高铭暄．20年来我国刑法立法的回顾与展望//于改之．刑法知识的更新与增长：西原春夫教授90华诞祝贺文集．北京：北京大学出版社，2018：9.

说最重要、最有意义的利益，并且人们还可以从分则条文的排列顺序中，清楚地看出刑法保护价值的大小和范围，与此相应，附属刑法所维护的应该是那些局部的社会利益，或者是与社会一定阶段的政治经济关系相联系、与特定时期的社会政治目标相联系的利益。将大量犯罪置于行政法中的附属刑法立法可能使刑法典的应有功能被削弱，许多本应由刑法典规定的问题，逐渐成了附属刑法的调整对象；保护那些具有普遍意义的新型法益，也成了附属刑法的任务，比如制定关于种族灭绝和黑社会组织等犯罪以及有关水污染和非法收养罪的规定等。"非法典化"的进程带来的后果，不仅仅是刑法典与特别刑法调整范围不清的问题，还会导致各种刑事法律中的具体规定之间越来越不协调，相互重复、互不照应，在这种刑法制度的统一性已经遭到严重破坏的混乱局面中，刑法规范所保护价值的大小，已经无法根据该规范在刑法体系中的地位来加以确认。①

（二）采用附属刑法立法模式在我国面临的诸多现实难题

基于务实的考虑，如果我国制定大量的附属刑法，则会面临很多现实障碍。

1. 需要防范"特别刑法肥大化"的风险

在刑法典之外制定大量附属刑法，会导致"特别刑法肥大症"，这一点在我国台湾地区已属共识。② 德国学者认为，基于个别案件而制定越来越多新的犯罪构成要件，会导致刑法"膨胀"③。日本学者则指出，在行政刑法（公职选举法、道路交通法的罚则规定）、经济刑法（垄断禁止法、不正当竞争防止法的罚则规定）、劳动刑法（劳动基本法、劳动组合法等的罚则规定），以及其他的狭义特别刑法（轻犯罪法、破坏活动防止法、暴力行为等处罚法等）大量存在的复杂化、流动化的现代社会中，"特别刑法肥大症这一现象非常显著"④。因此，在刑法典之外如果采用附属刑法立法模式，今后每制定一个行政法，都一定会有来自方方

① 杜里奥·帕多瓦尼．意大利刑法学原理．陈忠林，译．北京：中国人民大学出版社，2004：11.

② 林山田．刑法通论：上册．北京：北京大学出版社，2012：19.

③ 米夏埃尔·库比策尔．德国刑法典修正视野下的刑事政策与刑法科学关系研究．谭淦，译．中国应用法学，2019（6）.

④ 曽根威彦．刑法各論．第4版．东京：弘文堂，2008：1.

面面的规定相应犯罪的冲动，立法机关为应对、抑制这些冲动极有可能“疲于奔命”，这是必须有清醒认识的。

这一点，在经济领域表现最为明显。随着对金融和经济的积极干预，犯罪化趋势明显，由此可能导致行政犯大幅度增加，抑制经济违法行为的经济和行政制裁手段极有可能被弃而不用。“在极为广泛的意义上，所有的近代国家均为干预性国家，因为这些国家都是不间断地通过规范的制定和实施以及通过个案的行政调整来约束、促进或压制社会变化进程，当法律上的控制达到一定的程度和目的时，只有将其称为‘干预性国家’，才是合理的和有意义的。”① 附属刑法是“见招拆招”的行政性调控的“升级版”，动辄规定罪刑规范对于市场经济的发展会产生难以预估的负面影响；不同行政法、经济法中的附属刑法大量增加，最终势必导致特别刑法总量“蔚为壮观”、难以计数，从而步入“特别刑法肥大症”的后尘。

而统一刑法典立法模式能够建立一种罪名设置的过滤机制：刑法典能够最大限度地限制处罚范围，保持处罚克制。例如，我国《生物安全法》第 56 条规定：“从事下列活动，应当经国务院科学技术主管部门批准：（一）采集我国重要遗传家系、特定地区人类遗传资源或者采集国务院科学技术主管部门规定的种类、数量的人类遗传资源；（二）保藏我国人类遗传资源；（三）利用我国人类遗传资源开展国际科学研究合作；（四）将我国人类遗传资源材料运送、邮寄、携带出境。”第 79 条规定：“违反本法规定，未经批准，采集、保藏我国人类遗传资源或者利用我国人类遗传资源开展国际科学研究合作的，由国务院科学技术主管部门责令停止违法行为，没收违法所得和违法采集、保藏的人类遗传资源，并处五十万元以上五百万元以下的罚款，违法所得在一百万元以上的，并处违法所得五倍以上十倍以下的罚款；情节严重的，对法定代表人、主要负责人、直接负责的主管人员和其他直接责任人员，依法给予处分，五年内禁止从事相应活动。”因

① 汉斯·凯尔森，等．德意志公法的历史理论与实践．王银宏，译．北京：法律出版社，2019：149.

此，行政法中对违法行为规定了多种类型。而《刑法修正案（十一）》第38条仅规定了非法采集人类遗传资源、走私人类遗传资源材料罪，并未规定非法保藏人类遗传资源罪。如果采用附属刑法立法模式，则极有可能在《生物安全法》第79条规定：违反本法规定，未经批准，采集、保藏我国人类遗传资源的，构成犯罪并给予相应刑罚处罚。

2. 需要考虑《治安管理处罚法》对附属刑法立法需求的影响

我国《治安管理处罚法》所处理的大量违法行为，其实就是国外行政犯中的轻罪。因此，我国法律体系的特殊性，使我国在行政法中规定刑法典之外的独立犯罪的立法需求大幅度降低。如果制定出大量附属性质的行政刑法，势必难以处理其与《治安管理处罚法》的关系。有学者指出，在第二次世界大战之后，德国刑法典的特色是，"在自由刑与罚金刑的运用中，建立以罚金刑为原则、自由刑为例外的刑事政策"①。德国刑法典中的犯罪处罚轻，附属刑法的处罚也大多为罚金刑，实践中对大量案件最终并不判处监禁刑。而国外的这些违法行为大多属于我国《治安管理处罚法》的规制范围。如果采用附属刑法立法模式，行政犯与《治安管理处罚法》的关系变得很复杂，最终结局是：要么是附属刑法被架空，要么是《治安管理处罚法》虚置。此时特别需要考虑的是，法典编纂的首要步骤，是彻底研究一个国家的法律秩序，以鉴别和正确表达其原则，并把它们归入一个逻辑严密的体系之中。② 在我国已经存在类似于国外的轻犯罪法且其中包含大量行政犯，而现行治安管理处罚体制也仍继续维持的法律秩序之下，再提倡附属刑法立法，一定会给立法和司法增加很多新的困难。

3. 需要充分认识附属刑法本能的重罚冲动

"特别刑法的处罚规定都很重，是为了威吓犯罪而设。不过，经验显示，单靠严刑峻罚并不能控制犯罪。太严峻的刑罚反而可能产生副作用，例如逼使犯罪

---

① 陈惠馨．德国近代刑法史．台北：元照出版有限公司，2014：33.

② 约翰·亨利·梅利曼，罗格里奥·佩雷斯·佩尔多莫．大陆法系．第3版．顾培东，吴荻枫，译．北京：法律出版社，2021：73.

人一不做二不休，铤而走险，甚至杀人灭口。”① 制定行政刑法的最大压力是其重刑倾向引发刑罚攀比，我国四十多年的立法已经揭示了这一点。例如，1979年《刑法》规定了制造、贩卖、运输毒品罪，1990年全国人大常委会颁布的综合性法律《关于禁毒的决定》将上述犯罪的法定最高刑从有期徒刑15年提高到死刑。类似附属刑法提升法定最高刑的规定还有很多。而附属刑法的法定刑设置“水涨船高”后，势必引发连锁反应，导致整个刑事处罚体系失衡。也就是说，附属刑法往往针对某一专门性质的违法行为设置罪刑规范，带有“特例立法”特色，处罚上限大多提得很高，整体刑罚量必然增加，不同法条之间的法定刑纵向攀比势在难免。这会使得多数普通案件的危害行为负担超过本应承担的刑罚，为了维持特别公正而牺牲了一般公正，法定刑配置的合理性最终受到刑罚攀比现象的极大冲击。② 在我国司法实务中，缓刑判决原本就较少，减刑、假释适用率低，导致处罚偏重。附属刑法“膨胀”以后，法定刑轻重失度，导致附属刑法的法定刑大多比刑法典中的犯罪更重，最终导致重刑主义泛滥，造成适用上的诸多难题。

关于处罚问题，有学者认为，自然犯与法定犯一体化的立法体例不符合比例原则。③ 但是，笔者认为，由于行政犯几乎都是特例立法，其处罚重是常态，在刑法典之外规定附属刑法才有可能违反比例原则。在我国以往的立法探索中，所设立的大量附属刑法规定也都是在处罚上“做加法”。例如，我国1987年《海关法》第47条规定，以暴力抗拒检查走私货物、物品的，不论数额大小，都是走私罪；企业事业单位、国家机关、社会团体犯走私罪的，由司法机关对其主管人员和直接责任人员依法追究刑事责任。这一规定不仅在附属刑法中创设了单位犯罪，而且规定抗拒缉私的无论数额大小都是走私罪，其处罚的严厉性不言而喻。从域外国家和地区的立法实践看，附属刑法处罚更重，也是处处可见的。例如，我国台湾地区“刑法”中规定了10余个与毒品有关的犯罪，包括制造、贩运鸦

---

① 林东茂．刑法总则．台北：一品文化出版社，2018：3.

② 周光权．法定刑配置的合理性探讨：刑罚攀比及其抗制．法律科学，1998（4）.

③ 张明楷．刑事立法模式的宪法考察．法律科学，2020（1）.

片罪，输入烟毒罪等。此外，又在不同时期制定了多个禁烟、禁毒条例，设置了不少唯一死刑的罪名，并于1998年将上述条例修正、整合为“毒品危害防制条例”。上述特别刑法的存在，使主刑法的规定成为无可适用的具文，还使得附属刑法饱受是否符合比例原则的质疑。为此，学者呼吁“毒品危害防制条例”的附属刑法规范应当摈弃重刑思想，使之符合比例性，尤其不能单纯以毒品的等级作为量刑的标准。[①] 因此，在行政法中规定的罪名，强调重刑的情形很多，其合宪性疑虑更大。

此外，值得注意的是，行政立法的一大特色是在立法过程中，随着草案审议进程的推进，行政处罚措施可能不断“加码”。例如，我国《生物安全法（草案）》三审稿与二审稿相比，就增加了行政处罚的力度。对此，全国人大宪法和法律委员会的审议结果报告指出：“草案二次审议稿第九章规定了法律责任。有的常委会组成人员、部门、地方和社会公众建议增加对相应违法行为的处罚，加大处罚力度，明确民事责任，并对境外危害我国生物安全的有关违法行为予以惩治。宪法和法律委员会经研究，建议作以下修改：一是增加对从事生物技术研究、开发活动未遵守国家生物技术研究开发安全管理规范行为的处罚。二是加大处罚力度，提高对从事国家禁止的生物技术研究、开发与应用活动等违法行为的罚款幅度。三是明确违反本法规定，造成人身、财产或者其他损害的，依法承担民事责任。四是增加规定：境外组织或者个人通过运输、邮寄、携带危险生物因子入境或者以其他方式危害我国生物安全的，依法追究法律责任，并可以采取其他必要措施。”[②] 刑法规范如果也捆绑在行政法中制定，在法律通过的最后一刻提高法定刑，也是大概率事件。所以，不能仅从法理上论证附属行政刑法立法模式合理性的一面，其在中国具体立法实践中可能存在的风险也是要考虑的。

4. 需要考虑附属刑法可能使犯罪之间产生大量交叉、重叠关系

许多学者所期待的理想立法状况是：采用分散型立法模式，对构成要件描述

---

① 张天一．释字第四七六号解释的遗珠之憾——试论毒品犯罪之相关问题．月旦法学，2003（2）.

② 丛斌．全国人民代表大会宪法和法律委员会关于《中华人民共和国生物安全法（草案）》审议结果的报告．2020年10月13日在第十三届全国人民代表大会常务委员会第二十二次会议上．

精确，使刑法典及附属刑法中的犯罪的构成要件都能够被明确界定，尽可能减少处罚漏洞，也不至于彼此交叉重叠，准确界分刑罚权和行政权，由此保护法益和体现社会正义。

但是，这样的理想极难实现：立法机关在行政法中增设大量犯罪后，使刑法出现貌似细密周全但叠床架屋、逻辑不周延、各罪之间刑罚不协调的现象，附属刑法立法模式最终加剧了法条关系的复杂程度。[①] 例如，有的国家或地区在刑法典中规定了诈骗罪，又在附属刑法中规定了电脑诈骗罪、自动付款设备诈欺罪、收费设备诈欺罪等罪名，其不同犯罪之间的法定刑还差异很大，由此带来学者们对于这些犯罪之间究竟是想象竞合犯还是法条竞合的争论，法律适用也比较混乱。如果在我国采用附属刑法立法模式，类似难题只会有增无减。

此外，由于适用附属刑法必须遵守刑法典总则的规定，由此也会带来适用时的复杂性。例如，我国台湾地区“刑法”第 11 条规定，“本法总则于其他法律有刑罚或保安处分之规定者，亦适用之。但其他法律有特别规定者，不在此限”。这是关于“刑法”总则对于其他刑罚法规之适用的规定。实务中提出的问题是：成年人故意对儿童或少年犯罪，依照“儿童及少年福利法”以及“刑法”第 70 条第 1 项之规定，应加重其刑至 1/2。例如，成年人对儿童实施伤害行为的，应当加重处罚。不过，此时是否需要同时引用“刑法”第 11 条的规定，就成为争议问题。对此的肯定说主张，“刑法”第 11 条是“过桥条款”，引用特别刑法论罪时（包括想象竞合犯的轻罪），如果同时引用“刑法”总则条文，除非所引论罪的特别法已经写明了适用“刑法”总则字样，都必须引用“刑法”第 11 条；加重的规定成为独立罪名，需要引用“刑法”第 11 条。否定说则认为，“刑法”第 11 条的“过桥条款”只有指引功能，没有实际意义；加重处罚的，仍然属于普通伤害罪，并不成为独立罪名。实务研讨的最终结果是采用肯定说。[②] 由此可见，认为将附属刑法中的犯罪规定与其所在法典中的行政违法规定相对照，就能

---

① 王佩芬．发票犯罪立法研究．上海：上海社会科学院出版社，2015：296.

② 林培仁．台湾“刑法”总则实务．北京：中国检察出版社，2016：31.

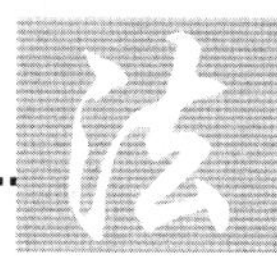

够简单易行地适用附属刑法规定的主张，是把复杂问题简单化了。

相反，在实务上，必须看到附属刑法对于司法的实益很有限，在有的场合，行政法中罪刑规范的存在很可能徒增司法适用的难度。这一点在国外的审判实务中已经显示出来。例如，在日本成为争议问题的是：行为人以谋利为目的，与其他两名同伙共谋后走私兴奋剂，将某种粉末物质偷运至日本国内，但该粉末实际上是麻药（而非兴奋剂），此时究竟应该如何适用刑法规范？由于日本对走私兴奋剂、麻药这两种物质的犯罪行为分别规定在不同的行政法中，其中，《取缔麻药法》规定了进口麻药罪，《取缔兴奋剂法》规定了进口兴奋剂罪。行为人基于进口兴奋剂罪的故意，客观上实施了进口麻药罪的行为，就产生了主客观不一致的问题。除此之外，日本《海关法》还规定了无许可进口罪、进口违禁品罪。麻药属于禁止进口物品（违禁品），而兴奋剂属于限制进口物品（需得到海关关长的许可），相对而言，前者是重罪。被告人出于实施日本《海关法》上的无许可进口罪（轻罪）的意思，而实际实施了进口违禁品罪（重罪）的行为，又出现了主客观不一致的问题。

关于《取缔麻药法》的进口麻药罪与《取缔兴奋剂法》的进口兴奋剂罪在本案中的适用，日本最高裁判所认为，两罪的构成要件实质上是完全重合的，将麻药误认为是兴奋剂这种错误，并不能排除行为人针对实际发生的结果即进口麻药之罪的故意，最终判定进口麻药罪。在这里，法院认定被告人具有进口麻药的故意。对于日本海关法在本案的适用问题，日本最高裁判所认为，被告人主观上具有实施无许可进口兴奋剂之罪的意思，对于进口所涉物品属于禁止进口物品的麻药这一重罪事实并无认识，因而对于进口属于禁止进口物品的麻药这一点，不存在犯罪故意，不能认定成立该罪，但应该理解为，在两罪的构成要件重合的限度之内，存在相对较轻的无许可进口兴奋剂之罪的故意，应成立该罪，进而判定成立无许可进口罪。在这里，法院又否定了被告人存在进口麻药的故意。

日本最高裁判所根据上述三个行政刑法规定的罪名所作出的判决并无矛盾，但其思考路径很复杂，即由于日本的附属刑法规定“纵横交错”，导致司法上对同一法律事实，必须从不同角度进行法律评价，针对被告人出于谋利的目的将麻药误以为是兴奋剂，偷运至日本国内的行为适用某一个附属刑法确定一个罪名；再针对其未经海关关长许可，将麻药误以为是兴奋剂，偷运至日本的行为适用另外一个附属刑法确定一个罪名，由此分别判定被告人成立《取缔麻药法》上的进口麻药罪，以及《海关法》上的无许可进口罪，然后再根据犯罪竞合的原理处理问题。[①] 事实上，针对不同毒品的法益侵害行为具有同质性，设置“进口规制药品罪”这样一个概括性的处罚规定，不仅完全可能，而且能够减轻司法认定的难度。[②] 由此可以认为，附属刑法过多且凌乱，不仅会因为构成要件与刑罚的不当设计而撕裂刑法的整体价值思维，也会使得研究实务焦点问题变得困难，理论上难以为司法实务提供足够指引。

5. 附属刑法规范在立法过程中很难得到充分讨论

在采用附属刑法立法模式的情形下，由于经济法、行政法的目的性都很强，为实现有效的规制，立法者对于其中的附属刑法可能不会进行仔细讨论。例如，在美国，联邦和各州在其制定的大量行政法规、经济法规中设置了刑法条款；虽然这些经济管理法律中包含了刑事责任，但人们并不认为这些法律是“刑法”。“相反，这些法律、法规中的刑事条款一直是作为政府的一种工具，用来帮助实现法律所期望达到的管理目的。美国立法者在这些法律上注意的不是为什么要制定刑事条款，也不是刑事手段应当在什么时候使用和不应当在什么时候使用，甚至可以不讨论刑事惩罚应当对谁适用。一般来说，美国国会在讨论这些法律时注意的是违宪的问题。一旦这部经济管理法律符合美国宪法，那么该项法律中的刑事惩罚条款就会被接受了。”[③]

即便在立法程序特别复杂、立法周期很长的国家，在行政法中也不可能反复讨论那些罪刑规范。在行政法立法过程中，辩论与讨论的重心始终是规制问题，各方表达的利益诉求重心是行政管控。无论立法技术有多高超，立法者的利益平衡能力如何，也无论立法者多么善于听取不同意见，行政法所关注的首要问题一

① 桥爪隆．构成要件符合性的界限．王昭武，译．苏州大学学报（法学版），2015（4）．

② 井田良．講義刑法学・総論．第2版．东京：有斐閣，2018：209.

③ 王世洲．我的一点家当：王世洲刑事法译文集．北京：中国法制出版社，2006：49.

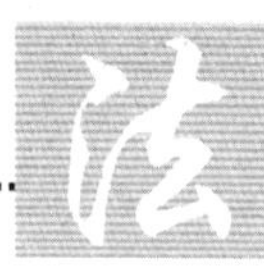

定是效率而非公正。

毋庸讳言，在我国，严格的立法辩论机制还亟待建立和完善，如果采用附属刑法立法模式，罪刑规范也很可能得不到充分讨论。这一点在20世纪我国附属刑法立法的探索中已经显现出来。例如，我国1993年《产品质量法》第44条规定，伪造检验数据或者伪造检验结论的，责令更正，可以处以所收检验费一倍以上三倍以下的罚款；情节严重的，吊销营业执照；构成犯罪的，对直接责任人员比照1979年《刑法》第167条（伪造、变造、盗窃、抢夺、毁灭公文、证件、印章罪）的规定追究刑事责任。再比如，我国1991年《烟草专卖法》第38条规定，倒卖烟草专卖品，构成投机倒把罪的，依法追究刑事责任。该法第39条第2款规定，买卖本法规定的烟草专卖生产企业许可证、烟草专卖经营许可证等许可证件和准运证的，比照1979年《刑法》第117条投机倒把罪的规定追究刑事责任。行政法、经济法上所明确规定的犯罪，其所采用的是立法类推的方式，也充分展示出相关罪刑规范并没有经过深入细致的讨论和审议。如果我国今后行政法、经济法立法过程中的辩论和讨论程序改革难以进一步推进，采用附属刑法立法模式，赞成或反对某个罪刑规范的基本观点势必难以充分展开、论证、申辩，附属刑法在整个行政和经济立法中不能成为关注重心，附属刑法的立法质量就会受到质疑；与其如此，还不如维持现行有效的立法模式。

四、结　语

过去有观点认为，作为行政刑法规制对象的行政犯和以刑法典中的犯罪为中心的刑法犯在性质上有所区别，应对行政犯和刑法犯适用不同的原则。但现在的多数观点是，行政犯也是犯罪，刑法犯和行政犯的界限未必是清晰的，硬性作出区分也不一定有必要。[①] 罪刑规范的设计，究竟是统一规定在刑法典中，还是允许在刑法典之外制定附属刑法，这在多数时候是立法技术上的问题，对于构成要

---

① 佐伯仁志．制裁论．丁胜明，译．北京：北京大学出版社，2018：8.

件本身的解释，通常不会有根本性影响。

多数大陆法系国家的理念是，由于刑法在法律体系中处于保障法的地位，所以，在商法、经济法、劳动法、税法等法律中，都存在直接规定犯罪的构成要件与法定刑的罪刑规范，其目的是要保障这些法律的实施。虽然我国刑法在很大程度上受大陆法系刑法理念的影响，但我国的文化传统、社会状况等与诸多大陆法系国家不同，在立法模式上有自己的特色也是可能的。确实，“在法的问题上并无真理可言，每个国家依照自己的传统制定制度和规范是适当的”①。在各个行政法、经济法中清晰描述违法行为的构成特征，再将违法行为中情节严重的情形在刑法典中入罪，既能够避免绝对空白罪状，又能够防止刑法先行、行政法滞后的现象的出现，不失为一种值得肯定的刑法立法模式。

我国固然可以仿照很多国家，在大量行政法中规定罪刑条款，但是，在附属刑法立法模式并无绝对优势的前提下，考虑刑法适用的便利性和国情，在我国继续采用统一刑法典立法模式，具有相对合理性、切实可行性。

---

① 勒内・达维德．当代主要法律体系．漆竹生，译．上海：上海译文出版社，1984：2.

第四章　转型时期刑法立法的思路与方法

我国自1997年对刑法典进行大规模修订之后，在最近二十多年间，全国人大常委会先后通过了一个单行刑法《关于惩治骗购外汇、逃汇和非法买卖外汇犯罪的决定》（1998年）和十一个《刑法修正案》，立法活动不可谓不频繁。由于每一次刑法立法都涉及重大利益关系的调整，牵动全社会的神经，因此，当下立法活跃的大背景是什么，会带来哪些难题，学界关于刑法“过度干预”的担心是否有道理，如何从顶层上设计未来刑法立法的思路和方法，都需要认真梳理。

一、晚近刑法立法的特色与变貌

（一）刑法立法的特色

晚近刑法立法的突出特点表现在：

1. 拓宽新领域

刑法修正案扩大处罚范围的方式，突出表现为三种：（1）增设与有组织犯罪、集团犯罪有关的犯罪，成倍地扩大处罚范围。传统刑法以对付个人犯罪、强调个人责任为特色。但是，在现代转型社会，犯罪多由有组织的集团在分工明确

的情况下以合作方式实施，其社会危害性远大于单独犯罪，在定罪量刑上衍生出很多特殊问题，针对有组织犯罪增设罪名，势必使得刑法惩治的领域大幅度拓宽。我国近年来的多个刑法修正案分别就有组织的恐怖主义、极端主义犯罪，组织出卖人体器官犯罪，有组织的经济犯罪（如走私罪、组织传销活动罪、强迫交易罪等），有组织的妨害社会管理秩序罪（如网络犯罪、环境犯罪）等进行犯罪化，增设行为类型，降低定罪门槛，拓宽刑法调控社会关系的领域。总之，转型时期的刑法承担了更多严厉打击有组织犯罪、集团犯罪的任务。(2) 将某些预备行为、帮助行为规定为实行行为。例如，《刑法修正案（五）》第 1 条规定的妨害信用卡管理罪，将信用卡诈骗罪或伪造、变造金融票证罪的预备行为作为实行行为。又如，《刑法修正案（三）》第 4 条增设了资助恐怖活动罪，将恐怖活动犯罪的帮助行为正犯化。(3) 增设大量法定刑较低，涉及社会面管控的轻罪，包括投放虚假危险物质罪、编造虚假恐怖信息罪，走私国家禁止进出口的货物、物品罪，组织残疾人、儿童乞讨罪，组织未成年人进行违反治安管理活动罪、危险驾驶罪等；将许多原来以劳动教养处理的行为轻罪化（例如，将扒窃、入户盗窃、携带凶器盗窃、非法扰乱国家机关秩序等行为作为刑罚处罚对象），部分填补 2013 年 12 月 28 日十二届全国人大常委会第六次会议《关于废止有关劳动教养法律规定的决定》通过之后所留下的处罚空档。

2. 转变法益观

一方面，刑法从消极的法益保护——有法益受到侵害时，刑罚权才能启动，转变为积极的法益保护——立法上积极评估未来可能出现的法益侵害并及时跟进，确立相对较低的行为“入刑”标准。例如，《刑法修正案（九）》增设的准备实施恐怖活动罪、煽动实施恐怖活动罪、帮助信息网络犯罪活动罪等，都表明了刑法积极保护法益的态度。法益保护不再仅仅是限制司法权启动的阀门，也成为向立法者提出要求的标尺。法益保护原则从过去的“处罚禁止”转化为立法驱动。按照哈塞默尔（W. Hassemer）的说法，立法者“从各种既被普遍地又被模糊地表述的法益中寻找出路”，依靠这种方式，立法者巧妙地减少了外界对于构成要件扩大化所作的批评。“法益使一种刑罚威吓变得正当，但是，现在所有可

能的东西都能够变成法益。刑法的不法就变得不清楚了，丧失了其规范的（并且也是道德的）轮廓”[①]。

另一方面，针对某种可能造成危险的行为设置罪刑规范，从重视法益实害转向重视法益的抽象危险，从注重保护个人法益转向重视公共法益和社会秩序的保护。例如，《刑法修正案（八）》增设危险驾驶罪（抽象危险犯），并通过《刑法修正案（九）》进一步扩大其行为类型就说明了这一点。在晚近的多个刑法修正案中，针对公共法益的抽象危险犯立法成为经常使用的“法宝”（例如，《刑法修正案（八）》将刑法第 141 条生产、销售假药罪从具体危险犯改为抽象危险犯），类似规定反映了立法观上的重大转型：针对危及公共安全、扰乱社会秩序的抽象危险犯，不需要收集证据证明法益实害或者具体危险，只需要证明类型化的、立法者预设的危险存在即可，检察官的证明责任明显降低，法官容易判断构成要件事实，几乎没有错案风险；律师的辩护空间明显被压缩（例如，危险驾驶罪的嫌疑人通过律师辩护被无罪开释的机会相当有限）。

3. 增加新手段

晚近刑法立法可谓刚柔相济。“刚”表现为处罚严厉化：（1）对死缓犯的减刑幅度缩小。《刑法》第 50 条规定，判处死刑缓期执行的，在死刑缓期执行期间，如果没有故意犯罪，2 年期满以后，减为无期徒刑；如果确有重大立功表现，2 年期满以后，减为 15 年以上 20 年以下有期徒刑。《刑法修正案（八）》第 4 条规定，在死刑缓期执行期间确有重大立功表现，2 年期满以后，只能减为 25 年有期徒刑。（2）增设限制减刑制度。《刑法修正案（八）》第 4 条规定，对被判处死刑缓期执行的累犯以及因部分暴力犯罪被判处死刑缓期执行的犯罪分子，可同时决定对其限制减刑。同时在第 15 条配套规定，被限制减刑的犯罪分子，其实际执行的刑期为：缓期执行期满后依法减为无期徒刑的，不能少于 25 年，缓期执行期满后依法减为 25 年有期徒刑的，不能少于 20 年。（3）扩大特殊累犯的

---

① 哈塞默尔．面对各种新型犯罪的刑法．冯军，译//中国人民大学刑事法律科学研究中心．刑事法学的当代展开：上册．北京：中国检察出版社，2008：60.

范围。《刑法》第66条只规定了危害国家安全犯罪的特别累犯，《刑法修正案（八）》第7条增加了恐怖活动犯罪、黑社会性质的组织犯罪的犯罪分子构成特别累犯的内容。（4）提高了数罪并罚时有期徒刑的最高限。《刑法》第69条规定，数罪并罚时有期徒刑最高不能超过20年。《刑法修正案（八）》第10条将其修改为，数罪并罚时有期徒刑总和刑期不满35年的，最高不能超过20年，总和刑期在35年以上的，最高不能超过25年。（5）缩小缓刑适用范围。《刑法》第74条规定，对于累犯不适用缓刑。《刑法修正案（八）》第12条增加了对犯罪集团的首要分子不适用缓刑的规定。（6）增设禁止令措施。《刑法修正案（八）》第2条、第11条分别规定，被判处管制或宣告缓刑的，可以根据犯罪情况，同时禁止犯罪分子在管制或缓刑期间从事特定活动，进入特定区域、场所，接触特定的人。（7）提高了分则中部分犯罪（如操纵证券、期货市场罪，组织、领导、参加恐怖组织罪，组织、领导、参加黑社会性质组织罪，寻衅滋事罪、敲诈勒索罪、抢夺罪）的法定刑。（8）增设终身监禁的规定。《刑法修正案（九）》第44条第4款规定，犯贪污、受贿罪被判处死刑缓期两年执行的，人民法院根据犯罪情节等情况可以同时决定在其死刑缓期执行2年期满依法减为无期徒刑后，终身监禁，不得减刑、假释。

“柔”表现为：一方面，降低某些犯罪的处罚标准。例如，《刑法》第239条规定绑架罪的起刑点为10年，《刑法修正案（七）》第6条将其降至5年，这是晚近刑法立法上开始“做减法”的典型例证。同时，鉴于该条还有对某些绑架行为判处绝对死刑的规定，《刑法修正案（九）》第14条将该罪的死刑适用条件进行分解，赋予法官刑罚适用的裁量权。另一方面，大幅度缩小某些犯罪的适用范围，进行实质的非犯罪化。例如，《刑法修正案（七）》第3条规定，实施逃税行为，经税务机关依法下达追缴通知后，补缴应缴税款，缴纳滞纳金，已受行政处罚的，不予追究刑事责任。这使得逃税罪在实务中的适用余地极其有限。

从刑法增加的上述手段中可以看出，处罚趋于严厉是立法的主流，非犯罪化和非刑罚化只是立法所附带考虑的问题。刑罚由此逐步从报应的工具演变为教育国民的手段，注重从惩罚到一般预防的转向。换言之，刑法不再是消极地

针对过去发生的犯罪“回头看”，为防止再发生类似行为的未来展望更在其关注视野中。

4．赋予新机能

频繁的刑法立法活动表明，刑法的自由保障机能开始逐步转向全面介入社会管控的刑法保护机能，刑法的干预性、工具性特征更加突出。(1) 按照市场经济条件下降低政府管控，减少行政审批的要求，刑法方面通过全国人大制定立法解释的方式，对涉及注册资本的虚报注册资本、虚假出资、抽逃出资的犯罪仅保留个别追究的可能，进行实质上的非犯罪化。(2) 对收买被拐卖的妇女儿童罪、行贿罪从严处罚，几乎将立法上的“加法”做到了极致，这些规定都及时回应了社会上关于严惩行贿、收买被拐卖妇女、儿童的呼吁。(3) 刑事司法机构和行政管制机构的职能紧密对接，刑法全面介入与公众关系密切的社会生活领域。例如，刑法修正案先后修改逃税罪、食品药品安全犯罪等，使刑法依附于行政法上的相关先行判断：对逃税行为是否要定罪，需要税务机关先作出处罚决定；食品药品安全犯罪是否成立，需要由行政主管部门通过鉴定方式确定其危险性，刑法和日常社会管控机制之间无缝衔接。(4) 立法上有意淡化刑法的附属性。刑法通过增设新罪将部分原本具有民事性质的“欠债不还”行为犯罪化（如增设拒不支付劳动报酬罪等）来参与社会管理，解决社会突出矛盾，其不再是对那些“严重地”侵害生活利益的行为的反应，刑法与民法、行政法的界限越来越模糊。立法上也有意模糊刑法与其他法律之间的界限，对刑法的最后手段性似乎不再刻意强调。在有些领域，立法者反而有意彰显刑法意义的独特性和优先性，例如，《刑法修正案（九）》第25条第4款规定，在法律规定的国家考试中，代替他人或者让他人代替自己参加考试的，处拘役或者管制。但替考行为本身，在《治安管理处罚法》上并没有相关明确的处罚规定（至于伪造证件行为则属于另外的问题），刑法直接将其规定为犯罪，以展示其强势介入社会管控的姿态。

5．面临新难题

具体表现在：(1) 刑法要面向未来，实现有效预防和威慑，重刑配置可能就比较多，但司法上对其运用较少，处罚趋重的实际效果如何尚难以判断；某些罪

名实践中发案率本身就较低，属于罕见的情形，因而出现了部分宣示性刑法立法。(2) 不法的直观性、可感性降低。犯罪应当是指某种客观上造成相当程度的社会危害的行为，但是，增设新罪时设立的抽象危险犯或某些侵害公共法益的犯罪，其危害性并不是具体的，不是法益实害意义上的损害，公众不能从行为中直接感知某种针对法益的危害性，犯罪的危害难以凭经验、靠感觉加以认知，被害人的形象变得很模糊。(3) 刑法成为解决社会问题时必须考虑的手段，与历来减少社会对立面，缩小刑罚打击范围的思路或不一致。例如，禁止“医闹”、禁止反复违法上访等行为最终都在《刑法修正案（九）》第 31 条中通过刑罚手段明确，势必招致与刑法谦抑性相抵触的质疑。

(二) 刑法立法活跃的背景：社会高速转型

中国刑法立法出现上述特点，甚至在某些方面具有根本性转向，其原因是多重的，但总体上是由当下中国高速发展的社会转型所决定的。社会转型，是指中国社会从传统封闭的农业社会向现代开放的工业社会变迁和发展的过程。社会转型是一种整体性发展，也是一种特殊的结构性变动。① 中国社会转型是浓缩的、急剧的，具有一定的社会风险，包含失业、社会分化、犯罪、社会不安、公害等社会代价。② 对此，法律不可能不作出回应。学者指出，法律制定有时代表着对某种类型的问题的回应。这类问题非常尖锐，损害了大量个人以及组织的福祉，以至显著地引起了立法者的关注。但是，立法也可以通过其他原因（包括忧惧、社会动荡、冲突、环境恶化及科技革新等）而产生。③ 涂尔干的著名观点是，社会转型会带来犯罪升高的趋势，这主要是因为旧的规范失效了，但新的规范尚未充分建构起来，由此导致了“失范”现象。④ 应该说，晚近我国的刑法立法有效减少了涂尔干意义上的“失范”现象，积极回应了社会治理的总体需要。

---

① 李培林．“另一只看不见的手”：社会结构转型．中国社会科学，1992 (5).

② 宋林飞．中国社会转型的趋势、代价及其度量．江苏社会科学，2002 (6).

③ 史蒂文·瓦戈．法律与社会．梁坤，等译．北京：中国人民大学出版社，2011：124.

④ 涂尔干．社会分工论．渠东，译．北京：三联书店，2000：366.

回顾过去二十多年来我国所发生的大规模社会变迁，我们可以更真切地看到转型过程包含了极为复杂和独特的内容，社会转型与经济和社会发展构成了错综复杂的关系，其对刑法立法的活跃产生了全方位的影响。在本文所关注的范围内，对晚近刑法立法有重大影响的转型类型包括经济转型、社会治理方式转型、价值观转型、生态目标转型、政治治理方式的转型等。在上述转型关键期，立法者为建构新的秩序目标，不断通过成文刑法将国家意志法律化。因此，近年来，我国刑法立法处于活跃期，无不与社会转型所带来的一系列变化有关。(1) 经济转型。转型时期中国经济朝着社会主义市场经济的方向大幅度迈进，交易空前活跃，但有关的市场交易规则、管控机制并不健全，经济犯罪大量增加，刑法立法就必须及时填补处罚空白。一方面，国家要为经济主体参与市场交易提供公平环境，使所有的市场主体都能够“轻装上阵”，且处于平等竞争的地位。为此，立法上先后对税收犯罪、发票犯罪、强迫交易罪进行修改。另一方面，国家不能容忍在经济转型过程中钻制度漏洞巧取豪夺的行为——《刑法修正案（二）》中九成以上的内容都在规范证券、期货交易中的不法行为就充分体现了这一点；国家对破坏市场经济交易规则，又造成其他法益侵害的行为，更持严惩不贷的态度——对危害食品安全犯罪客观构成要件的修改、扩大金融犯罪、走私犯罪的处罚范围，就展示了立法的这一意图。(2) 社会治理方式转型。近年来，各种社会不稳定因素加剧，社会不平等有增无减，城乡差别、地区差异所带来的社会矛盾凸显，群体性事件、网络犯罪、环境犯罪、毒品犯罪、黑社会性质组织罪等妨害社会管理秩序的犯罪出现很多新类型，腐败犯罪激起公愤，治安一直处于严峻态势。[①] 为回应转型时期社会治理方式的变化，我国刑法立法及时增加、调整规定。《刑法修正案（七）》《刑法修正案（八）》《刑法修正案（九）》核心考虑就是要着力解决社会转型时期所出现的突出问题、群体性问题。《刑法修正案（九）》增设部分新罪来填补废除劳动教养所带来的处罚空白，也与社会治理方式的转变紧密关联。(3) 价值观（文化观）转型。转型期相关财富分配、社会保障制度不健

① 孙立平．重建社会：转型社会的秩序再造．北京：社会科学文献出版社，2009：12.

全，贫富差距加大，部分人的被剥夺感增加，暴力取财犯罪、暴力侵犯人身犯罪呈现上升趋势，扩大盗窃、诈骗、抢夺等罪的犯罪圈，提高某些犯罪的刑罚，是为了提倡通过诚实劳动获取报酬的价值观、文化观；《刑法修正案（九）》增设虚假诉讼、组织考试作弊，使用伪造、变造的身份证件等方面的罪名，固然有保护司法秩序或社会管理秩序的侧面，更有防止道德滑坡、提倡诚信的社会主义价值观的立法考虑。（4）生态目标转型。近年来，我国部分地方以牺牲环境为代价，盲目追求地方经济利益。立法上对此予以高度关注，《刑法修正案（二）》的唯一内容为修改非法占用农用地罪，《刑法修正案（八）》第46条降低污染环境罪的入罪标准，就充分展示了立法者在这方面的良苦用心。（5）政治治理方式的转型。恐怖主义、极端主义犯罪危害政权和国家安全，对恐怖主义、极端主义所可能造成的危害，立法上不能视而不见。2001年9月11日，美国世贸中心和五角大楼遭受恐怖主义袭击之后，中国通过制定《刑法修正案（三）》及时作出反应，有效震慑了恐怖分子。此后10余年间，在国外频繁发生极端恐怖事件的大背景下（例如，2004年3月11日，西班牙首都马德里的几个火车站发生连环爆炸，将近200人遇难，1 500人受伤；2006年7月11日，印度孟买的铁路客车在交通高峰期发生爆炸，导致大约200人死亡，700人受伤），中国社会局势总体上保持了平稳，这与刑法的及时反应存在内在关联。但是，近年来，和境外恐怖主义、极端主义犯罪陡增这一现实相呼应，在中国境内发生的恐怖犯罪也有增无减。此时，仅靠《刑法修正案（三）》势必在处罚手段上偏“软”，因此，《刑法修正案（九）》用三个条文及时增设了大量与恐怖主义、极端主义有关联的犯罪。此外，贪污贿赂罪是国家工作人员从政权肌体内部实施侵害行为，其危及国家政权的根基，如何对待贪污贿赂犯罪，涉及国家的政治治理问题，《刑法修正案（九）》第44条对贪污贿赂罪的处罚标准进行修改，立法更为合理、精准，也展示了国家在政治治理技巧上的提升。

（三）变貌：对传统刑法观的偏离

晚近刑法立法与传统刑法观之间存在何种差别，其对社会仅仅是进行必要干预还是过度干预，是无法绕开的问题。

1. 与传统刑法观之间的距离

(1) 刑法立场的转变

在刑法领域贯彻法治观念的核心是坚持罪刑法定主义。法治意味着一切权力行使都要受到事前制定并宣布的规则的约束——这些规则使人们能够有把握地预见到在特定情况下权威当局会如何使用其强制力。[①] 罪刑法定作为刑法中的“铁则”，能够保障个人自由，满足理性主义和法治的要求。

1997 年修订后的《刑法》在犯罪论部分基本贯彻了客观主义立场：禁止以类推来填充刑法漏洞；在犯罪成立条件方面，尽量明确个罪的构成要件，特别是对侵犯财产罪、经济犯罪构成要件要素的描述较为详尽、清晰。如此一来，立法的触角有限，刑法保持了其谦抑性，并不积极地参与社会治理，而只是充当其他法律的保障法，有所为有所不为；刑法坚持其法治理想——使公民的行为和自由不受司法的过多干预。[②]

但是，原本朝着古典主义目标挺进的刑法观后来有所调整——通过多个修正案，刑法成为广泛地参与社会治理的“功能性工具”，刑法主观主义的某些特征开始展现：立法上致力于经验判断和甄别、处罚危险个体，而非客观主义的保守思考；从重视法益实害转向法益危险，在增设新罪时放弃了原则上规定结果犯和侵害保护个人法益的立法模式；立法者雄心勃勃，立法趋于活跃化，在废除劳动教养之后，将大量之前被认定为行政违法的行为犯罪化；立法有时缺乏理性（如为回应某些地方开展的“打黑除恶”专项行动，《刑法修正案（八）》第 43 条在并未梳理大量实证数据充分评估黑社会性质组织犯罪严重性的情况下，通过修改《刑法》第 294 条大幅度提高了相关犯罪的法定刑）；创设重视行为人危险性的刑罚制度（如禁止令、限制减刑等）。

(2) 刑法平等原则有所动摇

在所有的财产犯罪、经济犯罪中，罪犯能够认罪悔罪、积极退赃或弥补被害

---

① 哈耶克．通向奴役之路．王明毅，等译．北京：中国社会科学出版社，1997：73.

② 张明楷．新刑法与客观主义．法学研究，1997 (6)；周光权．法治视野中的刑法客观主义．北京：法律出版社，2013：248.

人损失的，其再犯可能性、预防必要性都有所降低。但过去在实务中仅将上述情形作为酌定量刑情节加以考虑。将类似情节的地位提升为法定量刑情节，并在总则中进行规定，以没有例外地适用于所有财产犯罪和经济犯罪，才是符合刑法平等原则之举。《刑法修正案（九）》第 44 条第 3 款规定，贪污受贿数额较大，在提起公诉前如实供述自己罪行、真诚悔罪、积极退赃，避免、减少损害结果的发生的，可以从轻、减轻或者免除处罚；数额巨大或者特别巨大，有前述情形的，可以从轻处罚。这一规定考虑了反腐斗争的实际需要，当然有其现实意义，但是，其是否应该增设在刑法总则中，统一适用于罪犯可能退赃的财产犯罪和经济犯罪，还值得仔细推敲。更何况，贪污贿赂罪原本就不属于典型的财产罪，尤其是受贿罪的赃物，只有被国家所追缴而没有所谓的“退赃”问题，因为行贿人也是违法者，从民事法律的角度看，其无权接受受贿人退回的赃款赃物。将类似奖励规定放在贪污贿赂罪这些身份犯中，而不能适用于普通人可能触犯的大量财产犯罪，从立法技术上看，容易受到“官官相护”的质疑，“观感”不太好，同时也与刑法平等原则有所抵牾。

（3）刑法有时不再是最后手段

传统刑法观认为，犯罪是具有严重社会危害性的行为；《刑法》第 13 条也规定，危害行为情节显著轻微的，不是犯罪。但是，晚近立法中的下列情形似乎表明，刑法有时已经不再是最后手段，而是站到了社会治理的最前线，这就在很大程度上偏离了传统刑法观。“刑法对社会的保护出现了保护前置的普遍现象，刑法学界不得不反复思考最后手段性是否得到遵守和贯彻的问题。”①

一方面，用刑法手段替代一般社会生活领域的管控。典型例证是，将拒不支付劳动报酬，组织残疾人、儿童乞讨，组织未成年人进行违反治安管理活动等行为犯罪化，带有国家将刑法作为秩序维护法看待的痕迹。对此，有学者质疑到：此类行为通过公安行政部门的治理，是完全可以得到有效控制的，然而，行政机

① 王世洲．刑法的辅助原则与谦抑原则的概念//北京大学法学院刑事法学科群．犯罪、刑罚与人格：张文教授七十华诞贺岁集．北京：北京大学出版社，2009：62.

关因这种管理不具有收益而不愿进行管理，于是干脆来个犯罪化，而没有充分动用行政管理手段就将此种行为纳入刑法，违背了刑法不得作为“最先保障法”的原则，并且也因此使本罪成为“立法者的法”而不是民众的法。①

另一方面，将某些中性行为犯罪化，明显具有因对特定领域的行政管制力不足，而用刑法方法替代的特点。《刑法修正案（九）》第 29 条规定，明知他人利用信息网络实施犯罪，为其犯罪提供互联网接入、服务器托管、网络存储、通讯传输等技术支持，或者提供广告推广、支付结算等帮助，情节严重的，构成犯罪。这一规定是将明显属于中性（中立）行为的情形规定为犯罪。将中性行为犯罪化，很多正常的社会生活特别是常见的经营或营业活动可能都无法开展，社会生活就可能停滞，同时，也会限制许多人的行动自由。如果将客观归责论运用到网络犯罪中就可以认为，为他人提供互联网接入、服务器托管、网络存储、通讯传输等技术支持的行为，原则上不应归责②：（1）仅仅提供连接服务的网络服务商，没有介入审查他人所传输信息内容的真实性、合法性的义务。（2）互联网接入行为和犯罪结果之间的因果关系并不充分。（3）事实上，面对海量信息，网络服务商难以辨别真伪，要求网络服务商履行甄别义务会使得现代社会的网络运营瘫痪。“网络接入服务商无论是接入前知悉申请网络接入的用户的犯罪意图，还是事后得知网络用户利用网络实施犯罪的事实，由于法律并无明文规定其有事前拒绝接入和事后断开网络连接的义务，故网络服务商原则上不应承担帮助犯的刑事责任。”③（4）对于从事网络存储的网络平台服务商而言，其有义务保存服务对象的资料，尊重会员的言论自由。接受服务者或会员违法上传、下载，实施犯罪行为的，应由其自行负责，而不需要网络平台服务商承担刑事责任。因此，立法上处罚网络中性行为是否与刑法的最后手段性相抵触确实是一个问题。④

① 刘艳红．当下中国刑事立法应当如何谦抑：以恶意欠薪行为入罪为例之批判性分析．环球法律评论，2012（2）.

② 例外的情形是，有的网络接入服务商或平台服务商以犯罪为其主业的，对其应当定罪处罚。但此时按照共同犯罪的规定就可以处理，不需要刑法上另行对提供技术支持的网络服务商规定单独罪名。

③ 陈洪兵．中立行为的帮助．北京：法律出版社，2010：233.

④ 周光权．网络服务商的刑事责任范围．中国法律评论，2015（2）.

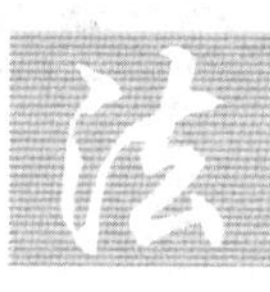

2. 可能招致“过度刑法化”的质疑

在传统上，刑法对社会治理的参与总是保守和消极的。但近年来的中国刑法立法呈现出扭转传统刑法观的趋势。对此，有学者表达了忧虑，认为当下中国出现了刑法过度干预的问题。“过度刑法化”在思维上表现为当社会中出现某种突出问题时，国家和社会民众总会情不自禁地想到动用刑法解决。改革开放以来，在旺盛社会需求的驱动下，我国的刑事立法明显呈现单向犯罪化的特点。刑法条文和罪名数量一直持续增长，特别是近年刑法修正案频繁颁布所呈现出的刑法立法异常活性化，使得当前的社会治理明显染上了“刑法浪漫主义”色彩，进一步强化了政策导向型工具刑罚观。①

但是，笔者并不赞成上述关于刑法干预过度的判断。晚近刑法立法活跃化，确实带来一些刑法观上的难题。但是，对这种迹象还是应该解读为刑法必要的、积极的干预，而非过度干预。如果考虑转型社会的背景，“刑法过度干预”的担忧其实就是多余的；固守相对简单化的传统观念在当下中国未必合时宜，因为刑法如何发展，立法如何取舍，并不取决于立法者本身，而必须考虑社会整体发展状况。中国社会转型的情势决定了未来的立法必须具有能动性，增设新罪是很长历史时期内立法上的核心任务。对此，后文会作详尽分析。

当然，在晚近刑法必要的、积极的干预中，由于在很多方面与传统刑法观有相当距离，部分规定已经出现了向主观主义靠近、理性主义成分不足、过分迁就民众处罚欲望的迹象，值得警惕。因此，立足于未来转型时期刑法立法的动向，提出从思路到方法的相关改进方案就是必要的。

二、未来刑法立法的总体思路

当下刑法立法在回应转型社会的呼吁方面做了很多积极的工作，但修正案立法模式的“零打碎敲”在总体立法思路上未必清晰，在方法上也还比较粗放。

---

① 何荣功．社会治理“过度刑法化”的法哲学批判．中外法学，2015（2）．

未来的刑法立法，从总体上看，应当建立能动、理性、多元的总体立法方略。能动，是指刑法立法应当根据社会转型的需要及时作出反应，增设新罪的步伐不能放缓，应当适度扩大刑罚处罚范围，保持立法的活跃化和积极干预社会生活的姿态；理性，是指在立法总体思路和罪刑设置上注重科学性，论证更为充分，不盲从于社会舆论或公众情绪；多元，是指不将刑法典作为唯一倚重的对象，而是尝试建立以刑法典为核心，以轻犯罪法为辅助，刑罚和保安处分措施双轨制的成文刑法体系。

（一）能动立法

能动立法，意味着要根据社会情势的变化，及时增设相当规模的新罪。①

1. 能动立法的观念基础

（1）刑法规制的行为必须具有立法者不可容忍的性质，而无须达到传统上的严重程度。

我国刑法学通说承袭苏联的实质犯罪概念，认为行为的社会危害性是犯罪的本质；社会危害性必须达到较高的程度，刑罚权才能启动，因此，犯罪是质与量的统一。② 犯罪必须具有严重社会危害性的理念，起源于18世纪启蒙思想家的思想：国家权力的存在是基于社会成员的同意，国家必须更好地保障个人的权利和自由。③ 贝卡利亚从社会契约论出发，认为国家通过公民让渡的最小限度的权利组成国家权力，刑罚权既然来源于个人，就应当有所节制，“应当限制在维持市民生活安全所必要的最小限度内”④。

但是，将社会契约论的假定放到现代社会未必是合适的。既然“对刑事立法

---

① 当然，随着时代的变迁进行非犯罪化和非刑罚化原本也是能动立法的内容。但在未来中国刑法立法中，这不是迫切问题，也只是犯罪化、刑罚化的“支流”。因此，本文主要关注能动立法的总体趋势问题。

② 陈兴良．刑法哲学．北京：中国政法大学出版社，2004：7；高铭暄，王作富．新中国刑法的理论与实践．石家庄：河北人民出版社，1988：132.

③ 卢梭．社会契约论．何兆武，译．北京：商务印书馆，1980：23.

④ 西田典之．日本刑法总论．刘明祥，等译．北京：中国人民大学出版社，2007：16.

的要求是从宪法中推导出来的"[①]，成立犯罪就不能要求其社会危害性严重到传统上所理解的程度，只要求其侵害宪法意义上的价值，使得现代社会制度的有效运转受到一定阻碍即可。我国刑法立法更应该考虑的是：为维持社会生活的基本秩序，立足于宪法上的价值保护指向，哪些行为是刑法上不可忽视、不能容忍的，进而有必要针对类似行为设置罪刑规范，使之成为国民的行动指南，而无须刻意强调传统意义上犯罪的"严重"社会危害性。例如，对于盗窃、抢夺、敲诈勒索等罪，中国刑法历来规定数额较大的才追究刑事责任。但是，《德国刑法》第 248 条 a 规定，盗窃或者侵占价值很小的财物，如果被害人提出请求或者行为损害公共利益的，也可以追究刑事责任。两相对照，德国的思路更符合宪法要求和法益保护理念，更为合理、务实。也正是考虑到无法固守传统犯罪观，中国近年来才将数额并未达到较大程度的扒窃、携带凶器盗窃、多次盗窃或抢夺等侵害财产的行为规定为犯罪

立法必须从传统上理解的严重社会危害性中解脱出来，还有一个理由就是："在立法论上，更为直接的是要以保护该时代社会中的既存的规范为基础。"[②] 刑法立法只不过是要"立规矩"，即确立行为对错的标准（行为规范），只要基于行为人主观上恶的意思所实施的行为在性质上是错的，即便没有发生实害，没有造成"严重"的社会危害性，刑法也不能袖手旁观，否则整个社会就没有章法可言。为确立明确的行为规范，未来的刑法立法需要明确：其一，法律是一种以满足社会具体需要为目标的问题解决反应系统。刑法必须凸显其确定性，尽可能具有相对清晰的意思。拉德布鲁赫指出，我们必须承认，法律的安定性需要法律的实证性；如果不能明确认定什么是公正的，那么，就必须明确规定什么应该是正确的。[③] 为此，在立法上必须清晰描述犯罪轮廓，揭示行为对法益的典型侵害或危险，为司法裁判提供指引，减少适用上的分歧。其二，为了满足罪刑法定的要求，实现一般预防的刑罚目的，要求公众遵守规范，就有必要在行为时点提前告

---

① 冈特·施特拉腾韦特，洛塔尔·库伦．刑法总论Ⅰ．杨萌，译．北京：法律出版社，2006：34.

② 松宫孝明．刑法总论讲义．钱叶六，译．北京：中国人民大学出版社，2013：12.

③ 拉德布鲁赫．法哲学．王朴，译．北京：法律出版社，2005：73.

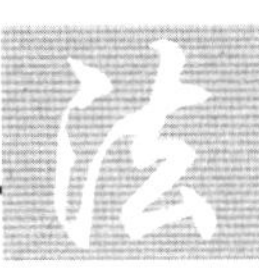

知公众行为适法、违法的界限究竟在哪里。立法者从大量的违法行为中挑选部分行为作为犯罪加以规定，必须使用民众最容易理解的语言描述难以容忍的行为举止，强调文本平易化，明确对国民的行为限制。其三，在分则规定中，原则上采用“行为”立法模式，只有在少数情况下才使用“行为＋情节或结果”。为此，需要将现行刑法中规定的“数额较大或情节严重”的犯罪构成要素删除，改变立法定量的方法。按照上述思路，任何受贿行为在刑法上就都是不能容忍的；而只有收多收少都不可以的“行为”立法模式才能体现刑法的行为规范性质，才能为公民提供行动指南。至于是不是对每一起受贿数额较小的行为都定罪，则应由司法上根据其具体情况裁量决定。[①] 这种立法模式的优点是显而易见的：如果收受财物的行为只有达到 1 万元才构成受贿罪时，犯罪的发生率必然提高，因为许多国家工作人员会对收受 1 万元以下的财物持无所谓态度，会以“恶小”而为之；反过来，如果国家工作人员知道受贿 1 元钱也是犯罪时，受贿行为必定会减少，刑罚的预防功能也才能有效发挥。

（2）能动立法与刑法谦抑性并不冲突。

有学者认为，综观历次刑法修正案新增的数十个罪名，无不以扩大国家刑罚权力、缩小或限制公民之自由为内容。这体现了我国刑事立法仍然在工具主义的轨道上前行，因此，我国应该停止以犯罪化为内容的刑事立法。[②] 但这种观点明显值得商榷。限定处罚范围不是刑法谦抑性（刑法的辅助性、最后手段性、片段性）的必然内容，立法上进行一定程度的犯罪化未必违背刑罚谦抑性。没有人会否认，只有在其他法律难以预防和惩治某一违法行为时，刑法才能介入。但是，犯罪化的边界究竟在哪里，只能从一个国家的实际情况和惩罚需要引申出来，不同历史时期人们对违法行为的容忍程度大不相同，没有一个固定的模式能够说明对哪一种行为只能以民事或行政方式处理。对此，学者指出，一些刑法学者与实务人士经常挂在嘴边的话就是“缩小打击面，扩大教育面”“不能扩大处罚范

---

① 周光权．行为无价值论和结果无价值论的关系．政治与法律，2015（1）．

② 刘艳红．我国应停止犯罪化的刑事立法．法学，2011（11）．

围”；有人甚至以出罪为荣、以入罪为耻，似乎刑罚处罚范围越窄越好，乃至没有刑罚处罚更好。这说明，刑法谦抑性在中国还只是停留在口头表述或者书面文字的一种理念，而没有成为人们内心深处的真实想法，没有对刑法立法和适用产生实质影响。刑法谦抑性的具体内容会随着时代的发展而变化，刑罚处罚范围也并非越窄越好。如果特定时代的多元价值观造成非正式的社会统制力减弱，不可避免地产生通过扩大刑罚处罚范围以保护法益的倾向；刑法应当由“限定的处罚”转向“妥当的处罚”[①]。罗克辛教授也指出，谦抑性（辅助性）对立法者来说具有指导作用，但其不能成为限制立法权的工具。对于应当把何种行为看成足够严重以至于必须动用刑罚手段，是立法者自己判断的。当不能确定某种轻微的手段（例如单纯的民事惩罚）是否足以充分防止侵害的时候，立法者享有对此自行评价的特权。“辅助性原则就更属于一种政策意义上的准则，而不是一种强制性规定。这是一种社会政策性的决定”[②]。因此，刑法谦抑性“不意味着只要不动用刑罚就是好的”[③]，其并不反对与社会发展相匹配的、必要的犯罪化。其实，立法者只要不是将反伦理或者停留在思想领域、私人之间的行为犯罪化[④]，就原则上不存在违反刑法谦抑性的问题，不能将增设新罪和刑法谦抑性截然对立。

2. 未来必须加大犯罪化力度的理由

从转型时期社会发展的现实来看，在未来相当长时期内，立法者消减现有罪名的非犯罪化任务并不紧迫，相反要进行相当规模的犯罪化，保持刑法立法的活跃姿态。

首先，这是建设法治国家的要求。必须承认，任何政权都不会容忍危害行为，而总是要采取这样或那样的措施来进行禁止、制裁。按照法治方式难以惩治

---

① 张明楷．网络时代的刑法理念：以刑法谦抑性为中心．人民检察，2014（9）．

② 克劳斯·罗克辛．德国刑法学总论：第1卷．王世洲，译．北京：法律出版社，2005：24.

③ 刘淑珺．日本刑法学中的谦抑主义之考察//陈兴良．刑事法评论：第22卷．北京：北京大学出版社，2008：313.

④ 在这个意义上，《刑法》第301条将私人之间基于合意的聚众淫乱行为规定为犯罪，确实有值得商榷之处。

的危害行为，可能转而以非法治的手段（如我国长期采用的劳动教养）处理。因此，要实现国家对难以容忍的违法行为的惩罚，最佳方式是通过立法者所确定的刑法规范将值得处罚的危害行为规定为犯罪，赋予被告人辩护机会，尊重和保障其各项权利，将处罚纳入法治轨道。将大量值得处罚的危害行为在刑事诉讼之外由行政机关处理，一定会带来很多负面效果；将某些处罚严厉性可能远超刑罚的行政制裁交由行政机关自由决定，而不是交由法院审判，更严重违反程序正义。① 特别是在废除劳动教养制度之后，对某些违法行为不可能放任自流，某些限制人身自由的措施还要适用，在出现处罚空挡时，为防止对某些危害行为的处理机制在现行《刑法》和《治安管理处罚法》之外运转，就必须增设新罪，这既是依法治国的要求，也是社会成熟的表现。对此，井田良教授持相同的观点，他在评论日本近来的刑法立法动向时认为，刑事立法的活跃化倾向，在某种程度上是第二次世界大战之后日本社会走向成熟的佐证。日本立法上的犯罪化和重刑化的趋势，不是一时的心血来潮，在今后一段时期内还会持续下去。② 因此，对相对轻微的行为犯罪化和法治立场之间并不抵触。“在实践中，立法者为轻微违法行为规定相应轻微刑罚的做法，长期以来就一直没有被宣布为违反宪法。”③ 我国刑事法学者显然不能一方面呼吁废除劳动教养，一方面又反对增设新罪。

其次，媒体的发达、传播的迅捷使得公众的处罚呼吁可以充分表达出来并被放大；社会成员的价值观分化，不同群体对违法行为的感受不同，对犯罪化的不同要求也都被提出来。我国不少刑法立法就是回应社会需求的结果。④ 对于这一点，未来的立法也不会改变。

再次，随着科学技术的发展和社会转型，社会生活的危险性、复杂性，社会成员的陌生程度、对经济利益的追求都在增加，个人的不安感强烈，要求刑法介

① 陈泽宪．收容教养制度及其改革//陈泽宪．犯罪定义与刑事法治．北京：中国社会科学出版社，2008：227.

② 井田良．刑事立法の活性化とそのゆくえ．法律時報，2003年第2号。

③ 克劳斯·罗克辛．德国刑法学总论：第1卷．王世洲，译．北京：法律出版社，2005：24.

④ 何荣功．社会治理“过度刑法化”的法哲学批判．中外法学，2015（2）.

入社会生活的要求也增加，处罚早期化、处罚范围扩大化在所难免。

最后，犯罪化与国外的刑法立法趋势相呼应。20 世纪 50 年代之后，犯罪化是国外刑法立法的潮流。自 20 世纪 70 年代以来，英国开展了大规模的增设新罪活动，目前英国制定法上的罪名已经达到 1 万多个。1997 年至 2007 年，英国议会制定了 382 项法案，其中，29 项刑事司法法案新设的刑事罪名超过 3 000 个。[①] 原本“像金字塔一样沉默”的日本立法机关从 20 世纪 80 年代末开始，为应对犯罪国际化、有组织化以及现代社会的危险无处不在、无时不在的特点，积极回应保护被害人的要求，回应严惩暴力犯罪的呼声，频繁修改刑法典与相关法律，实行大量的犯罪化，出现了“立法活性化”现象[②]，例如，在《规制纠缠等行为的法律》中，将表达爱恋或好感没有得到回应而纠缠对方的行为犯罪化。[③] 在日本，刑法典、单行刑法与行政刑法所规定的犯罪难计其数，即使在我们看来相对轻微的危害行为，也可能被规定为犯罪。相反，在当下中国只有刑法典（及修正案）与 1 个单行刑法规定犯罪及其法定刑（罪名总共仅有 500 多个），不存在其他法律中规定的行政刑法。对此，有学者指出：“和日本不同，在中国，至少在现阶段，所有的刑罚法规都集中在刑法典之中，而在刑法典之外则几乎看不见，因此，在中国不存在日本所谓的行政刑法。由于刑法典上的条文数量很少，因此，乍看之下，中国刑法中的处罚范围似乎很广，但实际上则不是如此，日本刑法中的处罚范围比中国要广泛得多。”[④]

3. 能动立法的内容

（1）犯罪化。

肯定犯罪化是未来立法的主流，在增设新罪上就要考虑：首先，对已有的常见犯罪还需要进一步分解、细化。例如，对故意毁坏财物行为，我国的罪名设置

---

① 汤姆·宾汉姆．法治．毛国权，译．北京：中国政法大学出版社，2012：59.

② 张明楷．刑法格言的展开．北京：北京大学出版社，2013：173 以下．

③ 黎宏．日本近年来的刑事实体立法动向及其评价．中国刑事法杂志，2006（6）.

④ 西原春夫．日本刑法与中国刑法的本质差别．黎宏，译//赵秉志．刑法评论：第 7 卷．北京：法律出版社，2005：123.

极其有限，但《德国刑法》自303条起分别规定了物品毁坏罪、数据毁坏罪、对计算机的毁坏罪、损害公共利益的物品毁坏罪、建造物的毁坏罪、重要生产工具的毁坏罪等罪名。其次，需要新增一些不太受时代变迁影响的危害行为为犯罪。如应考虑增加强制罪、暴行罪、胁迫罪、泄露私人秘密罪、公然猥亵罪、背信罪、侵夺不动产罪、伪造私文书罪等，还可以考虑借鉴《德国刑法》第323条c的规定增设见危不救罪，将社会成员在危急情况下对他人的救助义务用法律方式确定下来。[①] 再次，对涉及人类生存的犯罪必须大量规定。例如，对破坏环境的犯罪，我国只是笼统规定了一个污染环境罪，而德国分别针对水域、土壤、大气、噪声等领域的污染设置独立罪名，并对行为类型进行详尽描述，从而全面保护法益。《日本刑法》自第142条起针对饮用水安全保护，用6个条文专门规定了与此有关的多个罪名，包括污染净水罪、污染水道罪、将毒物等混入净水罪、污染净水等致死伤罪、将毒物等混入水道和将毒物混入水道致死罪、损坏和堵塞水道罪，上述立法模式颇值得我国立法借鉴。最后，对涉及新型权利的犯罪（如噪声污染、性骚扰、严重侵害工人休息权利、堵塞交通等）还需要大量增加。

（2）刑罚手段多元且灵活。

在目前的中国刑法中，刑罚呈现以下特点：手段有限，监禁刑（有期徒刑、无期徒刑、拘役）种类太多，非监禁刑种类少；财产刑措施不太灵活（如未设立日额罚金制）；保安处分措施（如收容教养、强制医疗）种类少，适用面窄。因此，我国以自由刑为中心的处罚体制未来必须要改变，才能适应转型社会的需要。未来要考虑增设刑种，尤其要增设非监禁的主刑；增设剥夺资格、权利的刑罚；将刑罚措施和社区矫正相互衔接；增加保安处分措施，针对行为人未来再犯罪的危险性适用，形成刑罚与保安处分的刑事制裁“双轨制”[②]，从而使得应对

① 冯军．和谐社会与刑事立法//戴玉忠，刘明祥．和谐社会语境下刑法机制的协调．北京：中国检察出版社，2008：29.

② 2012年修订后的《刑事诉讼法》在第5编特别程序中用专章规定了“依法不负刑事责任的精神病人的强制医疗程序”。这是将保安处分措施法律化。今后可以考虑在《刑法》中增加一条与《刑事诉讼法》相照应的规定。

手段显得更为多元、灵活，符合能动立法的要求。

（二）理性立法

增设新罪总是有限度的，立法者必须遵守比例原则，在法益保护与尊重个人自由之间取得某种微妙的、多数人都能够接受的平衡。理由在于：构成要件有惩治犯罪的功能，但同时也约束个人，罪名过多所呈现的罪刑扩张意味着国家刑罚权的膨胀，必然相应导致个人权利的限制与压缩，形成对公民行动自由的妨碍；刑法不是治理社会的最佳良方，其作为控制社会高度专业化的手段，只有针对特定目的时才有效用，超越该目的的不当使用不仅无效，而且会导致更大危害。因此，强调理性立法具有现实意义。

1. 对公众的处罚呼吁必须进行过滤

任何立法都不可能不受公众诉求甚至情绪化因素、社会舆论的影响。确实，国民诉求是立法活跃的重要影响因素：被害人通过媒体表达自己对犯罪的痛恨；媒体为博取“眼球”，会有策略地以夸张方式将行为人和被害人之间的对立情绪传播出去，让公众同情被害人；立法者为了表示对民众要求的关切，会显示出对犯罪对策的热情，最终无论对被害人、公众还是立法者而言，立法都成了实现自身目的的“象征立法”①。立法上国家意志的形成受到缺乏专业知识的人的重大影响。法学专家对犯罪及其危害性的论证，过于复杂，有时可能不符合立法者的朴素感觉，关于处罚可能带来负面效果的详尽分析更是难以引起他们的兴趣；同时，由于法学不是自然科学，要从实证上论证某些行为没有达到立法者所预估的程度，事实上也难以做到，立法者转而愿意从公众的嘈杂话语中“选择性”听取，从而加剧刑法立法的“平民化趋势”②。但其负面影响是立法中可能有情绪化、非理性的因素。“对于这些不可能有简单结论的问题，公众可能会过快地产

① 黎宏．日本刑事立法犯罪化与重刑化研究．人民检察，2014（21）.

② 井田良．社会变迁背景下日本刑法的发展．樊文，译//陈泽宪．刑事法前沿：第7卷，北京：中国人民公安大学出版社，2013：168.

生制定新的或者更严厉的处罚规定的需要。但这会产生严重的不良后果。”① 因此，如何确保立法的理性化是转型时期刑法立法的难题。

公众的处罚要求需要立法者考虑和过滤，更值得重视的是刑罚手段对于控制一定的行为是否必要和合适。因为立法权本能扩张的冲动客观上是存在的。为了能够理性地防止立法权滥用，必须对实际上是否有必要规定刑事制裁进行评估，确实在其他措施不足以有效地预防和处罚某种行为时，才允许设定罪刑规范。例如，在侵犯公众安宁权的行为中，是否需要增设新罪，就要考虑民事赔偿和行政上的规制能否取得更为充分的效果，是否更有助于社会关系的恢复。又如，保留死刑的所谓“民意”是否可靠，也需要立法时仔细甄别和审慎对待。在对死刑的“众声喧哗”中，公众容易把死刑和极端事件联系起来，进而得出罪犯应该被处死的“痛快”结论，对“不杀不足以平民愤”自然也就高度认同，但其中的理性化程度较为有限。

2. 理性意味着限度

在现代刑法立法的犯罪化趋势中，法益保护的早期化、法益的高度抽象化和稀薄化一直为立法者所认可。但是，“法益保护早期化”（增设未遂犯、预备犯、危险犯）的实际效果毕竟有限，且可能偏离刑法本来的任务——因为有的问题原本就需要通过行政治理来解决。立法的依据是法益保护，但是，不能将过于抽象和稀薄的法益都纳入保护范围（例如，多次拨打电话骚扰他人的行为在很多国家都是犯罪，但在我国将他人不受骚扰意义上的生活安宁这种相对抽象的法益作为保护对象未必合适）。

特别值得讨论的是，对于犯罪预备，按照《刑法》第 22 条的规定原则上都应处罚，但这未必符合理性立法的要求。预备犯所实施的行为，缺乏定型性和不法内涵，一个为投毒杀人而购买矿泉水的行为，和饥饿状态下购买食物在外观上没有差别。无论理论上提出何种理论来限定预备行为，对其定罪都难以防止司法

① 冈特·施特拉腾韦特，洛塔尔·库伦．刑法总论Ⅰ．杨萌，译．北京：法律出版社，2006：36.

恣意，损害法的安定性，且有将至多是治安管理处罚对象的行为上升为犯罪行为的嫌疑。针对预备犯的上述特点，在多个刑法修正案大量规定危险犯的背景下，相对合理的方案是删除总则关于（形式）预备犯的规定，在不得已的情况下，在分则中增设少数实质预备犯。“与形式预备犯相比较，实质预备犯的立法方式就显得明确许多。如果立法者认为某些典型的预备行为本身已含有较高的失控危险，便可将这些行为样态透过危险犯的立法形式加以犯罪化。”① 例如，《刑法修正案（六）》增设妨害信用卡管理罪，就是相对合理的立法思路。未来还可以考虑将其他具有预备性质的行为（如制造、交付、接受可用于生产伪劣产品、伪造假币、制造毒品、伪造国家机关证件等犯罪的工具等）予以犯罪化。

3. 理性意味着要把握好立法时机

立法者对于增设新罪的呼吁必须善于倾听，静观其变，不能匆忙行事，只有在对某种行为不能忍受时才作出反应。尤其是在社会转型时期，行为的严重程度还不能充分把握，各方面分歧比较大时，理性地把握立法时机显得至关重要。例如，在国家大力推进司法改革的过程中，司法参与者的功能发挥、办事规则、权利边界等并不特别明确，很多因素不确定，控辩审各方关系微妙时，不宜增设主要针对某一司法活动参与者的罪名，立法者必须能够心平气和、不受干扰、不带情绪地立法，法律才会指向长远，富有生命力。

4. 理性立法必须反对重刑化

在很多国家，立法上的犯罪化和重刑化是并驾齐驱的。德国 1998 年的刑法修改，为了实现一般预防就朝着加重刑罚的方向迈进。② 日本自 20 世纪 90 年代中期以降，刑法的重刑化趋势明显，提高有期徒刑的最高期限；加重了性犯罪、杀人罪、伤害罪的法定刑。③ 2001 年的日本刑法修正案规定，行为人故意危害交通的驾驶行为（如醉酒后驾车）过失地导致他人死亡的，最高可以判处 20 年自

① 蔡圣伟．刑法问题研究（一）．台北：元照出版有限公司，2008：448.

② 柯耀程．变动中的刑法思想．北京：中国政法大学出版社，2003：366.

③ 黎宏．日本近年来的刑事实体立法动向及其评价．中国刑事法杂志，2006（6）.

由刑。由于该罪法定刑和道路交通中通常的过失致死罪的处罚失衡，2007年立法者不得不将后罪的法定最高刑从5年提高到7年。

但是，国外将犯罪化和重刑化捆绑在一起的做法未必值得我们效仿。理由在于：（1）我国刑法规定的法定刑原本就较高，“带死刑、无期徒刑、3年以上有期徒刑的条文无论是绝对数还是占全部罪刑条文的比例均高于其他国家，我们的刑罚不仅重于经济比我们发达的国家，也远远高于经济和我国相当或低于我国的国家；不仅重于那些所谓的民主自由国家，也远重于那些所谓的专制国家或威权体制国家”①。同时，实务上一般也都倾向于在法定刑幅度内选择较重的刑罚。如果未来立法在此基础上再“加码”，就会导致重刑主义。（2）经验证明，重刑化做法并不能有效遏制犯罪，罪犯在犯罪之前都不会去看刑法典，不关心刑罚轻重，费尔巴哈的心理强制说并没有实证支撑；一味重刑化会让国民的法感情迟钝化，且导致犯罪的法益侵害之间没有区分（制造枪支、收受财物都等同于杀人）。（3）日本刑法对相同犯罪所规定的法定刑轻于我国刑法规定，且罪犯被判处6年以下有期徒刑的，都有适用缓刑的可能。即便晚近的日本立法实行重刑化，其刑罚仍然轻于我国。因此，在当下中国，通过犯罪化“立规矩”远比实行严厉处罚要重要得多，当务之急是扩大犯罪圈以严密刑事法网，但在处罚上尽可能轻缓、灵活，重刑化不是立法指向，刑法立法的政策思想应当定位于储槐植教授一直所倡导的“严而不厉”②。

轻刑化必然绕不开继续减少死刑罪名这一问题。《刑法修正案（八）》一次性取消了13个罪名的死刑，《刑法修正案（九）》进一步削减了9个罪名的死刑，但我国的死刑罪名还有46个。为此，我们还需要进一步转变观念：对“图财”但不“害命”的财产犯罪或者职务犯罪判处死刑，国家出面去“要”罪犯的“命”，并不具有正当性；取消某一罪名的死刑，其最高刑还是无期徒刑，刑罚威慑力仍然非常强，欧盟国家废除死刑后的司法统计表明，即便对杀人、抢劫等暴

① 卢建平．新中国刑事立法反思与展望//北京大学法学院刑事法学科群．刑法体系与刑事政策：储槐植教授八十华诞贺岁集．北京：北京大学出版社，2013：558.

② 储槐植．刑事一体化与关系刑法论．北京：北京大学出版社，1997：321.

力犯罪废除死刑，其相关案件总数仍呈下降趋势；一个社会如果要达到“善治”状态，就不能过于依赖功能极其有限的死刑。[①] 在我国，从立法上大规模消减死刑的空间仍然是存在的。今后，立法上可以考虑将死刑罪名削减到个位数，甚至只保留故意杀人罪的死刑，对贪污贿赂、毒品犯罪等谋财而不害命的犯罪，一律不再规定死刑；对抢劫、强奸、绑架、拐卖妇女儿童、故意伤害、生产销售假药及有毒有害食品等犯罪，仅在故意造成被害人死亡的情形下，按照故意杀人罪的刑罚规定处罚，从而最大限度地在立法上控制死刑。

（三）多元立法

多元立法，是在犯罪分类的多元化的基础上，采用刑法典和其他立法形式分工协调的方式，对犯罪和刑罚加以规范。因此，犯罪分层和分散立法是多元立法的核心内容。

1. 犯罪分层

立法多元的一个表现是对犯罪进行分层，并根据不同的犯罪类型设置配套法律制度。这要求立法者不能笼统地使用“犯罪”这一概念，而应恰当评估犯罪的轻重。犯罪性质的轻重是一个客观存在的事实，根据犯罪轻重区别对待，是各国刑法的通例。[②] 在所有实行犯罪分层的立法中，法国和德国的做法各具代表性。

法国将犯罪分为重罪、轻罪和违警罪三类。学者指出，法国的违警罪对于我国刑法改革的借鉴意义是其制度化和法治化特征（法律依据、司法程序等）。特别值得我们思考的是，在素有法治传统的法国，设立违警罪并将其划归普通法院而非行政法院系统管辖，同时配置了社区法庭、简易程序、刑事和解等灵活便捷的审判机构和程序，既体现了其对法治主义的坚守，也折射出其对效率的追求。借鉴包括法国在内的法治发达国家对于违警罪或轻微犯罪的治理经验，对我国违法行为处罚措施进行法治化或司法化的改造，以扩大司法对于社会生活的调整范

① 陈兴良．死刑罪名存废争议：观察与评论．中国法律评论，2015（2）．

② 郑伟．重罪轻罪研究．北京：中国政法大学出版社，1998：3．

围，有效限缩行政权的干预空间，防范行政权的滥用具有重要意义。[①] 德国1975年刑法典则把犯罪区分为重罪和轻罪。应当说，无论是德国还是法国的做法都意义重大：犯罪层级不同，主观要件、未遂犯的成立范围、刑法适用范围、时效制度、保安处分措施的适用、审理程序、审判机构的等级诸方面都大不相同。[②]

未来中国刑法立法是应该采用重罪、轻罪的区分，还是借鉴法国"罪分三类"的做法，很值得研究。法国在重罪之外规定违警罪的做法，受到不少国家追捧，理论上也有赞同者。例如，德国学者哈塞默尔就提出了近似于法国做法的理论主张：在德国刑法对重罪、轻罪进行区分之外，还应该制定单独的"干预法"(Interventionsrecht) 来应对某些危害行为。他认为，现代刑法所涉及的很多问题，只与一定程度的社会扰乱有关，和传统上对社会秩序的客观侵害不同，因此，应当在刑法和秩序违反法（行政法）之间增设一种特别的"干预法"，形成刑法和干预法相互协调的局面。虽然干预法的程序性不像刑事诉讼法那么强，保障性也不及刑法，但是，其优势是对个人的否定性评价不如刑法那么强烈，可以缓解现代刑法领域不断扩张的趋势。[③] 但是，哈塞默尔意义上的干预法可能危及程序正义，导致部门法分类的混乱（从法律性质看，其也是对违法行为的国家谴责，与行政法无法区分）。在中国，制定这种干预法甚至有退回到劳动教养制度的可能性。因此，法国的做法以及哈塞默尔的创意都未必符合中国国情，将犯罪区分为重罪、轻罪的两分法或许值得我们考虑。

2. 立法分散

多元立法要求刑法立法形式的分散而非集中。这意味着不能将所有罪刑规范都归拢到刑法典中，不能仅靠一部刑法典"包打天下"，法典不能终结单行法，大量制定单行刑法和附属刑法是世界各国通例。此点在大陆法系国家自不待言；

---

① 卢建平．法国违警罪制度对我国劳教制度改革的借鉴意义．清华法学，2013（3）．

② 陈兴良．本体刑法学．北京：中国人民大学出版社，2011：134．

③ 转引自汉斯·海因里希·耶赛克，托马斯·魏根特．德国刑法教科书．徐久生，译．北京：中国法制出版社，2001：134．

在英美国家的制定法中，大量刑法规范都是单行刑法。[①]“社会千变万化，虽颁布法典，然新生事物层出不穷，自然就要颁布新法典……如今拥有法典的诸国，在颁布法典之后，依然颁布无数的单行法也是众所周知的。”[②]我国刑法立法原本走的就是这个路子，在 1979 年《刑法》颁布之后，立法机关又制定了若干单行刑法，行政法、经济法等法律中也有较多的附属刑法规范。

但在 1997 年修改刑法时，走的则是制定统一刑法典的路子。[③]之后，凡是需要增加犯罪类型与修改法定刑的，一律以修正案的方式对刑法典进行修改。但这种将所有犯罪都往刑法典的筐里装的做法未必是最佳方案，用“大而全”的刑法典来包罗所有犯罪的立法模式，从长远看并不现实。要使刑法立法保持明确性、稳定性，又要确保其能够及时参与社会治理，就必须做到刑法立法的多元化，要设计方案将部分破坏现代社会关系的罪刑规范从刑法典中分流出来，以缓解刑法典的压力，保持立法的活跃，但尽量不对与传统刑法观相匹配的刑法典“动刀”。

在未来中国推行分散立法，是否意味着必须分别制定刑法典、单行刑法和附属刑法，还值得讨论。单纯从理念上讲，刑法典只宜规定那些危害性显而易见，并对普通国民有意义的罪刑规范，要针对特定领域、特定主体、特定行为、特定犯罪手段进行刑法规制，必须依靠单行刑法和附属刑法。换言之，如果能够形成刑法典、单行刑法、附属刑法的“三足鼎立”，是最佳立法模式。尤其是附属刑法在相关行政、经济法律中规定犯罪和刑罚（例如，将侵犯知识产权犯罪分别规定在著作权法、商标法、专利法中，不再保持统一的刑法典），其好处颇多：(1) 不需要大量制定刑法修正案，不至于使刑法分则过于臃肿庞杂；(2) 确保刑罚与行政法、经济法上的处罚能够很好衔接，没有处罚缝隙；(3) 刑罚不会过重，能够防止统一刑法典中轻罪刑罚向重罪看齐的“刑罚攀比”现象[④]；(4) 在

---

① 例如，英国先后制定过《性犯罪法》(1956 年)、《街道犯罪法》(1959 年)、《盗窃罪法》(1968 年)、《刀械法》(1997 年) 等。

② 穗积陈重．法典论．李求轶，译．北京：商务印书馆，2014：21.

③ 王汉斌．关于《中华人民共和国刑法（修订草案）》的说明（1997 年 3 月 6 日，第八届全国人民代表大会第五次会议）。

④ 周光权．法定刑配置的合理性探讨：刑罚攀比及其抗制．法律科学，1998 (4).

行政经济法律中规定罪刑关系，有利于明确违法内容，易于认定犯罪，相关主体在了解行政违法的同时知晓刑法态度，有利于实现一般预防。①

但是，如果考虑立法技术的有限性、一般预防的需要和司法实务便利等因素，在未来中国，未必非得采用分别制定刑法典、单行刑法、附属刑法的做法。犯罪现象错综复杂，但立法者的智慧总是有限的，“三足鼎立”的立法模式也存在一定弊端：（1）刑法典所保护的应当是社会中最为重要、最有意义的利益。但是，如果采用特别刑法，许多法益价值大，本应由刑法典规定的问题，逐渐会成为特别刑法的调整对象，保护具有普遍意义的新型法益就成了特别刑法的任务，由此可能使得刑法典逐步被空心化、边缘化。（2）立法上，如何防止特别刑法和刑法典所规定罪名的交叉、重合是一大难题，法条竞合现象大量增加，也会给司法适用增加难度。“‘非法典化’进程所带来的后果，不仅仅是刑法典与特别刑法调整范围不清的问题；现在，各种刑事法律中的具体规定之间越来越不协调，相互重复、互不照应，在这种刑法制度的统一性已遭严重破坏的混乱局面中，刑法规范所保护价值的大小，已无法根据该规范在刑法体系的地位来加以确认。”②（3）中国幅员辽阔，司法人员素质有待提高且地方差异大，社会转型使得行政和经济立法今后可能会“海量增加”，单行刑法、附属刑法大量存在，不利于国民学习刑法，更可能在司法适用上造成一定程度的混乱，司法人员必然“在浩瀚的法令全书中搜索散乱大量之单行法”③。

因此，既要缓解刑法典的压力，又要尽可能保持刑法的统一性，在刑法典之外，制定统一的轻犯罪法，但不再制定单行刑法和附属刑法的思路，对于未来中国而言似乎更为可取。换言之，应当在我国目前的刑法体系中引入犯罪分层的思路，制定专门的轻犯罪法，移置目前刑法典中属于轻罪的部分，例如，将扒窃、“醉驾”等行为从刑法典中移入轻犯罪法；将部分治安管理处罚或者原劳动教养的对象轻犯罪化；随时根据社会治理的需要增设轻犯罪的罪名，实行必要的、积

---

① 张明楷．刑法立法的发展方向．中国法学，2006（4）．

② 杜里奥·帕多瓦尼．意大利刑法学原理．陈忠林，译．北京：中国人民大学出版社，2004：10．

③ 穗积陈重．法典论．李求轶，译．北京：商务印书馆，2014：87．

极的刑法干预。这才是刑法领域分散立法的真正取向。

三、未来刑法立法的具体方法

从总体上看，以往的立法缺乏顶层设计规划，增设新罪时大多见招拆招、疲于奔命，刑法充当了“救火队员”的角色；从具体方法上看，立法上对犯罪法益侵害性的评估、主观要素的判断、法定刑的合理配置、刑法与其他法律关系的协调等问题的处理等，也都还不太得心应手。能动、理性、多元的刑法立法总体思路不可能自动实现，而必须依赖于立法方法的合理运用。关于立法方法问题的讨论，涉及刑法立法的文风、实务上定罪量刑数据和材料的分析与处理、国外立法经验的借鉴、立法负面效果的预测、犯罪之间交叉竞合关系的处理等，可以从不同侧面切入。本文仅集中分析以下问题。

（一）“轻犯罪法”制定的若干问题

其实，轻罪和重罪都是犯罪，“轻犯罪法”也是刑法，将“轻犯罪法”纳入刑法典也是毫无问题的。但是，考虑到中国社会高速转型，许多社会关系处于不确定状态，新型犯罪不断增加，增设新罪的任务较重等现实，可以考虑将“轻犯罪法”和刑法典分列。“轻犯罪法”是将大量危害群体利益或仅具有抽象危险的犯罪纳入其中，不需要特别强调法益实害原理。刑法典事实上成为重罪法典，其条文基本可以保持不变，实务中90%以上的案件都可以依据刑法典加以处理。国外刑法修改的过程也证明，刑法典关于犯罪成立条件、正当化事由、未遂犯、共同犯罪等规定，基本可以不修改；大量自然犯的构成要件描述得比较简短，涵盖面广，可以适应现代社会生活，原则上也可以不修改。今后如果要修改刑法，只对“轻犯罪法”进行改动即可，确保刑法典的罪刑设置对应具体的社会状况，使规范社会关系最为重要的那些罪名和条文可以长时期稳定下来。

世界各国区分轻罪和重罪的标准并无一定之规。德国将有期徒刑1年以上的犯罪作为重罪，其余为轻罪；法国则将10年监禁刑作为重罪和轻罪的分水岭；瑞士的区分标准则是3年监禁刑。中国可以考虑将3年有期徒刑作为区分轻罪和

重罪的标准，这既考虑了目前我国刑法分则罪刑设置的总体情况，也考虑了刑法总则关于缓刑的规定，对轻罪大多可以判处缓刑，而重罪原则上要予以监禁。重罪必须以故意为构成要件，轻罪则包括故意和过失。因此，与重罪相比，轻罪的处罚范围应当要广得多，轻犯罪法的条文总数、罪名总数远超刑法典是完全正常的。

“轻犯罪法”的制定要和《治安管理处罚法》的修订一体考虑，今后最严厉的治安管理处罚措施不能高于罚款，所有剥夺人身自由的行政处罚措施全部纳入刑法调控范围，通过快速的司法程序进行裁判，从而大幅度压缩《治安管理处罚法》的适用空间。[①] “这些措施的适用要通过司法裁决，而不能让有关执法机关既当运动员又当裁判员而自己作出决定。当然，这样做会增加一定的司法成本，但这是法治的底线要求。”[②]

制定“轻犯罪法”，要增强刑罚手段的灵活性，尽可能实现轻刑化，要扩大缓刑适用的比例，改变我国缓刑适用率远低于世界平均水平的局面[③]；在“轻犯罪法”中，建立刑罚和保安处分的二元体系，对强制医疗、收容教养等作出详细规定，增设剥夺公权（对犯罪人视情况剥夺公务员、法官、检察官、陪审员等公职资格）、剥夺从事一定职业或活动的权利（如判处罪犯不得从事食品生产，以及不得再作为律师、医生、公证员、注册会计师、教师、公司高管从事特定职业）的资格刑，整合现有公务员法、律师法、商业银行法、公司法、食品安全法等所规定的行政资格罚或保安处分措施，赋予其刑罚特质，从而形成《治安管理处罚法》、“轻犯罪法”、《刑法》的递进式无缝衔接制裁体系。

制定“轻犯罪法”，将剥夺人身自由的处罚纳入刑法，就必须同时大力推行程序法改革，限缩刑法规制范围，贯彻程序正义，为刑法谦抑原则的实现提供程

① 此时，相较于《治安管理处罚法》，刑法的最后手段性（谦抑性）才能真正体现出来。在这个意义上，而不是从限制刑法处罚范围的角度理解谦抑性，在当下中国更具现实意义。

② 刘仁文．论中国刑法结构的调整//北京大学法学院刑事法学科群．刑法体系与刑事政策：储槐植教授八十华诞贺岁集．北京：北京大学出版社，2013：569.

③ 滕伟．轻罪处罚及处置制度改革思考//陈泽宪．刑事法前沿：第2卷．北京：中国人民公安大学出版社，2005：39.

序保障。[①] 一方面，通过程序繁简、刑罚轻重的不同安排，合理配置资源，以快速简易程序轻缓处理大量轻微犯罪，将有限资源集中在处理少数严重犯罪上。另一方面，在司法上尽量限制处罚范围，例如，在实务上适度扩大相对不起诉或免予刑事处罚的比例，从而使立法上的“严”和司法上的“宽”相互呼应，以增强国民的规范意识，有效预防社会一般人犯罪，同时展示司法的人性关怀，推进特别预防。要废除有罪必罚的迷信，而应确立对许多人来说“程序本身就是惩罚”的观念[②]，一旦审前程序启动，对被告人的人身自由、地位、名誉甚至财产都有重大影响，惩罚的目的就已经部分达到。此时，如果能够对轻罪行为定性但不检举，作出相对不起诉决定，行为人一定会受到刑法的教育，吸取教训，不再实施类似行为，从而实现预防目的。除不起诉之外，我们还可以考虑借鉴德国的刑事处罚令制度，对被告人认罪的案件由检察官签发处罚令然后提交法官，法官如果认可检察官的意见就可以维持处罚令。目前在德国，检察官提出处罚令申请的案件已经超过提起公诉的案件数，这既节省了司法资源，也避免对被告人重返社会形成阻碍。[③]

制定“轻犯罪法”，其他配套的一系列涉及犯罪附加后果的法律制度也需要建立，以降低刑罚的负面效果。既然“轻犯罪法”要将部分违法行为犯罪化，与此相关的制度配套就必须跟上：(1) 今后应当考虑修改公务员处分方面的法律法规，对公务员触犯“轻犯罪法”的，可以不开除公职，以减少触犯轻罪对其未来生活的影响过大；(2) 对于数量庞大的轻罪行为人，可以不计前科；(3) 对已满16 周岁不满 18 周岁触犯轻罪的人，原则上不起诉、判处缓刑或免予刑事处罚。

（二）关于刑法典的制定和修改

在未来制定“轻犯罪法”的同时，应当选择合适的时机及时对目前的刑法典进行大幅度整合、修改，使之内部科学、合理，且与“轻犯罪法”相互协调。

---

① 刘仁文．废止劳教后的刑法结构完善．北京：社会科学文献出版社，2015：91.

② 马尔科姆·M. 菲利．程序即是惩罚：基层刑事法院的案件处理．魏晓娜，译．北京：中国政法大学出版社，2014：230.

③ 托马斯·魏根特．德国刑事诉讼程序．岳礼玲，等译．北京：中国政法大学出版社，2004：213.

1. 拓展刑法典总则的规模

在刑法典中，应尽可能全面规定侵害个人法益、造成实害的重罪，以保持违法的可感性、明确性；在设置新罪时必须坚持法治立场，注重考虑处罚必要性和刑法的最后手段性，提高立法的理性化程度和相对稳定性，以缓解当前立法者面临的泛刑法化压力。在刑法典总则中，应当规定“本法典的总则规定，除轻犯罪法有特别规定的以外，适用于轻犯罪法”。同时，总则的条文数必须大幅度增加。在这方面，值得借鉴的是意大利和法国刑法典，前者共计 734 条，但总则就有 240 条，后者的刑法总则规定为 176 条。中国刑法总则仅有 101 条，亟须“扩容”，应当大量增加刑种、保安处分措施、数罪并罚制度、财产没收及返还的相关规定。

2. 确保立法逻辑上无矛盾

例如，在《刑法修正案（九）》制定过程中，曾经对修改行贿罪的处罚规定有一些争论，尤其是对视情况对行贿人可以免除处罚这一内容，有很多人反对，认为一旦有这样的内容，行贿者就会拿这条做挡箭牌，从而导致处罚不力，最终不能切断受贿者的“经济来源”。这种观点简单地看有道理，但未必符合立法理性化的要求。因为从实务上尤其从刑事政策上考虑，重判行贿者会使其陷入无论如何都会“牢底坐穿”的困境，最终逼迫其鱼死网破，其为了自己的利益会“死不开口”。而受贿案是典型的证据一对一案件，如果缺乏行贿人的证言或供述，要破获相关案件难度极大，惩治腐败官员的目的就难以达到。因此，在对行贿人尽可能网开一面和严惩受贿人之间，只能两害相权取其轻，从而在立法上为犯罪人留有余地，以确保司法权得以实现。[①] 立法上如果对行贿罪、收买被拐卖的妇女儿童罪重罚，就和对绑架罪处刑规定进行修改的逻辑（为保护被害人，从 1997 年的重罚到通过两个刑法修正案实现轻刑化）是反方向的。

① 类似的规定，在国外立法中并不罕见。例如，《俄罗斯刑法》第 126 条规定，绑架后主动释放人质，且没有构成其他犯罪（如故意伤害、强奸等）的，可以免除其刑事责任；《日本刑法》第 170 条规定，犯伪证罪，但在其提供证言的案件判决确定前自行坦白的，可以减轻或免除处罚。

又如，《刑法修正案（九）》第 28 条规定：网络服务提供者不履行法律、行政法规规定的信息网络安全管理义务，经监管部门通知采取改正措施而拒绝执行，致使违法信息大量传播的；或者致使刑事案件证据灭失，情节严重的，应当定罪处罚。但立法所列举的两种实行行为在逻辑上可能是相互矛盾的：因为网络传输的信息量大，网络服务商防止违法信息大量传播的技术难度也很大，其最有效的方法是删除有关信息，否则就是“致使违法信息大量传播”；但其删除行为事后又有可能“致使刑事案件证据灭失”，这会令网络企业无所适从，陷入“旋转门”的困境中。

3. 防止罪刑失衡

在未来为新罪配置法定刑时，要防止刑罚一味趋重，刑法轻缓化是首先要考虑的目标。在反对重刑化的同时，也要防止罪刑失衡，尤其是对危害达到相当程度的共犯（教唆、帮助）行为，尽量不在分则中对其单独规定罪名，使罪犯无端“捡便宜”。在这方面，介绍贿赂罪是一个适例。《刑法》第 392 条所规定的介绍贿赂罪是一个轻罪（法定最高刑为有期徒刑 3 年），但其社会危害性远比立法上所预估的要严重得多。因此，应当删除《刑法》第 392 条介绍贿赂罪的“处刑部分”，明确规定“向国家工作人员介绍贿赂的，以受贿罪共犯论处”。理由在于：(1) 所有介绍贿赂行为最终都要和受贿人沟通，帮助受贿人完成权钱交易。一个介绍贿赂行为，如果仅仅和行贿人沟通，而没有最终和受贿人“搭上线”，权钱交易不可能完成，因此，将介绍贿赂行为认定为受贿罪共犯（而不是行贿罪共犯）符合法理。(2) 司法上对没有请托到受贿人的情形无从介入。(3) 受贿罪最高处死刑，行贿罪最高处无期徒刑，为受贿人提供帮助的人最高仅判 3 年，既与共犯的法理相悖，也不利于彻底遏制腐败。(4) 即使是那些情节相对轻一些的介绍贿赂行为（如明知他人有行贿意思，而介绍行贿人与受贿人认识，具体权钱交易行为由其二人自行商谈），也是为受贿人提供了帮助，也是受贿罪共犯，只不过其情节在量刑时还可以特别考虑而已。

4. 修改刑法典要善于做好“加减法”

每一条刑法规定都对应特定的时代，对应具体的社会生活状况。在当前社会

转型期，应当通过惩罚来确立行为规范，提示行为对错的标准；如果今后社会生活平稳下来，在刑法立法上适当做一些“减法”删除少数犯罪，也是可以考虑的。例如，根据《刑法》第196条第2款的规定，恶意透支行为构成信用卡诈骗罪。类似案件证据清晰，容易查处，办理这种案件有助于提升司法部门的办案率，成为很多基层司法机关最愿意办的案件之一。但是，对本质上属于欠债不还的透支行为，即便评价为恶意，其实也完全可以不运用刑法手段进行惩罚。立法者转而应该考虑的是根据市场经济的特点，要求发卡银行充分履行风险管理责任，贷前审核要严，贷后随时调整额度；同时，为鼓励个人运用其信用创业、投资和消费，将透支行为作为民事行为处理，进而在目前的企业破产法律制度之外，建构个人破产法律制度，在透支者资不抵债时申请破产保护，以个人承受声誉受损、消费受限等代价为前提减免其债务。而不是像现在这样，银行一方面希望鼓励透支和消费，但另一方面又不愿意承担过多风险，司法机关接受银行报案后将大量并无诈骗故意但因为客观上无法履行还款义务的行为勉强定罪。

在未来刑法立法中，需要大量做“加法”的是反腐败国家立法。除了要完善现有刑事法律中的贪污、贿赂犯罪的规定，加大对行贿犯罪的处罚力度，扩大贿赂的范围，取消受贿罪中“为他人谋取利益”的构成要件规定，删除渎职犯罪中徇私的要求，降低许多犯罪的定罪门槛之外，要特别考虑改变受贿罪的单一罪名模式，设计出系列化的贿赂犯罪群，对单纯受贿、加重型受贿、事前受贿、事后受贿、斡旋受贿等行为类型增设独立的罪名，解决收受礼金、收受干股型受贿、理财型受贿、吃空饷型受贿、收受不动产、“雅贿”等认定上的难题；与此相对应，行贿犯罪的罪名体系也要增加，从而加快推进反腐败国家立法，为推进制度反腐提供明确的实体法支撑。

四、结　语

立法越活跃，就越考验法律制定者的智慧；就越需要反思以往立法在顶层设计和方法运用上的不足之处；就越应该倾听各方面的不同声音。

合理的刑法立法不能仅仅是在现行刑法典的基础上，通过修正案的形式增设一些应急性罪名，或者根据当前某种犯罪问题相对突出的现状加重处罚。大量应急式的，以修正案方式所进行的“修修补补”，除了匆忙立法可能与理性主义要求相抵触外，还可能危及罪刑法定的法治要求。纵观我国晚近的刑法立法，犯罪圈的扩大和处罚严厉化是总体趋势。以处罚早期化、部分行政管控手段上升为刑罚措施为主要特征的“刑法膨胀”，基本上与中国转型社会的特征相符合，是大致值得肯定的立法趋势。但是，刑罚严厉化可能过多考虑了被害人及公众的非理性处罚呼吁，充斥着大量的情绪化因素，与宽严相济刑事政策多有抵触，值得质疑的地方不少。未来的立法，不可能遏制刑法膨胀的趋势，但更应该在一个理性、冷静的氛围下顾及论证的充分性、思考的周密性、处罚的妥当性，从而追求扩大犯罪圈和处罚轻缓化的“严而不厉”的刑法结构。

转型时期的刑法立法负载多重使命，其一方面必须符合保障人权的要求，另一方面，必须积极地、及时地回应犯罪惩治的需要。那么，将全部罪刑关系设置在一部刑法典中，势必难以满足社会治理的起码需要，尤其在转型时期，社会关系错综复杂且瞬息万变，立法者要编纂出一部以不变应万变的刑法典更是难乎其难。绝大多数国家的实践已经证明：一部殚精竭虑的民法典不可能涵盖所有民事法律关系，同样地，一部刑法典也不可能将所有犯罪行为“一网打尽”；在刑法典中揭示所有罪刑关系，在实务上和犯罪预防上都一定会捉襟见肘。因此，在未来能否打破对刑法典的“迷恋”，在刑法典之外再制定其他刑事法律规范，一改集中立法为分散立法，是立法上需要突破的瓶颈问题。

分散立法，是否一定意味着刑法典和单行刑法、附属刑法的分立，是一个理论上见仁见智的问题。就中国当下的法治环境、司法水平和国家治理能力而言，我认为，在刑法典之外，再制定一部轻犯罪法典，既尽可能回应了刑事领域法制统一的要求，又基本上能够将单行刑法、附属刑法的内容囊括进来，使之成为这两种特别刑法的替代物；还特别考虑了中国地域辽阔，不发达地区多，各地司法水平差异大的特点，防止刑法立法过于分散所带来的适用不便和错案风险，是相对更为合理的方案。分散立法和犯罪化的能动立法，以及立法中的理性主义紧密

关联，对分散立法的若干问题进行思考，牵一发动全身，对立法思路和方法的讨论其实也都与分散立法方法的检讨融会贯通。

将现行刑法典进行拆分，另行制定单独的“轻犯罪法”，将附属刑法的内容纳入其中，并适度吸收《治安管理处罚法》以及原劳动教养措施的部分内容，形成刑法典和“轻犯罪法”相互协调的机制，从而满足能动、理性、多元立法的要求，不是立法形式上的“换汤不换药”，而有其实质意义。立法条文的表达是否简洁平易，是否尽可能对应生活事实，只是形式上的问题。刑罚手段能否满足转型社会的治理需要，是否能够对不法行为的范围进行准确预测，及时调整参与社会治理的范围和方向，刑罚手段的运用既保持积极姿态但又尽可能不“越位”，才是特定历史时期刑法立法的实质问题。在满足立法的实质要求方面，现行刑法有明显不足，修正案立法模式也只能部分回应社会治理的需要，因而亟待改变。刑法典和“轻犯罪法”互有分工、相互协调的机制更与转型社会的机理相契合，值得在未来立法时认真加以考虑。

第五章　积极刑法立法观与增设轻罪

最近二十多年来，各国立法者对积极刑法立法观均不持排斥态度，部分国家的刑法立法几乎一直在做增设新罪、提升法定最高刑的“加法”。这种现象的出现并不是一种巧合，而是各国有组织犯罪、网络犯罪、金融犯罪、侵犯公民人身及财产权利的新型犯罪激增以及现代社会各种不确定风险滋长的大形势所迫。抽象地反对增设轻罪，批评刑法立法的象征性、工具性，既有过于理想化的一面，在方法论上也存在诸多不足，尤其对现代型社会的犯罪特质重视不够，对问题的讨论有过于大而化之的嫌疑。

必须看到，司法判决有时在没有可供选择的轻罪规定的情况下，反而对被告人以重罪判决，使得罪刑法定原则面临巨大冲击，对这种做法，理论上当然很难予以认可。但是，在立法提供不足，尤其是罪刑关系不明的情形下，要求法官凡是遇到“难办案件”就一律都宣告被告人无罪，可能有些“强人所难”。司法者很难避免基于其处罚冲动而柔性地、灵活地解释刑法，以仓促应对，审判实践中甚至有一遇到难题就想着优先适用重罪的倾向。不得不说，这是出于刑事司法政策的考虑，也是迫于无奈之举。换言之，不及时增设轻罪，并不意味着司法上就一定会保守到对那些明显难以容忍的恶行一概都会“放过”，被告人最终所遭受的刑罚处罚很可能会比刑法立法消极论者所预想的还要重得多。

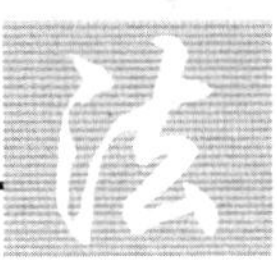

因此，为了及时消除司法困惑，有效防止司法冲动，防止轻罪重判，就有必要基于功能主义刑法观，允许立法者增设合理数量的轻罪，尤其是对重利罪、自杀参与罪、妨害业务罪等的增设问题，有必要提上议事日程。

一、积极刑法立法观及其所面临的批评

（一）刑法立法活跃的现状

近年来，各国刑法典的修改越来越注重回应刑事政策的要求，通过增设轻罪或者对个别条款的修正，逐步使刑法典的面貌发生巨大变化。各国立法者在最近20年来大多倾向于积极立法观，注重发挥刑事政策的功能，使得刑法逐步从法治国背景下的法益保护和自由保障转向兼顾社会防卫的法律，刑事政策发展的一般化趋势是处罚的扩张与严厉。可以说，随着近代工业社会形态的持续变动和风险社会下“全球性不安”的迅速蔓延，刑法在世界范围内逐渐成为几乎所有生活领域抗制风险的重要手段。由于“日常生活的浪潮（Wellen）将新的犯罪现象冲刷到了立法者脚前”①，各国立法的总体趋势就只能是“做加法”。民众的不安感增强，有组织犯罪、涉众型犯罪增加，公民的新型权利如隐私权、个人信息权被侵犯，恐怖袭击等特定事件的出现，被害人的呼吁，媒体的夸张等，都成为推动犯罪化立法进程的巨大力量。

我国刑法立法活动晚近所展示的也是一种积极刑法观，既拓宽了处罚领域，也在一定程度上转变了法益观（重视行为的抽象危险，不再追求发生实际侵害的“结果导向”），使得不法的直观性、可感性降低，同时增加了新的处罚手段、刚柔相济。此外，还赋予刑法参与社会管理，解决社会突出矛盾的功能。②

（二）必须承认积极刑法立法观在我国已经确立

我曾经在2016年明确提出了“积极刑法立法观”在中国的确立问题。我认

① 米夏埃尔·库比策尔．德国刑法典修正视野下的刑事政策与刑法科学关系研究．谭淦，译．中国应用法学，2019（6）．

② 更为详尽的分析，参见周光权．转型时期刑法立法的思路与方法．中国社会科学，2016（3）。

为，从晚近多个刑法修正案的制定来看，我国刑事立法已经明显从消极的刑法立法转向积极的侧面。这一状况的出现绝非偶然，刑法通过增设新罪的方式参与社会治理是“刚性”需求。其一，社会转型过程带来大量“失范”现象，生产销售假药、侵犯商业秘密等妨害经济秩序罪出现新情况；抢夺汽车操控装置、高空抛物等危害行为的出现也与社会转型过程中个人的焦虑以及对行为规范的无视有关，刑法对社会转型带来的新型白领犯罪、轻微暴力犯罪等也不能无视。其二，新技术的发展、运用和传统监管手段的有限性之间的矛盾日益突出，仅仅用行政监管措施无法有效遏制某些危害很严重的行为。因此，增设大量利用信息网络犯罪、利用基因编辑实验实施犯罪的规定就在所难免。其三，某些越来越重要的权利需要得到保护。例如，在民法对隐私权、个人信息权保护力度有限的情况下，增设侵犯公民个人信息罪、泄露不应公开的案件信息罪，防止公民遭受黑恶势力滋扰等都势在必行。其四，社会诚信缺失到极其严重的程度，导致行为无底线，就必须增设虚假诉讼罪、使用虚假身份证件罪等，因为其他社会管控手段明显难以遏制类似行为，进而引发大量诈骗、敲诈勒索等财产犯罪，非法集资、骗取贷款、骗取保险金等经济犯罪，以及“缠访”、“闹访”、聚众冲击国家机关、妨害公务、造谣生事等妨害社会秩序犯罪。① 从总体上看，我国当下的刑法立法观，明显受政策思想的影响，是功能主义、积极主义且与转型中国的社会现实相呼应的。

（三）学界对积极刑法立法观的主要批评

当然，毋庸置疑，刑法一旦成为解决社会问题时必须考虑的重要手段，与传统上减少社会对立面、缩小刑罚打击范围的思路拉开了距离，其势必招致大量质疑。德国学者认为，晚近各国的刑事立法越来越偏离正当的刑事政策目标和宪法，立法的象征性特点明显，刑事政策也越来越具有压制性的特征，要坚守刑法

---

① 周光权．积极刑法立法观在中国的确立．法学研究．2016（4）．

的经典功能，就必须要抵制这样的立法进路。[①] 王钢博士在对德国立法进行评述时也认为，深受政策思想影响的立法活动直接导致了功能性、象征性立法的不断增加。他认为，自1969年德国刑法大改革至今的五十多年间，德国的刑事立法活动非常频繁。在此期间，德国立法机关不但对《刑法典》总则犯罪论部分的规定进行了彻底的修订，而且针对犯罪的法律后果以及刑法分则乃至附属刑法中的诸多罪名进行了持续的改革，在恐怖主义犯罪、妨害公务犯罪、毒品犯罪以及保安监禁等领域尤其如此。整体而言，德国立法者在过往半个世纪中日趋侧重功能主义的积极刑事立法观，导致德国刑法逐步从传统法治国背景下的法益保护法和市民防御法转向以社会控制为主导的国家干预法和社会防卫法。[②]

我国刑法立法也被不少学者批评为是与现有法律体系和学说理论不相协调的象征性立法，近年来，我国刑法学界批评立法的情形还有增多的趋势。为此，相关学者提倡返归消极的、保守的立法观念。有的学者甚至提出非犯罪化问题，认为重刑轻民的中国法律传统在当今社会以对刑法的过度迷信与依赖、以不断设立新罪的方式变相地表现出来，今后我国刑事立法应该停止刑法调控范围的扩张，拒绝进一步的犯罪化，并适当对一些犯罪行为予以非犯罪化。[③]

我国学者对于积极刑法立法观的相关批评主要集中在：(1) 与刑法学上一直坚持的法益保护主义立场不一致。刑法增设规制网络犯罪、恐怖主义犯罪，是处罚早期化的产物，重视的是抽象的行为危险性，而非法益侵害。此外，有些犯罪的保护法益究竟是什么并不明确。抽象危险犯的立法大量增加，反过来使得法益概念在现代社会被逐步抽象化、精神化、稀薄化，法益概念对立法的批评功能日益式微，某种原来并不受重视的利益一旦立法者认为有必要在刑法上加以保护，其就会被上升为法益。法益虽然是很多人都在使用的概念，但是，其在每个人心

---

① 贝恩德·海因里希．德国刑事政策的当前形势．李倩，译//江溯．刑事法评论：第42卷．北京：北京大学出版社，2020：324.

② 王钢．德国近五十年刑事立法述评．政治与法律，2020 (3).

③ 刘艳红．我国应该停止犯罪化的刑事立法．法学，2011 (11)；齐文远．修订刑法应避免过度犯罪化倾向．法商研究，2016 (3).

目中的含义似乎大相径庭。(2) 违反刑法谦抑性。有学者指出,《刑法修正案(九)》所规范的某些行为,运用民事的、行政的法律手段和措施足以抗制,没有必要通过刑事立法将其规定为犯罪。例如,对危险驾驶、考试作弊、虚假诉讼等行为进行治安管控即可,将恶意欠薪犯罪化,是用刑事手段介入民事纠纷、代替行政管理,对这些行为都没有必要通过刑事立法将其规定为犯罪,刑法原本是最后手段,如此立法违反了刑法的谦抑性,属于情绪性立法,并不合适。[①] (3) 展示了刑法立法的象征性。象征性刑法立法的目标是为了显示立法者有所作为,回应民众对犯罪的恐惧和不安,由此制定出来的很多罪名是“备而不用”的。针对恐怖主义犯罪的刑事可罚性规定,有批评者指出,基于严密防御恐怖犯罪的保守策略,刑法反恐立法重塑了有罪本质和潜藏于刑法体系下的打击目标,重构了安全保护之实现方式,改变了刑法立法正当性的根据。高压打击和严密防御策略对控制恐怖犯罪具有积极意义,但其以“安全”为帅,不顾刑法基本原则的一致性,进行非理性扩张,不断挤压和侵犯公民基本权利,导致其越界。在法治语境下,以刑法这种法律手段反恐必须守界:在合法性诉求上,必须受宪法的约束和限制;在宏观层面,应遵循法治精神,谋划正确的指导理念,追寻德性以矫正和消解不断膨胀的工具性价值取向;在微观层面,既应针对恐怖行为的共性,构建一般性限制原则,又应针对不同恐怖行为进行类型化,重视其个性,构建特殊限制原则。[②]

有学者在此基础上进一步指出,积极刑法立法观势必带来“刑法工具主义”。工具主义意味着立法活动有安抚民意、稳定民心、减少转型危机可能带来的政治风险的考虑,其可能偏离刑事立法的法益保护基准,造成了立法空置或选择性司法现象,值得反思。[③] 还有学者认为,我国立法有“过度刑法化”的危险。例如,拒不支付劳动报酬罪的设立表明刑法之手伸向民事经济领域;大量有关发票的犯罪的增设,组织残疾人、儿童乞讨罪的设立等都表明立法机关将刑法作为

---

① 刘宪权. 刑事立法应力戒情绪:以《刑法修正案(九)》为视角. 法学评论,2016 (1).

② 姜敏. 刑法反恐立法的边界研究. 政法论坛,2017 (5).

③ 魏昌东. 新刑法工具主义批判与矫正. 法学,2016 (2).

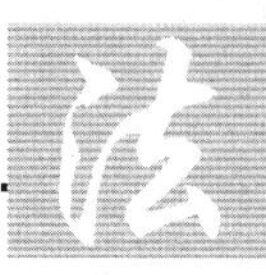

“社会管理法”看待，因此，应当提倡刑法参与社会治理的最小化，坚守近代社会所确立的刑法保护公民自由这一根本使命。[①]

（四）对消极刑法立法观的最大疑问：没有足够数量的轻罪势必助长司法恣意

不得不承认，消极刑法立法观的上述见解还是太宏大、太抽象了，许多说法似是而非，对我国立法态势的批评并未击中要害。在前述批评意见中，无论是认为我国近年来的刑法修正案所规定的轻罪违背了法益保护主义的观点，还是认为违反了刑法谦抑性以及立法具有象征性的主张，其实都是说轻罪的增设是多余的——没有这样的罪名既不影响实务中的案件处理，也不影响刑法参与社会治理；增设轻罪反而产生了负面作用。但是，只要结合具体罪名以及司法实践，就不难发现上述观点对问题的讨论有很多想当然的成分。首先，如果妥当地、合理地解释刑法修正案当中所设置的轻罪，就会发现每一个轻罪背后所要保护的法益都可以说是清晰的、客观存在的，只是说有的行为对法益的侵害是造成损害结果，有的情况下则是造成抽象危险或具体危险。但是，要说修正案所设置的哪一个罪名是多余的，没有明确的保护法益，这一观点本身是站不住脚的。其次，刑法谦抑性并不意味着不能增设轻罪，也不意味着对犯罪的处罚范围越小越好，关键是要实现妥当的处罚。而为了实现妥当的处罚，立法上就不能束手束脚，也就无法得出不能增设必要轻罪的结论。最后，关于修正案立法是象征性的、没有实际用处、在实践中不会真正使用这样的说法，更是缺乏对实践的足够观照。为了实现妥当的处罚，必须要设置足够的轻罪才能消除司法困惑，防止司法恣意。如果轻罪的规范保护目的是明确的，其意欲解决的难题是清晰的，指向是特定的，就难以将其归入不妥当之列，理论上自然也就不宜轻易认为我国刑法立法中的大量规定法益保护不明、违反谦抑性原则或仅有象征意义。

本章接下来要讨论的是，司法实践已经表明，如果不及时增设足够数量的轻罪，立法上关于犯罪数量的设置过少，司法上遇到很多“难办”案件、非典型案件或新类型案件，在罪刑规范缺乏或规范内容不明时，司法者就会基于本能上的

---

① 何荣功．社会治理“过度刑法化”的法哲学批判．中外法学，2015（2）．

处罚冲动，“打擦边球”甚至不惜违反罪刑法定原则对被告人适用重罪规定，进而产生对被告人不利的后果。因此，刑法理论有必要结合实务的难处与困惑，来具体地分析司法上对于足够数量的轻罪设置的期待和渴求，充分认识到增设必要轻罪对于实现妥当处罚的重大实践意义，从而增强对积极刑法立法观的认同感。

二、轻罪设置过少带来重罪被误用的风险

抽象地、一味地反对增设轻罪在方法论上所存在的明显不足是没有看到司法实践中遇到某些案件所陷入的窘境：面对某些达到严重危害程度的行为，以及非典型或新型危害行为，司法一方面必须进行处理以回应民众的呼吁，进而在社会治理进程中发挥刑法的应有功能，另一方面又必须直面刑法立法上轻罪设置少、规范支持不够的难题。而在大多数场合，在两相权衡之后，司法者往往难以抑制其处罚冲动，难以柔性地、灵活地解释刑法，而选择适用重罪处理眼下的难题。对此，在这里举出若干例证，以下大致分列几种情形予以讨论。

（一）对于发案率高但并无对应轻罪规定的情形，司法机关可能选择相类似的重罪

1. 多少有点“套路”的放贷行为，较容易被认定为诈骗罪

在域外刑法立法中，设置了比诈骗罪更轻的重利罪。例如，我国台湾地区“刑法”第 344 条很早就规定，行为人利用被害人出现危机（急迫、轻率、无经验或难以求助的处境）而与之订立不合理的资金出借等契约，获取与原本出借资金显然不相当的重利的，构成重利罪，处 1 年以下有期徒刑、拘役，单科或并科 1 000 元（台币）以下罚金。重利罪和诈骗罪之间存在本质差别：重利罪被害人明知借款代价高昂，但因为一定的危机存在而向行为人借款。在这种案件中，行为人对被害人没有实施欺骗行为，只是说从限制契约自由的观点看，借款人属于经济弱势群体，在急需用款的情况下不可能对契约内容有公平选择的机会，因此，规定专门的轻罪来保护个人，在发生急迫情况时，不必再面对不平等的契约，从而减少其财产损害。重利罪作为轻罪，其保护法益是交易秩序和个人财产

权。需要说明的是，我国台湾地区“刑法”的该条规定在2014年6月18日被修正，1年的有期徒刑变更为3年有期徒刑，主要理由是最终法定刑仅为1年有期徒刑，未考量行为人恶性与被害人受害程度等情形，实在不足以遏止重利歪风，最高刑被修改为3年后，使得法官在具体个案裁判中更具量刑弹性。

对于类似情形，我国大陆刑法并无对应的轻罪。因此，对于实施一定“套路”高利借贷的行为，实践中就可能被认定为诈骗罪。例如，公诉机关指控：被告人柳某等人为实施犯罪，先后设立公司并招募人员，以非法占有为目的，利用信息网络并创建网络借款平台，以快速放款、无担保、无抵押、低息的名义，诱使受害人借款，继而以收取游戏币或者信息审核费等虚假理由，诱使被害人基于错误认识签订金额虚高的借款协议，逾期收取高额续期费，推荐其他借款软件来以贷还贷，不断垒高债务，骗取被害人钱款数千万元，其行为构成诈骗罪。① 在这里，检察机关将有一定“套路”的贷款发放行为指控为诈骗罪似乎有规范依据。最高人民法院、最高人民检察院、公安部、司法部《关于办理“套路贷”刑事案件若干问题的意见》（2019年4月9日）第1条规定，“套路贷”，是对以非法占有为目的，假借民间借贷之名，诱使或迫使被害人签订“借贷”或变相“借贷”“抵押”“担保”等相关协议，通过虚增借贷金额、恶意制造违约、肆意认定违约、毁匿还款证据等方式形成虚假债权债务，并借助诉讼、仲裁、公证或者采用暴力、威胁以及其他手段非法占有被害人财物的相关违法犯罪活动的概括性称谓。但是，这一司法解释并不意味着只要有一定套路就都构成诈骗罪。诈骗罪的客观构成要件是：行为人实施欺骗行为使对方陷入或者继续维持认识错误，对方基于认识错误处分财产，行为人取得或者使第三者取得财产，被害人遭受财产损失。按照这一逻辑，实践中仅有极小一部分“套路贷”可能构成诈骗罪，即如果行为人制造一系列假象，例如，并未发放借款但制造资金走账的流水等虚假给付事实，或者在被害人不知情的情况下恶意垒高借款，采用环环相扣的多层次推进手法，以隐蔽手段骗取他人财物的，确实有构成诈骗罪的可能。但是，本案网络

① 参见山东省曹县人民检察院（2020）曹检一部刑诉229号起诉书。

贷款是一次性形成明确的借款、还款金额和期限，不存在使用“套路”与借款人形成虚假债权债务的情形；当事人之间通过网络形成借款协议，借款人对“低本高息”完全知情，对于平台将以游戏币、信息审核费等名义划扣“砍头息”也是明知的。因此，难以认为行为人实施了欺骗行为，也难以认为被害人陷入了错误认识，被害人谈不上被骗。因此，本案不属于以虚构事实、隐瞒真相，以非法占有借款人财物为目的的“套路贷”诈骗行为。否则，就会出现不正常的结局：借款人通过小额贷款公司等网络平台借款后，只要平台利息高，一旦还不上钱，就指控对方是“套路贷”进而构成诈骗罪。

在其他大致类似案件的处理中，也存在用“套路贷”这一现象归纳意义上的概念取代诈骗罪构成要件的情形，即在被害人没有陷入错误认识，其对于高利有明确认识，借款原本就应该按照合同约定归还本息的情形下，“简单粗暴”地认定诈骗行为及被害人的财产损失。对此，有学者指出，“套路贷”以“虚假债权债务”为本质特征。在被害人明知有“套路”而继续借款的场合，还款金额已得到被害人同意，不宜视为真正的“套路贷”①。而前述所谓“套路贷”案件的实质只不过是：行为人为了规避国家对高利息的管控，乘被害人情势危急需要用款之际，通过“利滚利”的方式发放高利贷，其显然不符合诈骗罪的构成要件。

但是，像前述案件那样，将行为人并无诈骗行为的情形“升格”为诈骗罪的司法裁判，在最近两三年的司法实践中大量存在。这说明，刑法增设类似于重利罪的轻罪是有必要的，否则，司法机关尤其是审判机关遇到难题时没有“退路”。

当然，有人可能认为，对类似行为以非法经营罪论处也可以解决问题。但是，困难在于：一方面，发放高利贷构成非法经营罪的司法解释出台较晚，且设置了追诉限制——最高人民法院、最高人民检察院、公安部、司法部联合制定的《关于办理非法放贷刑事案件若干问题的意见》（2019 年 7 月 23 日公布）第 8 条

---

① 邓毅丞．“套路贷”的法教义学检视：以财产犯罪的认定为中心．法学家，2020（5）.

规定，本意见自2019年10月21日起施行。对于本意见施行前发生的非法放贷行为，依照最高人民法院《关于准确理解和适用刑法中“国家规定”的有关问题的通知》(法发〔2011〕155号）的规定办理。换言之，自2011年至2019年10月20日之间的非法放贷行为难以构成非法经营罪，而目前等待处理的案件大多发生于2011年至2019年10月20日之间。另一方面，要成立非法经营罪，行为人必须针对多数人反复实施交易行为、经营行为，但是，对于单独利用特定被害人的急迫事由向对方仅发放一笔借款，之后再也不实施类似行为的，难以认定被告人的行为属于破坏市场经济秩序的非法经营行为。这样说来，要满足当下的处罚必要性需要，防止司法恣意、实现妥当处罚的最佳出路是增设轻罪。设立轻罪，即便放贷数额特别巨大，其法定最高刑也很难超过5年。但是，目前发生的很多“套路贷”案件，涉案金额通常都在数千万甚至上亿元，被告人的刑期动辄就在10年以上有期徒刑，有的还可能被判处无期徒刑。而对于这种行为人将其每一步操作过程、本金利息的真实情况都告知被害人，被害人因为自身的急迫事由不得不借款，谈不上被骗的案件，定重罪、判重刑，被告人权益受损的事实是不可否认的。

2. *大量索取非法债务的行为被认定为寻衅滋事罪*

实践中，存在大量恶意讨债的情形。例如，被告人成立小贷公司、典当行等机构之后对外高利发放借款，一旦未及时收回欠款，就安排财务等有关人员甚至雇用社会上专业的讨债公司开展对债务人的对账和催收工作，对被害人进行跟踪、辱骂、滋扰，有的行为明显过激，有的行为危害很大，例如，频繁敲门、喷油漆等。对于类似催收行为，在实践中多数被以寻衅滋事罪处理。

但是，这些滋扰行为都是因为一定纠纷所引起的，而且被害人大多长期拖欠债务，有的无理拒不归还欠款，存在严重过错，被告人的催收行为带有私力救济性质。对于基于一定债权债务进行催收而实施的违法行为，认定为寻衅滋事其实是不妥当的。最高人民法院、最高人民检察院《关于办理寻衅滋事刑事案件适用法律若干问题的解释》(2013年7月15日公布）第1条第3款规定，行为人因婚恋、家庭、邻里、债务等纠纷，实施殴打、辱骂、恐吓他人或者毁损、占用他人

财物等行为的，一般不认定为“寻衅滋事”，但经有关部门批评制止或者处理、处罚后，继续实施前列行为，破坏社会秩序的除外。这也说明，行为人基于债务纠纷而实施了“寻衅滋事”行为的，不属于无事生非，不构成寻衅滋事罪。

实践中的难题是，由于在寻衅滋事罪之外，没有能够替代的轻罪，办案机关没有“退路”，对于索债过程中实施的殴打、辱骂、恐吓他人或者毁损、占用他人财物等行为，最终仍然以寻衅滋事罪定罪处罚，由此使得最高人民法院、最高人民检察院《关于办理寻衅滋事刑事案件适用法律若干问题的解释》第 1 条第 3 款的规定落空。

正是针对这种司法的乱象，《刑法修正案（十一）》在《刑法》第 293 条后增加一条，作为第 293 条之一：“有下列情形之一，催收高利放贷等产生的非法债务，情节严重的，处三年以下有期徒刑、拘役或者管制，并处或者单处罚金：（一）使用暴力、胁迫方法的；（二）限制他人人身自由或者侵入他人住宅的；（三）恐吓、跟踪、骚扰他人的。”这一轻罪的法定最高刑是有期徒刑 3 年，比寻衅滋事罪的最高刑（有期徒刑 5 年）明显要轻。因此，与其容忍司法实践中违背寻衅滋事罪的法理对被告人定重罪，不如设置轻罪让被告人获得“实益”。

（二）对于直觉上危害严重、影响“体感治安”的行为，如果不增设轻罪，被勉强定罪成为大概率的事件

1. 组织出卖人体器官行为在增设新罪之前，基本按照非法经营罪处理

在我国 1997 年修订的《刑法》中并未对非法买卖器官作出规定。2010 年 9 月 16 日，被告人刘某胜、杨某海因组织买卖人体器官被北京市海淀区人民法院以非法经营罪判处有期徒刑 4 年、罚金 10 万元，这是全国法院审理的首例买卖人体器官案件。对于类似案件究竟定何罪，办案法官坦言内部有争议：贩卖人体器官属于新型案件，过去没有相关判决和处理情况，刑法中也没有相应的罪名，因此，在证据认定、案件定性等方面都非常慎重，经过反复研究最终才认定为“非法经营罪”。此后，北京市西城区、江苏省徐州市、宁夏回族自治区银川市等地也查获地下中介非法组织买卖人体器官的案件。但是，由于没有相应的刑事法

律予以明确规定，司法机关对此类案件的处理不尽一致，导致同案不同判。[①]

从前述司法裁判中可以看出，对于组织出卖人体器官这种一般人都会觉得特别危险的行为，一旦发生以后，司法上不定罪的可能性极小，只是说在定什么罪方面会有一些争议，而且多数司法机关最终都会选择定非法经营罪。但是，非法经营罪的成立以存在合法经营为前提，比如，没有取得特许经营许可而从事经营活动的，会对取得许可的合法经营活动造成冲击，因而构成非法经营罪。但是，对于人体器官买卖而言，任何国家的法律都予以禁止，因此，不存在取得许可之后合法经营的问题，自然就谈不上有冲击合法经营的非法经营行为存在。对类似行为定非法经营罪是不妥当的，只不过司法者在选择余地极小的情况下只得"硬着头皮上"。为有效消除这种司法困扰，2011 年 2 月 25 日全国人大常委会通过了《刑法修正案（八）》，其中第 37 条规定了组织出卖人体器官罪，从而为司法机关成功"解套"。

2. 为数不少的高空抛物、抢控驾驶装置案件，被认定为以危险方法危害公共安全罪

有的行为一旦实施，公众会直观地感受到行为的危险性，从而基于对"体感治安"的渴求发出重罚呼吁，司法上有时候也不得不回应这种民众的关切。高空抛物、抢控驾驶装置案件按照以危险方法危害公共安全罪这一"口袋罪"处理，就属于这样的类型。

近年来的审判实践中出现了不少高空抛物行为被认定为以危险方法危害公共安全罪的案件。例如，被告人在其居住的楼上多次往楼下扔花瓶、灭火器、玻璃罐等物，导致楼下多名被害人的多辆汽车被砸坏的。法院认定被告人构成以危险方法危害公共安全罪，主要理由是：该场所是人来人往的公共场所，被告人多次实施类似行为，被告人所扔下去的物体有使他人的人身和财产遭受损害的危险。[②]

类似判决似乎可以从有关司法解释性文件中找到依据。《最高人民法院关于

---

① 组织出卖人体器官罪解析 买卖双方都自愿也不行．中国法院网，https：//www. chinacourt. org/article/detail/2011/10/id/465769. shtml，2020 年 8 月 12 日访问。

② 参见四川省成都市高新区人民法院（2015）高新刑初字第 269 号刑事判决书。

依法妥善审理高空抛物、坠物案件的意见》（2019 年 10 月 21 日发布）规定，故意从高空抛弃物品，尚未造成严重后果，但足以危害公共安全的，依照《刑法》第 114 条规定的以危险方法危害公共安全罪定罪处罚；致人重伤、死亡或者使公私财产遭受重大损失的，依照《刑法》第 115 条第 1 款的规定处罚。但是，这一规定有值得质疑之处。《刑法》第 114 条规定，放火、决水、爆炸以及投放毒害性、放射性、传染病病原体等物质或者以其他危险方法危害公共安全，尚未造成严重后果的，处 3 年以上 10 年以下有期徒刑。其中的危害公共安全，并不是指造成实害，而是要求产生公共安全的具体危险。但是，通常的高空抛物行为，抛掷物品砸中一定对象的，该结果就固定化、特定化，不会再波及其他人，行为不具有“危险的不特定扩大”的性质，不会进一步导致不特定或者多数人伤亡的具体危险，不能认定为以危险方法危害公共安全罪；即便是在人员密集的场所实施高空抛物行为，可能侵犯多数人的生命、身体，但由于其也不具有危险的不特定扩大的特点，不应认定为以危险方法危害公共安全罪。①

也正是为了避免将高空抛物行为人为地“拔高”认定为重罪，《刑法修正案（十一）》在《刑法》第 291 条之一后增加一条，作为第 291 条之二：“从建筑物或者其他高空抛掷物品，情节严重的，处一年以下有期徒刑、拘役或者管制，并处或者单处罚金。有前款行为，同时构成其他犯罪的，依照处罚较重的规定定罪处罚。”根据这一规定，高空抛物行为原则上更接近于寻衅滋事的性质，其属于最高刑为 1 年有期徒刑的轻罪，如果其行为造成死伤的，根据具体情形分别认定为故意杀人、过失致人死亡、故意伤害、过失致人重伤、重大责任事故、故意毁坏财物等罪，原则上不成立以危险方法危害公共安全罪。由此可见，及时设置轻罪对于减轻司法压力、防止轻罪重判是有实际意义的。

与此类似的情形是在公共交通工具上因为发生纠纷或者乘客坐过站点等原因抢夺驾驶员手中方向盘的行为，实践中基本上都是按照以危险方法危害公共安全

---

① 张明楷．高空抛物案的刑法学分析．法学评论，2020（3）．

罪定罪处刑。[①] 对此，最高人民法院、最高人民检察院、公安部《关于依法惩治妨害公共交通工具安全驾驶违法犯罪行为的指导意见》（2019 年 1 月 8 日公布）规定："乘客在公共交通工具行驶过程中，抢夺方向盘、变速杆等操纵装置，殴打、拉拽驾驶人员，或者有其他妨害安全驾驶行为，危害公共安全，尚未造成严重后果的，依照刑法第一百一十四条的规定，以以危险方法危害公共安全罪定罪处罚；致人重伤、死亡或者使公私财产遭受重大损失的，依照刑法第一百一十五条第一款的规定，以以危险方法危害公共安全罪定罪处罚。"在上述规定中，由于最终要对被告人定以危险方法危害公共安全罪，而该罪是具体危险犯，行为是否"危害公共安全"需要在具体的案件中予以判断，即行为必须如同放火、决水、爆炸等行为一样，具有使不特定多数人的生命、身体产生实害的具体危险才能构成犯罪。但是，在司法实践中，对驾驶人员实施暴力行为然后抢夺汽车操纵装置的，在没有仔细考量行为类型及其危险性的情况下，就相对容易地得出行为危害公共安全的结论，从而大量认可以危险方法危害公共安全罪的成立，危害公共安全的要素事实上被司法人员忽略了，从而出现定性不当的问题。

为此，《刑法修正案（十一）》增设专门规定，即《刑法》第 133 条之二："对行驶中的公共交通工具的驾驶人员使用暴力或者抢控驾驶操纵装置，干扰公共交通工具正常行驶，危及公共安全的，处一年以下有期徒刑、拘役或者管制，并处或者单处罚金。"这一规定，能够有效化解司法恣意扩大以危险方法危害公共安全罪适用空间所带来的罪刑法定的危机。

3. 没有自杀参与罪（教唆、帮助自杀罪），实践中就很可能定故意杀人罪

教唆、帮助自杀属于死亡事件的边缘行为，自杀行为本身才是导致死亡的核心行为。刑法学上的多数说认为，正犯行为违法的，作为边缘行为的共犯行为（教唆、帮助行为）才应受处罚。目前，学界对于自杀本身是否违法存在争议。但是，我认为，如果肯定个人的自我决定权，反对刑法家长主义，主张自杀违法

① 参见浙江省台州市中级人民法院（2018）浙 10 刑终字第 808 号刑事裁定书；湖南省张家界市永定区人民法院（2019）湘 0802 刑初字第 96 号刑事判决书等。

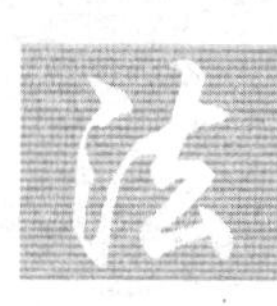

的理由并不充分，目前我国也没有法规范禁止自杀者对于生命的自我放弃。德国刑法并不处罚教唆或帮助自杀，就是因为自杀本身不违法，按照共犯从属性的原理，无从处罚共犯。但是，在日本、奥地利、意大利、英格兰、葡萄牙、西班牙、波兰等国刑法中都禁止教唆、帮助他人自杀。例如，日本刑法典第202条就明确规定，教唆、帮助他人自杀的，处6个月以上7年以下惩役或禁锢。这些国家立法上规定自杀参与罪（教唆、帮助自杀罪）这一轻罪，其基本法理是：自杀行为虽然不违法，但这是肯定了自杀者的自我决定权才能得出的结论。而他人对于自杀行为的参与，属于“对他人生命的否定”行为，其并不能得到法律的认可。对自杀参与行为的立法禁止，其实质是为了“孤立”自杀者，使之难以独立完成自杀行为。必须承认，现实世界想自杀的人当中，靠一己之力无法把握自杀契机、不能如愿自我终结生命的人很多，因此，将教唆、帮助行为犯罪化，可以间接地保护生命法益，从刑事政策的角度看设置这一罪名是合理的。[①] 但是，自杀参与罪毕竟属于具有利他动机的犯罪，自杀与否的最终决定权还是掌握在被害人自己手中，被害人决心自杀使得法益的要保护性下降，教唆、帮助自杀行为对于死亡结果的支配力、影响力较弱，因此，违法性程度低，法定刑自然也就比故意杀人罪低很多（例如，日本刑法中自杀参与罪的最高刑是7年惩役或禁锢，但故意杀人罪的最高刑是死刑）。

在我国刑法中，目前并无独立的自杀参与罪，因此，对于教唆、帮助自杀行为大多以故意杀人罪定罪处罚（实践中，对自杀参与行为作无罪处理的情形极少）。例如，秦某2003年因患上“小脑萎缩”开始卧病在床，由妻子刘某扶养和照料。2010年夏天开始，秦某因疼痛难忍无法入眠，经常半夜叫喊，影响邻居休息。痛苦不堪的秦某多次产生轻生念头。2010年11月8日凌晨3时许，秦某再次叫喊引起刘某不满，双方发生争吵，刘某随后递给秦某“敌敌畏”，秦某当场自行喝下，于当日死亡。法院认为，刘某与秦某发生争吵后，不能正确处理，明知“敌敌畏”系毒药，仍向秦某提供，并导致秦某服毒死亡，其行为已构成故

① 井田良．講義刑法学・各論．东京：有斐阁，2016：30.

意杀人罪，考虑到本案情节较轻，且被告人认罪悔罪，被害人亲属表示谅解，故对其从轻处罚，判处有期徒刑7年。[①]

从本案可以看出，如果没有对应的轻罪，对于有被害人死亡这种公众容易产生处罚呼吁的危害行为而言，司法机关要宣告被告人无罪几乎没有可能，可供选择的、几乎是唯一的路径就是对被告人定重罪，因为对于事关人身安全的犯罪，在刑法规范的供给出现明显不足时，司法权为弥补成文法的滞后性而进行某种程度的扩张，以回应社会需要，这可以说也在情理之中。[②] 但是，将教唆、帮助自杀认定为故意杀人罪是否符合学理，是否与共犯处罚根据相悖，是否违反客观归责论，是否与自由主义刑法观相抵触，一直都是争议很激烈的问题，司法机关处理类似案件也饱受质疑。因此，增设自杀参与罪，缓解司法机关对自杀参与行为适用故意杀人罪的办案压力，在未来是需要认真考虑的。

（三）对于新类型案件，没有对应轻罪的，司法上有时甚至不惜类推定罪

1. 破坏生产经营罪被滥用

在实务中，对于“恶意刷单”等大量利用计算机信息系统妨害业务的行为大多以破坏生产经营罪定性，这使得罪刑法定原则在现代信息社会所面临的冲击超过以往任何时候。但是，破坏生产经营罪的客观行为是毁坏机器设备、残害耕畜或者其他方法。这里的“其他方法”，应当是与毁坏机器设备、残害耕畜相类似的行为，而不是泛指任何行为，因为本罪与故意毁坏财物罪之间存在法条竞合关系，本罪是特别规定，即采用故意毁坏机器设备、残害耕畜等方法破坏生产经营。具体而言，在司法实务中，破坏生产经营的“其他方法”，主要表现为破坏电源、水源，制造停电、停水事故，破坏种子、秧苗，毁坏庄稼、果树，制造质量事故或者责任事故等。而这些方法都是物理性的对生产资料的破坏、毁坏。因此，在解释破坏生产经营罪的客观构成要件时，明显有一个“同类解释规则”的运用问题，即对于兜底条款的解释应当和并列的条款具有大体相当性，将其与之

---

① 参见北京市第二中级人民法院（2011）二中刑初字第1161号判决书。

② 付立庆．积极主义刑法观及其展开．北京：中国人民大学出版社，2020：20－21.

前明确列举的行为进行对照，使之在行为方式和侵害对象上保持一致。那么，行为必须表现为毁坏、残害等毁损，且毁损的对象必须是机器设备、耕畜等生产工具、生产资料时，才有可能构成破坏生产经营罪。

在使用前述实行行为之外的其他手段妨害他人正常进行的业务时，司法上基于不当的政策考虑进行刑法的“软性解释”甚至类推解释，以扩张处罚范围，这种见招拆招的做法始终面临违背罪刑法定原则的质疑，使破坏生产经营罪沦为“口袋罪”。为惩处形形色色利用信息网络妨害业务的危害行为，填补过往立法“意图性的法律空白”，降低罪刑法定原则所承受的压力，最好的办法是增设具体的妨害业务罪，以全面保护法益。①

2. 非法行医罪并不能有效应对非法从事基因编辑、人体胚胎实验等行为

我国刑法目前并无关于禁止非法从事基因编辑、人体胚胎实验的罪名设计，因此，司法上只能从非法行医罪等切入。例如，“贺某某等非法行医案”就是如此。2016 年以来，南方科技大学原副教授贺某某得知人类胚胎基因编辑技术可获得商业利益，即与广东省某医疗机构张某、深圳市某医疗机构覃某等人共谋，在明知违反国家有关规定和医学伦理的情况下，以通过编辑人类胚胎 CCR5 基因可以生育免疫艾滋病的婴儿为名，将安全性、有效性未经严格验证的人类胚胎基因编辑技术应用于辅助生殖医疗。2018 年 11 月 26 日起，贺某某对外宣布多名基因编辑婴儿诞生。2019 年 12 月 30 日，深圳市南山区人民法院一审公开宣判。法院认为，贺某某纠集他人，试图通过编辑人类胚胎基因，借助辅助生殖技术，生育能够免疫艾滋病的婴儿，为此组织多人在医院体检，对受精卵注射严禁用于临床的基因编辑试剂，并蒙蔽不知情的医务人员将基因编辑后的胚胎移植入母体，后生育婴儿。上述行为严重逾越了科学实验的边界，应当认定为医疗行为。贺某某等人均未取得医生执业资格，仍从事一系列医疗活动，违反了《执业医师法》等国家规定，属于非法行医。贺某某等人在法律不允许、伦理不支持、风险不可控的情况下，采取欺骗、造假手段，恶意逃避国家主管部门监管，多次将基因编

① 周光权．刑法软性解释的限制与增设妨害业务罪．中外法学，2019（4）．

辑技术应用于辅助生殖医疗，造成多名基因被编辑的婴儿出生，严重扰乱了医疗管理秩序，应属情节严重。据此，法院判处贺某某有期徒刑3年，张某有期徒刑2年，覃某有期徒刑1年6个月，缓刑2年。

对于本案，法院认为贺某某等人均未取得医生执业资格，其通过编辑人类胚胎基因，借助辅助生殖技术，生育能够免疫艾滋病的婴儿，且组织多人在医院体检，对受精卵注射严禁用于临床的基因编辑试剂，并蒙蔽不知情的医务人员将基因编辑后的胚胎移植入母体，后生育婴儿，属于非法从事医疗活动，严重扰乱了医疗管理秩序，构成犯罪。法院判决还特别提到了刑事政策上的预防问题，"若予放任，甚至引起效仿，将对人类基因安全带来不可预测的风险"。

确实，贺某某等人组织的类似实验可能带来医学风险和伦理风险，可能危及人类未来的生存安全，使我国未来出生的人口面临巨大不可预知的风险。不过，必须正视的是，如果贺某某等人只是招募实验对象，单纯进行基因编辑和人体胚胎方面的实验（将基因编辑后的胚胎移植入母体，但在婴儿出生前终止妊娠）的，现行刑法是否能够对其定罪处罚？这一事件也揭示出我国刑事立法存在空白。那么，制定相关罪名来禁止基因编辑和人体胚胎实验，已经是刻不容缓的任务，立法机关对此也高度重视。

目前，主要科技大国和经济大国均对相关试验持严格监管的立场。对于基因编辑等技术的试验和运用，在国外的态度是对于以治疗为目的的（治疗癌症病人）、非遗传性的基因改造，是允许的。但是，不是为了科学进步，单纯为了商业利益以繁殖为目的的人体实验，以及针对与人接近的动物（如猴子）的实验，是被禁止的，很多国家在刑法中禁止引起人类繁衍风险的基因操作。在制定相关规定禁止非法人体胚胎实验方面，法国、美国、德国、英国、日本等均无明显的法律空白。其中，法国的立法最为全面，也最为严厉。法国1994年《生命伦理法》规定，参与个体非直接受益试验研究的孕妇、产妇及哺乳期的母亲，只允许参与那些可预见试验结果或者没有严重威胁她们本人健康及孩子健康的试验研究。违反规定开展人体胚胎实验并使婴儿出生的，最高可以判处20年有期徒刑。此外，英国（1990年）、德国（1990年）、日本（2002年）均分别制定相关专门立法，将人体胚胎改良、基因编辑等行为作为犯罪处理，刑期最短的为5年以下有期徒刑，最高刑为10年有期徒刑，法律的立场都普遍较为严厉。

刑法是治理社会的最后手段。在刑法立法中，增设非法从事人体胚胎实验、非法进行基因改良等方面的犯罪，将非法生产人类基因个体、非法改良人类胚胎、非法编辑基因等行为规定为犯罪，是有必要的，这样才能有效达到用铁腕治理非法从事人体胚胎实验的目的。也正是考虑到这一点，《刑法修正案（十一）》在《刑法》第336条后增加一条，作为第336条之一："将基因编辑、克隆的人类胚胎植入人体或者动物体内，或者将基因编辑、克隆的动物胚胎植入人体内，情节严重的，处三年以下有期徒刑或者拘役，并处罚金；情节特别严重的，处三年以上七年以下有期徒刑，并处罚金。"

前述关于重利罪、自杀参与罪、妨害业务罪等的讨论，只是从实务角度大致列举了增设部分轻罪的必要性。其实，为解决实务难题、消减司法困惑，防止重罪被滥用，还需要增设很多轻罪。

三、刑法功能主义与增设轻罪

司法判决在没有轻罪规定的情况下，对被告人论以重罪，这种判决不具有合理性，对此不能迁就和认可。但是，如果要求司法机关遇到立法上似乎没有规定或罪刑关系不明的情形一律宣告被告人无罪，也并不现实，甚至多少有点"站着说话不腰疼"的意味。

有的法院之所以甘冒违反罪刑法定原则的风险作出裁判，其背后存在一定的司法逻辑：（1）在我国，法院并不是"强势部门"，其抗干扰、抗干预能力相对较弱，在审判实践中既不能完全无视民众的强烈惩罚呼吁，也无法干脆利落地对检察机关提起公诉的案件宣告无罪。（2）法院有时出于对服务地方经济和社会发展大局的不当理解，在规范依据不足的情形下也可能误用或滥用某些重罪条文。（3）近年来，司法机关所开展的专项打击活动很多（如打击电信诈骗、打击"套路贷"、打击非法集资等），其中出现了一些为完成办案考核指标而勉强适用重罪

定罪判刑的情形。(4) 某些案件的处理明显违背罪刑法定原则（如将“恶意刷单”认定为破坏生产经营罪），但地方法院可能为了追求所谓的办理“第一案”的效果而对被告人定罪处罚。

佐伯仁志教授认为，一旦遇到值得处罚的某种新行为，司法上通常会钟情于通过“软性地”解释刑法法规来应对，这是出于刑事司法政策的考虑。在刑事立法难以推进的情况下，进行必要的软性解释很难避免。① 这反过来也说明，要有效防止司法冲动，严守罪刑法定原则的底线，确保疑难案件被告人不会受到过重的处罚，有效的路径是及时推进刑事立法，通过增设轻罪而非通过司法机关的自律来解决实务困惑，防止裁判实践中遇到难题就想着适用重罪的做法。

以下简单讨论与增设轻罪有关的三个问题。

(一) 以务实的态度对待增设轻罪：进一步展开

增设必要的轻罪，除了能够有效消减司法困惑、抑制司法恣意之外，务实地看，明显有以下好处。

1. 增设某些轻罪能够避免被告人“吃亏”

张明楷教授指出，我国当下需要采取积极刑法观，通过增设轻罪来满足保护法益的合理要求。② 这一主张非常合理。此外，从“同情式理解”司法实务的角度看，刑法中所设置的轻罪太少，会使得司法陷入困惑，很可能将适用重罪作为走出困境的首选方案，没有足够数量的轻罪，不等于法院不定罪。在司法对于罪名选择有争议或者回旋余地很小时，一旦适用重罪，最后“吃亏”的还是被告人。因此，适度增设轻罪可以最大限度地消减司法困惑，防止司法恣意，也能够给被告人带来实际利益。换句话说，司法上在规范选择范围逼仄的情况下适用重罪处理案件的多数判决是存在疑问的，有的结论甚至非常不合理，使得罪刑法定原则受到巨大冲击。但是，据此就简单地指责司法机关违反罪刑法定原则，并不意味着司法上就保守到对那些明显难以容忍的恶行一概都不处罚，这既不能抑制

① 佐伯仁志．刑法总论的思之道·乐之道．于佳佳，译．北京：中国政法大学出版社，2017：23.

② 张明楷．增设新罪的观念：对积极刑法观的支持．现代法学，2020 (5).

司法上处罚扩张的现实、消除司法困惑，也无助于给予被告人妥当的处罚，使其免受更重的刑罚。

2. 不增设轻罪，罪刑法定原则很可能被动摇

如果不及时增设轻罪，对某些实务上感觉有处罚必要性的行为，司法机关就往往通过类推解释的方式去处理，这样不仅突破了刑法谦抑性原则，而且连罪刑法定原则也被动摇，得不偿失。我国司法实践中已经出现了一些由于立法提供的支撑不够，法院进行类推定罪的情形。例如，有的法院对编造、传播地震信息开玩笑的行为以编造、传播虚假恐怖信息罪论处①，但虚假灾情信息和虚假恐怖信息明显属于性质不同的信息，将编造、传播虚假的灾情、疫情信息的行为认定为编造、传播虚假恐怖信息罪，显然是违反罪刑法定原则的类推适用。正是基于此种区别，《刑法修正案（九）》第 32 条才专门增设编造、故意传播虚假信息罪。又如，在《刑法修正案（三）》增设投放虚假危险物质罪之前，有的法院对该行为按照以危险方法危害公共安全罪定罪量刑。再比如，由于我国刑法没有规定暴行罪、纠缠罪等，大量类似行为被认定为寻衅滋事罪。这些都充分说明，在立法缺位的场合，司法对某些社会危害性较大的行为并非坐视不管，惩罚的冲动难以抑制，司法机关在定罪上不是“打擦边球”就是“走钢丝”，类推适用刑法很可能就是“不得已而为之”，这些做法对被告人权利保障更为不利，也分割了立法权。因此，与其在表面上固守“古典理念型”刑法观让立法保持其消极性（但法治立场经常被实务所突破），还不如采用积极立法观及时增设轻罪。②

3. “备而不用”的立法也可能“很有用”

必须承认，有的立法规定在当下的实践中很少用到。但是，不能将“备而不用”和立法的象征性直接等同。例如，持消极刑法观的学者大多倾向于认为，我

---

① 例如，2012 年 2 月 14 日晚 22 时许，被告人张某开玩笑，向其朋友多人发送自编的地震信息。后该信息内容被大量不明真相的短信接收者转发、转告，引起几个乡镇几百名群众恐慌，半夜露宿野外。后被告人张某被河南省巩义市人民法院以犯编造、故意传播虚假恐怖信息罪判处有期徒刑 1 年。陈真，王东庆．编造传播地震信息开玩笑是否构成犯罪．人民法院报，2013－08－14。

② 周光权．积极刑法立法观在中国的确立．法学研究，2016（4）．

国诸多新罪名的设立恐怕更多的只是回应社会情绪或出于政治表态的需求，其宣示意义和象征性远胜于实用性和实效性。譬如，《刑法修正案（九）》增设的“强制穿戴宣扬恐怖主义、极端主义服饰、标志罪”在司法实践中就极少得到适用。但是，关于恐怖主义、极端主义犯罪，国际立法潮流是犯罪化，如果我国刑法对此不予规定，就反恐怖和打击洗钱犯罪进行国际合作的前提就不存在，因此有进行犯罪化的义务。此外，设立这样的罪名对恐怖主义威胁保持震慑力还是非常必要的，而且实践中也确实出现了一些这样的案件。再比如，妨害传染病防治罪、妨害国境卫生检疫罪，在没有疫情发生的时期确实发案率极低，相关罪名基本“备而不用”。但是，在疫情大量暴发尤其是2020年新冠肺炎疫情突发的特殊时期，谁也不能否认前述罪名发挥了维护社会管理和公共卫生秩序的功能。

由此来看，我国的刑法立法都是有的放矢的，立法者不会针对实践中完全不存在的行为类型制定刑法规范，刑法修正案中所规定的罪名也都不是象征性的。如果一定要说象征性，国外反恐立法的这一特征可能就更为明显，美国“9·11事件”之后，世界上几乎所有国家刑法的反恐立法都迅速作出积极回应，纷纷表明立法对恐怖主义犯罪毫不妥协的态度，以维护公民人身安全和公共秩序，这种回应恐怕更应该被批评者视作象征性立法。但是，针对恐怖主义行为进行刑法立法，本来就是一个特殊领域中的特殊问题，是立法者以牺牲一部分公民个人自由来换取生命安全和身体健康权利的无奈之举。正如齐白教授所言，恐怖主义行为所带来的恐惧，致使公民对于安全保障有了更高的诉求，这一事实促进了新的刑事立法，并且使得对自由的保障基于对安全的需求有所弱化。① 实际上，全世界的立法者似乎都准备削弱对传统公民权利的保护，以适应反恐需要，这确实会带来人们的一些担忧。但是，问题的关键不在于批评立法的象征性，而在于“我们需要最好的法律思维以提供合适的警力和政府权力，并同时还保留对这些权力的

① 乌尔里希·齐白．全球风险社会与信息社会中的刑法：二十一世纪刑法模式的转换．周遵友，等译．北京：中国法制出版社，2012：197－198.

制约，这是人类基本自由的基础”①。

（二）面向司法适用增设轻罪

随着刑法观从“古典理念型”向现代转型，立法也从相对保守、消极转向功能性、积极性已经是一个不得不承认的事实。问题的关键并不在于是否允许国家积极地进行立法，而在于，在此过程中如何对刑法谦抑性、法益概念、刑罚目的论、刑事实体法与程序法的关系等作出符合时代精神的理解。② 从刑法功能主义的角度看，为了给司法裁判提供足够的支撑，消除司法困惑，实现妥当的处罚，增设轻罪必须考虑以下内容。

1. 增设轻罪必须积极回应公众关切

前述分析表明，司法上扩张适用罪名的情形，要么是实践中发案率较高的案件，要么是新类型案件，要么是罪与非罪、此罪与彼罪的界限相对模糊的案件，相关的裁判都充分考虑了刑法的公众认同问题。这说明，在刑法参与社会治理的过程中，功能性、政策性的考虑得以强化，而这种发展方向并没有违背公众的意志，反而得到公众的正面期待和赞同。只不过受罪刑法定原则的限制，司法自身应该具有一定的消极性，裁判实践上对于刑法功能主义的运用有一定限度，对于民众关切或者民意的回应，在某些情况下并不是司法人员的任务，而是立法者的使命。

因此，对于轻罪的增设必须放到刑事政策背景中去解释，立法的发展必须得到公众认同，立法上需要增强对处罚必要性的实证分析，观察刑法立法变革所面临的诸多挑战，“不是人而是机会立法：大部分法律实际取决于灾难”③，从而使基于刑事政策的立法朝着功能主义、积极立法观的方向发展。

2. 增设轻罪应当尽可能实现对类型化行为的规制

如果一个罪名所惩治的不是类型化的危害行为，该规定的司法适用空间就有

---

① 理查德·保罗，等．思辨与立场：生活中无处不在的批判性思维工具．李小平，译．北京：中国人民大学出版社，2016：6.

② 周光权．积极刑法立法观在中国的确立．法学研究，2016（4）.

③ 列奥·施特劳斯，约瑟夫·克罗波西．政治哲学史：上．李天然，等译．石家庄：河北人民出版社，1993：82.

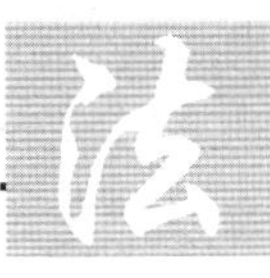

限，这样的立法模式就不太理想。在前面的分析中，我对高空抛物、抢夺驾驶操纵装置的犯罪化总体上持肯定态度，但是，也应该认为这两个条文的设计在类型化立法方面还存在一定的不足，对其可能的质疑是：这两个新增条文仅针对某一种（而非某一类）行为进行规制。

反观《刑法修正案（十一）》的其他规定，在增设轻罪上都比较注意行为的类型化问题。例如，《刑法修正案（十一）》在《刑法》第 280 条之一后增加一条，作为第 280 条之二："盗用、冒用他人身份，顶替他人取得的高等学历教育入学资格、公务员录用资格、就业安置待遇的，处三年以下有期徒刑、拘役或者管制，并处罚金。组织、指使他人实施前款行为的，依照前款的规定从重处罚。"这一规定针对顶替他人取得的高等学历教育入学资格、公务员录用资格、就业安置待遇三种情形，而非仅针对社会上反映强烈的"冒名顶替上大学"这一种情形作出规定，就符合类型化立法的要求。《刑法修正案（十一）》将《刑法》第 330 条第 1 款修改为："违反传染病防治法的规定，有下列情形之一，引起甲类传染病以及依法确定采取甲类传染病预防、控制措施的传染病传播或者有传播严重危险的，处三年以下有期徒刑或者拘役；后果特别严重的，处三年以上七年以下有期徒刑：（一）供水单位供应的饮用水不符合国家规定的卫生标准的；（二）拒绝按照疾病预防控制机构提出的卫生要求，对传染病病原体污染的污水、污物、场所和物品进行消毒处理的；（三）准许或者纵容传染病病人、病原携带者和疑似传染病病人从事国务院卫生行政部门规定禁止从事的易使该传染病扩散的工作的；（四）出售、运输疫区中被传染病病原体污染或者可能被传染病病原体污染的物品，未进行消毒处理的；（五）拒绝执行县级以上人民政府、疾病预防控制机构依照传染病防治法提出的预防、控制措施的。"这一规定增加了妨害传染病防治罪的行为类型，将近年来防疫过程中所暴露出来的突出问题，尤其是出售、运输疫区中被传染病病原体污染或者可能被传染病病原体污染的物品，未进行消毒处理的，以及拒绝执行县级以上人民政府、疾病预防控制机构依照传染病防治法提出的预防、控制措施的这两大类行为予以犯罪化，严密了法网，使得今后在惩治类似行为时有法可依，有效消减了司法困惑。

3. 立法对刑罚的设置应当尽可能轻缓化

政策对个人权益的限制，只有在合乎防止犯罪目的所需的最小限度内，在程序及实体方面均为适当时才能进行，因此，反对重刑配置应当是现代刑法立法的题中之义。波斯纳认为，立法问题涉及错综复杂的相互关系，与整个社会系统的互动性特别强。如果立法大幅度增加对特定犯罪的最高刑，该类犯罪也许会下降，但是，一个不可避免的副产品就是另一类关联的犯罪也许会上升，因为实施关联犯罪所受的惩罚更轻，成本更低。犯罪的成本之一是预期的惩罚，对甲罪处罚重，行为人就可能用乙罪来置换。[①] 此外，由于刑法中增设的许多犯罪是新型经济犯罪如金融犯罪等行政犯，对付经济犯罪需要高度的政策性，刑罚太重就可能违背罪刑相适应原则。需要看到，发达国家对经济犯罪的刑罚大多都较为轻缓；而发展中国家刑法中对经济犯罪的刑罚较重，死刑也可能配置较多。为了促进经济发展，在制定有关经济犯罪的刑法规范时，必须实现刑事政策的合理化，不宜打击面太大，更不要动辄使用重刑。从宏观上看，经济犯罪是经济生活参与人在发展商品经济活动中附随产生的消极行为，为了维护经济秩序必须惩罚这种犯罪来防止“失范”，但是，如果处罚过重，则可能在惩罚犯罪的同时遏制了主体参与经济活动的积极性。

（三）对之前的立法中明显想“放过”的行为增设轻罪，必须特别慎重

在实务中，对于某些危害性较大、犯罪界限不是特别清晰的案件，以及新类型案件等，司法基于能动地回应社会关切、实现有效处罚的考虑扩大解释刑法，从而得出定罪结论的，即便其处理存在一定争议，也基本属于对法律和法理有不同理解的情形，尚且在可以接受的范围内。

但是，如果法条文义很清晰，处罚范围很明确，在刑法制定之初就有意“放过”某些行为的，司法上对此进行类推解释就是绝对错误的。在理论上，不能以这种司法处理已经“生米煮成熟饭”为由去认可这种裁判结论。对于明显属于法无明文的情形，司法上只能作无罪处理，再考量立法上有无增设新的行为类型之

① 理查德·波斯纳．法官如何思考．苏力，译．北京：北京大学出版社，2009：70.

必要。换言之，我主张增设部分轻罪，但并不赞同司法上一有“异动”，立法上就要增设轻罪，实践中存在违反罪刑法定原则的判决与增设轻罪之间没有绝对的对应关联。这里以串通投标罪在实务上被错误适用为例来说明我的前述主张。

2017 年 2 月，巴彦淖尔市公共资源交易中心公开挂牌出让乌拉特前旗某矿的采矿权，被告人贾某使用内蒙古赛盛商贸公司的名义参与竞买，田某所在的荟安成贸易公司也参与竞买。在竞买前，田某自认为其实力不足以竞买成功，主动找到贾某，表示希望合作参股开采砂石块。在竞买过程中，田某未举牌竞价，贾某的内蒙古赛盛商贸公司取得采矿权，对此，法院认定被告人贾某的此起事实构成串通投标罪，判处其有期徒刑 1 年。[①]

但是，我认为法院对此案的判决值得商榷。根据《刑法》第 223 条的规定，串通投标罪，是指投标人相互串通投标报价，损害招标人或者其他投标人利益，或者投标人与招标人相互串通，损害国家、集体、公民的合法利益的行为。本罪意欲规制的是招投标行为。全国人大常委会颁布的《招标投标法》（2017 年修订）、《拍卖法》（2015 年修订）明显将招标、拍卖区分开，关于挂牌竞价问题，目前则没有全国性法律。由此可见，招标、拍卖、挂牌是三种不同的权利出让方式，尤其是招标和挂牌竞买的法律性质大不相同：（1）在招标程序中，投标人名称、数量、投标方案和其他可能影响公平竞争的情况都需要严格保密；在挂牌程序中，主管部门应当提前将起始价、增价规则、增价涨幅、挂牌时间等在指定场所予以公布。（2）投标人一旦响应投标，参加投标竞争，就应当按照要求编制投标文件，有义务提出报价，一经提交便不得撤回；在挂牌程序中，竞买人有权利举牌竞价，但没有举牌报价的义务。（3）在招标程序中，存在开标、评标环节，评委会对投标文件进行评审，首要标准是能最大限度地满足各项综合评价，投标价格是其次的；在挂牌程序中，价格是唯一竞争标准，竞价高者获得项目。（4）在招标程序中，投标人不得少于 3 人，否则，应当重新招标；在挂牌程序中并无参与竞买的人数限制，即使只有 1 名竞买人，只要出价高于底价就可以成

① 参见内蒙古自治区鄂尔多斯市中级人民法院（2020）内 06 刑初字第 30 号刑事判决书。

交。(5) 在招标程序中,《招标投标法》明确了投标人、招标人、评标人的法律责任,对于投标人串通投标构成犯罪的,依法追究刑事责任;在挂牌程序中,并未对串通竞买行为规定为刑事责任。

上述分析表明,挂牌程序中并无参与人数的限制,也无陪标、陪买的必要性,竞买人出价高于底价就可以成交,相关串通行为不符合构成要件,也不具有刑事违法性。由于立法上对串通投标罪的行为类型明确限定为在"招标、投标"过程中的串通,在拍卖、挂牌竞买过程中的串通行为就不可能符合该罪的客观构成要件,将串通投标罪适用到拍卖、挂牌竞买的场合,就是超越了法条文义的最大射程,使得国民的预测可能性丧失,最终成为类推解释。

对于拍卖、挂牌竞买过程中的串通行为不予定罪,不是立法的疏漏,而是立法上一开始就有意"放过"这两种危害性有限、发生概率较小的行为,从而基于立法明确性的要求对定罪范围进行限缩。对于这种情形,不能以司法上出现了类推解释的苗头就反过来要求立法者必须增设轻罪。因此,对于哪些行为需要增设轻罪,需要考虑法益的要保护性、他人模仿可能性、行为的类型性等问题审慎作出判断。

四、结　语

迄今为止,我国刑法所设置的罪名不到500个,对于某些在极大程度上严重危害社会的行为并未进行有效规制,社会治理策略捉襟见肘。同时,由于罪名较少,司法机关办案过程中的回旋余地很有限,在没有足够多的轻罪规定的前提下,基于处罚必要性的考虑,对被告人选择适用了最相类似的重罪,从而带来刑法适用的危机。为避免司法机关柔性地解释甚至类推适用刑法,避免被告人受过重的处罚,有必要从务实的立场出发,由立法者增设一定数量的轻罪。

至于究竟要增设哪些轻罪,可以充分发挥法益的立法规制机能,充分考虑惩治严重违法行为的实务需要,处理好《刑法》和《治安管理处罚法》以及其他行政法律、法规的关系,经过反复商谈、论证之后谨慎地、有限地推动立法活动。

第六章　刑法立法的最新进展与司法前瞻
——《刑法修正案（十一）》之评述

2020年6月28日，《刑法修正案（十一）（草案）》提请十三届全国人大常委会第二十次会议审议；2020年10月13日，该草案提请全国人大常委会二审；2020年12月26日，第十三届全国人大常委会第二十四次会议正式通过《刑法修正案（十一）》。本次刑法的修改，涉及条文数多，增设了不少轻罪，需要解决的难题也多，这使未来的法律适用面临很多挑战。本章拟对《刑法修正案（十一）》的立法考虑、主要立法进展等略作分析，以期为准确理解立法主旨提供一些参考。

一、《刑法修正案（十一）》的立法考量因素

（一）与其他部门法尽可能保持协调

近年来，我国在民事、经济、行政以及社会领域的立法活动极其频繁。这些前置法规定了大量违法行为，在其法律惩治手段不足以遏制违法行为时，对作为最后手段的刑法的期待就在所难免，刑法也就很有可能把其他部门法中危害极大的违法行为挑选出来作为犯罪予以处理。由于刑法立法必须顾及法秩序统一性原

理，刑法与前置法之间需要保持一定程度的协调关系，因此，修正案的立法就不得不及时关注前置法的一些立法动向。可以说，这次刑法修改的多数内容是为了与其他部门法相衔接，属于前置法修改之后的“不得已而为之”。这里略举几例加以说明。

1. 与《民法典》的部分规定相衔接

为与《民法典》的某些规定相协调，《刑法修正案（十一）》增设了相应的部分轻罪。

（1）关于高空抛物犯罪。《民法典》第 1254 条规定，禁止从建筑物中抛掷物品。从建筑物中抛掷物品或者从建筑物上坠落的物品造成他人损害的，由侵权人依法承担侵权责任；经调查难以确定具体侵权人的，除能够证明自己不是侵权人的外，由可能加害的建筑物使用人给予补偿。可能加害的建筑物使用人补偿后，有权向侵权人追偿。物业服务企业等建筑物管理人应当采取必要的安全保障措施防止前款规定情形的发生；未采取必要的安全保障措施的，应当依法承担未履行安全保障义务的侵权责任。对高空抛（坠）物行为，公安等机关应当依法及时调查，查清责任人。

高空抛（坠）物行为危及老百姓“头顶上的安全”。《民法典》第 1254 条对于高空抛（坠）物的法律规定，既明确了侵权后的法律责任承担问题，也要求物业服务企业等建筑物管理人履行安全管理义务，尽可能事前防止此类侵权事件的发生，还规范了事后的积极调查，充分体现了相关法律制度的系统性和公平性，这是侵权责任编的一大亮点。但是，高空抛（坠）物行为在某些地方成为顽疾，成为社会各界都非常关心的问题，在治理上需要多管齐下，综合运用各种手法律手段，因为民事侵权行为的治理手段毕竟效果有限，不足以发挥法律的一般预防效果，而且侵权责任赔偿在有的时候不足以弥补被害人的物质损失，更难以抚慰被害人及其家属内心所受的伤害。因此，《刑法修正案（十一）》第 33 条第 1 款规定，从建筑物或者其他高空抛掷物品，情节严重的，处 1 年以下有期徒刑、拘役或者管制，并处或者单处罚金。

（2）关于侮辱英雄烈士犯罪。《民法典》第 185 条规定，侵害英雄烈士等的

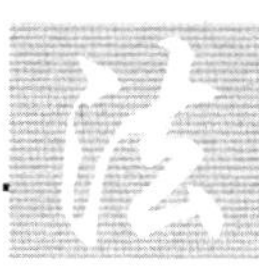

姓名、肖像、名誉、荣誉，损害社会公共利益的，应当承担民事责任。《刑法修正案（十一）》第35条规定，“侮辱、诽谤或者以其他方式侵害英雄烈士的名誉、荣誉，损害社会公共利益，情节严重的，处三年以下有期徒刑、拘役、管制或者剥夺政治权利。”有学者认为这一立法违背明确性原则，因为侮辱、诽谤英雄烈士的行为性质不清楚，英雄烈士的含义不明、范围漫无边际，“英雄”是指活着的英雄还是已经去世的英雄也不明晰，因此，增设本罪与罪刑法定原则的明确性要求不符。[①] 我认为，这多少对相关立法有些误解。如果参照《英雄烈士保护法》（2018年4月27日第十三届全国人大常委会第二次会议通过）第2条第2款的规定，英雄烈士的含义就是清楚的，其特指“近代以来，为了争取民族独立和人民解放，实现国家富强和人民幸福，促进世界和平和人类进步而毕生奋斗、英勇献身的英雄烈士”。至于本罪的保护法益，则以英雄烈士是否活着分别予以讨论。

值得注意的是，虽然《刑法修正案（十一）》第35条所规定的侮辱英雄烈士犯罪和《民法典》第185条对于客观行为的描述基本一致，但是，《刑法修正案（十一）》第35条在犯罪成立条件上有“情节严重”的限制，定罪时需要考虑行为是否具备实质的违法性，是否符合情节严重的要求。如果某种侵害英雄烈士名誉、荣誉，损害社会公共利益的行为，通过侵权损害赔偿或者公益诉讼等就能够妥善解决的，难以将其认定为情节严重，不宜作为犯罪处理，从而在实务上限制定罪范围。

（3）关于基因编辑等犯罪。《民法典》第1009条规定，从事与人体基因、人体胚胎等有关的医学和科研活动，应当遵守法律、行政法规和国家有关规定，不得危害人体健康，不得违背伦理道德，不得损害公共利益。《刑法修正案（十一）》第39条规定，将基因编辑、克隆的人类胚胎植入人体或者动物体内，或者将基因编辑、克隆的动物胚胎植入人体内，情节严重的，处3年以下有期徒刑或者拘役，并处罚金；情节特别严重的，处3年以上7年以下有期徒刑，并处罚

① 张明楷．增设新罪的原则：对《刑法修正案十一（草案）》的修改意见，政法论丛，2020（6）．

金。本罪惩罚的是与人的生存、发展有关联的基因编辑、胚胎植入行为，即将基因编辑、克隆的人类胚胎植入人体或者动物体内，或者将基因编辑、克隆的动物胚胎植入人体内的，会产生不可预测的危险，进而危及人类的繁衍，因而有可能构成本罪；如果将基因编辑、克隆的动物胚胎植入动物体内的，不构成犯罪，从而允许一定范围内与基因编辑、克隆胚胎植入有关的科研活动的开展。刑法增设轻罪对于真正落实《民法典》的相关规定有重要意义。

2. 与《著作权法》《反不正当竞争法》等的协调

这次刑法修改有多个条文涉及知识产权犯罪，其中有的规定是为了和近年来修订的《著作权法》《商标法》等保持协调。鉴于这个问题比较复杂，后文会做细致分析。

至于侵犯商业秘密罪的修改则是为了与《反不正当竞争法》的最新立法动向相一致。2019 年 4 月 23 日第十三届全国人大常委会第 10 次会议修改的《反不正当竞争法》完善了商业秘密的定义，明确了侵犯商业秘密的情形，扩大了侵犯商业秘密责任主体的范围，强化了侵犯商业秘密行为的法律责任，这对于形成公平竞争的良好秩序，优化营商环境，激发市场经济主体的创新活力具有重要意义。《反不正当竞争法》第 9 条规定，经营者不得实施下列侵犯商业秘密的行为：(1) 以盗窃、贿赂、欺诈、胁迫、电子侵入或者其他不正当手段获取权利人的商业秘密；(2) 披露、使用或者允许他人使用以前项手段获取的权利人的商业秘密；(3) 违反保密义务或者违反权利人有关保守商业秘密的要求，披露、使用或者允许他人使用其所掌握的商业秘密；(4) 教唆、引诱、帮助他人违反保密义务或者违反权利人有关保守商业秘密的要求，获取、披露、使用或者允许他人使用权利人的商业秘密。经营者以外的其他自然人、法人和非法人组织实施前款所列违法行为的，视为侵犯商业秘密。第三人明知或者应知商业秘密权利人的员工、前员工或者其他单位、个人实施本条第一款所列违法行为，仍获取、披露、使用或者允许他人使用该商业秘密的，视为侵犯商业秘密。本法所称的商业秘密，是指不为公众所知悉、具有商业价值并经权利人采取相应保密措施的技术信息、经营信息等商业信息。《反不正当竞争法》第 9 条的规定，对侵犯商业秘密的行为

方式进行了一定程度的修改，更为重要的是对商业秘密的概念进行了重大修改：其一，将之前商业秘密概念中所规定的“能为权利人带来经济利益，具有实用性”改为“具有商业价值”；其二，将原规定的“权利人采取保密措施”改为“权利人采取相应保密措施”；其三，将商业秘密的表现形式从“技术信息和经营信息”扩大为“技术信息、经营信息等商业信息”。

考虑到现代社会侵犯商业秘密犯罪的一些新变化，以及《反不正当竞争法》的上述重大修改，就有必要及时修改刑法的相关内容，因此，《刑法修正案（十一）》第22条对侵犯商业秘密罪作了相应修改：“有下列侵犯商业秘密行为之一，情节严重的，处三年以下有期徒刑，并处或者单处罚金；情节特别严重的，处三年以上十年以下有期徒刑，并处罚金：（一）以盗窃、贿赂、欺诈、胁迫、电子侵入或者其他不正当手段获取权利人的商业秘密的；（二）披露、使用或者允许他人使用以前项手段获取的权利人的商业秘密的；（三）违反保密义务或者违反权利人有关保守商业秘密的要求，披露、使用或者允许他人使用其所掌握的商业秘密的。明知前款所列行为，获取、披露、使用或者允许他人使用该商业秘密的，以侵犯商业秘密论。本条所称权利人，是指商业秘密的所有人和经商业秘密所有人许可的商业秘密使用人。”如此一来，侵犯商业秘密罪的行为手段包括利用信息网络的电子侵入方式，对商业秘密的含义要根据《反不正当竞争法》第9条的规定作相应调整，商业秘密的外延也要适度拓展，技术信息、经营信息之外的商业信息，如在当今互联网和大数据时代具有重要商业价值的计算机信息数据能否成为本罪对象加以保护，就是值得今后研究的问题。

3. 与《证券法》的协调

刑法是其他法律的保障法，是“最后手段”。金融刑事立法必须尽可能和《证券法》等商事、金融法律保持协调。《证券法》（2019年12月28日修订）第12条规定，公司首次公开发行新股，应当符合下列条件：（1）具备健全且运行良好的组织机构；（2）具有持续经营能力；（3）最近3年财务会计报告被出具无保留意见审计报告；（4）发行人及其控股股东、实际控制人最近3年不存在贪污、贿赂、侵占财产、挪用财产或者破坏社会主义市场经济秩序的刑事犯罪；

(5) 经国务院批准的国务院证券监督管理机构规定的其他条件。该法第46条规定了证券发行的注册制改革，即申请证券上市交易，应当向证券交易所提出申请，由证券交易所依法审核同意，并由双方签订上市协议。

考虑到注册制改革对企业信息真实性要求很高，这次立法修改了欺诈发行股票、债券罪和违规披露、不披露重要信息罪：一方面，分别提高了这两个罪的法定刑；另一方面，在这两个罪中分别增设了第二款，专门针对公司、企业的控股股东、实际控制人的行为类型做了细化规定，明确了对这些主体的处罚标准，回应了实践中遇到的突出问题，对这两类人发挥刑罚的威慑和一般预防效果。同时，《刑法修正案（十一）》顺应了注册制改革对刑事立法的需求，对提供虚假证明文件罪、出具证明文件重大失实罪作出修改。其中，《刑法修正案（十一）》第25条明确规定，提供与证券发行相关的虚假的资产评估、会计、审计、法律服务、保荐等证明文件，情节特别严重的，处5年以上10年以下有期徒刑。这一修改，进一步强调了保荐人等中介机构对于信息真实性的责任，运用刑法手段对于中介组织的严重失信行为进行有力惩治。

4. 与《生物安全法》的协调

《生物安全法》第56条规定，从事下列活动，应当经国务院科学技术主管部门批准：(1) 采集我国重要遗传家系、特定地区人类遗传资源或者采集国务院科学技术主管部门规定的种类、数量的人类遗传资源；(2) 保藏我国人类遗传资源；(3) 利用我国人类遗传资源开展国际科学研究合作；(4) 将我国人类遗传资源材料运送、邮寄、携带出境。该法第85条第八项规定，人类遗传资源，包括人类遗传资源材料和人类遗传资源信息。人类遗传资源材料是指含有人体基因组、基因等遗传物质的器官、组织、细胞等遗传材料。人类遗传资源信息是指利用人类遗传资源材料产生的数据等信息资料。

为与《生物安全法》的上述规定相协调，《刑法修正案（十一）》第38条规定，违反国家有关规定，非法采集我国人类遗传资源或者非法运送、邮寄、携带我国人类遗传资源材料出境，危害公众健康或者社会公共利益，情节严重的，处3年以下有期徒刑、拘役或者管制，并处或者单处罚金；情节特别严重的，处3

年以上7年以下有期徒刑，并处罚金。

（二）回应民众对于热点问题的关切

有学者指出："近年来，国民对于治安所抱有的印象，即所谓的'治安印象'，也渐渐被视为问题。的确，如果说刑事政策的终极目的在于抗制犯罪，守护国民生活的话，那么不只是客观的治安，有理由将与之相对的地域居民的感受情况也作为问题来对待。"① 社会上一些突发重大案件触动社会的神经，影响民众的"治安印象"，从而形成处罚呼吁，需要刑法及时作出反应。例如，对刑事责任年龄有限地往下微调，就是为了回应民众的呼吁。

我国1997年《刑法》第17条第2款规定，已满14周岁不满16周岁的人实施8种犯罪行为可以追究刑事责任。但是，近年来出现了已满12周岁不满14周岁的人实施故意杀人的恶性案件，公众对此反应强烈，希望增设相应的规定。毋庸讳言，被害人一方以及公众的呼吁、媒体的报道等，都会对立法机关的选择产生影响，有限下调刑事责任年龄就是回应民众关切的例证。

与此类似的问题是冒名顶替接受高等教育问题。在《刑法修正案（十一）（草案）》一审期间的2020年6月，山东聊城冠县陈某秀被冒名顶替上大学事件引发社会持续关注：2004年，山东聊城市冠县高三学生陈某秀被人顶替上了大学，16年后，陈某秀打算报考成人教育学校，才发现自己当年已被别人冒名顶替上了大学，此事被曝光后，增设相应犯罪的建议也就"应运而生"。为此，立法者予以积极回应，《刑法修正案（十一）（草案二审稿）》第26条规定，在《刑法》第280条之一后增加一条，作为第280条之二："盗用、冒用他人身份，顶替他人取得高等学历教育入学资格、公务员录用资格、就业安置待遇的，处三年以下有期徒刑、拘役或者管制，并处罚金。组织、指使他人实施前款行为的，依照前款的规定从重处罚。"这一规定针对顶替他人取得高等学历教育入学资格、公务员录用资格、就业安置待遇三种情形，但其问题意识主要是应对社会上反映强烈的"冒名顶替上大学"这种情形。

① 川出敏裕，金光旭．刑事政策学．钱叶六，等译．北京：中国政法大学出版社，2016：13.

（三）凸显维护公共安全、国家金融安全的重要性

为维护公共安全，创造良好的社会秩序，本次刑法修改增设了一些轻罪。对此，在后文相关部分会做进一步分析。这里主要讨论本次刑法修改为维护国家金融安全所作的努力。

金融安全是经济安全、国家安全的重要组成部分。对金融秩序的治理和维护始终是刑法中的重要内容。《刑法修正案（十一）》共48个条文，其中涉及金融犯罪的修改有近10个条文，在这次立法中所占的权重很大，可以说，立法者在有效防范金融风险，保障金融市场长远发展，促进金融市场行稳致远等方面下了很大功夫，很值得关注。

这次立法，对于金融犯罪的相关规定既做加法也做减法，反映了非常清晰的金融犯罪刑事政策导向：加强金融领域的刑事调控，防止金融领域的"失范"，维护金融安全、经济安全和国家安全，同时解决民营企业发展中与金融相关的一些实际困难。

本次刑法修改，对欺诈发行股票债券罪、违规披露不披露重要信息罪、提供虚假证明文件罪、出具证明文件重大失实等罪的构成要件进行了调整，既有助于推行注册制改革，实现金融刑法与证券法的衔接和配合，保障资本市场改革的平稳、有序推进，也有助于重振投资者信心，维护国家金融安全。这一点在其他金融犯罪的修改上也表现得很充分。例如，《刑法》第182条对操纵证券、期货市场罪规定了四种行为类型。《刑法修正案（十一）》第13条在此基础上又增加了三种行为类型，包括：（1）不以成交为目的，频繁或者大量申报买入、卖出证券、期货合约并撤销申报的；（2）利用虚假或者不确定的重大信息，诱导投资者进行证券、期货交易的；（3）对证券、证券发行人、期货交易标的公开作出评价、预测或者投资建议，同时进行反向证券交易或者相关期货交易的。这一修改使得法网更加严密，对证券、期货犯罪的打击更为精准。

此外，本次修正案在总结司法机关打击非法吸收公众存款、集资诈骗等金融犯罪过程中存在的量刑偏轻这一突出问题的基础上，有针对性、有目的性、前瞻性地对这些犯罪的刑罚结构作出了调整，提交了金融风险防范，保障金融市场平

稳运行的“刑法答卷”。

二、《刑法修正案（十一）》的主要内容

（一）涉及未成年人的刑法修改

1. 未成年人成为加害人的情形

近年来，低龄未成年人实施严重犯罪的案件时有发生。《刑法修正案（十一）》第1条对1997年《刑法》的相关规定作出修改、完善，明确在特定情形下，经特别程序，对法定最低刑事责任年龄作个别下调。《刑法修正案（十一）》第1条第3款规定，已满12周岁不满14周岁的人，犯故意杀人，故意伤害罪，致人死亡或者以特别残忍手段致人重伤，造成严重残疾，情节恶劣，经最高人民检察院核准追诉的，应当负刑事责任。

对于已满12周岁不满14周岁的未成年人追究刑事责任有严格限制，要符合几个条件：（1）所犯的罪行最终能够定故意杀人、故意伤害罪。已满12周岁不满14周岁的人实施故意杀人罪、故意伤害罪自不待言，其参与实施绑架行为，在此过程中“撕票”的，以及抢劫、强奸过程中杀害被害人的，都有可能承担刑事责任。（2）危害结果是致人死亡，或者是以特别残忍手段致人重伤且造成严重残疾。（3）在危害后果之外，还需要结合主、客观要件，进一步综合判断其行为是否属于情节恶劣。（4）程序上有严格限制，须经最高人民检察院核准追诉，最后由人民法院依法裁判追究刑事责任。在有的案件中，客观上手段残忍，或者故意伤害造成严重残疾，但已满12周岁不满14周岁的人仅因与对方突发口角纠纷而故意杀害被害人的，该未成年人虽然致人死亡，但是，可以认为其不属于情节恶劣，最高人民检察院也可以不核准追诉。对于故意杀人、故意伤害造成严重死伤后果，且行为人明显属于极其恶劣地公然挑战社会秩序的，才可能追究刑事责任。

2. 未成年人作为被害人的情形

针对未成年人被性侵害的犯罪问题，《刑法修正案（十一）》从三个方面加大了惩治力度：（1）修改奸淫幼女犯罪，将奸淫不满 10 周岁的幼女或者造成幼女伤害等严重情形明确适用更重刑罚。（2）增加特殊职责人员性侵犯罪，对负有监护、收养、看护、教育、医疗等特殊职责人员，与已满 14 周岁不满 16 周岁未成年女性发生性关系的，不论未成年人是否同意，都应追究刑事责任。（3）修改猥亵儿童罪，进一步明确对猥亵儿童罪从严惩处的具体情形：《刑法修正案（十一）》第 28 条规定，猥亵儿童，有下列情形之一的，处 5 年以上有期徒刑：1）猥亵儿童多人或者多次的；2）聚众猥亵儿童的，或者在公共场所当众猥亵儿童，情节恶劣的；3）造成儿童伤害或者其他严重后果的；4）猥亵手段恶劣或者有其他恶劣情节的。

（二）关于维护民众安全感的规定

1. 维护公共安全

（1）提高重大责任事故类犯罪的刑罚。对明知存在重大事故隐患而拒不排除，仍冒险组织作业，造成严重后果的安全生产类犯罪加大刑罚力度。

（2）增加危险作业犯罪，将刑事处罚阶段适当前移，对具有导致严重后果发生的现实危险、多发易发的安全生产违法违规情形依法追究刑事责任。《刑法修正案（十一）》第 4 条规定："在生产、作业中违反有关安全管理的规定，有下列情形之一，具有发生重大伤亡事故或者其他严重后果的现实危险的，处一年以下有期徒刑、拘役或者管制：（一）关闭、破坏直接关系生产安全的监控、报警、防护、救生设备、设施，或者篡改、隐瞒、销毁其相关数据、信息的；（二）因存在重大事故隐患被依法责令停产停业、停止施工、停止使用有关设备、设施、场所或者立即采取排除危险的整改措施，而拒不执行的；（三）涉及安全生产的事项未经依法批准或者许可，擅自从事矿山开采、金属冶炼、建筑施工，以及危险物品生产、经营、储存等高度危险的生产作业活动的。"

本条规定改变了传统上对于安全生产仅进行事后规制的观念，将注重事前风险防范的理念在大数据时代通过刑法立法表现出来。其中，最为值得关注的是将"篡改、隐瞒、销毁其相关数据、信息"，具有发生重大伤亡事故或者其他严重后果的现实危险的行为入罪。这里的"篡改、隐瞒、销毁其相关数据、信息"，是

指篡改、隐瞒、销毁监控、报警、防护、救生设备设施的数据信息。这些数据信息，既包括设备设施记录、采集、储存、传输的数据信息，也包括信息安全设备设施自身记录、采集、存储、传输的数据、信息。篡改、隐瞒、销毁，是指将设备设施记录、采集、存储、传输的原始数据、信息进行修改、隐瞒、销毁，破坏其真实性和安全性。比如、擅自调整、篡改报警设施的上下限制、使得该报警系统丧失其应有功能。再比如，对工业设备采集的预警数据进行隐瞒、销毁，或者发现数据、信息可能出现异常后，予以隐瞒甚至销毁，导致其不能真实反映设备设施的运行情况。这一危险犯的设置，是信息时代刑法主动且适度地对危险行为进行提前规制，是刑法处罚早期化的具体体现，强化了日常生产、作业过程中安全制度的刚性，充分考虑了工业与信息化的深度融合、物联网技术发达、信息安全问题成为工业领域关注重点等问题，从注重功能安全的理念转向功能安全和信息安全并重，对安全生产提供了有力的法律保障。

(3) 对社会反映突出的妨害公共交通工具安全驾驶的犯罪作出明确规定，维护人民群众的“出行安全”。

某些行为一旦实施，公众会直观地感受到行为的危险性，从而基于对“体感治安”的渴求发出重罚呼吁，司法上有时候也不得不回应这种民众的关切。对于抢控驾驶装置的案件，过去实践中基本上都按照以危险方法危害公共安全罪定罪处刑。[①] 对此，最高人民法院、最高人民检察院、公安部《关于依法惩治妨害公共交通工具安全驾驶违法犯罪行为的指导意见》(2019 年 1 月 8 日发布) 规定：“乘客在公共交通工具行驶过程中，抢夺方向盘、变速杆等操纵装置，殴打、拉拽驾驶人员，或者有其他妨害安全驾驶行为，危害公共安全，尚未造成严重后果的，依照《刑法》第 114 条的规定，以以危险方法危害公共安全罪定罪处罚；致人重伤、死亡或者使公私财产遭受重大损失的，依照《刑法》第 115 条第 1 款的规定，以以危险方法危害公共安全罪定罪处罚。”但是，这一定罪模式存在不当

① 参见浙江省台州市中级人民法院 (2018) 浙 10 刑终字第 808 号刑事裁定书，湖南省张家界市永定区人民法院 (2019) 湘 0802 刑初字第 96 号刑事判决书等。

之处。以危险方法危害公共安全罪是具体危险犯，而实务上对驾驶人员实施暴力行为然后抢夺汽车操纵装置的，都在没有仔细考量行为类型及其危险性的情况下，就相对容易地得出行为危害公共安全的结论，从而大量认可以危险方法危害公共安全罪的成立，危害公共安全的要素事实上被司法人员解释掉了，从而出现定性不当的问题。

为此，《刑法修正案（十一）》第 2 条规定，对行驶中的公共交通工具的驾驶人员使用暴力或者抢控驾驶操纵装置，干扰公共交通工具正常行驶，危及公共安全的，处 1 年以下有期徒刑、拘役或者管制，并处或者单处罚金。这一规定，能够有效化解司法恣意扩大以危险方法危害公共安全罪适用空间所带来的罪刑法定的危机。

2. 关于食品、药品安全

《刑法修正案（十一）》进一步强化食品药品安全，与《药品管理法》等法律作好衔接。一方面，在《药品管理法》对假、劣药的范围作出调整后，同步调整了生产、销售假药罪和生产、销售劣药罪，以便于行刑衔接。《药品管理法》最大的修改就是取消了拟制的假药、劣药的规定，这样一来，刑法就必须作出相应修改。《药品管理法》（2019 年 8 月 26 日第十三届全国人大常委会第十二次会议修订）第 98 条第 2 款规定："有下列情形之一的，为假药：（一）药品所含成份与国家药品标准规定的成份不符；（二）以非药品冒充药品或者以他种药品冒充此种药品；（三）变质的药品；（四）药品所标明的适应症或者功能主治超出规定范围。"该法第 98 条第 3 款规定："有下列情形之一的，为劣药：（一）药品成份的含量不符合国家药品标准；（二）被污染的药品；（三）未标明或者更改有效期的药品；（四）未注明或者更改产品批号的药品；（五）超过有效期的药品；（六）擅自添加防腐剂、辅料的药品；（七）其他不符合药品标准的药品。"该法第 98 条第 4 款规定："禁止未取得药品批准证明文件生产、进口药品；禁止使用未按照规定审评、审批的原料药、包装材料和容器生产药品。"如此一来，生产销售假药罪、生产销售劣药罪中的假药和劣药，都是指药品成分为假或者劣质的情形，不包括"以假（劣）药论"的情形。另一方面，在《药品管理法》对假

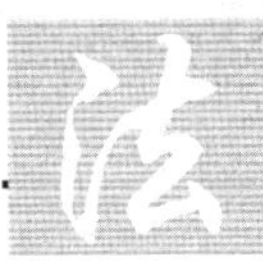

药、劣药的范围作出调整以后，必须保持对涉药品犯罪的惩治力度不被弱化。考虑到实践中“黑作坊”生产、销售药品的严重危害，以及总结长春长生疫苗事件等经验教训，有必要将一些此前“以假（劣）药论”的情形以及违反药品生产质量管理规范的行为等单独规定为一类犯罪。因此，这次增加了妨害药品管理秩序犯罪这一轻罪。《刑法修正案（十一）》第7条规定：“违反药品管理法规，有下列情形之一，足以严重危害人体健康的，处三年以下有期徒刑或者拘役，并处或者单处罚金；对人体健康造成严重危害或者有其他严重情节的，处三年以上七年以下有期徒刑，并处罚金：（一）生产、销售国务院药品监督管理部门禁止使用的药品的；（二）未取得药品相关批准证明文件生产、进口药品或者明知是上述药品而销售的；（三）药品申请注册中提供虚假的证明、数据、资料、样品或者采取其他欺骗手段的；（四）编造生产、检验记录的。”

（三）关于金融犯罪的修改

首先，加大对证券犯罪的惩治力度。对欺诈发行股票、债券的犯罪、违规披露不披露重要信息犯罪、操纵证券期货市场犯罪、提供虚假证明文件犯罪作了修改完善。主要是：提高欺诈发行股票、债券罪，违规披露、不披露重要信息罪等资本市场违法犯罪的刑罚，加大罚金力度；明确控股股东、实际控制人等“关键责任人”的刑事责任；压实保荐人等中介机构的职责；进一步明确对“幌骗交易操纵”“蛊惑交易操纵”“抢帽子交易操纵”等新型操纵市场行为追究刑事责任。

其次，完善非法集资犯罪规定。针对实践中不法分子借互联网金融名义从事网络非法集资，严重扰乱经济金融秩序和极大危害人民群众财产的情况，《刑法修正案（十一）》将非法吸收公众存款罪的法定最高刑由10年有期徒刑提高到15年，同时调整集资诈骗罪的刑罚结构，加大对个人和单位犯集资诈骗罪的处罚力度。

再次，严厉惩处非法讨债行为。将采取暴力、“软暴力”等手段催收高利放贷等产生的非法债务的行为规定为犯罪，以断绝支撑“套路贷”“高利贷”等非法金融活动的获利基础。

最后，完善洗钱犯罪，加大境外追逃追赃力度。《刑法修正案（十一）》对洗钱犯罪作了进一步修改和完善，将实施一些严重犯罪后的“自洗钱”明确规定为犯罪，同时完善有关洗钱行为方式的规定，增加地下钱庄通过“支付”结算方式洗钱等。为此，《刑法修正案（十一）》第14条将《刑法》第191条修改为：“为掩饰、隐瞒毒品犯罪、黑社会性质的组织犯罪、恐怖活动犯罪、走私犯罪、贪污贿赂犯罪、破坏金融管理秩序犯罪、金融诈骗犯罪的所得及其产生的收益的来源和性质，有下列行为之一的，没收实施以上犯罪的所得及其产生的收益，处五年以下有期徒刑或者拘役，并处或者单处罚金；情节严重的，处五年以上十年以下有期徒刑，并处罚金：（一）提供资金帐户的；（二）将财产转换为现金、金融票据、有价证券的；（三）通过转帐或者其他支付结算方式转移资金的；（四）跨境转移资产的；（五）以其他方法掩饰、隐瞒犯罪所得及其收益的来源和性质的。”

（四）关于民营企业发展的刑法保护

为进一步加强企业产权保护和优化营商环境，这次立法作了如下修改：其一，加大力度惩治在民营企业内部发生的侵害民营企业财产的犯罪，提高和调整职务侵占罪、非国家工作人员受贿罪、挪用资金罪的刑罚配置，例如，将职务侵占罪的法定最高刑升高到无期徒刑，落实产权平等保护精神。其二，总结实践中依法纠正的企业产权保护案件的经验，考虑到民营企业发展和内部治理的实际情况，增设特殊情形下减免处罚的规定。《刑法修正案（十一）》第30条第3款规定，犯挪用资金罪，在提起公诉前将挪用的资金退还的，可以从轻或者减轻处罚。其中，犯罪较轻的，可以减轻或者免除处罚。其三，对由于“融资门槛高”“融资难”等原因，民营企业因生产经营需要，在融资过程中有一些违规行为，但并没有给银行造成重大损失的，一般不作为犯罪处理。为此，修改了骗取贷款罪的入罪规定，缩小了刑法打击范围。今后，对于申请贷款时提供足额担保，按照约定及时还款，金融机构没有损失的骗取贷款案件，不作为犯罪处理，适度容忍企业融资过程中的不规范行为，促进企业发展。

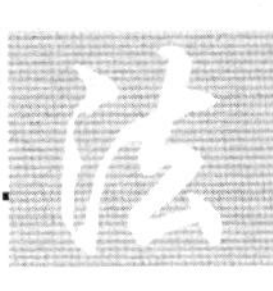

（五）大幅度修改侵犯知识产权罪

根据当前的实践需要并且与修改后的《著作权法》《商标法》等相衔接，这次立法修改对《刑法》第 213 条假冒注册商标罪，第 214 条销售假冒注册商标的商品罪，第 215 条非法制造、销售非法制造的注册商标标识罪，第 217 条侵犯著作权罪、第 218 条销售侵权复制品罪、第 219 条侵犯商业秘密罪等有关规定作出修改完善。大致修改涉及以下方面：其一，适当提高 5 个犯罪的刑罚，进一步加大惩治力度。其二，增加侵犯服务商标犯罪规定，完善侵犯著作权中作品种类、侵权情形，增设有关侵犯表演者权等邻接权的规定。其三，完善有关定罪标准的规定，将销售假冒注册商标的商品罪、销售侵权复制品罪的定罪量刑标准，修改为违法所得加情节。其四，对侵犯商业秘密罪的规定做了进一步完善，规定了商业间谍犯罪等。

1. 关于侵犯著作权罪

近年来，在侵犯著作权犯罪领域，出现了很多新情况、新问题，包括作品种类、侵权方式、技术手段、谋利模式和侦查取证等方面，从传统的盗版侵权和零售方式向网络侵权等更为复杂翻新的样态转变。

2020 年 11 月 11 日第十三届全国人大常委会第二十三次会议修改的《著作权法》第 53 条规定："有下列侵权行为的，应当根据情况，承担本法第五十二条规定的民事责任；侵权行为同时损害公共利益的，由主管著作权的部门责令停止侵权行为，予以警告，没收违法所得，没收、无害化销毁处理侵权复制品以及主要用于制作侵权复制品的材料、工具、设备等，违法经营额五万元以上的，可以并处违法经营额一倍以上五倍以下的罚款；没有违法经营额、违法经营额难以计算或者不足五万元的，可以并处二十五万元以下的罚款；构成犯罪的，依法追究刑事责任：（一）未经著作权人许可，复制、发行、表演、放映、广播、汇编、通过信息网络向公众传播其作品的，本法另有规定的除外；（二）出版他人享有专有出版权的图书的；（三）未经表演者许可，复制、发行录有其表演的录音录像制品，或者通过信息网络向公众传播其表演的，本法另有规定的除外；（四）未经录音录像制作者许可，复制、发行、通过信息网络向公众传播其制作的录音录像制品的，本法另有规定的除外；（五）未经许可，播放、复制或者通过信息网络向公众传播广播、电视的，本法另有规定的除外；（六）未经著作权人或者与著作权有关的权利人许可，故意避开或者破坏技术措施的，故意制造、进口或者向他人提供主要用于避开、破坏技术措施的装置或者部件的，或者故意为他人避开或者破坏技术措施提供技术服务的，法律、行政法规另有规定的除外；（七）未经著作权人或者与著作权有关的权利人许可，故意删除或者改变作品、版式设计、表演、录音录像制品或者广播、电视上的权利管理信息的，知道或者应当知道作品、版式设计、表演、录音录像制品或者广播、电视上的权利管理信息未经许可被删除或者改变，仍然向公众提供的，法律、行政法规另有规定的除外；（八）制作、出售假冒他人署名的作品的。”

为与《著作权法》的上述修改相衔接，《刑法修正案（十一）》第 20 条作了如下修改：

（1）关于作品形式。《著作权法》对作品种类作了开放式的认定。《刑法》第 217 条原来规定的保护作品种类为文字作品、音乐、电影、电视、录像作品，计算机软件及其他作品。这一范围相对狭窄。在实践中，被侵权的作品种类多样化，涵盖传统图书、电子数据、网络文学作品、漫画作品、影视作品、网络游戏作品、在线教育、计算机软件等。目前法院审理的侵犯著作权犯罪案件中，涉案侵权产品主要表现为电子网络产品，包括软件、网络游戏和电子书。因此，考虑到当前被侵权的作品特别是网络作品种类的复杂性，适度拓宽作品保护范围，对于通过刑事手段打击侵权行为，保护著作权，是有实际意义的。所以，这次立法对于刑法上的作品范围与民法基本保持了一致。

（2）关于行为方式。关于侵犯表演者权的问题。表演者权是与著作权相关的权利。实践中，侵犯表演者权的民事案件日趋增多，如涉及广场舞教学视频侵权的案件已经有多起。前述《著作权法》第 53 条规定了对侵犯表演者权的行为应追究民事责任和有关行政责任，在刑法领域也对此作出了反应，《刑法修正案（十一）》第 20 条第 3 项规定，未经表演者许可，复制、发行录有其表演的录音录像制品，或者通过信息网络向公众传播其表演的，构成犯罪。

关于采取避开或者破坏技术措施等网络技术手段侵犯著作权问题。近年来，有的犯罪人利用避开或者破坏保护作品技术措施的手段，或者采取其他网络技术手段侵犯著作权的案件不断增加。使游戏开发者饱受困扰的网络游戏外挂行为，就是采取避开技术措施等网络技术手段侵犯著作权；通过破坏技术保护措施实现侵权，则包括伪造授权，利用爬虫技术、视频解析、转码技术，深度链接等情形。《刑法修正案（十一）》第 20 条第 6 项对此作出了明确规定。

2. 关于侵犯商标犯罪

我国刑法历来只保护商品商标。《刑法》第 213 条规定的假冒注册商标罪，规制的是在同一种商品上使用与其注册商标相同的商标的行为。目前法院办理的都是涉及实体物品的假冒注册商标罪。服务商标是否纳入刑事保护范围，一直有争议。《商标法》所规定的商标包括商品商标和服务商标。保护服务商标是企业品牌、信誉和商誉，尤其是针对驰名服务商标而言更是如此。其实，服务商标被侵犯和商品商标被侵犯，对于权利人所造成的危害本质上是一样的。随着我国现代服务业、互联网经济和市场主体的发展，服务商标代表了服务的品质和保证，是消费者区别其他同类服务的指引，对其有必要予以刑法保护。实践中许多侵权行为围绕服务商标进行，当侵权行为严重危害商标权利人的合法权益时，应当追究行为人的刑事责任。因此，这次刑法修改把服务商标纳入刑法保护范围。当然，在今后的实践中，对侵犯服务商标的入罪标准要与商品商标有一定区分，定罪尺度上应当更为严格。

3. 关于侵犯商业秘密罪

前文已对《刑法修正案（十一）》第 22 条关于侵犯商业秘密罪的主要修改进行了简要讨论，这里再做适当补充：（1）在行为类型中，将利诱改为贿赂；增加了电子侵入手段，充分考虑了现代信息社会侵权行为的发展态势。（2）在第 1 款第（3）项中，用“违反保密义务”替换原先的“违反约定”，使得对权利人的保护更加有力，因为权利人和行为人之间即便没有约定，权利人也可能没有对行为人提出保密要求，但是，行为人如果违反默示的保密义务的，仍然应当承担相应的法律责任。由此可见，原《刑法》第 219 条所规定的“违反约定”的外延要小

于“违反保密义务”。《刑法修正案（十一）》第22条的规定，能够将既无约定又欠缺权利人要求，但行为人违反（默示的）保密义务实施侵权行为的情形作为处罚对象。(3) 将定罪标准从“给商业秘密的权利人造成重大损失”改为“情节严重”。这主要是考虑到，单纯以被害人的损失作为定罪标准，存在一些不足：一方面，本罪是妨害市场经济秩序罪，不是侵犯财产罪，其法益侵害性不能仅仅以被害人的财产受损程度予以评价。另一方面，将商业秘密权利人的损失作为定罪标准，有入罪门槛太高的嫌疑，导致实践中出现取证难、定罪难的局面，权利人寻求刑法保护障碍重重。从《反不正当竞争法》的相关规定看，侵犯商业秘密的损害赔偿计算方法包括根据被害人被侵权而受到的实际损失确定损害，以及根据侵权人因侵权所获得的利益确定损害等。但是，实践中很少有权利人主张按照实际损失这一方法索赔。但是，如果要采用行为人因侵权所获得利益的计算方法，权利人一方又难以完成证明行为人非法获利数额的举证义务。因此，在民事侵权中，商业秘密权利人损失的计算一直就是一个老大难问题，也正是考虑到这一点，《反不正当竞争法》第17条才规定，经营者违反本法第9条的规定，权利人因被侵权所受到的实际损失、侵权人因侵权所获得的利益难以确定的，由人民法院根据侵权行为的情节判决给予权利人500万元以下的赔偿。如果认为在民事审判中，权利人因被侵权所受到的实际损失、侵权人因侵权所获得的利益都难以确定，那么，在刑法中继续将被害人损失的重大与否作为唯一定罪标准就是不合时宜的，因此，《刑法修正案（十一）》第22条将本罪的定罪标准从“给商业秘密的权利人造成重大损失”改为“情节严重”的合理性就是不言而喻的。

（六）强化公共卫生方面的刑事立法

这次刑法修改，总结了我国2020年防控新冠肺炎疫情的经验和现实需要，与《生物安全法》的制定和《野生动物保护法》《传染病防治法》等法律的修改相衔接。这次立法的主要修改有：

1. 修改妨害传染病防治罪

进一步明确新冠肺炎疫情等依法确定的采取甲类传染病管理措施的传染病，

属于本罪调整范围。此外，《刑法修正案（十一）》第 37 条第 4 项规定，出售、运输疫区中被传染病病原体污染或者可能被传染病病原体污染的物品，未进行消毒处理的；第 5 项规定，拒绝执行县级以上人民政府、疾病预防控制机构依照《传染病防治法》提出的预防、控制措施的。上述修改增加了妨害传染病防治罪的行为类型，将本次防疫过程中所暴露出来的突出问题，尤其是出售、运输疫区中被传染病病原体污染或者可能被传染病病原体污染的物品，未进行消毒处理的，以及拒绝执行县级以上人民政府、疾病预防控制机构依照传染病防治法提出的预防、控制措施这两大类行为予以犯罪化，补充完善了构成犯罪的情形，严密了法网，使得今后在惩治类似行为时有法可依，有效消减了司法困惑。

2. 增设相关轻罪

从维护国家安全和生物安全，防范生物威胁的角度出发，增加了三类犯罪，即非法从事人类基因编辑、克隆胚胎犯罪，严重危害国家人类遗传资源安全犯罪，以及非法处置外来入侵物种犯罪。

需要指出，《刑法修正案（十一）》第 39 条增设与基因编辑等有关的犯罪，除了与《民法典》的有关规定相衔接的考虑以外，还有填补处罚漏洞的考虑。目前，世界上的主要国家都有禁止非法从事基因编辑、人体胚胎实验的罪名设计，但是，我国在这方面是一个空白，因此，司法上只能从最为接近的非法行医罪等切入，例如“贺某某等非法行医案”就是如此，法院认为被告人贺某某等人均未取得医生执业资格，其通过编辑人类胚胎基因，借助辅助生殖技术，生育能够免疫艾滋病的婴儿，且组织多人在医院体检，对受精卵注射严禁用于临床的基因编辑试剂，并蒙蔽不知情的医务人员将基因编辑后的胚胎移植入母体，后生育婴儿，属于非法从事医疗活动，严重扰乱了医疗管理秩序，构成犯罪。法院的判决究竟属于对非法行医罪的类推解释还是扩张解释，可能会存在争议。更大的难题在于：如果贺某某等人只是招募实验对象，单纯进行基因编辑和人体胚胎植入方面的实验（例如，将基因编辑后的胚胎植入母体，但在婴儿出生前终止妊娠）的，按照现行刑法就很难对其定罪处罚。因此，这次立法制定相关罪名来禁止基因编辑和人体胚胎实验，具有“查漏补缺”的意义。

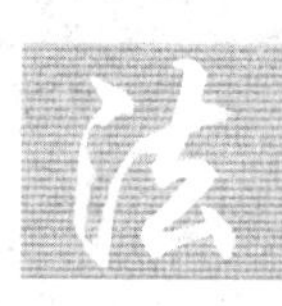

3. 强化对陆生野生动物的刑法保护

全国人大常委会《关于全面禁止非法野生动物交易、革除滥食野生动物陋习、切实保障人民群众生命健康安全的决定》明确规定，凡《野生动物保护法》和其他有关法律禁止猎捕、交易、运输、食用野生动物的，必须严格禁止。全面禁止食用国家保护的“有重要生态、科学、社会价值的陆生野生动物”以及其他陆生野生动物，包括人工繁育、人工饲养的陆生野生动物。全面禁止以食用为目的猎捕、交易、运输在野外环境自然生长繁殖的陆生野生动物。为与上述决定相衔接，这里立法将以食用为目的非法猎捕、收购、运输、出售除珍贵、濒危野生动物和“三有野生动物”以外的在野外环境自然生长繁殖的陆生野生动物，情节严重的行为增加规定为犯罪，从源头上防范和控制重大公共卫生风险的发生。

（七）其他修改

其一，对污染环境罪作了较大修改完善。《刑法修正案（十一）》第 40 条调整了本罪的刑罚设置，将法定最高刑提高至 15 年有期徒刑，加大了对污染环境犯罪的惩处力度。为依法从严惩治重点领域的污染环境犯罪，根据《水污染防治法》《固体废物污染环境防治法》《土壤污染防治法》相关规定的精神，对一些污染环境的具体情形作了明确列举，并以犯罪情节而非实害后果作为法定刑升格的标准，避免“唯结果论”，不需要等严重后果发生就可以予以重罚。

其二，将环境影响评价造假、伪造环境监测数据的行为明确规定为犯罪。《刑法修正案（十一）》第 25 条对《刑法》第 229 条提供虚假证明文件罪、出具证明文件重大失实罪作了修改完善，将承担环境影响评价、环境监测职责的中介组织的人员明确为本罪的犯罪主体，同时对涉及公共安全的重大工程、项目中提供虚假的环境影响评价等证明文件的行为，适用更重的刑罚，法定最高刑提升至 10 年有期徒刑，加大了对环保领域提供虚假证明文件行为的处罚力度。

其三，此外，还根据实践中的发案情况，增设了驾驶人员与他人互殴，危及公共安全的规定。根据有关部门的呼吁，增设了袭警罪等妨害社会管理秩序罪。对此的有些问题，后文会做进一步探讨，此不赘述。

三、刑法修改对于未来司法实践的影响

（一）刑事司法上应当以务实的态度面对立法活跃的趋势

面对我国刑法立法活跃的趋势，学界多有批评。但是，这可能会给建构符合时代要求的刑法解释学这一目标的实现增加一些困难。刑法立法的活跃自有其合理性。即便是看起来比较时髦的对于我国当下的刑法立法仅具有象征性的批评，也是似是而非的。显而易见，有的立法规定在当下的实践中很少用到。但是，不能将“备而不用”和立法的象征性直接等同，不能认为修改原有犯罪的构成要件以及增设诸多轻罪只是为了回应社会情绪或出于宣示性考虑，而应该认为所有的条文设置都有其问题意识，都是指向长远的立法设置。比如，这次修改的妨害传染病防治罪在没有疫情发生的时期，确实发案率极低，相关罪名基本“备而不用”。但是，在疫情大量暴发尤其是2020年新冠肺炎疫情突发的特殊时期，谁也不能否认这一罪名发挥了维护社会管理秩序和公共卫生秩序的功能。这样说来，刑法学者需要从批评立法的思维惯性中摆脱出来，直面立法活跃化的趋势，从而建构与当下社会治理需求相契合的刑法解释学。

对于刑事司法而言，更应当将主要精力用于对法条文义的解释上，司法者不负有批评立法的使命。必须看到，任何立法都是静止的，而犯罪手段总是花样翻新的，对于法律文本，需要司法人员根据自己的价值判断作出符合当下现实的意义解读，刑法适用过程其实就是德沃金所说的“建构性诠释”过程。这种诠释方法的大致要求是，一方面，在解释法律时，不能一味地去探求立法者的意图。“打破砂锅问到底”式地探求立法者意图不仅不可能，而且会导致法律的僵化。另一方面，解释者需要在尊重法律文本的基础上对法条的含义作出创造性理解。① 因此，一旦立法通过之后，对于司法者而言，重要的不是批评立法，而是解释法律，尽可能将某些看起来似乎不那么合理的条文解释得更为符合当下的

---

① 高鸿钧．德沃金法律理论评析．清华法学，2015（2）．

实际需要。

例如，《刑法修正案（十一）》第27条规定，对已满14周岁不满16周岁的未成年女性负有监护、收养、看护、教育、医疗等特殊职责的人员，与该未成年女性发生性关系的，处3年以下有期徒刑；情节恶劣的，处3年以上10年以下有期徒刑。今后在刑法适用上绕不开的问题是：当负有特殊职责的人并未主动提出和已满14周岁不满16周岁的未成年女性发生性行为，而是后者主动、自愿地与负有特殊职责的人员发生性关系时，行为人是否还构成特殊职责人员性侵犯罪？对这个问题的准确回答，意味着对保护法益的理解不同，对罪与非罪的界定也不相同。对此合理的解释是：《刑法修正案（十一）》第27条规定的是对已满14周岁不满16周岁的未成年女性负有监护、收养、看护、教育、医疗等特殊职责的人员，“与该未成年女性发生性关系”，而非使用违背对方意志，“使用暴力、威胁、欺骗、利诱等手段与该未成年女性发生性关系”，为此就应该认为，即便是已满14周岁不满16周岁的女性自愿与负有特殊职责的人员发生性关系的，负有监护等特殊职责的人也构成本罪。此时，立法上是把已满14周岁不满16周岁，但处于特殊境地（被监护、收养、看护、教育、医疗）的未成年女性当作不能对其性自由决定的人看待。从性自主权的角度看，也许有人认为《刑法修正案（十一）》第27条的规定很难解释得通，因为已满14周岁不满16周岁的未成年女性自愿与没有特殊职责的男性发生性关系，该男性就不构成犯罪，此时肯定其性自主决定权，但其与负有特殊职责的人发生性行为时，其自主决定权被否定，这是自相矛盾的。《刑法修正案（十一）》第27条显然不是一概禁止任何人与已满14周岁不满16周岁的未成年女性发生性关系。这就需要在司法实务上解释已满14周岁不满16周岁的未成年女性确实完全自愿时，与有特殊职责的人员发生性关系以及与无特殊职责的人员发生性关系的本质差别。此处立法上的主要考虑是：具有监护，收养等特殊职责的行为人容易针对被害人实施欺骗、利诱等行为，被害人虽非自愿，但也可能考虑到这种关系而忍气吞声、难以反抗或抵制，行为人的犯罪很容易得手，这对于未成年人的成长不利。因此，立法上推定处于特定监护等关系中的女性面对监护人或其他有特殊职责的人员时，对其性行为难

以真正自主地进行决定，因此，对该未成年女性予以特殊保护。那么，本罪的保护法益仍然是未成年女性的性自主决定权，只不过是说，在该女性面对不是其监护人的男性时，由于其与对方是平等关系，其完全有权决定与对方发生性行为，自主决定权没有受侵害。但是，一定的主体对于其权利是否具有自主决定权是一个相对的概念，并不具有绝对性。未成年女性在面对具有监护等特殊职责的人员时，其与对方不具有平等关系，处于相对弱势地位，其自主决定权受到一定限制，不能自主决定。如果对方利用监护等特殊关系，即便没有强迫、诱惑该未成年女性，该原本被法律保护的自主决定权也受到了侵害。因此，即便从性自主权出发，在未成年女性确实完全主动、自愿时，负有特殊职责的人的行为仍然侵害了妇女的性自主决定权，由此得出本罪的保护法益受侵害的结论。这是缓和的刑法家长主义的立场，也就是说，自己决定的自由被作为宪法上的权利而受到有力保护，被刑法的基本原理所认可，但其也并不是完全没有限制的。自己决定权只赋予“具有成熟的判断能力的人”。对于没有该种能力的人（包括无责任能力的人以及责任能力受到限制的人）而言，从缓和的刑法家长主义出发，为了保护其本人的利益，在一定范围内可以用公权力对其自主决定权进行某种有限的干涉。① 关于性自主决定权，也要根据具有成熟的判断能力的人的意思而作出决定，这种自己决定的自由在面对完全平等的对方（如未成年女性的恋人）时，是完全的自由决定权利；但在相对于具有监护等关系的强势者时，该自主决定权被否定，因此，自主决定权并不具有完全的形式。

对于未来的法律解释和适用而言，还需要注意的一点是：由于我国刑法中所设置的轻罪较少，有的司法机关对罪名选择有争议的个别情形，对被告人适用了重罪。但是，不得不说，司法上在规范选择范围逼仄的情况下适用重罪处理案件的多数判决是存在疑问的，有的结论甚至非常不合理，使得罪刑法定原则受到巨大冲击。对此，也不能简单地指责司法机关。本次立法及时增设部分轻罪，既能抑制司法上处罚扩张的现实、消除司法困惑，也能够给予被告人妥当的处罚，使

① 曾根威彦．刑法学基础．黎宏，译．北京：法律出版社，2005：58.

其免受更重的刑罚。[①]

那么，在立法上增设了相应的轻罪时，对某些行为的惩处就不能动辄适用重罪。这里以高空抛物罪的增设进行说明。由于过去的立法中缺乏惩罚高空抛物的轻罪，实务上就出现了不少将高空抛物行为简单认定为以危险方法危害公共安全罪的案件，判决的主要理由大致是：抛掷物品的场所是人来人往的公共场所，被告人所扔下去的物体有使他人的人身和财产遭受损害的危险。[②] 但是，通常的高空抛物行为，抛掷物品砸中一定对象时，该结果是固定化、特定化的，不会再波及其他人，行为不具有“危险的不特定扩大”的性质，不具有进一步导致不特定或者多数人伤亡的具体危险，不能认定为以危险方法危害公共安全罪；即便是在人员密集的场所实施高空抛物行为，可能侵犯多数人的生命、身体，但由于其也不具有“危险的不特定扩大”的特点，不应认定为以危险方法危害公共安全罪。[③] 也正是为了避免将高空抛物行为人为地“拔高”认定为重罪，《刑法修正案（十一）》第 33 条才在《刑法》第 291 条之一后增加一条，作为第 291 条之二，对高空抛掷物品规定独立的罪名和法定刑，并将其作为妨害社会秩序罪看待。根据这一规定，高空抛物行为原则上就不再具有危害公共安全罪的本质，其属于最高刑为 1 年有期徒刑的轻罪，如果其行为造成死伤的，根据具体情形分别认定为故意杀人、过失致人死亡、故意伤害、过失致人重伤、重大责任事故、故意毁坏财物等罪，不成立以危险方法危害公共安全罪。应当认为，及时设置轻罪对于减轻司法压力、防止轻罪重判是有实际意义的。在今后的司法中，自然也就不能无视这些轻罪的存在。

（二）充分关注立法的基本取向

1. 立法对某些情形扩大处罚范围的态度很明确

例如，对未成年人刑事责任年龄的有限下调就是扩大处罚范围的表现。《刑

① 周光权．论通过增设轻罪实现妥当的处罚：积极刑法立法观的再阐释．比较法研究，2020（6）．

② 参见四川省成都市高新区人民法院（2015）高新刑初字第 269 号刑事判决书等。

③ 张明楷．高空抛物案的刑法学分析．法学评论，2020（3）．

法修正案（十一）》第 1 条规定，对于已满 12 周岁不满 14 周岁的未成年人，所犯罪行是故意杀人、故意伤害罪，致人死亡或者是以特别残忍手段致人重伤造成严重残疾，情节恶劣的，经过严格的追诉程序之后，可能被追究刑事责任。

但是，这一规定并不意味着对已满 12 周岁不满 14 周岁的人所实施的故意杀人、故意伤害都要一律予以刑事追究。刑法对于低龄未成年人并未采取“放弃”的政策。对于已满 12 周岁不满 14 周岁的未成年人，所犯罪行是故意杀人、故意伤害罪，致人死亡，或者是以特别残忍手段致人重伤且造成严重残疾的，最高人民检察院在核准追诉时，也可以认为其不属于情节恶劣而不予追诉。因此，实务上对这些人不能对其动辄适用刑罚，要做好刑法和其他相关法律之间的衔接工作。《刑法修正案（十一）》第 1 条第 5 款规定，因不满 16 周岁不予刑事处罚的，责令其父母或者其他监护人加以管教；在必要的时候，依法进行专门矫治教育。与此规定相匹配的《预防未成年人犯罪法》（2020 年 12 月 26 日修订）第 45 条规定，未成年人实施刑法规定的行为、因不满法定刑事责任年龄不予刑事处罚的，经专门教育指导委员会评估同意，教育行政部门会同公安机关可以决定对其进行专门矫治教育。省级人民政府应当结合本地的实际情况，至少确定一所专门学校按照分校区、分班级等方式设置专门场所，对前款规定的未成年人进行专门矫治教育。前款规定的专门场所实行闭环管理，公安机关、司法行政部门负责未成年人的矫治工作，教育行政部门承担未成年人的教育工作。如此一来，对于已满 12 周岁不满 14 周岁的人故意杀害、伤害被害人，但并非情节恶劣，最高人民检察院不核准追诉的，可以进行专门矫治教育。也就是说，对未成年人违法犯罪，始终应当坚持以教育为主、惩罚为辅的原则，考虑未成年犯罪人的特点，兼顾被害人和民众的感受，对低龄未成年人犯罪不抛弃、不放弃，既不能简单地“一关了之”，也不能放任不管。

再如，考虑到当前被侵权的作品特别是网络作品种类的复杂性，适度拓宽著作权的作品保护范围，对于通过刑事手段打击侵权行为，保护著作权是有意义的。前已述及，这次立法就侵犯著作权罪的修改而言，对于作品的范围与《著作权法》基本保持了一致。这样的立法取向对于犯罪构成要件的认定会产生实际影响：对于侵犯网络短视频表情包、动画设计形象等新型作品的行为，虽然从刑法条文的字面含义上看不出其是否构成犯罪，但实质上要定罪在法律解释上是没有障碍的。同时，在过去的刑事司法实践中，都是将软件、影视作品、图书等作品作为一个整体作品予以保护，对于针对新型作品、软件中的程序作品片段等的侵权行为几乎没有定罪的情形，但是，如果承认权利人对于这些作品享有《著作权法》上要予以保护的著作权，本次刑法修改又明显有降低侵犯知识产权罪入罪门槛的考虑，对上述侵犯部分著作权的行为定罪也就是有可能的，相关侵权行为也符合侵犯著作权罪的客观构成要件。

又如，《刑法》218 条规定的销售侵权复制品罪将明知是侵权复制品而销售的行为予以犯罪化，使之从侵犯著作权罪中独立出来，规定不同的刑罚，目的是惩处“二手”销售或者零售侵权复制品的行为，以贯彻罪刑相适应原则。但是，司法机关对这个罪名的使用非常少，其基本处于休眠的状态，造成这种情况的主要原因是该罪入罪门槛为“违法所得数额巨大”，定罪起点高，且不具有操作性，取证很难，数额认定存在较大不确定性。因此，规定违法所得数额巨大难以实现设立本罪的立法原意，无法准确打击销售末端。虽然实践中零售环节与出版发行相衔接，但是，由于销售末端的数量一般较小，行为人一般处于底端，销售人员以个人居多，没有固定经营场所和财务记账等凭证，销售成本与收入难以计算，要求侦查机关证明违法所得数额巨大在实务操作上很困难。另外，由于有关司法解释将侵犯著作权罪中的“发行”作扩大解释，实践中很多销售侵权复制的犯罪都被纳入侵犯著作权罪予以处理。为了使销售侵权复制品罪被激活，《刑法修正案（十一）》第 21 条将本罪的入罪门槛予以降低，规定为“违法所得数额巨大或者有其他严重情节”，把销售侵权复制品的违法所得数额和犯罪情节作为入罪的选择条件，能够使零售盗版作品的行为回归本罪处理。

2. 在某些犯罪的惩治方面，刑法变得相对轻缓

由于过去在生产、销售假药、劣药犯罪方面，对于“以假（劣）药论”的情形都是以重罪论处的，本次修改在这方面适当降低了处罚力度。《刑法修正案（十一）》第 7 条第 2 项规定，违反药品管理法规，未取得药品相关批准证明文件

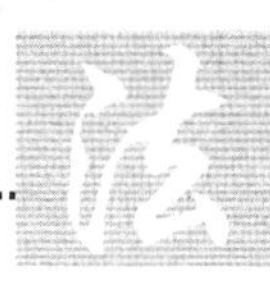

生产、进口药品或者明知是上述药品而销售，足以严重危害人体健康的，处3年以下有期徒刑或者拘役，并处或者单处罚金；对人体健康造成严重危害或者有其他严重情节的，处3年以上7年以下有期徒刑，并处罚金。未取得药品相关批准证明文件生产药品，该药品没有经过药品监管机关的严格审评、审查，其有效性、安全性没有保障。因此，本条规定的立法目的是加强对药品“黑作坊”的刑事打击力度。一般的“黑作坊”生产条件简陋，卫生条件恶劣，而且存在巨大安全隐患，其所生产的通常是违反国家有关规定未取得药品生产许可证的药品，这些药品对公众健康有严重危害。因此，这一规定对于严厉打击“黑作坊”提供了法律依据。这一独立罪名的设置改变了过去的司法习惯做法，处罚相对于生产、销售假药、劣药犯罪要轻，有助于罪刑相适应原则的贯彻。当然，成立本罪要求行为足以严重危害人体健康（具体危险犯），需要司法机关在办案过程中，根据个案具体地判断行为的危险性。这里的足以严重危害人体健康，不是实际危害人体健康。违反药品管理法规，未取得药品相关批准证明文件生产、进口药品或者明知是上述药品而销售，对人体健康有现实危险性的，就可以构成本罪。当然，擅自进口治疗癌症的药品销售给患者使用，该药品具有相应治疗功效的，并不符合“足以严重危害人体健康”的要件，不能按照妨害药品管理秩序犯罪定罪量刑。

（三）需要仔细梳理犯罪竞合关系

本次立法的多个条文都涉及犯罪竞合的问题，因此，如何把握罪数关系，是今后司法上经常会遇到的问题。

例如，负有特殊职责的人员使用暴力、威胁手段性侵未成年女性，同时又构成强奸罪的，应当依照处罚较重的规定定罪处罚。

又如，因为袭警罪的法定最高刑低，在暴力袭击警察过程中实施杀害或者伤害行为的，应当构成故意杀人或者故意伤害罪。

再比如，高空抛物行为和以危险方法危害安全罪的关系，一直是有争议的问题。一般来说，高空抛物行为实施后不会导致危险随时、无限扩大，因此，并不危及公共安全。但是，实践中有的情况比较复杂：虽然行为人从高空抛弃的不是爆炸性物质，但是，该物体从高空抛下与地面碰撞以后温度升高，可能发生燃烧或爆炸危险的，此时的高空抛物行为就与爆炸罪相当，认定该行为构成以危险方法危害公共安全罪并无障碍。另外，行为人抛下某些球形物质，在地面尤其斜坡这样的空间高速滚动后可能冲撞人群，从而导致危险的无限扩大，该行为也与爆炸、放火大致相当，定以危险方法危害公共罪也是合适的。因此，高空抛物行为视情形也可能发生危及不特定多数人生命、身体的危险，其与以危险方法危害公共罪可能产生竞合。为此，《刑法修正案（十一）》第 33 条第 2 款规定，实施高空抛物行为，同时构成其他犯罪的，依照处罚较重的规定定罪处罚。当然，实务上确实要考虑高空抛物行为在绝大多数时候并不危害公共安全，司法上要让这个轻罪有更多适用空间，而不能对所有高空抛物行为都径直认定为以危险方法危害公共安全罪，从而架空了本次立法所设置的这个轻罪。

此外，关于非法讨债罪和其他犯罪之间的界限，今后也值得认真研究。实践中，大量存在使用暴力或“软暴力”讨债的情形，在近年来的司法实务中，许多因民间借贷纠纷引发的出借人索取债务行为被认定为“软暴力”，进而以寻衅滋事论处，并将其作为组织、领导、参加黑社会性质组织罪的重要内容看待。但是，这些滋扰行为都是因一定纠纷所引起的，而且被害人大多长期拖欠债务，有的无理拒不归还欠款，存在严重过错，被告人的催收行为带有私力救济性质。对于基于一定债权债务进行催收而实施的违法行为，认定为寻衅滋事违反罪刑法定原则。最高人民法院、最高人民检察院《关于办理寻衅滋事刑事案件适用法律若干问题的解释》（2013 年 7 月 15 日发布）第 1 条第 3 款规定，行为人因婚恋、家庭、邻里、债务等纠纷，实施殴打、辱骂、恐吓他人或者毁损、占用他人财物等行为的，一般不认定为“寻衅滋事”，但经有关部门批评制止或者处理、处罚后，继续实施前列行为，破坏社会秩序的除外。这也说明，行为人基于债务纠纷而实施了恐吓，辱骂等不当讨债行为的，本身就不可能符合寻衅滋事罪的构成要件。

实践中的难题是，由于在寻衅滋事罪之外，没有能够替代的轻罪，办案机关没有“退路”，对于索债过程中实施的殴打、辱骂、恐吓他人或者毁损、占用他

人财物等行为，最终仍然以寻衅滋事罪定罪处罚，由此使得最高人民法院、最高人民检察院《关于办理寻衅滋事刑事案件适用法律若干问题的解释》第1条第3款的规定落空。正是针对这种司法乱象，《刑法修正案（十一）》第34条规定了催收非法债务罪，其法定最高刑是有期徒刑3年，比寻衅滋事罪的最高刑（有期徒刑5年）明显要轻。

对于这一规定，有学者提出批评，认为关于催收不受法律保护债务的犯罪的规定导致刑法与民法相冲突，严重损害了法秩序的统一性。其主要理由是，既然高利贷产生的债务不受民法保护，就意味着被害人没有债务，行为人采取暴力、胁迫等手段催收的，理当成立抢劫罪或者敲诈勒索罪，本条规定事实上形成了这样的局面：虽然民法不保护这种债务，但刑法要保护这种债务。对于民法不保护的债务，行为人的暴力、胁迫催收行为原本成立较重的抢劫罪、敲诈勒索罪，但本罪将对上述行为规定较轻的法定刑，这便是在保护民法不保护的债务，造成刑法与民法的明显不协调。[①] 但是，我认为，就高利放贷而言，“如果是不受法律保护的债务，就是没有债务”的说法值得推敲，由此得出强索债务都是抢劫或者敲诈勒索的结论也就不妥当。

诚然，《民法典》第680条第1款明确规定：“禁止高利放贷，借款的利率不得违反国家有关规定”。但是，该规定并不认为当事人之间“就是没有债务”，而是肯定其就借款本金部分“事实上存在债务关系”。《民法典》第680条第一款在“禁止高利放贷”之后紧跟的是“借款的利率不得违反国家有关规定”。也说明立法的着眼点在于禁止放贷人获取高额收益，即“法律能承认、法院能保护的借款利息必须从严控制，不得违反国家有关规定”[②]。因此，民法并不认为高利放贷行为全面违法，只是强调“借款的利率不得违反国家有关规定”。就单独的每一起高利放贷而言，其体现的就是特定借款合同关系，只要出借人自愿放弃高利，民法对出借人的本金部分仍然是予以认可的，借款人对于此部分也应当“欠债还

① 张明楷．增设新罪的原则：对《刑法修正案十一（草案）》的修改意见．政法论丛，2020（6）．
② 黄薇．中华人民共和国民法典释义及适用指南．北京：中国民主法制出版社，2020：1019．

钱”。这样一来，行为人催收高利放贷产生的非法债务，仅有一定程度的违法性，对该行为规定一个轻罪也是合适的。换言之，为追讨借款本金而实施的相关行为，是行使权利的行为，不构成犯罪；为催收高利放贷等产生的（超过法律保护利息部分的）非法债务的，行为具有一定程度的违法性，但由于民法上认可基于本金部分出借人事实上存在返还请求权，规定处罚比抢劫罪、敲诈勒索罪更轻的犯罪与行为的法益侵害性相匹配。因此，这一轻罪的设置，考虑了行为人“事实上”可以主张部分民事权利（至于其最终是否能够得到支持，是另外一回事）的现实，对民法上有权利的情形在刑法上认定为轻罪予以适度“照顾”，因此，不存在用刑法保护了民法并不保护的债务的问题。在这个意义上，法秩序仍然是统一的。此外，还可以认为，在每一起独立的借款合同纠纷中，由于出借人有权追讨本金部分，讨债行为总是事出有因，行为人发放高利贷之后不去追讨的期待可能性弱，因此，立法上将责任较低的情形在构成要件中予以类型化，进而设置独立罪名和较轻的法定刑，也是具有合理性的。

就本罪的犯罪竞合关系而言，值得研究的问题大致有：一方面，在催收高利放贷产生的债务过程中，如果使用暴力、威胁、非法侵入住宅等手段催收的本息在大致“合理”的范围，行为人可能成立本罪。但是，索要的财物明显超过高利贷本金及利息（例如，放贷20万元，一年后使用暴力索要对方1 000万元），行为人完全是借机无端索要他人财物的，该催收行为视其手段的不同可能成立敲诈勒索或抢劫罪，因此，本罪就可能和其他财产罪之间存在竞合关系。另一方面，在他人发放高利贷行为实施之时，即答应催收且事后实施相应行为的，构成非法经营罪的共犯。但是，在他人发放高利贷的当时并无通谋，事后接受任务进行催收的，无从构成非法经营罪的共犯，只能以本罪论处。

四、结　语

不可否认，现代各国的刑法立法均明显具有功能性，从消极立法转变为积极

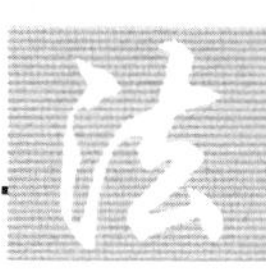

立法。[1] 刑法立法需要增设必要的犯罪类型以与其他部门法的最新立法动向保持联动；立法者基于政策考量，认为针对某种行为存在处罚必要性时，就可能对该行为予以犯罪化。因此，在转型社会背景下，贯彻积极的刑法立法观，及时通过修正案立法模式增设新罪，是当代中国社会治理的刚性需求。无论是认为刑法修改过于频繁也好，还是认为立法与学者的预期相去甚远也好，我们都不得不承认，历次刑法修正案的相关规定及时回应了转型社会所产生的某些特殊问题，立法具有正当性，相关规定也具有合理性。

在立法功能主义时代，解释好刑法文本是重中之重，其对于妥当处理当下的具体案件以及实现未来立法的科学化、合理化都有重大意义。“我们很难在政策制定的结束与政策执行的开始之间明确划出一条分界线。政策执行中的大量反馈又会反过来影响未来的政策制定。许多政策的概括性都很强，因此其实际影响取决于人们在执行阶段对它们的理解。”[2]

刑事司法要将本次刑法修改的内容准确“落地”，就应当在具体案件的处理过程中认真审查法益是否被侵害，行为是否符合构成要件，犯罪之间的交叉和竞合关系如何处理等，从而确保定罪准确、量刑适当。

---

① 周光权．转型时期刑法立法的思路与方法．中国社会科学，2016（3）．

② 迈克尔·希尔．理解社会政策．北京：商务印书馆，2003（71）．

第七章　危险驾驶罪的司法现状与立法完善

一、现状与问题

学者指出，学科分化是不可遏制的趋势，比如犯罪学已经成为与刑法学比肩而立的独立学科，其本身又分化为几个专业，这导致了学科的进一步专业化，由此必然产生将目光死盯在“专业”上的危险，其结果是联系、整体和基础在视野中消失。[①] 而要克服学科发展带来的过度“专业化”弊端，就必须重视刑事一体化的思考方法。在提醒人们重视刑事一体化的独特价值，并对其相关理论进行系统阐释方面，储槐植教授作出了杰出贡献。储槐植教授正确地指出，我国的刑法适用陷入困境之中，导致刑罚功能发挥不如人愿，要走出困境就必须正视现实，确立妥当的刑事政策，按照刑事一体化的理念重筑刑法堤坝，强化刑法基础，以“防止出现‘犯罪增长刑罚加重，犯罪再增长刑罚再加重’这种使国家和社会的

① 阿图尔·考夫曼，温弗里德·哈斯默尔．当代法哲学和法律理论导论．郑永流，译．北京：法律出版社，2002：5.

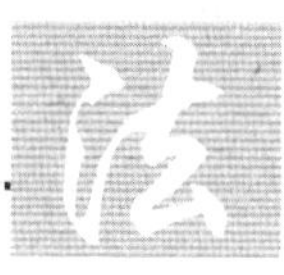

包袱越背越重的恶性循环”①。在当代转型社会，对刑法学的研究越来越精细化，在此背景下，如果一方面完善刑法学的体系性思考，一方面关注其他刑事法学科的动向，促成刑事法学科之间的良性互动，是学者无法绕开的问题。单纯就个罪的刑法适用问题进行教义学解释，对于刑事法的社会治理功能的实现是有限的，为此，刑事一体化的思考方法就是不可或缺的。本章就试图按照储槐植教授所指引的刑事一体化进路对危险驾驶罪的立法及司法进行检视，并对犯罪预防提出政策建议，以“重筑刑法堤坝”。

危险驾驶罪的设立有效遏制了“醉驾”“飙车”等恶劣交通行为，在一定程度上减少了交通事故导致的死伤结果发生。但是，危险驾驶犯罪发生率仍居高不下。根据最高人民法院公布的有关数据，自 2011 年“醉驾入刑”以来，全国法院审结的危险驾驶罪案件数量已经由 2013 年的 9 万多件、居当年刑事犯罪案件数量的第三位、占当年法院审结的全部刑事案件总数的 9.5%，发展为 2015 年的近 14 万件、居当年刑事犯罪的第二位、占全部刑事案件总数的 12.61%，进而到 2019 年的 31.9 万件、超过盗窃罪，居刑事犯罪之首、占全部刑事案件的 24.6%。到 2020 年，全国法院审结“醉驾”等危险驾驶犯罪案件总数为 28.9 万件，占刑事案件总数的比例高达 25.9%，危险驾驶罪成为名副其实的第一大罪，比盗窃罪案件数量高出 1.71 倍。需要说明的是，在上述危险驾驶案件中，发案率最高的危险驾驶犯罪类型是“醉驾”，因此，本文后续的分析也以“醉驾型”危险驾驶罪作为重点。

必须承认，每年将 30 万余人打上“罪犯”的烙印，势必使数万家庭陷入窘境。长此以往，这无论对于国家、社会还是危险驾驶者个人来说，都是特别巨大的损失，属于司法和个人的“两败俱伤”。

对于行为人来说，醉酒驾驶的法律后果非常严重。“醉驾”经历将纳入个人信用记录，贷款、消费等受到限制；发生重大交通事故的，行为人不仅不能得到保险公司的理赔，还要被吊销驾驶证，不得重新取得驾驶证。最为严重的后果

① 储槐植．刑事一体化与关系刑法论．北京：北京大学出版社，1997：299.

是，行为人在承担刑事责任的同时，还需要承担一系列附随后果，我国监察官法、法官法、检察官法、公务员法、律师法、教师法、公证员法、医师法等数十部法律明确规定受过刑事处罚的人不能从事某些相关职业或担任特定职务，因此，因危险驾驶罪被判刑的人，会被用人单位解除劳动合同，公职人员将被开除党籍、开除公职等，特定从业者如律师、医师等的执业资格被吊销。醉驾者等于被贴上了标签，“越轨者是被成功贴上越轨标签的人；越轨行为也即是被人们贴上了标签的行为而已。”[①]《刑法》第 100 条第 1 款明确规定，“依法受过刑事处罚的人，在入伍、就业的时候。应当如实向有关单位报告自己曾受过刑事处罚，不得隐瞒”。“醉驾”者由此不能报考国家公务员，入伍或报考军校无法通过政治审查。可以说，“醉驾”犯罪能够让行为人在极短时间内失业、坐牢、倾家荡产。受过刑事处罚的人不仅本人的一生受到影响，有关附随后果还不可避免地会“株连”子女。根据现行相关规定，凡是受过刑罚的人，其子女在报考公务员、警校、军校或在安排关键、重要工作岗位时，难以通过有关的材料审核，罪犯及其子女由此失去了国家信任，同时意味着每年有上百万人因“醉驾”而被“敌对化”、标签化，事实上丧失了国民待遇。[②] 标签理论只关注犯罪的个人、单个的执法过程，对作为整体的社会构造及其运作机理、社会管理制度的完善等关注不够。[③] 对此，有学者进一步指出，“醉驾刑”所衍生出的某些规则、规定或有影无形的“软制裁”，其给“醉驾”人带来的软、硬制裁之重、之狠，有时达到了直接危害宪法上基本权利的地步，如对“醉驾”者公平就业权、子女平等受教育权的限制或剥夺等，与刑罚本身相比有过之而无不及，甚至彻底颠覆了法律伦理、法律秩序和道德的统治地位。[④]

从国家和社会的角度看，每年因为“醉驾”等危险驾驶产生 30 多万罪犯，也并不是一件好事。因醉酒驾车构成危险驾驶罪的罪犯多数被判处拘役刑，但

---

① 斯蒂芬·E. 巴坎．犯罪学：社会学的理解．秦晨，等译．上海：上海人民出版社，2011：266.

② 桑本谦．如何完善刑事立法：从要件识别到变量评估（续）．政法论丛，2021（2）.

③ 川出敏裕，金光旭．刑事政策学．钱叶六，等译．北京：中国政法大学出版社，2016：47.

④ 解志勇，雷雨薇．基于“醉驾刑”的“行政罚”之正当性反思与重构．比较法研究，2020（6）.

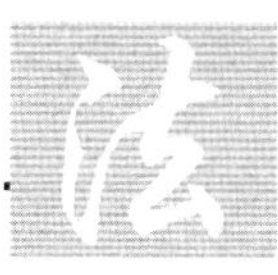

是，在对其执行短期自由刑过程中，罪犯"交叉感染"的概率很大，增加了再犯罪风险；同时，罪犯越多，社会对立面越多，社会治理难度越大，整个社会为此付出的代价也就越大。

按照《刑法》第133条之一的规定，危险驾驶罪的最高刑是6个月的拘役，属于名副其实的轻罪。但是，在目前的司法实务中，对这个罪名适用缓刑的比例并不高，定罪免刑的情形更少，罪犯大多被判处实刑，在处理上较为严苛、有失均衡。

众所周知，刑事立法需要具有实证基础，缺乏数据支撑的立法难言科学、合理。[①] 在有关危险驾驶犯罪的实证数据不断增加，相关立法的不足得以充分展示的大背景下，有必要思考如何在司法上限定危险驾驶罪的适用范围，在立法上作出适度调整以进一步完善罪刑规范，从社会政策的角度对减少此类犯罪提供技术支撑等问题，从刑事一体化的理念出发实现危险驾驶罪的体系化治理。

二、危险驾驶罪的司法限定

（一）实体法的处罚限定思路

1. 现有的做法

近年来，有关司法机关对于"醉驾入刑"带来的机械执法问题已有所认识，并开始在司法实践中进行某种程度的"纠偏"。比如，最高法院已经出台有关指导意见，明确要求"对于醉酒驾驶机动车的被告人，应当综合考虑被告人的醉酒程度、机动车类型、车辆行驶道路、行车速度、是否造成实际损害以及认罪悔罪等情况，准确定罪量刑。对于情节显著轻微危害不大的，不予定罪处罚；犯罪情节轻微不需要判处刑罚的，可以免予刑事处罚。"[②] 此外，全国有10余个省级法院、检察院和公安机关联合或者单独发文，要求在办理危险驾驶案件时，不应只

① 周光权．转型时期刑法立法的思路与方法．中国社会科学，2016（3）．

② 《最高人民法院关于常见犯罪的量刑指导意见（二）（试行）》（2017年5月1日起试行）。

考虑血液中酒精含量这一个标准，还应当综合把握行为人的醉酒程度、醉酒后驾驶机动车的原因、目的、机动车类型，行驶道路、行驶时间、行驶速度、行驶距离，是否造成实际损害、损害程度及事故责任划分情况，行为人是否有危险驾驶前科，是否存在自首、立功等法定从宽情节，行为人是否认罪、悔罪，积极赔偿，以及取得被害人谅解情况等其他影响定罪量刑等情节，切实贯彻宽严相济刑事政策，作出区别化的正确处理。此外，有的地方还明确规定，对因急救病人、见义勇为，仅为短距离挪车或出入车库，隔夜醒酒后开车等其他特殊情形的醉酒驾驶机动车行为，可以作为犯罪情节轻微或者显著轻微危害不大不起诉、不予定罪处罚、判处免于刑事处罚或者判处缓刑。① 个别省份还不同程度地提高了入罪门槛，将原来每 100 毫升血液中酒精含量达到 80 毫克以上的"醉驾"入罪标准提高到 100 毫克（如浙江省、湖北省、天津市等）。

司法机关的这些措施，能够在一定程度上调整、缓解"醉驾入刑"所引发的明显司法偏差，但是，仅仅提高血液中酒精含量标准的长期效果是有限的，实证研究表明，部分地区血液中酒精含量标准提高之后所办理的醉驾案件量不降反升，"单纯以提高醉驾案件不起诉酒精含量标准的方式将刑罚的'枪口'不断上抬，并不能达到有效降低醉驾案件数量的预期目标"②。

除此之外的其他解决方案，也大多"只见树木不见森林"，试图见招拆招，缺乏体系性思考，说理性、妥当性都存在疑问。这一点，在直接引用《刑法》第 13 条的"但书"部分规定（即"情节显著轻微危害不大的，不认为是犯罪"）作为裁判依据的案件中表现得最为充分。应当认为，这种直接根据"但书"规定下

① 对此，请参见《湖南省关于危险驾驶（"醉驾"）犯罪案件不起诉的参考标准（试行）》（2019 年）；《重庆市关于办理危险驾驶犯罪案件法律适用及证据规范问题的座谈会综述》（2018 年）；《浙江省关于办理醉酒驾驶案件若干意见》（2017 年）、《浙江省关于办理"醉驾"案件若干问题的会议纪要》（2019）；《上海危险驾驶（"醉驾"）审判观点汇编》（2016 年）；《江苏省关于办理醉酒驾驶案件若干意见》（2013 年）；《湖北省关于扩大量刑规范化罪名和刑种的量刑指导意见（试行）》（2016 年）；《四川省关于常见犯罪量刑指导意见实施细则（二）》（2017 年）；《天津市关于扩大量刑规范化罪名和刑种的量刑指导意见（试行）》（2016 年）等。

② 王美鹏，李俊．"醉驾"入刑十年的反思与治理优化：以浙江省 T 市和 W 市检察机关办理案件为分析样本．人民检察，2021（18）.

判的司法立场曲解了“但书”的功能，因为一方面认为行为已经符合犯罪成立条件，另一方面又按照“但书”规定宣告无罪，在逻辑上是自相矛盾的。刑法分则关于各罪的犯罪构成要件规定是实质化的，在具体犯罪的构成要件（犯罪化规定）中，不可能把“情节显著轻微危害不大，不认为是犯罪”的情形规定为危害行为，如果行为已经符合刑法分则规定的犯罪构成要件，该行为就已经属于犯罪。对于一个犯罪行为，不能再依据抽象的“情节显著轻微危害不大”予以出罪，不能再将“但书”规定视为犯罪构成体系的消极的要素，其无法成为认定具体犯罪时的出罪依据。

按照这种逻辑，就危险驾驶罪而言，如果从违法性的角度看，该危险驾驶行为未达到值得处罚的程度，客观上不法构成要件不符合，因而情节显著轻微的，可以适用“但书”的规定；如果行为虽符合构成要件且具有违法性，但行为人的谴责可能性极低，或特定情形下行为人不得已而实施的危险驾驶行为，他人不可能模仿的，也可以根据“但书”的规定宣告被告人无罪。这样说来，当下司法实务中直接根据“但书”规定宣告被告人无罪的做法存在一定疑问。①

由于危险驾驶罪是醉酒后在道路上以危险的方式驾驶机动车的行为，因此，要从司法上限定本罪的适用，除了像许多实务部门和有的学者所提倡的那样适度提高“醉驾”者血液中的酒精含量这一入罪标准之外②，对构成要件要素的准确认识、对抽象危险的司法认定、对违法阻却事由的认可等，都是绕不开的问题。

2. 有效的实体法对策之一：关于抽象危险的司法认定

要准确认定本罪的客观不法要件，必须在构成要件要素的理解上没有偏差。就本罪的客观方面而言，特别值得关注的是关于抽象危险的司法认定问题。

刑法中的危险包括具体的危险和抽象的危险。具体危险犯与抽象危险犯都是以对法益造成侵害的危险作为处罚根据的犯罪，但各自的含义以及判断标准不相同。一般认为，具体危险犯中的具体危险使法益侵害的可能具体地达到现实化的

① 曲新久．醉驾不一律入罪无需依赖于“但书”的适用．法学，2011（7）.

② 桑本谦．如何完善刑事立法：从要件识别到变量评估（续）．政法论丛，2021（2）.

程度，这种危险属于构成要件的内容。作为构成要件，具体危险是否存在需要司法人员加以证明与确认，而不能进行某种程度的假定或者抽象，所以，具体危险是司法认定的危险。例如，放火罪是具体危险犯，只有根据行为当时的具体情况（火力大小、与可燃物距离的远近等），客观地认定使对象物燃烧的行为具有公共危险时，才能成立放火罪。抽象危险犯，是指行为本身包含了侵害法益的可能性而被禁止的情形。抽象危险与具体危险不同，具体危险是一种结果，但抽象危险不是结果，其不属于构成要件要素，只是认定行为可罚的实质违法根据。抽象危险犯保护的安全条件和安全状态，其系立法上考虑一般生活经验之后所做的推定，注重考查行为自身的危险性而非直接避免结果的发生。抽象危险犯的立法将没有造成结果或并无具体危险的行为规定为犯罪，属于立法上构成要件的"缩水"。

对于抽象危险是否需要法官进行判断，在理论上一直是一个有争议的问题。理论上的多数说对此持否定态度，认为抽象危险犯所要求的危险是立法推定的危险，行为自身包含了侵犯法益的可能性。追逐竞驶和醉酒驾车行为本身内含侵害道路公共安全这一法益的可能性，属于抽象危险犯。对此，林东茂教授主张，对该类犯罪的成立，不能再附加其他条件，因为抽象危险犯，是指立法上假定特定的行为方式出现，危险状态即伴随而生；具体个案纵然不生危险，亦不许反证推翻。例如，血液中或呼气中的酒精含量超过一定程度而开车，立法上推测为危险状态已经出现，不再就个案判断；纵然驾驶人酒量过人，亦无改于犯罪的成立。[①] 张明楷教授认为，醉驾型危险驾驶罪属于故意的抽象危险犯，并指出"本罪是抽象的危险犯，不需要司法人员具体判断醉酒行为是否具有公共危险，醉酒驾驶属于故意犯罪，行为人必须认识到自己是在醉酒状态下驾驶机动车。总的来说，只要行为人知道自己喝了一定的酒，事实上又达到了醉酒状态，并驾驶机动车的，就可以认定其具有醉酒驾驶的故意"[②]。在我的教科书《刑法各论》第3版中也认为："醉酒驾驶机动车是否构成犯罪，应当以行为人是否在达到醉酒状态

---

① 林东茂．刑法综览．北京：中国人民大学出版社，2009：51.

② 张明楷．危险驾驶罪及其与相关犯罪的关系．人民法院报，2011－05－11.

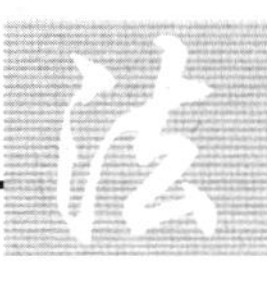

时仍然驾驶机动车为准。只要车辆驾驶人员100毫升血液中的酒精含量大于或者等于80毫克时的驾驶行为，就是醉酒驾驶。对犯罪的成立，不能再附加其他条件。”①

但是，近年来，笔者越来越意识到，只要是抽象的危险犯，就不需要司法人员具体判断醉酒行为是否具有公共危险的说法，有值得商榷之处。抽象危险的有无及其程度固然是立法者的推定，通常而言，法官在具体案件中只要判断构成要件所描述的行为是否出现即可，无须特别地去认定有无危险出现。换言之，法官只要能够肯定构成要件行为存在，相应地，危险不是想象或臆断的，就可以认为在个案中立法上所假定的危险是存在的，该构成要件行为具备可罚的、实质的违法性。例如，盗窃枪支、弹药、爆炸物、危险物质罪是抽象的危险犯，根据一般社会生活经验，可以认定，窃取枪支、弹药、爆炸物、危险物质的行为一旦实施，就具有公共危险，就应当成立盗窃枪支、弹药、爆炸物、危险物质罪。但是，在某些案件中，立法者所预设的抽象危险一看就不存在的，以及被告方对抽象危险提出质疑乃至反证的，认定抽象危险是否存在时，法官基本的判断仍然是必要的，由此才能确定立法上预设的危险在个案中确实存在。也就是说，对抽象危险的判断，说到底还是应该以行为本身的一般情况或者一般的社会生活经验为根据，认定行为具有发生侵害结果的抽象可能性或不是特别紧迫的危险性。此时，法官对抽象危险判断的实质是需要根据一般的“危险感觉”，对立法上预设的行为危险做最低限度的危险预测，以“印证”立法上的推测是否存在。

对此，山口厚教授认为，不管是具体危险犯还是抽象危险犯，都要求发生实质的危险，“差别不过是前者的危险是高度的，后者也包括比较缓和的场合而已……即便是在抽象的危险犯的场合，虽说通过相应犯罪得到解释而能将危险理解为该犯罪之要件，但因为具体的特殊事情而没有发生这一危险，在这样的场合，也应该否定该罪的成立”②。这是对抽象危险犯的“结果的危险”进行实质

---

① 周光权．刑法各论．第3版．北京：中国人民大学出版社，2016：194.

② 山口厚．刑法总论．第3版．东京：有斐阁，2016：47.

理解的立场。桥爪隆教授也主张，对于抽象危险犯，需要确定行为是否对于法益有实质性的危险。既然处罚抽象危险犯的根据在于引起法益侵害的危险，那么，在缺乏对于某一犯罪所保护法益的危险的场合，该抽象危险犯就不能成立。所以，在对抽象危险犯的实行行为进行解释时，就应该考虑在当时的具体情况下，该行为针对法益的实质性危险是否存在。如果不能确定存在这样的危险的，行为人的行为就不属于该抽象危险犯的实行行为。① 肯定抽象危险实质的危险，并且要求根据这种危险来认定实行行为，这等于认可了抽象危险是对（广义的）结果的危险，该危险是否存在需要司法判断。也就是说，虽然学界在过去通常认为，抽象危险犯中的危险是拟制的，实行行为本身就内含该危险，但是，近年来，也有很多学者主张抽象危险不是拟制的，而是推定的，立法上对于危险的推定在个案中是有可能被推翻的，从而否定抽象危险犯的成立。②

最近，我国也有学者明确指出，无论是抽象危害还是具体危险，既然被称为“危险犯”，就必须客观上存在成为处罚根据的法益侵害的危险，而这种危险也需要在现实的案件中作具体的判断，从而在确实不存在这种危险时否定犯罪的成立。只不过，由于两种危险犯的危险内容、危险程度有所不同，从而决定了两种危险犯在是否存在危险的具体判断上存在差异：在具体危险犯的场合，由于对法益侵害危险的程度要求比较高，同时作为构成要件的行为本身未必具有那么高的危险，因此就需要公诉机关积极证明危险的具体存在；而在抽象危险犯的场合，由于对法益侵害危险的程度要求较低，同时作为构成要件的行为本身一般类型性地具有这种程度的危险，因此只要行为人实施了立法预定的相应行为就推定客观上存在相应的危险，不需要公诉机关再去积极证明危险的存在，其结论就是：由于抽象危险犯中的危险是推定的危险而非拟制的危险，因此应当允许反证危险不存在而出罪，“醉驾型”危险驾驶罪就属于这样的情形。③ 笔者基本赞成上述主

① 桥爪隆．论遗弃罪相关问题．王昭武，译．法治现代化研究，2021（4）：174.

② 松宫孝明．刑法各论讲义．第4版．王昭武，张小宁，译．北京：中国人民大学出版社，2018：287.

③ 付立庆．应否允许抽象危险犯反证问题研究．法商研究，2013（6）.

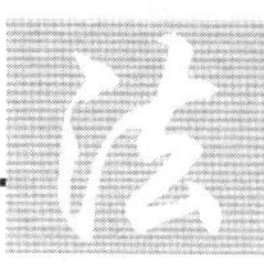

张，并认为，由于抽象危险犯的立法本身存在处罚早期化的问题，实务上需要适度缓解使用推定方法直接入罪的弊端。不可否认，抽象危险是立法上的预测或推测，司法上不能以立法推测不合理为由否定犯罪，也不需要在所有案件中对抽象危险是否存在进行检验。但是，法官必须在案件发生的时空环境特殊、被告人提出反证的场合，例外地判断或"印证"立法上推测、预设的危险是否存在。由于本罪是危害公共安全罪，如果某一危险驾驶行为发生在特殊地点，就连立法上所预设的抽象危险都不存在，或者司法上难以印证抽象危险存在的，难以成立本罪。例如，在醉酒后，深夜在完全没有车辆来往的大沙漠中的公路上驾车的，抽象危险应该被否定。又如，醉酒后发动机动车，车辆向前行驶 1 米就停下不动，事后查明该车辆因汽油耗尽寸步难行，且周围并无他人通行的，可以认为该驾驶行为就连立法上所预设的抽象危险都未产生，难以成立危险驾驶罪。再如，醉酒后驾驶机动车经过某红绿灯路口，但因为时间太晚，确实没有其他车辆，也没有立法上预设的其他危险的，可以认定为被告人无罪。① 还比如，醉酒后将"代驾"没有规范地停入路边停车位的车辆略做挪动、调整的，以及醉酒后在单位内部停车场驾驶车辆的，都不能认为行为造成了立法上所预设的针对公共安全的抽象危险，不宜认定为危险驾驶罪。确实，醉酒后在公共停车场短时间、短距离之内挪车的，不应该适用本罪处罚。② 但是，其理由不是《刑法》第 13 条的"但书"规定，也不是泛泛而言的社会危害性小，而是行为并未产生立法者所预设的抽象危险性。学者认为，有些醉驾行为可能并不具有实质的危险性或者危险性很小，如果对之进行刑罚处罚，难以获得社会观念的接受和认同。③ 这种观点实质上也是赞同对于本罪的抽象危险需要司法上进行裁判的逻辑。

因此，为限制处罚范围，降低抽象危险犯立法的弊端，对抽象危险也需要进行司法上的判断，即司法人员需要审查待处理案件中立法者所拟制的或预设的危险是否存在。对此学者指出，现在的有力观点从法益保护主义出发，要求审查抽

---

① 西田典之，桥爪隆．日本刑法总论．第 3 版．东京：弘文堂，2019：88.

② 沈彬．酒后挪车不入刑是一种精细治理．光明日报，2019-10-14.

③ 沈海平．反思"醉驾入刑"：从理念、规范到实践．人民检察，2019（15）.

象危险犯中的行为是否存在某种危险。[①]

3. 有效的实体法对策之二：违法阻却事由与犯罪的限缩

对于犯罪成立与否的判断，必须例外地考虑被告人有无违法阻却事由。某一行为虽然违反行政管理法规，但是，如果存在违法阻却事由的，不具有刑事违法性。由此可见，从行为的行政违法性中如果要进一步推导出刑事犯罪的结论，必须根据罪刑法定原则的要求，结合法益侵害性的有无进行实质的、刑法上所固有的违法性判断，不能认为刑事违法性必须从属于其他部门法的违法性，不宜在整个法领域中将违法性仅作一元的理解。[②] 对此，山口厚教授指出："作为犯罪成立要件的违法性，要具备足以为相应犯罪的处罚奠定基础的'质'与'量'，从这样的立场出发，可以肯定在其他法领域被评价为违法的行为仍可能阻却刑法上的违法。"[③]

（1）紧急避险与违法阻却。

按照《刑法》第 21 条的规定，紧急避险是违法阻却事由之一。在危险驾驶案件中，被告人能够以紧急避险作为违法阻却事由加以辩护的情形比较少见，但是，也不排除存在基于紧急情况能够排除其违法性的案件存在。在实践中，司法机关经常对这样的违法阻却事由不予认可，仍然认定被告人构成犯罪，至多在量刑时对避险情节予以适度考虑。然而这种实务做法是值得商榷的。

例如，甲在高某家里喝酒时，因突发心脏病急需回家吃"速效救心丸"。高某将甲送出家门在马路边等候出租车未果。于是，高某驾驶轿车想将甲送回家，途中被交警查获（被告人高某血液中乙醇含量为 122mg/100ml）。另查明，甲案发当晚到医院就诊，经诊断：甲患有冠状动脉粥样硬化、心脏病。法院认为高某不成立紧急避险，以危险驾驶罪对其免予刑事处罚。[④] 虽然在司法实务人员看来，这样处理案件，似乎已经大幅度"优惠"了被告人，很好地贯彻了宽严相济

---

① 松原芳博．刑法总论重要问题．王昭武，译．北京：中国政法大学出版社，2014：44.

② 周光权．论刑法所固有的违法性．政法论坛，2021（5）.

③ 山口厚．刑法总论．第 3 版．付立庆，译．北京：中国人民大学出版社，2018：186.

④ 参见甘肃省白银市白银区人民法院（2018）甘 0402 刑初 58 号刑事判决书。

的刑事政策。但是，该判决结论是否符合紧急避险的法理，还值得探究。

紧急避险采取的是损害另一较小合法权益的行为，避险行为超过必要限度造成不应有的损害的，应当负刑事责任。此时，就需要进行利益衡量。在衡量紧急避险是否超过必要限度时应当考虑：在一般情况下，凡是紧急避险行为所造成的损害小于或者等于所避免的损害的，就是没有超过必要限度。在进行紧急避险的利益衡量时，必须考虑法益的危险程度，即法益是否陷入具体危险，因为这与法益的价值取向、法益的损害程度、避险者的自律原则等相关联。[①] 原则上，为避免陷入具体危险的特定法益（比如生命、身体）发生危险，可以使仅有抽象危险的行为正当化，即为了保护具体生命，威胁抽象的生命、身体或公共安全的，都可以阻却违法。本案中，甲突发心脏病，其所面临的是对生命的紧迫危险；而醉酒驾车带来的危险是抽象的危险。高某血液中酒精含量虽达到了定罪起点，但属于较低的情形，应当肯定其当时还具有驾驶能力。高某的驾驶行为固然会带来抽象危险，但是，行为人所保全的是针对生命的具体危险，属于优越利益保护，第三人基于社会团结义务也应该忍受法益所承受的抽象侵害。由此应当认为，前述案例中高某能够成立紧急避险，应认定其行为无罪。

在实务中，行为人危险驾驶但能够成立紧急避险从而排除犯罪的情形除了类似于本案的送他人就医之外，还有受追杀、威逼后醉酒驾车逃生，以及为给生病的亲人购药、为处理紧急公务或事务（甚至如参加重要紧急会议）而醉酒驾车等。对此，需要结合《刑法》第 21 条的规定具体判断。值得肯定的是，近年来，在极个别案件中，司法机关也能够结合紧急避险的法理作出无罪处理。例如，被告人陈某勇为庆祝妻子生日，邀请亲友到其住处吃晚饭，被告人喝了一杯多红酒，当日 23 时许，其妻子突然倒地昏迷不醒，陈某勇随即让女儿拨打 120 求救，120 回复附近没有急救车辆，需要从他处调车。陈某勇得知后立马驾驶小轿车将妻子送至医院，后被当场查获，经检测其血液中酒精含量为 223mg/100ml。[②] 审

---

① 克劳斯·罗克辛．德国刑法总论：第 1 卷．王世洲，译．北京：法律出版社，2005：475 以下．

② 韩锋，王星光，杨柳．为送亲属就医醉驾构成紧急避险．人民司法，2020 (23).

理本案的江苏省江阴市人民法院向无锡市中级人民法院请示，后者经审查认为，案发时陈某勇意识到他的妻子正面临生命危险，出于不得已而醉酒驾驶损害了另一法益，在必要限度内实施避险行为，符合紧急避险的条件，遂作出批复，认为被告人陈某勇的行为构成紧急避险，不负刑事责任。应该说，这一结论是妥当的，因为被告人为挽救突发晕厥的妻子的生命，其所保护的生命法益（法益的具体危险）高于所侵害的公共法益（法益的抽象危险），符合紧急避险“不得已”的补充性要件，避险行为没有超出必要限度，也并未造成不应有的损害，理应成立紧急避险。

（2）依法令的行为与违法阻却。

实践中，出现了个别醉酒后按照警察的指令或要求短时间、短距离实施驾驶活动的案件。这种情形，可以说仍然符合危险驾驶罪的构成要件，但是，可以根据“依法令的行为”阻却违法性。

所谓依法令的行为，是指行为人依据法律的明确规定或执行具体指令、命令从事特定活动时，即便该行为符合构成要件，行为的违法性也不存在。依法令的行为如果要构成正当化事由，必须具备如下要件：行为人有从事特定活动的资格、地位；行为人客观上是在按照法令、命令的要求从事特定活动，且并未滥用自己的行为损害重大法益；行为人主观上有执行法令的意思。超越法律权限或故意违反法定程序的行为，不得被认为是依法令的行为。关于依法令的行为，我们熟知的是公务人员执行法律或命令所实施的行为，例如，依法令逮捕犯罪嫌疑人的，不构成非法拘禁罪；依法执行死刑判决的，不是故意杀人等。不过，由于依法令的行为属于超法规的违法阻却事由，对其适用范围没有必要做过多限制，只要是具体情形下依法令的行为这一法理有适用余地的，被告人就可以将其作为抗辩事由。

例如，被告人甲酒后主动联系“代驾”乙，由乙驾车将甲送至某商业广场去会见朋友。在乙将车驶入该商业广场时，其因距离最近的一号停车场封停使用，乙便将车辆停靠在广场内部道路的路边。甲下车步行至该商业广场的下沉购物中心时，因担心车辆未停入划定车位发生剐蹭，遂返回挪车，试图将车停进正规车位。由于旁边的停车场封闭，甲便沿内部道路向前挪动车辆试图到该商业广场的

二号停车场寻找车位。在此过程中，甲将车开到了该商业广场内部道路出口，但该出口与本市四环路某段辅路出口相连通（甲必须从该一号停车场出口处出去，才能进入二号停车场）。执勤的民警丙发现并拦截了甲的车辆，指挥甲在一号停车场出口处与城市四环路辅路的交叉路口处掉头，并让甲将车停在四环辅路边接受检查。经检测，甲 100 毫升血液中的酒精含量为 150 毫克，甲由此案发。前已述及，对于醉酒后在广场、公共停车场等公众通行的场所挪车的，一般不认定为在道路上醉酒驾驶机动车，甲在将车辆开出一号停车场出口之前的行为，不符合危险驾驶罪的构成要件。但是，由于一号停车场的出口处与城市主要道路的辅路相连接，该路段属于公共交通道路，甲醉酒后在该处掉头的，应当属于在道路上醉酒驾驶机动车，由于其血液中酒精含量严重超过了立案标准，其行为符合本罪的构成要件。但是，甲在城市道路的辅路交叉路口处掉头的行为，是基于一、二号停车场设计路线的特殊性，为挪动车位而短暂借用城市道路，即便认为该行为以及掉头后在四环路辅路边上短距离驾驶以及停车的行为具有抽象危险，也应该认为其是民警引导、指挥后所实施的行为。对于这一醉酒后在道路上驾驶机动车的行为，应当评价为依法令的行为，可以阻却违法性，因为根据《道路交通安全法》第 38 条“遇有交通警察现场指挥时，应当按照交通警察的指挥通行”的规定，甲必须按照警察的指挥驾驶车辆，这既是其法定义务，也是其个人主张驾驶行为不具有违法性的抗辩理由。事实上，正是因为甲依照警察丙的指令行事，其醉酒驾驶行为对法益的危险性才得以彻底消除，因此，从利益衡量的角度看，甲醉酒后在城市道路上驾驶（包括掉头及短距离行驶后停车等）的行为明显不具有违法性，对于甲应当作无罪处理。

（二）程序法的处罚限定：认罪认罚从宽

对危险驾驶罪的处罚从程序法的角度进行限制，其实是落实宽严相济刑事政策的具体举措。为此，必须坚持“慎诉慎押”司法理念，依法适用认罪认罚从宽制度，既从严惩治情节严重的醉酒驾驶机动车行为，又充分运用非刑罚处罚方式处理情节轻微的醉酒驾驶机动车行为，减少社会对抗，促进社会和谐。例如，对醉酒驾驶机动车的犯罪嫌疑人，如其不影响诉讼顺利进行的，一般不采取羁押性

强制措施。但是，被取保候审、监视居住的犯罪嫌疑人违反取保候审、监视居住规定，情节严重的，可以予以逮捕。当然，目前最为突出的问题不是对于本罪行为人的审前羁押，而是其在按照刑事诉讼法的要求认罪认罚之后没有获得从宽处罚。

1. 对危险驾驶罪不适用认罪认罚从宽的疑问

“具体的犯罪类型需要具体的刑事政策。不应止步于对所有犯罪都泛泛而论地表述为从严、从宽或者宽严相济，而是应当针对具体犯罪类型确立细化、有差异性的刑事政策。”① 由于危险驾驶罪是法定最高刑极低的典型轻罪，对其处罚应当相对轻缓才符合罪刑相适应原则的要求。但是，在实践中，对本罪行为人适用缓刑率相对较低，更极少免予刑事处罚，处罚总体偏向严刑峻法，这些做法和轻罪的本质以及认罪认罚从宽制度不相协调。事实上，本罪被告人大多属于平时遵纪守法、没有前科劣迹的普通民众，不少被告人正值壮年，是家庭的经济支柱，如果不考虑犯罪情节全部判处实刑，其刑满释放后可能变成社会不稳定、不和谐的因素，甚至走向社会的对立面，也给其家庭及其子女等带来诸多影响，引发大量社会问题，为实现法律效果和社会效果的有机统一，对本罪被告人予以轻缓处理显然更符合现代刑罚理念。

从刑事诉讼法关于认罪认罚从宽制度的规定看，无论是对于重罪还是轻罪，在被告人认罪认罚的情形下，都可以对其从宽处罚。如果说认罪认罚从宽适用到重罪时，对罪犯可以从轻或减轻处罚，那么，将其适用到轻罪，更应该体现这一制度的效果，即对罪犯进行大幅度的从宽处罚。但是，在实践中，对醉酒驾车的行为人认罪认罚后还大量判处实刑，认罪认罚之后进行宽缓化处罚的效果就完全没有体现出来。

从危险驾驶罪与其他类似犯罪的比较上看，交通肇事罪是结果犯，其第一档法定刑最高为 3 年有期徒刑；危险驾驶罪是抽象危险犯，其法定最高刑是 6 个月

---

① 车浩．刑事政策的精准化：通过犯罪学抵达刑法适用：以疫期犯罪的刑法应对为中心．法学，2020 (3).

拘役，因此，危险驾驶罪是比交通肇事罪更轻的犯罪。但是，在实务中，对为数不少的交通肇事罪犯都宣告缓刑，免予刑事处罚的案件也有不少，而比交通肇事罪更轻的危险驾驶罪的行为人却基本被判处实刑，量刑失衡现象极为严重。如果考虑到当前的醉驾型危险驾驶案件中，醉酒驾驶摩托车的案件占比很大，有的地方甚至接近案件总数的70%，就更应该扩大缓刑适用比例，因为醉酒驾驶摩托车的危险性小于醉酒驾驶机动车，将其判处实刑会造成刑罚畸重，且这些醉驾摩托车的罪犯均为社会底层人员，对其判处实刑也不利于维护社会稳定。①

从国外对醉酒驾车的处罚看，在美国，醉酒驾车是犯罪，但是，对初次“醉驾”就判处实刑的情形为数很少，大量适用的都是缓刑。例如，1997年美国判处51万醉酒驾车的罪犯，其中45万人是缓刑，真正被判实刑的大概只有5万人左右。近年来，美国危险驾驶罪的发案率有所波动，但是，对90%的罪犯（初次“醉驾”）并不判处实刑这一点基本没有变化。在规定危险驾驶罪的其他国家，判处缓刑或单处罚金的情形也占绝对多数。② 因此，在认罪认罚的背景下，需要认真思考对危险驾驶罪的轻判问题。

2. 具体建议

大量醉驾情节明显较轻的案件，检察机关没有依法作出不起诉决定。这种情况在全国范围内普遍存在。近年来，各地检察机关均在探索危险驾驶案件中不起诉制度的适用，有的地方已初见成效。例如，2020年甘肃省检察机关醉驾案件起诉人数与2018年相比减少40%，不起诉人数首次超过起诉人数。③ 为贯彻认罪认罚从宽制度，确保对轻罪认罪认罚后都能够“兑现”从宽的效果，防止罪犯认罪认罚后产生“吃亏”的感觉，贯彻刑法所规定的罪刑相适应原则，实务上应当仔细研究有关裁判规则，对认罪认罚且犯罪情节较轻的罪犯适用不起诉、缓刑或免予刑事处罚。在运用认罪认罚从宽制度处理“醉驾”案件时考虑以下内容。

---

① 施立栋，余凌云．醉驾案件办理的疑难问题与解决方案：兼评三机关《醉驾司法解释》．北方法学，2015 (1).

② 周光权．刑法学习定律．北京：北京大学出版社，2019：29.

③ 南茂林．甘肃：探索多元矫治推动醉驾案件综合治理．检察日报，2021-07-22.

（1）认罪认罚从宽制度必须贯穿于刑事诉讼全过程，适用于侦查、起诉、审判各个阶段。对于醉酒驾车认罪认罚的被告人可以不羁押、不起诉，可以判处缓刑或免予刑事处罚。

（2）醉酒后，在道路上因挪车、停车入位、交接车辆等短距离驾驶机动车，没有造成危害后果的，以及饮酒后间隔 8 个小时以上驾驶机动车，没有造成危害后果的，检察机关应当作出法定不起诉的决定。

（3）依法认定本罪的自首。量刑情节的认定直接影响着醉驾行为是否入罪，以及实刑或者缓刑的适用。对于本罪的自首，实践中很少认定，这与认罪认罚从宽的精神不一致。最高人民法院《关于处理自首和立功若干具体问题的意见》中规定，“明知他人报案而在现场等待，抓捕时无拒捕行为，供认犯罪事实的”情形认定为自动投案。因此，因醉酒驾驶机动车而发生交通事故后，他人拨打电话报警，犯罪嫌疑人在现场等候民警前来处理的，应当认定为自动投案；犯罪嫌疑人在血液酒精浓度的鉴定结果作出后，经公安机关工作人员传唤到公安机关接受处理的，也应当认定为自首。这一规定除了适用于交通肇事等犯罪外，当然可以适用于危险驾驶罪。《刑法》第 67 条规定，对于自首的犯罪人，可以从轻、减轻处罚，其中，犯罪较轻的，可以免除处罚。由于本罪是典型的轻罪，因此，对于犯本罪又自首的，应当优先考虑免除处罚。

（4）醉酒驾驶机动车造成轻微交通事故，但没有造成他人人身损伤，血液酒精含量不满 160 毫克/100 毫升，犯罪嫌疑人赔偿损失，自愿认罪认罚的，一般应当作出酌定不起诉决定。

（5）在车辆、人员相对稀少的道路上醉酒驾驶摩托车，血液酒精含量不满 200 毫克/100 毫升的，一般应当作出酌定不起诉决定。

（6）实证研究表明，认罪认罚从宽制度改革的精神在本罪处理中并未得到落实，从而导致醉驾案件的刑罚适用趋于严厉。“从 2018 年 X 省醉驾案件的判决情况看，实刑率达到 53.75%，且同比上升了 1 个百分点，缓刑率同比下降 1.7 个百分点，如 N 法院的缓刑率从 2017 年的 43.65%下降到 2018 年的 2.45%，免刑率虽有上升，但数量极少，D 法院近两年来对醉驾案件被告人全部判处实刑，无

一起缓刑和免刑。因此，总体上X省法院对醉驾案件的刑罚适用较为严厉。”① 因此，应当进一步更新刑罚观念、建构量刑规则，准确理解缓刑的实质条件，提高危险驾驶罪的缓刑适用率，解决缓刑适用个案之间、地区之间不平衡的问题，更好地贯彻刑法面前人人平等原则。② 对血液酒精含量不满200毫克/100毫升，没有发生事故或者仅造成轻微剐蹭，具有自首、坦白、认罪认罚、赔偿损失等从宽处罚情节，符合缓刑适用条件的，人民法院可以宣告缓刑。

（7）对于不起诉或宣告缓刑的案件，可以根据案件具体情况，将接受安全驾驶教育，从事交通志愿服务、社区公益服务等作为考察犯罪嫌疑人、被告人是否认罪认罚的考量因素，可以对犯罪嫌疑人予以训诫，或者责令赔礼道歉、赔偿损失。

三、危险驾驶罪的立法完善

（一）立法效果的评估

在《刑法修正案（八）》增设本罪过程中，就有学者对“醉驾”入刑的必要性、合理性提出质疑，认为应加大行政处罚力度，除行政拘留外，还可吊销驾照2年至3年，罚款3万至5万元。对于一个驾车人来说，这些行政处罚远比入罪最重6个月拘役的刑罚让“醉驾”者印象深刻，也足以让大多数“醉驾”的人从中吸取教训，还可大大减少罪犯的数量，其社会效果比增设新罪要好一些。③ 但这一意见未被采纳。近几年，每年都有一些全国人大代表呼吁将“醉驾”行为从

---

① 石艳芳．醉驾入刑的司法适用评估与刑罚建构：基于X省法院醉驾案件刑罚适用的实证研究．中国人民公安大学学报（社会科学版），2020（5）．

② 有研究者梳理了中国裁判文书网刊登的醉驾型危险驾驶罪一审裁判文书后指出，醉驾型危险驾驶罪的缓刑适用比例地区差异很大，比如在2017年，湖北省缓刑案件比例为86.9%，北京市为25%，辽宁省为18%；在2018年，湖北省缓刑案件比例为75.3%，北京市为5.1%，辽宁省为28.3%。对于血液中酒精含量以及其他情节大致相同的案件，在不同省份甚至同一中级人民法院辖区适用缓刑的结果都不相同，从而导致同案不同判。孙硕．缓刑视角下的醉驾刑事案件．人民司法，2019（10）。

③ 冯亚东．增设“危险驾驶罪”不可行//陈泽宪．刑事法前沿：第6卷．北京：中国人民公安大学出版社，2012：372.

危险驾驶罪中删除。[①]

但是，根据公安部所公布的数据，在增设危险驾驶罪之后，我国每年因为醉酒驾车导致死亡的人数减少 200 人以上，“醉驾入刑”的效果是显著的。如果考虑到近年来全国机动车保有量大量增加，但醉酒驾车致人死亡的情形仍在减少的事实，就更应该肯定立法在保护个人生命方面的实际价值。[②] 立法防止生灵涂炭，功莫大焉。因此，维持本罪的存在是必要的，更何况刑法作为一种重要的社会制度，在风险预防和社会管理方面具有特殊功能。[③] 犯罪圈不断扩大的立法事实表明，我国刑法的犯罪化立场，已经由过去的相对消极、谦抑，悄然转向相对积极、扩张，并且仍将成为今后一个时期的立法趋向[④]，这是中国刑事立法现代化的标志。[⑤] 因此，今后的立法着力点不是废除本罪，而是在考虑近十年来犯罪发生的实际情况在刑事立法政策上作出适度调整，对其进一步完善。

（二）定罪门槛的适度提高：“不能安全驾驶”要素的增设

从减少犯罪发生率，推进社会治理创新的角度看，一味对醉酒驾车行为按照“低标准”进行事后查处，大规模定罪处罚，并不是解决问题的最好办法，从立法上提高定罪门槛，可能是值得考虑的一种思路。

我的具体建议是：将《刑法》第 133 条之一所规定的醉酒后在道路上驾驶机动车，即构成危险驾驶罪的规定作出进一步限定，修改为“醉酒后，在道路上不能安全驾驶机动车的，处 1 年以下有期徒刑或者拘役，并处罚金”。不能安全驾驶，是指行为人因为醉酒而难以通过迅速、妥当和有目的的意识行为进行操控，难以满足安全驾驶的需要。这一修改，并不以造成死伤或财物实害作为定罪条件，本罪仍然是抽象危险犯，但定罪的前提不再仅为醉酒后驾车，而是醉酒状况

---

① 龚云飞．“朱列玉代表：建议刑法取消‘醉驾’罪”．（2021－03－08）．http：//live.jcrb.com/2021nian/3yue/dbwymdm/dbwyzly.

② 叶良芳．危险驾驶罪的立法证成和规范构造．法学，2011（2）．

③ 何荣功．我国轻罪立法的体系思考．中外法学，2018（5）．

④ 梁根林．刑法修正：维度、策略、评价与反思．法学研究，2017（1）．

⑤ 储槐植．走向刑法的现代化．井冈山大学学报（社会科学版），2014（4）．

达到一定程度之后，使得被告人“不能安全驾驶机动车”，从而为犯罪成立设定了客观构成要件要素，有助于提高定罪门槛，减少犯罪发生率。

类似有限处罚醉酒驾车的规定，在汽车工业比较发达的国家或地区早就存在。例如，《德国刑法》第 315 条 a 规定，因服用酒类饮料或其他麻醉药剂，或因精神上或生理上的缺陷，不能安全驾驶，仍驾驶车辆的，处 5 年以下有期徒刑或者罚金。我国台湾地区“刑法”第 185 条第 3 款规定，服用毒品、麻醉药品、酒类或者其他类似之物，不能安全驾驶动力交通工具而驾驶者，处 2 年以下有期徒刑。这些立法都是关于不能安全驾驶罪的规定。不能安全驾驶罪中的抽象危险是“具体危险的危险”，而非拟制的危险，其性质是客观构成要件要素的行为状况而不是客观的处罚条件。对不能安全驾驶的认定，应采用个别具体认定标准而不是一般标准，犯罪故意是行为人对于不能安全驾驶状态或基础事实有所认识始可。[①] 关于不能安全驾驶的理解，在德国有绝对不能安全驾驶和相对不能安全驾驶的区分，二者只是证明方式的不同，而非不能安全驾驶的程度有实质差别。绝对不能安全驾驶，是指当身体血液中的酒精浓度达到一定数值（如超过血液的 1.1‰时），这一酒精浓度值就是拘束法官效力的一般经验法则，即便法官对于被告人能否安全驾驶有所怀疑或无法确定，也应当将这一科学认知作为认定事实的根据，不能再援用其他反证认定可以安全驾驶。相对不能安全驾驶，是指行为人的酒精浓度未达到特定数值，但结合其他事实可以认定被告人驾驶操控能力下降的情形，此时，酒精浓度的数值仍然是重要的，如果接近于该数值上限，又有其他明显不当的驾驶举止的，极为容易被认定为不能安全驾驶。不过，在判断相对不能安全驾驶时，需要特别注意酒精浓度的下限，德国的研究表明，人体血液中的酒精含量如果低于 0.3‰时，被告人仍然能够安全驾驶，不可能构成本罪。总之，不能安全驾驶的状态需要法官在个案中就被告人提出反证的情形下例外地予以查明，抽象危险就是需要司法上进行判断的危险。[②]

---

① 陈子平．论酒醉驾车罪（不能安全驾驶罪）的争议问题：以我国台湾地区“最高法院”98 台非 15 判决为例．中外法学，2012（4）．

② 许泽天．刑法分则：下（人格与公共法益篇）．台北：新学林出版股份有限公司，2019：346．

如果未来的立法将本罪朝着不能安全驾驶才构成犯罪的方向修改，在具体执法时，有很多方法可以检验被告人是否因为醉酒导致其无法安全驾驶。例如，现场查处“醉驾”的交通警察让醉酒者在规定时间、规定距离走直线；让醉酒者辨认有一定图案的图画；让醉酒者阅读一段文字等。而且，随着科学技术的发展，查验被告人醉酒后能否安全驾驶的方法还会进一步增加，刑事侦查难度会进一步降低。当然，如果醉酒后血液中的酒精含量达到一定程度，同时行为人还有撞击其他车辆或道路设施、闯红灯、冲撞铁路道口的栅栏、“飙车”等行为，可以直接认定为不能安全驾驶。[①]

（三）考虑降低危险驾驶罪的附随效果

在我国，许多犯罪都会承担刑罚之外的附随后果。例如，《刑法修正案（九）》第 1 条规定，因利用职业便利实施犯罪，或者实施违背职业要求的特定义务的犯罪被判处刑罚的，人民法院可以根据犯罪情况和预防再犯罪的需要，禁止其自刑罚执行完毕之日或者假释之日起从事相关职业，期限为 3 年至 5 年。这是刑法关于职业禁止的规定。除《刑法修正案（九）》之外，还有不少法律、行政法规对犯罪人从事相关职业有禁止或者限制性规定。又如，《食品安全法》（2015 年）第 135 条第 2 款规定，因食品安全犯罪被判处有期徒刑以上刑罚的，终身不得从事食品生产经营管理工作，也不得担任食品生产经营企业食品安全管理人员，其立场比刑法规定更为严厉。再如，《广告法》（2015 年）第 70 条规定，因发布虚假广告，或者有其他本法规定的违法犯罪行为，被吊销营业执照的公司、企业的法定代表人，对违法行为负有个人责任的，自该公司、企业被吊销营业执照之日起 3 年内不得担任公司、企业的董事、监事、高级管理人员。此外，有关行政和经济法律中还规定，对于利用证券从业者、教师、会计等职业便利实施操纵证券市场、强制猥亵儿童、职务侵占等犯罪，或者实施违背职业要求的特定义务的背信运用受托财产、挪用资金等犯罪的，可以根据犯罪情况，尤其是特别预防的需要，禁止行为人自刑罚执行完毕之日起，在一定期限内从事相关职业。

① 林山田．刑法各罪论：下册．北京：北京大学出版社，2012：188.

更值得关注的是，按照《公职人员政务处分法》第 14 条规定："公职人员犯罪，有下列情形之一的，予以开除：（一）因故意犯罪被判处管制、拘役或者有期徒刑以上刑罚（含宣告缓刑）的；（二）因过失犯罪被判处有期徒刑，刑期超过三年的；（三）因犯罪被单处或者并处剥夺政治权利的。因过失犯罪被判处管制、拘役或者三年以下有期徒刑的，一般应当予以开除；案件情况特殊，予以撤职更为适当的，可以不予开除，但是应当报请上一级机关批准。"对因犯罪受到刑罚处罚的公务员应当开除公职，这使一些人（例如，因"醉驾"被判处拘役的罪犯）即便触犯与其职责权力并无关联性的轻罪，也会受到极其严厉的、比刑罚处罚后果还严重的处罚，这种负担过重的刑罚之外的犯罪附随效果的存在，明显和比例原则相悖。因此，要确保立法上的犯罪化思路得到贯彻，必须将刑罚附随惩罚性措施的严厉性降下来，让公众能够逐步形成这样的理念：大量犯罪并不是严重危害社会的行为；大量罪犯并非十恶不赦的人，而只是错误犯得稍微严重一些且应该迅速回归社会正常生活的人。①

为此，可以考虑修改《公职人员政务处分法》第 14 条第 1 款第 1 项的规定，对因故意犯罪被判处管制、拘役的人，以及被宣告缓刑的公职人员犯罪仅予以撤职，而不予开除，开除措施仅适用于被判处有期徒刑以上刑罚且被实际执行的公职人员。这样一来，就能有效降低轻罪的附随效果，满足比例原则的要求。同时明确规定，公职人员的犯罪记录不能成为影响其子女入学、入伍、就业的限制性条件，以有效避免歧视，绝对防止"株连"。

（四）建立轻罪前科消灭制度

前已述及，本罪属于轻微犯罪范畴，对这类犯罪的行为人并无过多地限制其权利的必要，但当下行为人所承担的刑罚附随后果却与其他普通犯罪无异，这与罪刑相适应原则相抵触。为此，近年来，有的学者明确提出，构建轻罪体系之后，每年由违法行为转化而来的轻微犯罪的罪犯可能承担过多的负面后果，因此，有必要及时建立包括轻罪的犯罪记录封存在内的（广义）前科消灭制度，即

① 周光权．积极刑法立法观在中国的确立．法学研究，2016（4）．

对轻罪罪犯的犯罪记录不向社会公开，在其受到刑事处罚或刑满释放的一定期限后，如果其没有再犯罪危险性的，取消其择业限制或消灭其前科，使其更好地融入社会。[①] 我认为，这一建议不仅有利于对犯罪人的改造，能够最大限度地减少犯罪标签化对罪犯回归社会的负面影响，还有利于社会和谐、稳定，是值得认真研究的，可以考虑对醉酒驾驶机动车的初犯，自被不起诉、缓刑考验期结束或刑罚执行完毕后 3 年内没有再犯新罪的，可消灭其犯罪记录，最大限度减轻醉驾犯罪的附随后果，以帮助犯罪分子积极回归社会。

四、危险驾驶罪的情境预防策略

可以认为，对危险驾驶的刑事治理并没有取得较好的成效，大量公民因此被打上犯罪分子的标签，社会公众可能对他们出现敌意和歧视，从而激起他们与社会对抗的情绪，这既不契合当前的刑事司法理念，也达不到社会治理现代化的要求。要有效减少这类犯罪，通过修改刑法适度提高定罪门槛是选项之一，另外一个值得考虑的方案是通过技术手段实现犯罪预防。

（一）控制“醉驾”犯罪与情境预防

任何犯罪的出现都有其复杂原因，事后的惩罚在有的时候无效，有的时候因为代价过高而无益[②]，因此，要有效预防、控制犯罪，就需要剖析动因、找准“病根”，精准施策。犯罪控制是一个系统工程，刑法只是其中的一种手段，而且是代价最高的手段。在技术手段不断改进的基础上，有效减少危险驾驶罪的发案率，使刑法仅成为“最后手段”，是需要认真考虑的。

确实，最好的社会政策是最好的刑事政策。“我们必须更多地关注预防犯罪而不是犯罪后的控制，应该在犯罪的结构和根源上多做工作。”[③] 从减少犯罪发

---

① 白岫云．建立我国轻罪体系的构想．法治日报，2020－11－11.

② 边沁．道德与立法原理导论．时殷弘，译．北京：商务印书馆，2011：218.

③ 斯蒂芬·E. 巴坎．犯罪学：社会学的理解．秦晨，等，译．上海：上海人民出版社，2011：627.

生率，推进社会治理创新的角度看，一味地对醉酒驾车进行事后查处、定罪处罚，并不是解决问题的最好办法。从技术手段角度思考犯罪预防、控制策略，可能更有助于破解难题。

要有效减少危险驾驶罪，我认为，强制安装车载酒精检测装置基本上是一个治本之策，是对本罪进行体系化治理的重要一环、关键手段。这种措施的采用，是对犯罪学上情境预防理论的运用，即通过改变犯罪被实施的场所以及相关状况，增加犯罪的难度或者被发现的可能性，减少犯罪的机会，进而预防犯罪。例如，普通家庭从之前的使用有毒煤气转向使用无毒煤气，使得通过吸入一氧化碳气体中毒的自杀事件、教唆帮助自杀等大量减少；商铺里监控装置的增加使得入室盗窃减少；将住宅的门锁升级换代等，都是情境预防的适例。[①] 情境犯罪预防的任务，涉及减少机会的多种措施，“（1）针对十分具体的犯罪形式；（2）以尽可能系统而持久的方式，管理、设计和操纵直接环境；（3）使很多犯罪人感到犯罪更加困难和危险，或者犯罪得到回报更少、犯罪更不能被原谅”[②]。犯罪的情境性预防，多数时候体现为增加对于犯罪的环境影响，增加犯罪的物理性障碍。在机动车上强制安装车载酒精检测装置，能够实现犯罪的情境预防效果。我们必须清醒地认识到控制犯罪的手段不能全部寄托在刑法上，不能过于依赖法院对被告人的定罪量刑。在推进国家治理现代化进程中，有必要追求刑事、经济和社会一体化的犯罪预防理念。我国有必要通过相关立法，强制汽车制造商在车辆中安装防“醉驾”装置。

（二）关于强制安装车载酒精检测装置的具体建议

为此，需要研究以下问题：

1. 组织力量研发车载（汽车专用）酒精检测装置。该装置安装在汽车方向盘位置，在主驾驶座位上的驾驶员落座后启动车辆时，如果酒精含量达到一定程度，与酒精检测装置配套的车内报警器自动发出警告，车辆亦不能启动。因此，

---

① 川出敏裕，金光旭．刑事政策．钱叶六，等译．北京：中国政法大学出版社，2016：226.

② 亚历克斯·皮盖惹．犯罪学理论手册．吴宗宪，主译．北京：法律出版社，2019：223.

这种装置的功能是在驾驶员发动汽车之前，强制要求其接受酒精检测，唯有在检测通过之后才发动起来，通过技术手段来预防危险驾驶犯罪。

2. 对于这种装置，比较理想的状态是对于新车全部强制安装。该设备的安装费用可由生产商、销售商、顾客分担，还可以由保险公司承担一部分费用。政府在技术运用初期可以给予对汽车制造商适当补贴。

3. 如果对全部车辆强制安装酒精检测装置有困难，建议对因酒后驾车被行政处罚的人，其私家车必须强制安装酒精检测设备，以确保有酒后驾车经历的人在发动汽车之前必须先接受酒精检测，通过技术手段预防其从违法人员转变为醉酒驾车的犯罪人。

4. 研发和运用车载酒精检测装置是汽车制造商、销售商履行社会责任的具体表现。对相关企业建议由主管汽车工业的国家工业和信息化部给予资金支持、政策激励；对相关科研项目由科技部优先予以立项。

5. 研发这一技术要克服畏惧心理，不宜过分担忧技术研发及运用的难度。目前，家庭用（手持）空气检测仪在检测雾霾的同时，也能够近距离检测酒精含量。因此，应当相信在卫星能够上天、现代科学技术日新月异的今天，只要有关主管机关重视、司法机关积极推动，及时研发、安装、利用车载酒精检测装置完全是有可能的。

6. 在技术研发阶段，鼓励汽车生产商在产品中安装酒精检测装置。待时机成熟后，修改相关汽车产品的技术标准，要求汽车强制安装该装置，并规定一定的过渡期。对于国外进口汽车，今后也需要遵守中国政府规定的汽车制造标准。

总之，积极推进车载酒精检测装置的研发、应用，对于通过科技革命预防犯罪具有重大意义。事实上，汽车制造商在预防“醉驾”的技术上一直在进行探索。2007 年，日产汽车发布了一款酒后驾驶概念车，该概念车使用酒精气味传感器、面部监控和车辆操作行为来检测驾驶员是否酒驾。同年，丰田汽车也宣布将很快推出类似系统。2019 年。沃尔沃公司宣布将在汽车中安装摄像头和传感器，以监控驾驶员是否有醉酒或走神的迹象，然后发出信号进行干预。不过，由于此前一直没有立法强制要求酒后驾驶的预防和检测，因此，尽管汽车制造商陆

续研发过相关技术，但出于降低汽车制造成本的考虑，以及客户并无主动安装的动力等原因，并没有真正推进实施。

值得注意的是，据南方都市报 APP·AI 前哨站报道：美国参议院目前开始审议一项长达 2702 页的《基础设施投资和就业法案》，计划投入 1 万亿美元用于基础设施建设。该法案包含一项“减少所有人的驾驶伤害”条款，要求美国交通部在 3 年内制定一项醉酒检测的技术安全标准，以减少醉酒驾车。为此，汽车制造商可以运用摄像头来监测司机是否醉酒，在醉酒状态下，司机看周围环境的方式和眼睛对刺激的反应方式都会有明显变化，而随着自动驾驶技术的发展，用摄像头监控司机的方案已经非常成熟。除了安装摄像头进行人脸图像识别这一方案之外，其他检测设备也可能被安装于方向盘等位置，当司机触摸时，该设备自动启用红外皮肤检测，确定驾驶员血液中的酒精含量，制造商还可以在车上安装传感器来监测驾驶员的呼吸情况。如果传感器检测出司机很可能醉酒，那么司机就必须使用安装在车上的呼气测试装置进行最终检测，通过后才能启动汽车。美国目前的法案没有具体说明将采用哪项技术来防止醉酒驾驶，但表示必须“监控机动车辆驾驶员的表现，以准确识别该驾驶员是否可能受到损害”①。如果该项技术能够实质性推进，对于防止“醉驾”引发交通参与人死伤一定具有重要意义。对这一技术运用的效果和动向，我们有必要给予密切关注。当然，未来如果有可能推进这一技术的运用，需要协调好其与个人信息保护之间的关系，尤其是确保获取个人行踪轨迹、人脸识别信息的汽车公司等个人信息处理者应当履行好相关法律义务。

无论如何应当承认，在我国，如果每年能够通过技术手段减少 30 万以上的罪犯，这无论对于国家、社会和个人都是一件有意义的大事，既事关不特定多数人的公共安全，也可以看成是涉及千家万户的民生工程，值得汽车制造业、相关行政主管部门、司法机关认真研究，积极推进。

---

① 李娅宁．美国或将强制车企安装传感器检测酒驾，醉酒时不能启动车辆．(2021－08－30)．https：//view.inews.qq.com/a/20210811A0DZ4F00？startextras＝0＿66f42484f5093&from＝amptj.

五、结　语

理想的刑法教义学，一方面必须立足于精巧的解释，并逐步形成无矛盾的自在体系，另一方面，必须积极回应时代的要求，使得刑法判断具有合目的性。前者与学者自身的解释能力、思考能力有关，后者则与学者对社会发展状况的了解以及对刑事一体化思想的把握有关。

我国刑法学研究在很大程度上已经意识到了储槐植教授所极力倡导的刑事一体化思想的重要性，并对理论进行了一定程度的调整，同时大幅度拓宽了研究视野，使我们在追求刑法教义学的精致化过程中始终保持警醒，能够更加关注现实，确保刑法理论能够“从实践中来，到实践中去”，关注其他刑事法学科的发展动向，在独特的实务和理论基础上构筑具有中国特色的刑法理论，避免刑法教义学“为体系而体系”。刑法学如果不对我国实务难题给予足够关注和迅速回应，教义学理论无论自洽到何种程度，其存在价值都是有限的，都与刑事一体化的理念相抵触。在这个意义上，可以认为，储槐植教授所提倡的刑事一体化理论给我国刑法学的发展带来了巨大冲击。

第八章　罪刑法定与增设妨害业务罪

在民法学上，可以名正言顺地肯定法续造、漏洞填补，接纳类推解释。[①] 但是，罪刑法定原则是一般性法治国家原则的具体化，其专为刑法领域就法律保留及其界限、法安定性所要求的确定性以及溯及力等方面提出了特别的要求[②]，刑法解释应当绝对禁止使用类推解释来填补法律漏洞、进行规范“续造”，从而发挥其对于刑事司法领域的人权保障所起的至关重要作用，使之真正成为现代法治国家刑事司法中不可动摇的“铁则”。在原有罪名难以适应社会经济发展状况，又必须避免类推的背景下，及时增设轻罪就是需要认真讨论的问题。

一、对利用计算机信息技术实施危害行为定性的类型分析

业务，是指自然人、法人或其他组织基于职业或者其他社会生活上的地位而继续、反复从事的事务或工作。妨害业务的行为会侵害权利人在经济活动、社会活动中的自由权，进而使之遭受财产损失，破坏公平竞争的市场经济环境，具有

① 周光权．刑法“创造性解释”的司法现状与控制路径．法商研究，2023（1）.

② 托马斯·M.J. 默勒斯．法学方法论．第4版．杜志浩，译．北京：北京大学出版社，2022：19.

相当程度的社会危害性。在我国司法实务中，破坏生产经营罪、破坏计算机信息系统罪甚至非法经营罪、损害商业信誉、商品声誉罪等都对一部分妨害业务行为进行惩罚，可以适用的罪名似乎为数不少。但是，由于缺乏包容性较强的妨害业务罪，刑法适用经常面临一些瓶颈性难题，罪刑法定原则面临不少冲击。

（一）定罪的现状

1. 以破坏生产经营罪定罪的情形

在对利用计算机信息系统妨害业务行为进行惩罚方面，实务上首选的罪名是破坏生产经营罪。在实践中，对所谓“反向刷单”行为就大多以破坏生产经营罪定罪处罚。在［例 1，恶意刷单案］中，检察机关指控：在网上经营论文相似度检测业务的董某为了打击竞争对手，雇佣并指使谢某多次以同一账号在竞争对手的网店恶意刷单 1 500 笔，使对手被电商平台经营者作出“商品搜索降权”的处罚，其订单交易额损失 10 余万元。对于本案，法院判决董某、谢某构成破坏生产经营罪。① 类似案件还有很多，例如，被告人钟某为打压竞争对手经营的“浪莎薇拉菲”网店，通过 QQ 与梁某联系，谎称该店铺为其本人所有，雇佣梁某召集刷单人员恶意在被害人经营的网店刷单 1 998 单，造成被害人经营的网店直接经济损失人民币 4 万余元，并使该店铺面临违规处罚、搜索降权、被封店的可能，给该店造成了较大的损失。据此，法院以破坏生产经营罪判处被告人钟某有期徒刑 2 年 3 个月。② 在［例 2，删除、下载公司计算机源代码案］中，检察机关指控被告人蒋某因为对 K 公司法定代表人不满，而擅自删除、下载 K 公司正用于软件产品开发的计算机源代码等文件，导致该公司产品开发进程受阻，遭受相当数额的经济损失，其行为应当构成破坏生产经营罪。法院经审理后认定，虽然蒋某进入计算机信息系统不属于非法侵入，但“由于蒋某对公司核心机密的删除、下载行为，导致了公司多次停工以排除隐患，项目进展迟滞，不得不重新评

---

① 参见江苏省南京市雨花台区人民法院（2015）雨刑二初字第 29 号刑事一审判决书；江苏省南京市中级人民法院（2016）苏 01 刑终 33 号刑事判决书。

② 参见浙江省金华市中级人民法院（2018）浙 07 刑终 602 号刑事裁定书。

估以安排项目进展，为赶进度而被迫加班，有关产品的推出时间也大为延后，以上种种均是公司生产经营秩序被破坏的体现”，据此认定被告人蒋某构成破坏生产经营罪，判处其有期徒刑2年。[①]

2. 以破坏计算机信息系统罪定罪的情形

对于非法进入计算机信息系统进行破坏的，行为人构成破坏计算机信息系统罪当无异议。但是，对于并未非法侵入他人计算机信息系统，仅仅在系统外进行一定程度的“扰乱”，妨害他人正常业务的，实务中也有大量案件以破坏计算机信息系统罪定罪。在［例3，干扰环保采样案］中，法院认定被告人李森、张锋勃多次进入环境监测站内，用棉纱堵塞采样器的方法，干扰站内环境空气质量自动监测系统的数据采集功能。被告人何利民明知李森等人的行为而没有阻止，只是要求李森把空气污染数值降下来。被告人李森还多次指使被告人张楠、张肖采用上述方法对子站自动监测系统进行干扰，造成该站自动监测数据多次出现异常，多个时间段内监测数据严重失真，影响了国家环境空气质量自动监测系统正常运行。对于本案，法院根据最高人民法院、最高人民检察院2016年12月23日公布的《关于办理环境污染刑事案件适用法律若干问题的解释》第10条的规定（违反国家规定，针对环境质量监测系统干扰采样，致使监测数据严重失真的，构成破坏计算机信息系统罪），判定被告人李森等五人破坏计算机信息系统罪。[②]

此外，行为人依法进入自己参与开发的计算机信息系统，但对商品房摇号销售等业务有妨害的，实务上也有以破坏计算机信息系统罪定罪的例子。在［例4，关系户摇号购房案］中，某省会城市推行商品房预售摇号购房政策，以有效控制新房涨幅。甲房地产公司工作人员张某等人受单位领导指派，在商品房预售的前一天晚上和受甲公司委托开发软件的乙公司员工凌某当面沟通摇号具体细节，询问乙公司能否保证关系客户最先摇中，此后由乙公司自行确定操作方案，最后使得名单上的106人摇号中签并购房，此事曝光后，引起普通购房者的强烈

① 参见北京市海淀区人民法院（2015）海刑初字第434号刑事判决书。

② 参见最高人民法院发布的“指导案例104号”（李森、何利民、张锋勃等人破坏计算机信息系统案）。

不满。对于本案，检察机关以破坏计算机信息系统罪对甲公司员工张某等人提起公诉。

3. 以非法经营罪定罪的情形

在实务上，对所谓的“正向刷单”行为则大多以非法经营罪进行处理。在［例 5，刷单炒信案］中，检察机关指控被告人李某通过创建网商联盟网站，利用语音聊天工具建立刷单炒信平台，吸纳网店卖家注册账户成为会员，并收取一定数额的保证金、平台管理维护费等。李某在网站平台上通过制定刷单炒信规则与流程，组织会员通过该平台发布或接受刷单炒信任务。会员通过缴纳会费承接任务后，通过与发布任务的会员在某电商平台进行虚假交易并给予虚假好评的方式赚取任务点，使自己能够采用悬赏任务点的方式吸引其他会员为自己刷单炒信，进而提升自己网店的销量和信誉，欺骗顾客。经审理查明，李某共收取平台管理维护费、体验费等 30 万元，另收取保证金 50 余万元。检察机关据此认为，被告人李某违反国家规定，以营利为目的，明知是虚假的信息仍通过网络有偿提供发布信息等服务，扰乱市场秩序，情节特别严重，其行为已构成非法经营罪。法院经审理采纳起诉意见，以非法经营罪判处李某有期徒刑 5 年 6 个月，以侵犯公民个人信息罪判处其有期徒刑 9 个月，数罪并罚决定执行有期徒刑 5 年 9 个月，并处罚金 92 万元。①

（二）所提出的主要问题

在上述五个案件中，都一定程度存在危害行为使他人的正常业务受到妨害的情形（但是，在［例 4，关系户摇号购房案］中，行为是否对他人的业务有所妨害还是一个疑问），单纯从法益侵害性、值得处罚性的角度看，对被告人定罪处刑似乎无可非议。但是，上述几个案件的处理都从不同角度提出了刑法解释论上的复杂问题。［例 1，恶意刷单案］、［例 2，删除、下载公司计算机源代码案］所提出的问题是在没有使用物理上的有形力对机器设备或生产资料进行破坏时，是否还能够构成破坏生产经营罪？而［例 3，干扰环保采样案］、［例 4，关系户摇

① 参见浙江省杭州市余杭区人民法院（2016）浙 0110 刑初 726 号刑事判决书。

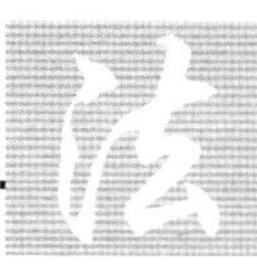

号购房案〕则提出了在计算机信息系统之外实施干扰、破坏行为的，能否以破坏计算机信息系统罪定罪？〔例5，刷单炒信案〕所涉及的问题则是对原本就不可能取得行政许可的妨害行为，能否以行为人事实上没有获得行政许可论以犯罪？归结起来讲，上述案件的定性都可能存在与罪刑法定原则相抵触的地方，即便不认为这些案件的处理是类推适用刑法，也至少可以认为其属于“软性解释”的情形。而刑法的“软性解释”是否有限度，对前述案件仅仅在解释论上解决是否捉襟见肘，都是很值得研究的问题。

二、罪刑法定与刑法“软性解释”的限度

（一）刑法“软性解释”现象确实存在

由于实践中总是存在动用刑法进行社会治理的呼吁，因此，作为刑法中的“铁则”的罪刑法定原则也时刻面临各种冲击，这一点在现代信息社会表现得更为突出。对此，佐伯仁志教授认为，在出现值得处罚的某种新行为时，司法上总是倾向于通过“软性地”解释刑罚法规来应对，这是出于刑事司法政策的考虑，即在刑事立法难以推进的情况下，进行必要的软性解释是在所难免的。①

但是，软性解释有时很可能比扩张解释走得更远。刑法并不禁止扩张解释，在做扩张解释时，需要考虑判断解释对象的开放性，对法条用语的含义进行一定程度的拓展，对处罚冲动进行必要的限缩（法条用语通常含义和边缘含义之间的反向制约）。② 扩张解释是对法条用语的核心含义进行扩展，但又必须将其限定在条文用语可能的含义范围内，因此，单纯从学理的角度看，扩张解释和软性解释、类推解释的界限应当是客观存在的。但是，在实务上，软性解释有时再向前迈进一步就是类推解释，就可能使得解释结论超越规范自身内容，实质上由司法者制定出了立法上原来没有预想到的新规范。

---

① 佐伯仁志．刑法总论的思之道·乐之道．于佳佳，译．北京：中国政法大学出版社，2017：23.

② 冯军．论刑法解释的边界和路径．法学家，2012（1）.

(二) 我国司法上对利用信息网络技术实施危害行为的处理采用了“软性解释”方法

如果从罪刑法定原则所要求的严格解释角度看，前述5个涉及信息技术利用的案例都是在对刑法进行软性解释，个别案件甚至有类推适用刑法的嫌疑。

1. 以破坏生产经营罪定罪的疑问

破坏生产经营罪的客观行为是毁坏机器设备、残害耕畜或者“其他方法”。这里的其他方法，应当是与毁坏机器设备、残害耕畜相类似的行为，而不是泛指任何行为。应当认为，破坏生产经营罪与故意毁坏财物罪之间存在法条竞合关系，本罪是特别规定，即采用故意毁坏机器设备、残害耕畜等方法破坏生产经营。具体而言，在司法实务中，这里的“其他方法”，主要表现为破坏电源、水源，制造停电、停水事故，破坏种子、秧苗，毁坏庄稼、果树，制造质量事故或者责任事故等。[①] 而这些方法都是物理性的对生产资料的破坏、毁坏。

特别需要强调的是，在解释破坏生产经营罪的客观构成要件时，明显有一个“同类解释规则”的运用问题。所谓同类解释规则，是指对于兜底条款的解释应当和并列的条款具有大体相当性。[②] 从构成要件符合性的角度看，当《刑法》分则条文在某些明确列举的行为之后规定了“等”或者“其他”行为的，对“等”或者“其他”的解释就必须遵循同类解释规则，将其与之前明确列举的行为进行对照，使之在行为方式和侵害对象上保持一致：一方面，行为必须表现为毁坏、残害等毁损行为；另一方面，毁损的对象必须是机器设备、耕畜等生产工具、生产资料。[③] 对于这种同类解释规则的运用，在刑法解释上应该存在共识。例如，对日本《刑法》第125条往来危险罪中规定的“毁坏铁路或其标识，或者通过其他手段实施”，学者认为，法官只能根据列举或“例示”的“毁坏”手段进行有限的解释，从而判断什么行为才属于这里的“其他手段”[④]。如果法官对其他手

---

① 周光权．刑法各论．第3版．北京：中国人民大学出版社，2016：148.

② 张明楷．注重体系解释 实现刑法正义．法律适用，2005（2）.

③ 张明楷．刑法学．第5版．北京：法律出版社，2016：1027.

④ 前田雅英．刑法各论讲义．东京：东京大学出版会，2015：341.

段的理解和立法者明确列举、例示的方式不一致，等于违背了立法者的指示，可能与罪刑法定原则相抵触。我国少数学者主张，在现代信息社会，破坏生产经营罪是妨害业务的犯罪，为了满足保护法益的需要，对破坏生产经营罪中“破坏”一词的解释不能停留在农耕时代或机器工业时代，不能将其限定为对生产资料的物理破坏，只要造成他人的业务无法开展并由此导致整体财产损失即可。[①] 这一理解抽象地看似乎没有问题，但是，一方面，从法益出发柔性解释构成要件的思考方法存在一定疑问。对此，松宫孝明教授指出，法益不过是解释构成要件时发现的立法理由而已，利用法益定义个别构成要件要素的情形，应当限于“因法条术语过于宽泛而需要进行‘目的论缩小解释’时”[②]。为了法益保护的需要而不顾及构成要件行为的定型性的解释存在可疑之处。另一方面，只要结合《刑法》第 276 条的规定进行判断，就会发现将破坏行为几乎无限地进行扩大这一说法的穿透力有限：对毁坏概念的理解如果不考虑行为人对物自身的作用，将对所有权人确定的用途目的的任何挫败都视作“毁坏”或损坏，势必超越法条文义对扩张解释所划定的界限。[③] 一旦立法上将“其他方法”与“毁坏”机器设备、残害耕畜并列，解释上就只能根据列举的手段展开，解释者对“其他方法”的理解就必须与立法者在同一语句中所明确列举的方式保持内在一致，否则就与立法者的指引相悖，因此，在现行立法之下，很难得出破坏生产经营罪的手段行为不受限制，可以是导致他人无法正常开展业务的一切行为的结论。由此出发，认为本罪的行为方式包括威力和诡计的主张可能也还值得商榷。[④]

按照上述分析逻辑，无论是在［例 1，恶意刷单案］还是［例 2，删除、下载公司计算机源代码案］中，被告人都并未实施破坏生产资料、生产工具、机器

---

① 李世阳．互联网时代破坏生产经营罪的新解释——以南京“反向炒信案”为素材．华东政法大学学报，2018 (1).

② 松宫孝明．结果反（无）价值论．张小宁，译．法学，2013 (7).

③ 也正是在这个意义上，德国刑法学的多数说一直认为将他人饲养的鸟儿放飞的行为，仅构成一个不受刑罚处罚的（纯粹的）使财物“脱离权利人占有”的行为，认为该行为构成故意毁坏财物的主张属于少数说。参见约翰内斯·韦塞尔斯．德国刑法总论．李昌珂，译．北京：法律出版社，2008：27。

④ 柏浪涛．破坏生产经营罪问题辨析．中国刑事法杂志，2012 (3).

设备的行为，不属于“以其他方法破坏生产经营”。应当承认，反向刷单行为具有一定的社会危害性，但是，被告人的行为手段无法解释在破坏生产经营罪的现有客观构成要件规定之内，这是无法否认的客观事实。如果要认定前述两个案件构成破坏生产经营罪，就只能进行软性解释或类推解释，即将利用计算机信息系统妨害他人正常业务的行为类推为以有形力毁坏生产资料的破坏行为。对此，我国有学者指出：将刷单炒信行为定罪，是将立法没有犯罪化的行为通过个案处理的方式予以刑罚制裁，因而是一种司法犯罪化。然而，基于法条主义的视角，反向刷单炒信的行为并不构成破坏生产经营罪。刑法谦抑原则要求，在充分运用非刑法手段之前不得率先动用刑法，能以特定罪名评价的行为不得任意选择其他罪名。①

对于这种软性解释或类推解释，我国有学者持肯定态度。例如，高艳东教授就对网上恶意注册账号等违法行为应当构成破坏生产经营罪进行了论证，进而主张：“在信息时代，应当对破坏生产经营罪进行客观和扩张解释：破坏不等于毁坏，妨害也是一种破坏；生产经营不仅包括生产活动，还包括组织管理活动，生产经营可以包括业务。因此，破坏生产经营罪可以包容妨害业务罪。”② 按照这种分析进路，[例 1，恶意刷单案] 当然可以被认定为破坏生产经营罪。

但是，从文义解释的角度看，对破坏生产经营罪的构成要件做这种软性解释是存在疑问的。如果不考虑刑法客观解释的限度，破坏生产经营罪势必会沦为“口袋罪”③。反向刷单客观上会造成竞争对手的损失，但被告人的行为手段是损害他人的商业信誉和商品声誉，而不是故意毁坏他人的生产资料。换言之，反向刷单的手段行为并不符合毁坏生产经营罪的客观构成要件，对其行为在《刑法》增设妨害业务罪这一新罪之前，按照《网络交易管理办法》（2014 年 1 月 26 日原国家工商行政管理总局公布）第 19 条第 4 项的规定（网络商品经营者、有关服务

---

① 叶良芳．刷单炒信行为的规范分析及其治理路径．法学，2018（3）.

② 高艳东．破坏生产经营罪包括妨碍业务行为：批量恶意注册账号的处理．预防青少年犯罪研究，2016（2）.

③ 刘艳红．网络时代刑法客观解释新塑造：“主观的客观解释论”．法律科学，2017（3）.

经营者销售商品或者服务，不得利用网络技术手段或者载体等方式，以虚构交易、删除不利评价等形式，为自己或他人提升商业信誉）进行行政处罚可能更为合适。

如果对破坏生产经营罪的行为手段和行为对象不进行限制，就会带来刑法解释方法上坚守的同类解释规则等瓦解，从而带来解释结论上的不确定性。例如，《刑法》第 114 条规定，放火、决水、爆炸、投放危险物质或者以其他危险方法危害公共安全的，应当定罪处罚。对于这里的“其他危险方法”，学界的一致共识是不能过度扩大解释。因为以其他危险方法危害公共安全仅仅是《刑法》第 114 条、第 115 条的“兜底”条款或堵截性规定，而不是整个危害公共安全罪或者整个刑法典中惩治公共危险行为的兜底条款，否则就与罪刑法定原则相悖。因此，对“其他危险方法”就必须理解为与放火、决水、爆炸、投放危险物质的行为方式及社会危害性相当，且《刑法》第 114 条、第 115 条没有明确列举的危险方法，在实践中常见的情形有：在繁华地段故意驾车任意冲撞，私设电网，破坏矿井通风设备，行为人醉酒后驾车在发生第一次肇事后果后继续驾车冲撞造成重大伤亡的，等等。[①] 如果说不要求“其他危险方法”与放火、决水、爆炸、投放危险物质的行为方式相当，仅考虑危害后果，在实践中难免出现极端案件，例如，对甲编造乙在外地的父亲出车祸的虚假事实，故意刺激长期患有抑郁症的乙，导致后者情绪激动冲向车水马龙的街道，由此引发多车追尾甚至死伤事故的，如果不考虑“以危险方法危害公共安全”的行为定型性，不要求“其他危险方法”与放火、决水、爆炸、投放危险物质的同类性，软性地解释“其他危险方法”，就完全可以得出甲构成以危险方法危害公共安全罪的结论。这样的思考方式，和不注重同类解释在破坏生产经营罪中的运用，将物理性破坏手段虚化是相同的逻辑，显然是不可取的。如果说在《刑法》第 114 条中同类解释原则必须坚持，那么，为什么这一解释原则到了破坏生产经营罪这里就可以抛弃？

2. 适用破坏计算机信息系统罪的难题

对［例 3，干扰环保采样案］中李森等人行为的定性，在一定程度上也可以

① 高铭暄，马克昌．刑法学．第 5 版．北京：北京大学出版社、高等教育出版社，2011：343.

说是软性解释的结果。毫无疑问的是，被告人的行为违反了国家规定，因为《环境保护法》第68条规定禁止篡改、伪造或者指使篡改、伪造监测数据；《大气污染防治法》第126条规定禁止对大气环境保护监督管理工作弄虚作假；《计算机信息系统安全保护条例》第7条规定不得危害计算机信息系统的安全。但难题是，被告人采取堵塞采样器的方法伪造或者指使伪造监测数据，弄虚作假的行为是否属于破坏了计算机信息系统。

根据《刑法》第286条破坏计算机信息系统罪的规定，条文三款的内容分别对应三种行为方式：(1) 违反国家规定，对计算机信息系统功能进行删除、修改、增加、干扰，造成计算机信息系统不能正常运行，后果严重；(2) 对计算机信息系统中存储、处理或者传输的数据和应用程序进行删除、修改、增加的操作，后果严重；(3) 故意制作、传播计算机病毒等破坏性程序，影响计算机系统正常运行，后果严重。要认定李森等人的行为成立破坏计算机信息系统罪，唯一可能符合的只能是前两种行为类型，但被告人的行为并不符合上述破坏计算机信息系统罪的行为方式和构成要件。显而易见的是，被告人的行为不符合《刑法》第286条第2款规定的破坏计算机信息系统数据和应用程序的构成要件。本款规定的是破坏"计算机信息系统中"的数据和应用程序的行为，行为人必须是针对计算机信息系统中已经存在的数据和应用程序进行删除、修改或增加。但是，被告人的行为仅仅改变了环境监测设备外部取样的物理环境条件，其并未通过相应的技术手段侵入环境监测设备系统内部进行数据和应用程序的删除或修改，不属于"对计算机信息系统中"的数据和应用程序进行非法操作。

接下来需要分析的是，能否将被告人的行为解释为"干扰"计算机信息系统功能？在本案中，至关重要的问题是：在计算机信息系统外所实施的扰乱行为，算不算《刑法》第286条所规定的"干扰"？如果对本罪中的"干扰"一词不做严格解释，仅根据最高人民法院、最高人民检察院2016年12月23日公布的《关于办理环境污染刑事案件适用法律若干问题的解释》第10条第1款所规定的"干扰采样，致使监测数据严重失真的"，就可以认为：李森等五名被告人用棉纱堵塞采样器的采样孔或拆卸采样器的行为，必然造成采样器内部气流场的改变，

造成监测数据失真，影响对环境空气质量的正确评估，按司法解释的字面含义，上述被告人的行为属于对计算机信息系统功能进行干扰，造成计算机信息系统不能正常运行的行为。

但是，如果按照罪刑法定原则的要求对刑法进行严格解释[①]，也可以认为李森等人的行为并不符合《刑法》第 286 条第 1 款规定的破坏计算机信息系统功能的构成要件：本款规定的是破坏计算机信息系统功能的行为，是指行为人在不法侵入计算机信息系统内部后，再对系统的功能本身所进行的破坏，从而使得计算机信息系统不能运行或者不能按原先的设计要求运行。最高人民法院、最高人民检察院《关于办理危害计算机信息系统安全刑事案件应用法律若干问题的解释》第 11 条规定，计算机信息系统和计算机系统，是指具备自动处理数据功能的系统，包括计算机、网络设备、通信设备、自动化控制设备等。但是，本案中李森等人的行为仅在计算机外实施，其从来就没有侵入计算机系统内部实施，而仅仅只是改变了大气监测设备取样的外部物理环境。对于从未通过技术手段侵入到环境监测计算机系统的内部，并未通过改变或干扰监测系统内部应用程序的功能来改变监测结果的情形，难以认定为对系统自身的功能有干扰。同时，被告人的行为也没有造成大气监测设备及计算机系统不能正常运行。尽管被告人改变监测设备外部环境的行为可能会影响监测结果，但无论如何可以肯定的是，监测设备预先设定的系统运行程序和功能没有受到任何的影响和破坏，样本在进入监测设备内部后，监测设备仍能按预定的程序和规则分析出采样结果，并将采样结果自动传输给相关监管部门。

不可否认，在实务中，出于处罚必要性的考虑，很容易望文生义将被告人的行为认定为“干扰”计算机信息系统功能。但是，本罪中的“干扰”应该有特殊含义，仅指造成计算机信息系统不能按照既定的应用目标和规则进行采集、加工、存储、传输、检索信息等处理活动，亦即不能正常运行。同时，由于这里的“干扰”与“删除、修改、增加”并列，按照同类解释的要求，就应该认为，干

---

① 《法国刑法典》第 1 条规定：“刑法应严格解释之。”

扰应该是与删除、修改和增加行为相当的破坏计算机信息系统功能的行为，因而，干扰也是对计算机信息系统运行功能、机理造成的破坏。如果某种扰乱行为没有导致计算机信息系统运行机理发生重大变化的，就不能认为是刑法所规定的“干扰”。干扰的方式是多种多样的，包括外挂程序、拦截信号、干扰信息传输等，但很难包括在系统外部采用物理方法的扰乱。

对于［例 3，干扰环保采样案］的处理，一线办案人员可能认为有司法解释的规定作为依据就万事大吉。但是，在罪刑法定原则面前，司法解释一旦可能与该原则相抵触，其正当性就应当受到质疑。司法解释是司法机关在适用法律过程中对法律文本的解释，当然也必须遵循罪刑法定原则的要求。因此，其不能突破刑法文本用语所可能具有的含义范围，否则最高司法机关就属于不当行使了立法权，从而与《立法法》的相关精神相悖。也就是说，对司法解释的理解也必须在刑法文本的框架下进行。最高人民法院、最高人民检察院 2016 年 12 月 23 日公布并于 2017 年 1 月 1 日起施行的《关于办理环境污染刑事案件适用法律若干问题的解释》第 10 条确实规定干扰采样，致使监测数据严重失真的，应以破坏计算机信息系统罪论处，但基于罪刑法定原则的考虑，对于这一司法解释内容的理解与适用，仍然必须以《刑法》第 286 条破坏计算机信息系统罪的文本规定为基本前提，与刑法上的相关规定保持一致，不能突破法条的文义，即要对干扰环境质量监测系统采样的行为论以破坏计算机信息系统罪，同样必须要求行为人以技术手段侵入环境质量监测系统的内部，通过对系统本身的功能进行干扰、删除等方式影响检测结果，并且同时还要造成环境质量监测系统不能正常运行，从而对犯罪成立范围进行限定。然而，本案中李森等人的行为并没有侵入环境质量监测系统的内部，其改变监测系统取样外部物理环境的行为根本没有对监测系统本身的功能造成任何破坏，并未造成环境质量监测系统不能正常运行。

可以认为，将［例 3，干扰环保采样案］中李森等人的行为认定为破坏计算机信息系统罪，突破了文本可能的含义范围，与罪刑法定原则之间存在冲突，有类推解释之嫌。

对于扩大解释还是类推适用的区分，必须以是否超出了文字所可能有的最大

含义为界限。如果超出一般人对于文字字面含义的理解，则应视为是类推适用，而不属于扩大解释。因为一旦超出一般人对文字字面含义的理解，意味着超出了国民的预测可能性，违背了罪刑法定原则保障公民行动自由的宗旨。行为人通过改变环境质量监测系统取样的外部物理环境以干扰取样的行为尽管字面上符合上述司法解释规定的"干扰采样，致使监测数据严重失真"，但是，由于刑法文本本身规定"对计算机信息系统功能进行删除、修改、增加、干扰，造成计算机信息系统不能正常运行"，很清楚的是，一般人对于本款刑法规定的理解也会是行为人的干扰采样行为侵入了环境监测系统的内部，对监测系统的功能本身进行干扰，并且要造成监测系统不能正常运行。假如不以《刑法》第 286 条的文本规定为前提理解司法解释规定的"干扰采样，致使监测数据严重失真"，将有违反罪刑法定原则之嫌。因此，对于 2016 年公布的《关于办理环境污染刑事案件适用法律若干问题的解释》第 10 条规定的"干扰采样，致使监测数据严重失真的"行为论以破坏计算系统罪的，如果从严格解释的角度去"较真"，就应该理解为：行为人进入计算机信息系统后的"干扰采样，致使监测数据严重失真的"，才有构成本罪的余地。李森等人的行为只是改变了环境监测系统采样的外部物理环境，其行为并没有侵入监测系统的内部，更没有造成监测系统不能正常运行，将被告人的行为论以破坏计算机信息系统罪，有类推适用刑法的疑问。

与本案类似的情形是：在有的地方开展环境监测时，个别环境保护行政机关工作人员为了让数字"好看"，对监测设备喷洒自来水、吹清风，让监测设备周围的环境得到改善，最后获取一些不真实、不准确的监测数据的，行为人都没有进入计算机信息系统，对其行为都难以定性为破坏计算机信息系统罪，在《刑法》增设妨害业务罪之前，都难以定妨害业务类犯罪（但被告人可能构成滥用职权罪）。这也说明我国目前的相关罪名设置确实捉襟见肘。

对［例 4，关系户摇号购房案］中行为人的定罪，就更成问题。首先，被告人并未违反国家规定对计算机信息系统功能进行删除、修改、增加、干扰，造成计算机信息系统不能正常运行。因为整个计算机信息系统的功能并没有被破坏，系统能够正常运行。同时，被告人也没有对计算机信息系统中存储、处理或者传输的数据和应用程序进行删除、修改、增加的操作，影响计算机系统正常运行。主要理由有三点：(1) 破坏计算机信息系统的实行行为具有“非法性”。本案中的计算机信息系统是由甲公司委托乙公司开发的，乙公司在开发、使用其自己的计算机信息系统时，对程序如何进行设计是公司内部正常事务。作为计算机软件著作权人的乙公司按照其自行设计的程序进行操作，不是对计算机信息系统中存储、处理或者传输的数据和应用程序进行具有非法性质的修改、删除或者增加的操作，本案中正犯的行为不具有非法性，计算机信息系统事实上也从未遭到修改和破坏。(2) 被破坏的计算机信息系统一定是他人的系统，行为客体具有“他人性”。对于自己开发、控制的系统，只有是否正常进入或者按照自己的权限进行数据删除或修改的问题，而不存在“破坏”自己控制、开发的系统的说法。乙公司在自行开发过程中，管理、调整的是自己的系统，而不是他人的计算机信息系统，更不是由房地产行政主管机关开发的系统，所以谈不上是他人的系统被本案被告人破坏或者攻击。(3) 破坏计算机信息系统的对象具有“复合性”，即行为人必须同时对计算机信息系统中存储、处理或者传输的“数据”和“应用程序”进行修改、删除、增加的操作，才可能构成本罪。这就意味着，单纯修改、删除、增加数据并不能构成本罪，而必须同时针对应用程序进行破坏，行为才具有犯罪性。立法上的基本考虑是：只有同时对数据和应用程序进行删除、修改、增加的操作，才能影响计算机信息系统的正常运行，才可能造成严重后果。如果单纯调整、修改数据，计算机信息系统自身的运行不会受到影响，这样就不可能构成犯罪。在本案中，行为人只是对客户数据进行调整，并未对应用程序进行修改，认定被告单位及其工作人员构成破坏计算机信息系统罪，就与罪刑法定原则相悖。其实，对本案被告的行为最多可以看作是其合法经营过程中在一定程度上的违规操作。对其违规行为按照政府商品房销售管理的有关规定进行行政处罚，就完全足够了，将其作为犯罪追究违反刑法谦抑性和最后手段性，并不合适。

3. 以非法经营罪定罪的困境

应当承认，[例 5，刷单炒信案] 中，李某使刷单炒信规模化和产业化，其对于电商平台正常经营业务的妨害是不言而喻的，行为具有可罚性。有的学者主

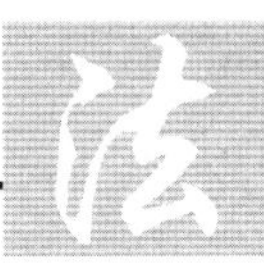

张："在互联网领域，非法经营罪应当适度扩张，为网络空间设立行为法则。互联网的高速发展，大大超过了立法速度，面对激增的新型网络犯罪，法律不能无所作为。"[①] 但是，问题在于，被告人是否违反国家规定从事非法经营？关于违反国家规定，法院事实上认为，根据国务院《互联网信息服务管理办法》的相关规定，被告人应当取得互联网信息服务增值电信业务经营许可证而未取得，因此其行为违反国家规定。但是，这一论证在逻辑上值得推敲。对此，陈兴良教授指出，互联网信息服务，是指法律允许的正常经营活动，因此，其需要经过申请，相关管理部门会发给互联网信息服务增值电信业务经营许可证。如果没有取得这种经营许可证进行经营，就属于违反国家规定的经营行为。但在本案中，刷单炒信是《反不正当竞争法》所禁止的违法行为，即使行为人提出申请，有关部门也不可能发给经营许可证。在这种情况下，根本就不存在违反经营许可的问题。正如卖淫行为是法律所禁止的，因此，不存在违反经营许可的问题一样。对于法律禁止的活动是不存在经营许可的，这是行政许可的基本原理。由于刷单炒信行为缺乏违反国家规定的要件，仅仅基于社会危害性的考量，将组织刷单炒信行为认定为非法经营罪，与罪刑法定原则存在相悖之处。[②] 对于陈兴良教授的上述分析，我认为值得赞同。确实，如果严格贯彻本案判决的主张，组织卖淫、组织出卖人体器官等行为都会因为没有取得行政许可而构成非法经营罪。但我国刑法分则明确规定组织卖淫罪、组织出卖人体器官罪，而不认为这些犯罪的行为人构成非法经营罪，就足以说明本案的判断逻辑存在可疑之处。因此，有学者指出，从法教义学的角度看，对刷单炒信行为不宜适用非法经营罪来进行规制，因为这不但背离了该罪的规范保护目的，而且可能进一步恶化其"口袋罪名"的现状。对这类行为通过虚假广告罪或非法利用信息网络罪来定罪处罚也不失为一种思路。[③]

值得衍生讨论的问题是：近年来，网络"黑灰产业"愈演愈烈，尤其是销售"黑卡"、恶意注册账号和"养号"产业发达，对互联网企业冲击很大，于是也有

---

① 高艳东．信息时代非法经营罪的重生——组织刷单案评析．中国法律评论，2018（2）.

② 陈兴良．刑法阶层理论：三阶层与四要件的对比性考察．清华法学，2017（5）.

③ 王华伟．刷单炒信的刑法适用与解释理念．中国刑事法杂志，2018（6）.

人提出应当对这些产业的被告人论以非法经营罪，大致的理由是：首先，被告人的行为违反了关于实名制的国家规定。国家已经全面实施了网络服务实名制的规则，根据《全国人民代表大会常务委员会关于加强网络信息保护的决定》和《电话用户真实身份信息登记规定》（工业和信息化部令第25号），电话用户真实身份信息登记已于2013年9月1日起全面实施；2017年6月1日起施行《网络安全法》第21条亦明确规定了网络服务的前提是真实身份。由此，销售不具有实名的“黑卡”和利用“黑卡”注册不具有实名的互联网账号违反了国家规定。其次，被告人的行为违反了关于互联网服务的国家规定。依照《全国人民代表大会常务委员会关于维护互联网安全的决定》的规定，利用互联网实施该决定第1条、第2条、第3条、第4条所列行为以外的其他行为，构成犯罪的，依照刑法有关规定追究刑事责任。依照《互联网信息服务管理办法》，国家对经营性互联网信息服务实行许可制度，对非经营性互联网信息服务实行备案制度，未取得国家有关部门的许可，不得从事互联网有偿信息服务。提供互联网账号这一行为本身是互联网信息服务的一种，恶意注册账号和“养号”群体虽然并非提供供用户注册使用账号的平台，但其行为实质上是为那些不通过自身注册账户的人员提供了账户服务，可以理解为一种互联网服务，由此也违反了关于互联网服务的国家规定。最后，恶意注册账号和“养号”产业的存在，客观上规避了通信及网络服务实名制，其社会危害性是显而易见的。但是，仅根据上述理由就认定互联网黑灰产业的行为人构成非法经营罪，其说理未必透彻。

确实应该承认的一个基本事实是，网络犯罪因为链条长，上下游勾结隐蔽，发现和斩断整个黑灰产业利益和共同犯罪链条是非常困难的，因此通过共同犯罪的方法打击上游恶意注册账号和“养号”行为本身存在相当大的挑战。因此，认定非法经营罪，实际上是在一定程度上认识到了上述困难，而希望从手段行为单独对恶意注册账号、“养号”并销售的行为予以规制的另一种思路和方案，单纯从处罚必要性的角度看，似乎有存在合理性。同时，《刑法》第225条第4项规定本身存在一定的弹性空间。但是，对当下的司法活动而言，非法经营罪成为“口袋罪”而被滥用的现象极为突出，因此，仅以某种行为有一定危害，再借助

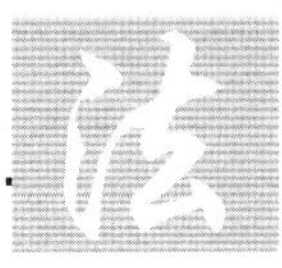

于法律、法规对网络实名制有规定，来论证非法经营罪的成立，似乎有软性解释刑法的嫌疑。理论上有力的主张认为，非法经营罪的成立，必须以存在需要法律出面予以特殊保护的专营专卖、特许经营等“合法经营”为前提，如果不存在合法经营也就没有所谓的非法经营。网络注册账号交易并销售本身就不为法律规范所允许，不存在经营许可的问题，其行为性质和［例 5，刷单炒信案］一样，因此，恶意注册账号并销售或“养号”能否被评价为非法经营罪当然就成为一个疑问。其实，对类似难题，增设专门的妨害业务罪也许是一个解决之道。批量恶意注册账号及“养号”行为，扰乱了他人合法开设的网站和电商的业务活动，但我国刑法没有规定妨害业务罪，实务上就只能去寻找类似罪名仓促应对、“见招拆招”。其实，在信息时代，妨害他人生产经营的行为已经从物理性的破坏、毁坏转向妨害，生产经营活动不仅包括日出而作、日落而息的生产、经营活动，还包括组织管理、不受时间和空间限制的业务，将恶意注册账号及“养号”行为规定为妨害业务行为予以打击，是现代社会保护他人合法开展的各种业务的必然要求。

（三）软性解释刑法的可能风险

确实，为了应对非典型案例与规范供给不足之间的紧张关系，解释论的能动主义甚至功能主义倾向是解决问题的出路之一。[①] 在刑法解释中，体现解释论功能主义特色的软性解释在所难免。问题的关键是软性解释一定有其限度，否则遇到“难办案件”或“临界案件”时，就会产生“涟漪效应”，冲击罪刑法定原则，使得解释论的功能主义被推向极致。在实务中，特别需要注意的是：软性解释不能滑向类推解释。

所谓类推解释，是指对于立法者在条文中根本就不想处罚的行为，司法上也要借用其他规定来处罚。刑法解释并不禁止类比推理的方法，但禁止使用类推适用来填补法律漏洞，进行规范的“续造”。例如，强奸罪的对象是妇女。如果将喜欢男扮女装的男性被害人也解释为这里的妇女，就是类推，因为在制定有关强

---

① 劳东燕．能动司法与功能主义的刑法解释论．法学家，2016（6）．

奸罪时，立法者预想的就是要处罚妇女遭受性侵害的场合。法官不能说这个当下的案子很特殊，所以，对男子实施性方面的侵害的，也一定要定被告人强奸罪，那就是不可以的。类推解释，是填补法律漏洞以及进行规范续造的方法，其在民法领域有存在空间[①]，但是，在刑法解释上，类推解释以及处罚漏洞的填补都是绝对不能接受的。这是基于罪刑法定原则以及保障人权的考虑。在刑法立法中，存在一些立法者有意留下的空白，这和中国传统山水画创作中的“留白”是完全相同的道理，即立法者总是有意对某些行为予以放过，对其要么交由行政法律去惩罚，或由当事人承担民事上的侵权或违约责任，但不进行刑罚处罚，这样的情形处处可见。所以，实践中有些行为貌似严重，但刑法上也必须予以容忍。软性解释一旦沦为类推解释，其最大危险就是：与“法的安定性”要求相悖。“法的安定性”的含义包括：(1) 可知性。公民可以通过成文的法律获取关于自身法律地位的相关认识。(2) 可靠性。公民可以依赖法律所传递出来的正确信息来采取行动。(3) 可预测性。公民可以预测官员依据法律作出决定、判决的可能性，从而决定自己是否要实施某种行为。(4) 可约束性。官员以事前确定的实在法作出裁判，防止恣意而为。法的可知性、可靠性依赖于官员的行为；而约束官员的裁量权也是为了提升法律的可预测性，从而指引国民的行动。在前述四点中，最为重要的是可预测性。[②] 为了确保国民对于自己的行为效果作出预测，以保障国民的行动自由，对于刑法文本的解释就不能超出刑法用语可能具有的含义范围，这是罪刑法定原则的当然要求。以此为标尺，[例 1，恶意刷单案]、[例 2，删除、下载公司计算机源代码案] 中被告人没有实施毁坏、破坏行为，且行为对象不是机器设备等生产资料、生产工具的，客观上并不符合破坏生产经营罪的构成要件；[例 3，干扰环保采样案]、[例 4，关系户摇号购房案] 的行为人在计算机信息系统之外实施某种干扰、破坏行为的，对其以破坏计算机信息系统罪定罪违背

① 在民法学上，类推作为填补漏洞的方法，具有弥补法律规定的不足，创设个案适用的裁判规则，发展和完善法律的一系列功能。王利明．法律解释学导论：以民法为视角．北京：法律出版社，2017：592。

② 雷磊．法教义学与法治：法教义学的法治意义．法学研究，2018 (5).

法律的可预测性要求；［例 5，刷单炒信案］对原本就不可能取得行政许可的妨害业务行为，以行为人没有取得行政许可进行定罪，与非法经营罪的规范保护目的不符。因此，对上述案件的定性是否违背罪刑法定原则确实是一个值得深入研究的问题。

三、解决问题之道：增设妨害业务罪

（一）增设新罪的理由：进一步论证

在法治较为健全的大陆法系国家，为全面保护法益，大多设置了包容范围较广的妨害业务类犯罪。对此，我国学者也指出，从立法论上看，需要借鉴国外的成功经验，对使用诡计、威力，或者使用计算机等手段妨害他人业务的行为，应当增设妨害业务罪。① 我总体上同意这一主张，认为基于“现代化的政策”和“保护的政策”的考量，在现代信息社会，对于利用互联网妨害他人业务的行为进行刑罚处罚，在目前的破坏生产经营罪之外增设妨害业务罪是一个十分迫切的问题，但同时认为，妨害业务行为的犯罪化也应该受到一定限制。例如，《日本刑法》第 234 条规定，散布虚假的流言，或者使用诡计妨害业务的，构成妨害业务罪。我国立法未必要照搬这一规定的内容，对捏造并散布虚假事实，损害他人的商业信誉、商品声誉，给他人造成重大损失或者有其他严重情节的，在我国构成损害商业信誉、商品声誉罪，没有必要将其规定在妨害业务罪中；对于其他散布虚假的流言，以及使用诡计妨害业务的，基本可以在民事领域解决。对于使用威力妨害业务的，则应在增设的新罪里予以考虑。

值得重申的是，增设妨害业务罪的理由明显存在于对类推的警惕之中：在以往的刑法立法中，由于某些行为的社会危害性并未凸显，因而，立法上留下了一些“意图性的法律空白”②。例如，立法者对破坏生产经营罪所预设的就是农业

① 张明楷．妨害业务行为的刑法规制．法学杂志，2014（7）．

② 约翰内斯·韦塞尔斯．德国刑法总论．李昌珂，译．北京：法律出版社，2008：23．

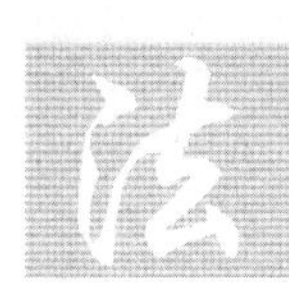

社会、工业社会对现实世界生产资料和生产工具的破坏，而对现代信息社会的妨害业务行为则留下了法律空白。对此，不能指望通过司法活动填补刑事处罚漏洞，尤其是不能通过类推填补这种“意图性的法律空白”，“将准确性要求转嫁给刑事法庭的方式也极具风险”①。通过刑罚手段应对过去并未规定的危害行为的权力由立法者独享。在这方面已经有一些先例，例如，某些法院曾经对组织出卖人体器官的行为以非法经营罪论处，立法机关后来增设了组织出卖人体器官罪；某些法院过去曾经将编造、传播虚假地震灾情的行为类推为编造、传播虚假恐怖信息罪，立法机关为此增设专门的编造、传播虚假信息罪，从而有效解消了法院类推适用刑法的风险。

此外，在立法活跃的时代，如果不及时增设新罪，而一味地赋予法院过大的刑法软性解释权，这是不合时宜的。立法迟缓本身就是推动软性解释的重要原因。但是，随着积极刑法立法观在中国的确立，刑法立法迟缓的状况已经不复存在了。② 对此，佐伯仁志教授也指出：“在这种状况下，法院如果仍然维持软性解释的态度，将成为刑事立法的大障碍。这是因为，立法者即使考虑处罚范围的妥当性，想选择表明此处罚范围的文句来制定条文，这些文句也有可能被法官进行扩张解释，如此将难以制定出恰当的条文。法院采取软性解释的态度，一方面是在纵容那些制定恶法的行政机关和立法机关，另一方面是在给那些想认真制定法律的行政机关和立法机关施加负担”③。

这样说来，对妨害业务行为增设新罪无论如何是必要的。我国少数学者试图结合现代信息社会的特质对破坏生产经营罪进行软性解释，尤其对破坏手段进行无限扩张的想法④，讲的其实更像是增设新罪的理由，更像是在为催生妨害业务罪进行鼓与呼。

---

① 弗兰克·舒特茨．罪刑法定原则与中德司法实践//梁根林，希尔根多夫．罪刑法定与刑法解释．北京：北京大学出版社，2013：149.

② 周光权．积极刑法立法观在中国的确立．法学研究，2016（4）.

③ 佐伯仁志．刑法总论的思之道·乐之道．于佳佳，译．北京：中国政法大学出版社，2017：24.

④ 李世阳．互联网时代破坏生产经营罪的新解释：以南京“反向炒信案”为素材．华东政法大学学报，2018（1）.

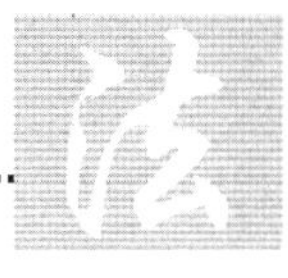

（二）具体条文设计

1. 方案之一：增设广义的妨害业务罪

前文的论述，都是结合现代信息社会妨害业务的行为类型展开的，这容易给人以除此之外不再有妨害业务犯罪的错觉。其实，大量妨害业务行为是在现实空间中，借助于一定程度的有形力或威力实施的。因此，增设的新罪也要立足于解决传统破坏生产经营罪难以处理的“临界案件”。近年来，有学者建议修改完善破坏生产经营罪本身，以破解破坏生产经营罪适用的法律困局，确认破坏市场秩序与网络经济的正常生产经营为犯罪客体，规定简明罪状，扩大生产经营的外延。① 这一立法建议仍然在破坏生产经营罪的框架内做文章，这不失为一种解决实务难题的思路。由于作为传统犯罪的破坏生产经营罪将行为手段限定为毁坏机器设备、残害耕畜或者其他方法，对行为样态的描述具体、明确，解释论上的回旋余地极小，因而，在以往的刑事司法中已经出现为数不少使罪刑法定原则被动摇的裁判结论，例如，有的法院将被告人躺在施工地点阻碍施工，导致生产单位一车水泥报废的情形，或者被告人用大货车堵住工厂大门，阻止工人进出、货物出库的行为，均认定为破坏生产经营罪。但是，从行为手段上看，上述行为虽然使用了一定的有形力或威力，但都不属于与毁坏机器设备、残害耕畜“同类”的行为，将其论以破坏生产经营罪有软性解释甚至类推解释的嫌疑。因此，新增设的妨害业务罪要对阻碍施工、正常业务开展但没有毁坏机器设备、残害耕畜，不符合破坏生产经营罪的客观构成要件的行为进行规制。这个意义上的新罪是广义的妨害业务类犯罪，以惩罚在现实社会以及互联网空间实施的一切妨害业务行为，可以考虑将其规定在破坏生产经营罪之后，作为《刑法》第 276 条之二。

对此的具体建议是：

《刑法》第 276 条之二　使用威力阻碍他人开展业务，或者利用计算机信息系统妨害他人开展业务的，处三年以下有期徒刑、拘役或者管制；情节

① 孙道萃．破坏生产经营罪的网络化动向与应对．中国人民公安大学学报，2016（1）.

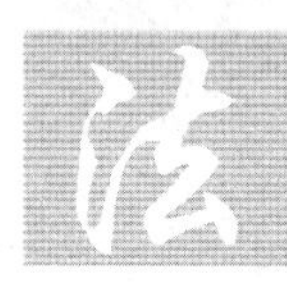

严重的，处三年以上七年以下有期徒刑。

2. 方案之二：仅增设利用信息网络妨害业务罪（狭义的妨害业务罪）

为应对“互联网＋”经济的深化发展和转型要求，防止处罚漏洞出现，另外的一个方案是，保持现有的破坏生产经营罪不变（因为其对应对现实社会中大量发生的毁坏生产资料和生产工具的犯罪有积极意义），在此之外，新增新型妨害业务罪这一具体罪名。

这个意义上的妨害业务罪要有助于对那些在现代信息社会利用计算机妨害业务的危害行为进行定性，即对利用互联网刷单炒信，在系统外对他人的计算机信息系统实施物理性干扰，以及有权进入他人计算机信息系统后删除关键数据的，应以本罪定罪处罚。

按照上述思路增设新罪，在传统的毁坏财产型犯罪之外设立具体的妨害业务罪，既可以全面保护法益，也能够降低法院解释刑法时面临的各种风险，以有效地处理司法难题。

基于上述考虑，笔者关于增设“利用信息网络妨害业务罪”的具体建议是：

刑法第286条之二 非法利用信息网络妨害他人业务的，处三年以下有期徒刑、拘役或者管制；情节严重的，处三年以上七年以下有期徒刑：

（一）利用互联网虚伪提高自己或降低他人的商业信誉、商品声誉的；

（二）在计算机信息系统外实施人为干扰的；

（三）有权进入他人计算机信息系统，但对系统中存储、处理或者传输的数据和应用程序擅自修改、删除、增加的；

（四）通过互联网恶意注册账号、销售或维持恶意注册的账号的；

（五）其他利用信息网络妨害他人业务的行为。

四、结　语

根据社会发展的现实，尤其是回应信息网络社会犯罪惩治的需要，在刑法上

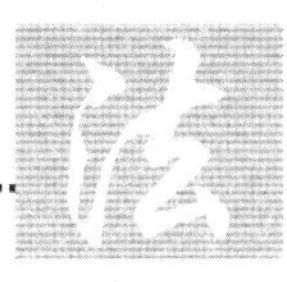

增设必要的轻罪是难以回避的问题。我国《刑法》中的破坏生产经营罪、故意毁坏财物罪甚至妨害公务罪等，都属于特殊类型的妨害业务类犯罪，但是，这些犯罪对于犯罪手段、损害等有具体规定，导致司法适用受到很大制约，尤其对于发生在网络空间或者借助于信息手段实施的妨害业务行为难以进行有效惩治。在这种背景下，增设广义的妨害业务罪就是有必要的。本章所讨论的是某一具体犯罪的增设与否，但其问题意识适用于其他具有刑法规制必要性的领域，在增设必要的轻罪方面，立法者未来需要走的路还很长，需要从总体上科学谋划犯罪圈。

第九章　刑法立法与认罪认罚从宽制度的衔接

刑法与司法改革以及刑事诉讼法的关系非常密切。在当下，司法改革一直是一个极为重要的话题。党的十八届四中全会决议提出“完善刑事诉讼中认罪认罚从宽制度”。2014年6月27日，十二届全国人大常委会第九次会议授权最高人民法院、最高人民检察院在18个地区开展刑事案件速裁程序试点工作，试点期为两年。2016年9月3日，在速裁程序试点两年期满之后，十二届全国人大常委会二十二次会议通过《关于授权最高人民法院、最高人民检察院在部分地区开展刑事案件认罪认罚从宽制度试点工作的决定》，主要内容是授权在上述18个地区继续开展刑事案件认罪认罚从宽试点。对于犯罪嫌疑人、被告人自愿如实供述自己的罪行，对指控的犯罪事实没有异议，同意人民检察院量刑建议并签署具结书的案件，可以依法从宽处理。

在相关司法改革措施前后探索四年多之后，2018年10月26日修订后的《中华人民共和国刑事诉讼法》正式确立了认罪认罚从宽制度。修订后的《刑事诉讼法》第15条规定：“犯罪嫌疑人、被告人自愿如实供述自己的罪行，承认指控的犯罪事实，愿意接受处罚的，可以依法从宽处理。”这一制度，既适用于可能判处死刑的重罪，也适用于判处拘役的轻罪；既适用于初犯，也适用于累犯、再犯；既适用于经济犯罪、贪污贿赂犯罪等非暴力犯罪，也适用于侵犯人身等暴力

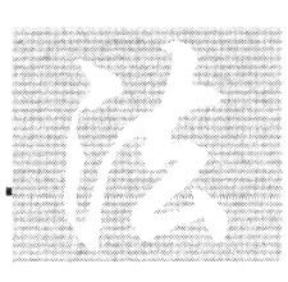

犯罪；既适用于单独犯罪，也适用于有组织犯罪。将这一制度贯彻实施好，对于保障犯罪嫌疑人、被告人权利，迫使罪犯深刻认识自己的罪行，促使其及时回归社会，推进社会管理创新，均具有重要意义。

认罪认罚从宽制度对于刑事实体法即刑法的发展有何影响，以往的研究并不多，这很容易给人以当下中国程序法超前而实体法滞后的感觉。但是，事实上，离开了实体法的变革和支撑，从程序角度切入的司法改革必定会遇到瓶颈。认罪认罚从宽制度推行以后，今后接近85%的刑事案件都将通过速裁程序解决。在每一个司法环节也都应该推动犯罪嫌疑人、被告人积极认罪认罚。例如：在侦查环节，办案人员就应当告知犯罪嫌疑人认罪认罚后可能产生的从宽处罚后果；在审查起诉阶段，公诉人应该就认罪认罚与被告人进行实质性协商。这说明，认罪认罚从宽处罚制度，除了需要司法人员及律师参与外，被告人当然也是参与的主体。在这个过程中，法律共同体成员（无论其是司法人员还是律师）都有一个很重要的任务，即将实体法上的道理，包括被告人的行为是否符合犯罪构成、对被告人应该如何处刑等全部告知被告人，被告人也有权获知相关信息。

这样说来，认罪认罚从宽制度这一改革对实体法提出了“刑法理论应该如何面向程序简化以及如何面对刑事被告人”的问题。对此加以展开就是：一方面，在刑法学上对犯罪论体系进行阶层化改造、解释方法越来越精巧的今天，学者有义务推进刑法理论的平易化，追求阶层犯罪论体系和实务的对接；司法人员能够用简洁通俗的语言将有关构成要件理论告知被告人，使其理解自己的行为与犯罪构成之间的关联性，以及对自己行为已然构成犯罪有所认识。另一方面，实体法上要对被告人认罪认罚之后如何进行从宽处理作出相对明确的规定，使被告人能够大致准确地判断出认罪与不认罪的不同后果，计算出认罪认罚与“一条道走到黑”之间的差距。

由于受研究主题的限制，本章对刑法理论如何实现平易化，以有效回应认罪认罚从宽的呼吁无法进行讨论，而只能就立法上如何设计出具体规定与认罪认罚从宽制度衔接进行分析。本章的主要观点是：在刑事实体法上，一般性的认罪、悔罪历来都只是司法过程中可以考虑的酌定从宽情节；坦白从宽的幅度极其有

限；《刑法》第 36 条并未规定赔偿损失就应从宽；现行刑法仅就贪污贿赂罪中的认罪、悔罪、积极退赃作出了从宽处罚的规定。因此，为了与认罪认罚从宽制度改革以及积极刑法立法观之下的犯罪化趋势相匹配，立法上需要考虑将认罪认罚作为法定从宽处罚情节予以总则化。① 本章先对实体法与认罪认罚从宽制度衔接的必要性进行分析，再就如何实现衔接依次从宏观和微观层面进行探究。

一、刑法与认罪认罚从宽制度衔接的必要性

（一）刑法必须回应认罪认罚从宽制度的实体权利供给目标

认罪认罚从宽制度改革的价值目标究竟是什么，是单纯追求司法效率，还是要对被告人给予一定程度的实体权利供给或"优惠"，这在刑事诉讼法学界一直是有争议的问题。

多数学者认为，这一制度一方面是我国宽严相济刑事政策的法律化、制度化。例如熊秋红教授就认为，认罪认罚从宽滥觞于"坦白从宽、抗拒从严"和"宽严相济"的刑事政策，是在新的历史条件下对其中宽缓一面的发展。② 另一方面，其目标也是为了破解当前"案多人少"的困局，以节约司法成本，提升刑事司法效率，实现司法资源的优化配置。例如陈卫东教授认为，"公正为本，效率优先"应当是认罪认罚从宽制度改革的核心价值取向。③ 魏晓娜教授则指出，当前刑法观日益转向积极，多个刑法修正案不断增加罪名，定罪门槛得以降低，刑事案件数量持续增加，使得案多人少的矛盾日益突出，认罪认罚从宽是解决这一矛盾的重要手段。而简易程序、速裁程序的适用，都需要被告人认罪认罚作为正当化根据。被告人认罪认罚反过来需要以从宽处理作为动力机制。所以，完善认罪认罚，建构有效的审前分流机制、引入协商的程序激励机制，其内在的逻辑

① 周光权．积极刑法立法观在中国的确立．法学研究，2016（4）.

② 熊秋红．认罪认罚从宽的理论审视与制度完善．法学，2016（10）.

③ 陈卫东．认罪认罚从宽制度研究．中国法学，2016（2）.

是提高司法效率、节约司法资源。[①] 此外，还有不少刑事诉讼法学者也都将认罪认罚后的案件处理等同于程序的从简、从快，追求司法效率的最大化。

理论上的认识最大限度地影响了司法实践。在各地之前的相关试点中，对轻微刑事案件广泛适用速裁程序和认罪认罚从宽制度，其都以追求效率为优先考虑，统筹安排，建立简化讯问、简化流程的相关制度，充分利用远程视频讯问系统提升办案的速度、效率，简化法律文书制作流程，审查逮捕与审查起诉实现表格化结案报告，起诉书与量刑建议书“两书合一”集中简化审理，集中告知被告人权利、集中提讯，审查逮捕、提起公诉的速裁办案人员轮流值班，公诉人集中出庭支持公诉，所以整个制度在实践中是围绕流程简化、打造认罪认罚从宽“快通道”而建构起来的，在实务中多数时候也确实能够做到“简案快办”[②]。

但是，将认罪认罚从宽主要视为一项刑事程序法改革，对与之相关的实体法改革不予重视的主张是存在疑问的。对此，左卫民教授的研究很值得重视。他认为，有效落实对被追诉人的实体权利供给，即给予其从宽处罚的优待，应当成为完善认罪认罚从宽制度的首要目标。不可否认，近年来随着大量刑法修正案的出台，可能会带来刑事案件数量的一定增长，这在提升刑事司法效率方面施加了一定压力，但我国的刑事诉讼本身便具有职权主义诉讼模式之下的高效特征，且我国刑事司法程序已经设置了不少相对比较快的制度，在实践中诉讼程序也推进得比较快，在效率上进行继续提升的空间极其有限。因此，不能将认罪认罚从宽制度的要旨简单地等同于对认罪认罚的嫌疑人、被告人的从快、从简处理，而更应当思考的是如何加强对被追诉人的权利供给，尤其是实体权利供给。程序的效率化并不是认罪认罚从宽制度的基本内核，而只是这一制度的附随效果，至多是一个从属性目标。[③] 此外，还有学者指出，被追诉人自愿认罪，放弃权利，为国家、社会和特定主体都带来了诸多值得肯定的利益，因此，其理应获得国家给予

---

① 魏晓娜．完善认罪认罚从宽制度：中国语境下的关键词展开．法学研究，2016（4）．

② 对此的详尽报道，请参见张伯晋等．法律给了我一次重新开始的机会：检察机关落实认罪认罚从宽制度助力社会治理创新．检察日报，2019-05-06。

③ 左卫民．认罪认罚何以从宽：误区与正解——反思效率优先的改革主张．法学研究，2017（3）．

的从宽处理的利益，其中自然包括实体上从宽处罚的利益。[①]

在笔者看来，刑事诉讼法学界对认罪认罚从宽价值目标的多数说——即设立该制度是为了提高司法效率，减轻司法负担，缓解目前“案多人少”的矛盾——是存在疑问的。事实上，规定认罪认罚从宽制度以后，对有些案件的处理司法成本更高、进展更慢，因为被追诉人签署认罪认罚具结书时，律师、检察官、嫌疑人要同时在场，检察官就每个案件都要花费时间向被追诉人阐释认罪认罚的从宽幅度，因此，成本在一定程度上也可以说是增加的。我认为，设立认罪认罚从宽制度的初衷，不排除有案件分流、节约司法资源方面的考虑，但这只是一方面，另一方面特别重要的考虑是要实体性地给予被告人一些优待，使其能享受到一些实体上的利益——即“从宽处罚”，使案件处理结论获得被告人的实际认同，减少社会对立面。假如被告人不服判决结果，其家属也不服，社会矛盾并未真正化解，被告人出狱后可能仍然对国家、社会充满敌意。刑事司法是最后手段，其在打击犯罪时有分寸感，留有余地，让被告人从中感受到虽然司法机关要对其处罚，但也在一定程度上考虑其一部分切身利益，从而对整个法律制度有认同感。如果被告人发自内心地认罪，“自愿如实供述自己的罪行”，进而根据其认罪态度来处理，并给予被告人“优惠”或优待，这样一来，被告人会对司法机关的“宽大”心怀感激，从而达到通过司法程序平复社会矛盾的效果。对认罪认罚从宽制度的主旨，乍一看似乎是为了使程序推进更快捷，但其与改革的大背景，譬如“让民众参与审判、让更多的人认同法律规范”是一致的。基于上述逻辑，为给予被追诉人实体权利供给，刑法上作出相应反应，对认罪认罚从宽的具体情形加以规定，为程序法改革提供实体法支撑就是理所当然的。

（二）刑法上如果不作规定，实务上就可能在认罪认罚的背景下冲击量刑底线

在被追诉人认罪认罚的案件中，由于分则中某些犯罪被配置了较高的法定刑，同时我国刑法关于犯罪的规定兼具定性和定量的特点[②]，有的财产犯罪、经

① 赵恒．论从宽的正当性基础．政治与法律，2017（11）.

② 储槐植．刑事一体化与关系刑法论．北京：北京大学出版社，1997：269.

济犯罪乃至职务犯罪的数额一旦达到一定标准，最低刑就是3年或者5年以上，被告人如果没有法定的自首、立功情节，由于在总则中缺乏关于一般性的认罪认罚从宽量刑的明确规定，适用缓刑或者免予刑事处罚就没有可能性。司法上对这类量刑时“下不了手”的难办案件，就可能想尽办法绕开重刑，冲击量刑底线，进而可能与罪刑相适应、罪刑法定原则相抵触。例如，恶意透支型信用卡诈骗罪在实践中发案率很高。在这类犯罪中，虽然有的案件被告人透支金额并不低，但其坦白、全额退赔的情况也很多，关于如何量刑，在实践中出现了从轻、减轻处罚或免除处罚三种意见。从轻处罚是符合相关司法解释规定的，但减轻处罚、免除处罚却是很多实务人员裁判时的选择，这主要是考虑到恶意透支这种犯罪的一些特别之处，以实现判决为被告人所接受的可能性。其实，按现行法律及司法解释规定，对认罪认罚的恶意透支型信用卡诈骗罪也只能从轻处罚，而不能减轻处罚。最高人民法院、最高人民检察院《关于办理妨害信用卡管理刑事案件具体应用法律若干问题的解释》（2009年，已修订）第6条规定：“恶意透支数额较大，在公安机关立案前已偿还全部透支款息，情节显著轻微的，可以依法不追究刑事责任。”那么，不属于“情节显著轻微”时的退赔就只能是从轻处罚的情节，免除处罚的空间很小。而司法裁判的共识却是减轻、免除处罚，这两种处理结论占这类案件的75%左右。一个罪名大规模判处缓刑、免除并不常见，而且信用卡诈骗罪属于重罪，其第二档法定刑的起点是5年以上有期徒刑。这种现象的出现要求我们关注法律规定与司法裁判过程之间的差异。[①] 法官作出判决需要兼顾法律明确性原则和判决的合理性原则，在二者无法同时实现时，对那些定性准确的恶意透支型信用卡诈骗罪[②]，不少法官为使得量刑看上去合理而甘冒“打擦边

---

① 王璇．论恶意透支型信用卡诈骗罪中坦白、全额退赔情节的量刑影响//北京市高级人民法院．办案规范化理论与实践研讨会材料汇编，2017：35.

② 在具体司法实践中，对恶意透支型信用卡诈骗罪的定罪存在不少误区，例如将透支时没有非法占有目的的行为予以定罪；再比如，没有正确理解本罪中“经发卡银行催收”这一客观处罚条件［张明楷．恶意透支型信用卡诈骗罪的客观处罚条件：《刑法》第196条第2款的理解与适用．现代法学，2019（2）］此处讨论的是，新司法解释颁布前对那些定性准确的恶意透支型信用卡诈骗罪，在缺乏认罪认罚从宽的实体法总则性规定的背景下，如何准确量刑对法官会是很大的考验。

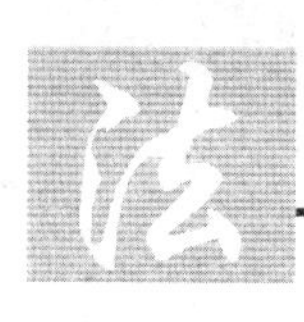

球”的风险，选择绕开刑法关于量刑的规定。尽管《关于办理妨害信用卡管理刑事案件具体应用法律若干问题的解释》在 2018 年底得到了重新修正，使得上述量刑疏漏得到了弥补，新的解释第 10 条明确规定：“恶意透支数额较大，在提起公诉前全部归还或者具有其他情节轻微情形的，可以不起诉；在一审判决前全部归还或者具有其他情节轻微情形的，可以免予刑事处罚。但是，曾因信用卡诈骗受过两次以上处罚的除外。”但此类修订仍然属于面向局部的“个性化修补”，如果刑法总则将认罪认罚作为法定从宽处罚情节加以规定，诸多与恶意透支型信用卡诈骗罪类似的犯罪的量刑合理性就可以最大限度地得到实现。

（三）不能认为根据刑事诉讼法的规定就可以直接对被告人减轻处罚

有的刑事诉讼法学者认为，直接依据《刑事诉讼法》第 15 条关于认罪认罚从宽的规定就可以对被告人从宽处罚，包括减轻或免除处罚。换言之，刑事诉讼法的相关规定就足以成为实体裁判上的法定从宽处罚情节。例如，樊崇义教授认为，对被告人自首、坦白的案件，如果被告人认罚的，对其量刑还应该适用《刑事诉讼法》第 15 条关于认罪认罚从宽的规定，在自首、坦白从宽处理的基础上再行从宽处罚。其主要理由是，认罪认罚从宽和自首、坦白之间在量刑方面虽有重合和联系，但认罪认罚从宽应当是自首、坦白之外一个新的独立的量刑情节。亦即在自首、坦白从轻或减轻的基础上，应再给予适当从宽处罚。唯有如此，才能真正地体现其在诉讼过程中的立法本意——激励犯罪嫌疑人、被告人认罪认罚的积极性，才能真正促使其悔罪，实现重新做人的社会效果。① 本文认为，这种观点在被告人自首、坦白的案件应当在适用《刑法》第 67 条规定的基础上，按照认罪认罚从宽程序进行处理这一点上是有道理的，但是，其关于对被告人还应该直接按照《刑事诉讼法》第 15 条关于认罪认罚从宽的规定再进行从宽处罚的观点很值得商榷。

事实上，要让被告人享受到司法改革的成果，仅仅依靠程序法的改革是无法实现的。《刑事诉讼法》所规定的认罪认罚无法成为独立的法定从宽处罚情节。

---

① 樊崇义．认罪认罚从宽与自首坦白．人民法治，2019（1）．

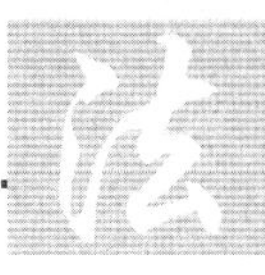

我国《刑法》第3条明确规定了罪刑法定原则，因此，定罪量刑的情节必须法定化即刑法典化。我国在1997年修订刑法时所确定的重要原则是制定“统一的刑法典”，即将定罪量刑的所有内容都设计在一部刑法典中。[①] 由此可见，足以影响量刑的各种法定情节及其从宽、从严程度都应该在实体法上有反映，以刑法的既有量刑条款为限度。仅根据刑事诉讼法上的“认罪认罚从宽”不能直接决定对被告人最终可以从宽到何种程度，而必须相应地修改刑事实体法。如果缺乏实体法的支撑，认罪认罚之后的刑罚减让幅度就始终是极其有限的。[②]

（四）只有刑法的规定清晰、明确，才能将参与协商的被追诉人“平等武装”起来

认罪认罚从宽不同于美国的辩诉交易，也不同于大陆法系国家的量刑折扣制度，但即便如此，也不能否定其具有控辩双方平等协商的性质。这种协商是认罪认罚从宽制度与传统的国家强制纠纷解决机制相区别的关键点。但是，在认罪认罚从宽试点中，协商更多是司法权力主导、代替了平等协商。案件移送审查起诉以后，检察官依据案情以最高人民法院出台的《关于常见犯罪的量刑指导意见》为指导，结合自身办案经验，单方面拟定量刑建议。在与犯罪嫌疑人协商沟通前，公诉人准备的认罪认罚量刑建议中已经写明了相应的刑期和程序适用等情况，然后与犯罪人进行协商。对此，多数嫌疑人只能作出同意的表示，有的公诉人会解释一下量刑建议的由来以及已经考虑从宽的幅度，但基本不会对这个量刑建议再做修改。由此可见，检察官在整个控辩过程中占据压倒性优势，协商机制体现司法权力意志，而少有控辩双方沟通协商的痕迹。[③] 这种状况的出现原因很多，在一定程度上也是因为缺乏实体法明确的从宽处罚规定，犯罪嫌疑人、辩护律师不知道讨价还价的空间究竟在哪里，这就在原本失衡的控辩关系上更增添了公诉方的砝码。

---

① 参见时任全国人大常委会副委员长王汉斌1997年3月6日在八届全国人大五次会议上所作的《关于〈中华人民共和国刑法〉(修订草案)的说明》。

② 王敏远．认罪认罚从宽制度疑难问题研究．中国法学，2017 (1).

③ 曾亚．认罪认罚从宽制度中的控辩平衡问题研究．中国刑事法杂志，2018 (3).

要使得被追诉人在认罪认罚从宽程序尤其是量刑协商过程中多多少少能够被“武装”起来，刑法上规定相对明确的从宽情节和幅度就是比较重要的。仅仅指望改革诉讼程序来改变被追诉人地位是不现实的，因为我国刑事司法历来具有职权主义特点，重视国家为了查明犯罪所进行的审查，所以被告人就成为调查和处罚的对象。但是，认罪认罚模式最终表现为控辩双方在法官这一消极的裁判者面前的竞赛活动，它本来就是为了克服控方过分积极所导致的局部性结构缺陷而设计出来的，不是高度对抗的程序，最终要真正体现出对被告人的实体“优惠”。如果没有实体法上所提供的认罪认罚之后的量刑“减让”标准，目前控辩协商机制运行的整体环境无法真正改变，认罪认罚模式仍然是在具有职权主义色彩的诉讼程序当中运转，被告人始终处于被惩罚的被动地位，只能选择服从和配合，必须按照检察官的指令参与案件处理才能多少得到一点从宽处理的“恩惠”。如果实体法上有认罪认罚的具体标准，被追诉人即便身陷囹圄也可以要求公诉人出示有关刑法规定，了解认罪和不认罪各自所对应的“量刑菜单”。因此，如果立法者规定了认罪认罚从宽的具体内容，被告人能够获取量刑可能从宽的公开信息，在参与协商、争取自身利益时就能够变得略微主动一些，使得认罪认罚从宽程序能够回归其应有特征。

二、刑法与认罪认罚从宽衔接的宏观考察

（一）从实体权利供给方式上切入，刑法对认罪认罚的“宽大”应受控制

从实际运作模式看，被追诉人认罪换取从宽处罚的方式有两种：“交易式协商”从宽方式和“依法定职权引导协商”从宽方式。在交易式协商程序中，被告人认罪成为左右刑罚适用的决定性因素。美国的辩诉交易属于典型的交易式协商从宽方式。美国的大多数检察官之所以愿意实施辩诉交易，很重要的考虑就是案件负担过重。大多数检察官办案数量多，而且对于不认罪的情形必须提出答辩。为节约时间和资源，检察官普遍会觉得还是跟被告人协商、妥协比较好，在此过程中，控辩双方可以就许多事项反复进行“讨价还价”，检察官就定罪以及量刑

问题都可能会作出重大让步。[①] 对此，结合美国法院审理的一起涉及辩诉交易的案件就能够看得更为清楚：被告人 H，女，52 岁，因患有严重的精神病，最近与丈夫分居，之前无犯罪记录。H 被控协助 A 男实施了 7 次抢劫案并取得财物。期间，A 男均使用枪支对受害者进行威胁，但未造成人员伤亡。H 可能因为患有精神病，拒绝作有罪答辩，也拒绝辩诉交易。H 经审判被判 7 项抢劫罪及 7 项抢劫中使用枪支罪。根据美国《量刑指南》，其因上述罪名总共被判刑 159 年。A 男则因为与检察官达成辩诉交易，最终获刑 32 年（以下简称“帮助抢劫案”）。[②] 为什么抢劫和持枪的正犯 A 反倒量刑更轻？原因在于 A 有一个很好的律师，而且其选择认罪，律师和检察官的辩诉交易能够达成。而帮助犯 H 可能受责任能力降低的影响而拒不认罪，也不愿意和检察官进行辩诉交易，因此法官对其量刑比正犯 A 更重。由此可见，辩诉交易制度下给予被告人的优待可能没有边际，这就是交易型的“从宽”。

我国实行依检察官职权对被告人进行引导的“从宽”，与辩诉交易存在重大差异。在辩诉交易中，无罪的被告人为及时摆脱司法“纠缠”有时会通过认罪尽快“脱离苦海”，虽然刑罚的确从宽了，但却可能形成错案。在我国认罪认罚程序中，不可能容忍这样的情况出现。此外，即便在被告人确实有罪的案件中，对认罪悔罪被告人的“宽大”无边也不可能得到我国民众的认可。因此，在我国立法上对认罪认罚从宽制度进行讨论时，如何避免花钱买刑、防止权钱交易，如何防止量刑畸轻，一直是争议焦点，消除民众对协商权力异化的担忧，是改革者重点关注的问题。[③] 那么，对认罪认罚从宽就必须有诸多限制性的规定。例如：被告人仅认罚（不认罪），不能按照认罪认罚从宽制度获得利益，否则就是花钱买刑；检察官不能就指控轻罪还是重罪与被告人进行协商；控方也不能为了妥协而

---

① 宋冰．读本：美国与德国的司法制度及司法程序．北京：中国政法大学出版社，1999：395.

② 哈米尔·图尔特．最低刑、量刑幅度、刑罚目的．郭晶，译//赵秉志．走向科学的刑事法学．北京：法律出版社，2015：355.

③ 全国人大常委会审议“认罪认罚从宽”：划出尺度严防花钱买刑．［2019－04－16］．http：//news.163.com/16/0830/11/BVNCBFQJ00014SEH_mobile.html.

减少指控罪名；控方不可能在与被追诉人协商之后转移自己的证明责任。此外，控方也不可能对被告人作出类似于辩诉交易的大幅度优待承诺，否则，刑罚的预防效果就可能被打折扣，甚至导致不公正的量刑。这说明，我国司法中采取法定职权方式确定从宽处罚幅度，被追诉人的认罪认罚对从宽量刑的影响力、重要性要比辩诉交易小得多，通过交易来确定从宽处罚的幅度有限。对前述美国法院判决的“帮助抢劫案”，如果放到我国的认罪认罚从宽语境下，无论正犯A如何认罪认罚，帮助犯的刑期比正犯A重将近五倍这样的结论是不能被接受的。

因此，在我国刑法立法中，一方面，有必要进一步明确认罪认罚的从宽幅度，使检察官的职权运用有较为明确的依据。从刑法的规定和司法实践来看，确实当下认罪及认罚所能获得的从宽幅度都过于有限，应当适当拓宽，从而增强对认罪认罚的激励。另一方面，由于是以法定职权方式给予被追诉人处罚优惠，所以，优惠幅度较为有限，绝对不可能达到辩诉交易那样的巨大幅度。①

上述分析对刑法立法的启发是：认罪认罚从宽制度不是辩诉交易，控辩双方的协商只能是在检察机关指控被追诉人有罪、案件事实清楚的前提下，就被追诉人自愿认罪而可能获得的有限量刑“优惠”进行一定程度的沟通、协商，绝对不是“无底线”协商。这就决定了刑法立法上如果要对认罪认罚作出减轻处罚规定时，必须要有诸多前置条件的限制，对免除处罚所设置的限定条件就应该更多。

（二）从量刑论的角度切入，认罪认罚影响预防刑，对此刑法上应有所体现

由于认罪认罚必须是被告人承认自己所犯的罪行，认罪认罚的目的是期望得到从宽处罚，因此认罪认罚之后，被告人对于自己的行为会不会被定罪基本已不关心，量刑如何更轻缓才是其最为在意的。

人民检察院对于犯罪嫌疑人、被告人认罪认罚的案件，应当就主刑、附加刑、是否适用缓刑等提出量刑建议。量刑建议提出以后，一般来说就能够约束法官。《刑事诉讼法》第201条第1款规定，对于认罪认罚案件，人民法院依法作

---

① 左卫民．认罪认罚何以从宽：误区与正解——反思效率优先的改革主张．法学研究，2017（3）．

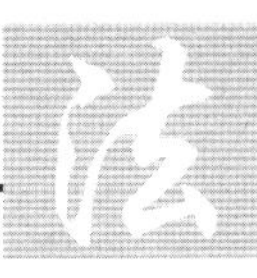

出判决时，一般应当采纳人民检察院指控的罪名和量刑建议。该条第 2 款规定："人民法院经审理认为量刑建议明显不当，或者被告人、辩护人对量刑建议提出异议的，人民检察院可以调整量刑建议，人民检察院不调整量刑建议或者调整量刑建议后仍然明显不当的，人民法院应当依法作出判决"。总之，认罪认罚从宽制度改革对检察官准确提出量刑建议、法官以何种依据调整检察官的量刑建议等提出了较高要求。为此，理论上以及检察实务上都需要充分研究量刑的相关问题，尤其是认罪认罚情节对整个量刑的总体影响程度，以及在量刑的哪个环节对其加以考虑等，这些都是绕不开的问题。对此，合理的主张应当是：被追诉人认罪认罚的情节属于预防刑的范畴，其对最终刑期的影响是有限的，立法上不能夸大这种影响。

现代量刑理念认为责任刑是上限，预防刑仅起调节作用。影响责任刑的情节包括违法事实和（个人）责任事实。其中，违法事实主要是犯罪的客观事实，包括危害结果、行为形态的恶劣性（凶器事先准备/凶器种类等）、对被害人攻击的具体样态（例如杀人手段是否残忍、是否多次实施、是作为还是不作为），以及犯罪的计划性等。此外，与犯罪接近的客观事实也是影响责任刑的犯罪客观事实，包括行为人与被害人的关系、纠纷发生的原因及经过、共犯关系、行为人的犯罪参与程度等。影响责任刑的（个人）责任事实则包括与定罪无关的被告人年龄、精神状况、故意的形态（例如对间接故意犯罪一般判得比直接故意犯罪刑罚轻）、违法性认识可能性，以及期待可能性的高低等。影响预防刑的情节则包括：一方面，犯罪前的犯罪人属性，如有无前科，是否属于累犯、再犯，犯罪人的性格（是否具有常习性）、一贯表现良好与否；另一方面，犯罪后行为人的态度，如自首、立功，以及是否认罪认罚，被告人的家庭及社会能否接纳其回归，被害人一方的原谅等。①

换言之，对被告人进行量刑，其行为的客观危害与行为人的主观罪责两部分

① 关于刑罚个别化的论述，所一彦．刑の量定//阿部纯二，等．刑法基本讲座：第 1 卷．东京：法学书院，1992：258.

决定了责任刑。责任刑仅与被告人此次犯罪行为有关联，且是整个刑罚的上限。但在实践中，这种“责任刑是上限”的观念并没有被确立。[①] 而被告人个人的某些特点、过去的某些经历、是否属于累犯、是否自首、立功，这类因素决定了预防刑的轻重，例如有些行为人受教育状况良好，且系初犯，人身危险性小，此次又是偶然犯罪，虽然犯罪的客观危害较大、责任刑并不轻，但是，预防刑不能判得太重。因此，责任刑是上限，预防刑成为调节责任刑的因素，而且此种调节只能在责任刑所确定的基础上往下调整。也许有人会认为，在一个案件中如果被告人犯了严重罪行且系累犯，那么在预防刑层面便没有下调余地。但是，即便针对这种罪犯，只要其具备自首或坦白情节，有悔罪态度，愿意接受处罚，这一认罪认罚的“罪后”情节也是在裁量预防刑时需要考虑的。“在刑罚裁量当中恰恰需要对保护公众的需求、法益受损害的客观程度、个人主观过错的严重性以及行为人的向善可能性一并加以考虑。”[②] 对此，城下裕二教授更为明确地指出：被告人的“犯罪后的态度”这一情节，是与预防考虑相关联而成为量刑上的评价对象的，在考虑对该被告人处罚上的特殊预防效果时必须将其作为判断资料。[③]

基于上述考虑，笔者认为有必要对《刑法》第 61 条进行修改。《刑法》第 61 条规定：“对于犯罪分子决定刑罚的时候，应当根据犯罪的事实、犯罪的性质、情节和对于社会的危害程度，依照本法的有关规定判处。”这一条文基本是对责任刑相关内容的描述，而且主要侧重于规定影响责任刑的犯罪事实、性质以及对社会的危害等客观违法事实，而对影响预防刑的内容缺乏明确规定。为此，建议增设有关量刑时需要考虑被追诉人认罪认罚的相关情况的内容，从而将其修改为：“对于犯罪分子决定刑罚的时候，应当根据犯罪的事实、犯罪的性质、情节

---

① 最高人民法院发布的多个关于量刑规范化改革的文件并没有厘清量刑的核心问题，即并未区分责任刑、预防刑，未明确决定责任刑的情节是什么以及影响决定预防刑的情节是什么，从而有“眉毛胡子一把抓”的嫌疑。对此，张明楷教授认为，让影响责任的情节与影响预防的情节在不加区分的情形下对基准刑起同等调节作用，根本没有考虑责任刑对预防刑的制约，这是量刑规范化改革的重大不足（张明楷．责任刑与预防刑．北京：北京大学出版社，2015：310）。

② 齐佩利乌斯．法学方法论．金振豹，译．北京：法律出版社，2009：113.

③ 城下裕二．量刑理论的现代课题．黎其武，赵姗姗，译．北京：法律出版社，2016：89.

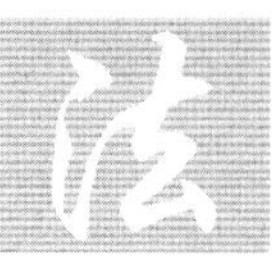

和对于社会的危害程度，以及犯罪分子的认罪认罚情况，依照本法的有关规定判处。”

此外，还有必要提及，在认罪认罚从宽制度确立之后，面对被追诉的认罪认罚的罪犯，其预防刑与以往的司法实务做法相比一定要大幅度地下调，这是此次司法改革给量刑理论和实践提出的要求。但是，认罪认罚情节自身属于预防刑范畴，且不同案件被告人认罪认罚的具体程度有差异，因此，预防刑对责任刑的调节程度再如何加大也是有限的。由犯罪行为的客观危害与行为人罪责程度共同决定的责任刑是基础，是刑罚裁量中最为重要的指标，预防刑对刑罚的影响即便要扩大、发挥其应然作用，其功能也应当受到一定限制，由此决定了在实体立法上明确规定大幅度实行“量刑减让”的可能性不大。

（三）刑法要充分展示出认罪认罚从宽制度的体系性、层次性特征

必须明确，《刑事诉讼法》第 15 条为认罪认罚从宽制度设置了很多前提条件：认罪（“犯罪嫌疑人、被告人自愿如实供述自己的罪行，承认指控的犯罪事实”）＋认罚（“愿意接受处罚”）的，才有可能“依法从宽处理”。所以，认罪＋认罚＝从宽。以此作为标尺衡量可以发现，在我国现行刑法中，对于认罪认罚从宽虽有一些实体性规定，但确实比较分散。在未来的立法中，需要对此认真梳理，强化认罪认罚从宽制度的体系性特征。

在刑法分则中，有一些接近于认罪认罚从宽的规定：例如，《刑法》第 390 条第 2 款规定，行贿人在被追诉前主动交代行贿行为的，可以从轻或者减轻处罚。因为行贿人主动交代行贿行为的同时，通常伴有退赃行为，所以基本属于认罪且认罚的情形。此外，在实施危害行为之后，承认自己的错误然后退出赃款或接受处罚的，分则中有的条文规定不以犯罪论处，这也属于广义的认罪认罚从宽。例如，《刑法》第 201 条第 4 款规定，行为人实施逃税行为，经税务机关依法下达追缴通知后，补缴应纳税款，缴纳滞纳金，已受行政处罚的，不予追究刑事责任。这是认罪认罚情节排除刑事责任的情形。与此类似的还有《刑法》第 196 条恶意透支型信用卡诈骗罪中“经发卡银行催收”后归还透支款的，不予追究刑事责任的规定。另外，《刑法》第 276 条之一规定，以转移财产、逃匿等方

法逃避支付劳动者的劳动报酬或者有能力支付而不支付劳动者的劳动报酬，数额较大，但经政府有关部门责令支付后予以支付的，也不以犯罪论处。上述规定，大致可以视作认罪认罚从宽处罚的范畴，或者至少可以说立法时有这样的考虑。

其实，刑法分则中关于认罪认罚从宽的明确规定也是存在的，其出现在贪污贿赂罪中，这是《刑法修正案（九）》所作出的有益尝试。根据《刑法修正案（九）》作出相应修改的《刑法》第383条第3款规定：犯第一款罪，在提起公诉前如实供述自己罪行、真诚悔罪、积极退赃，避免、减少损害结果的发生，有第一项规定情形的，可以从轻、减轻或者免除处罚；有第二项、第三项规定情形的，可以从轻处罚。必须承认，类似从宽处罚规定对于有效打击犯罪有实际意义，应该加以规定。但是，将其仅规定在分则中并不是最佳选择，因为所有财产犯罪的行为人悔罪、退赃的，都应该从宽处罚，这是基本法理。刑法上的“优惠”不能只让贪污贿赂者享受，否则违反《刑法》第5条规定的刑法平等原则。贪污贿赂犯罪不属于典型的财产罪，类似规定放在这里从立法技术上看“观感”不好，会给人以“官官相护”的口实。这一从宽处罚规定不仅适用于贪污罪，也适用于受贿罪，但是，贪污罪和受贿罪所侵害的法益并不相同。贪污罪的被害法益中包含单位的财产占有权，被告人可以退赃，接受退赃者是被害单位；受贿罪侵害公职人员的不可收买性，被害人是国家而不是行贿人，受贿罪的被告人其实无法退赃，其赃款只能被国家依法追缴，因此，将“积极退赃”的规定用到受贿犯罪中是不严谨、不准确的表述。[①] 当然，如果未来在刑法总则的具体条文中规定认罪认罚从宽制度，上述质疑就可以在一定程度上得到缓解。

在现行刑法总则性规定中，仅有关于“认罪从宽”即自首、坦白从宽处罚的规定。但这一规定按照《刑事诉讼法》第15条的要求，还有进一步体系化的余地：(1)确实自首、坦白属于“认罪从宽”的规定，但在并未自首、坦白的场合，也应该承认还有被追诉人“认罪”的情形存在，刑法立法上应当对此作出规

① 周光权.《刑法修正案（九）》（草案）的若干争议问题.法学杂志，2015(3).

定。(2)《刑事诉讼法》所规定的认罪认罚从宽是“认罪＋认罚＝从宽”，但在《刑法》总则性规定缺乏对“认罪＋认罚”从宽的对应规定。(3) 自首、坦白是被告人主动认罪，给予相当程度的从宽是理所当然的。但是，在此基础上被告人又认罚的，应当给予比目前的自首、坦白规定更大幅度的从宽优待。

为此，需要以从宽类型为标准，着眼于量刑从宽制度的体系性设计，从而推动量刑改革的深化发展。① (1) 自首、坦白属于主动认罪的范畴，如果被告人再认罚的，其处罚标准是什么，需要明确。(2) 事实上，《刑事诉讼法》第15条对被追诉人的“认罪”规定了“犯罪嫌疑人、被告人自愿如实供述自己的罪行”以及“承认指控的犯罪事实”这两种情形，前者包括自首、坦白，后者则是指被追诉人并非主动认罪，而是在证据面前或者经办案人员教育之后（虽然出于自愿，但相对消极地）“承认指控的犯罪事实”。因此，对相对消极认罪后接受处罚的，也应该予以从宽处罚，但其幅度要小于主动认罪并接受处罚的场合。(3) 认罪认罚中的“接受处罚”，不是狭义的概念，其除了包括有关行政机关、司法机关的处罚之外，还包括向被害人的退赃、退赔等。通过主动、自愿的退赃、退赔来使被破坏的社会关系得以一定修复的，也属于接受处罚，如果存在被追诉人认罪的前提，就应该予以从宽处罚。(4) 认罪认罚的从宽不能搞“一刀切”。对认罪认罚如何从宽要防止两种倾向：一方面，过分强调以从宽为导向，以至于对犯罪造成的损害关注度不足，使得量刑畸轻、放纵犯罪。另一方面，给予被追诉人的量刑优惠过于谨慎，致使从宽的吸引力不足，进而影响制度的实践效果。为保证刑罚效果，又能够给被告人一个很好的预期，实体法中还应当考虑区别化处理，应当设置不同情形的法定从宽处理情节，留有余地，确保被追诉人对此形成合理而稳定的预期。②

① 周新．论从宽处理的基本原则及其类型：基于刑事速裁程序试点的分析．政治与法律，2017 (3).

② 张建伟．认罪认罚从宽处理：内涵解读与技术分析．法律适用，2016 (11).

三、刑法与认罪认罚从宽衔接的具体设计

（一）刑法如何规定认罪与认罚的具体情形

刑法立法上应当将下列情节认定为被追诉人“认罪”的情形：（1）自首。被追诉人主动将自己置于有关机关的控制之下，并自愿如实供述自己的罪行，当然属于认罪认罚从宽制度中“自愿如实供述自己的罪行”的范畴。（2）坦白。即虽未自动投案，但能够如实供述自己罪行的，也符合认罪认罚从宽制度中“自愿如实供述自己的罪行”的规定。（3）没有主动投案，也并未坦白，但在接受讯问时能够（自愿但消极地）“承认指控的犯罪事实”的。[①]

这样说来，认罪认罚中的被告人认罪，就和自首、坦白不完全重叠，其范围比自首、立功要广泛很多。比如，在实践中，大量存在经过多次讯问后都不作有罪供述，但在侦查机关补充侦查后，或者经过反复启发、交易之后最晚在检察机关提起公诉前能够“承认指控的犯罪事实”的情形，对此，都应该认定被告人具有“认罪”情节。基于这一考虑，刑法立法上就应该将自首、坦白之外的被追诉人认罪的情形明确规定出来，并对其设计出从宽处罚的尺度。

关于认罚的内容，前面已经有所分析，是一个广义的概念。[②] 同时，《刑事诉讼法》第 15 条规定的是“愿意接受处罚”，那么，被追诉人事实上没有完全按照处罚的要求履行义务，没有全部退赃或赔偿被告人的损失，但是，其部分履行

---

① 此时，不强制要求行为人承认被指控的罪名，也不要求其承认全部犯罪事实，其只需要“承认指控的犯罪事实”，即属于认罪。

② 有的刑事诉讼法学者认为，接受控方的量刑建议也是“愿意接受处罚”的内容［周新．认罪认罚从宽制度立法化的重点问题研究．中国法学，2018（6）］。但是，这一观点会进一步强化检察机关在认罪协商过程中的强势地位，压制被告人参与协商的积极性，使其陷入两难境地（如果接受明显偏重的量刑建议，自己吃亏；如果不接受该量刑建议，就是不愿意接受处罚），因而值得商榷。根据《刑事诉讼法》第 174 条的规定，被追诉人是否同意量刑建议，是签署认罪认罚具结书的前提，但法律并未将是否接受量刑建议作为其是否接受处罚的衡量标准。对于控方提出的量刑建议，被告人可以有不接受并与办案人员进行协商的权利。

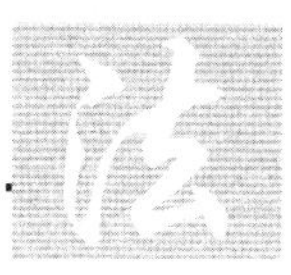

义务、部分退赃或赔偿损失的行为，以及其承诺都足以表明其“愿意接受处罚”的，就可以对其从宽处罚。因此，在实体法上不可能穷尽地规定认罚的范围、具体要求等，而应将具体的解释任务交给司法机关。刑法立法对于认罚的规定与《刑事诉讼法》第15条的内容保持一致即可。

上述分析表明，实体法上应当规定三种认罪认罚的具体情形（自首型认罪+认罚；坦白型认罪+认罚；承认犯罪事实型认罪+认罚），并区别不同情形设计出不同的从宽处罚幅度。

（二）刑法是否有必要明确规定认罪认罚从宽的具体比例

刑事诉讼法学界的多数说认为，在完善认罪认罚制度时，应当明确设定从宽处罚的量刑幅度和比例，因为设立明确的量刑标准有助于增强认罪认罚的被告人对刑期的可预测性，减少被追诉人由于从宽幅度的不确定而对认罪产生的顾虑，提升认罪认罚制度对于被追诉人的吸引力，同时约束检察官在量刑协商过程中的司法恣意。

至于从宽的具体比例，不少学者建议借鉴国外的相关做法，规定相对比较宽泛的从宽尺度。在认罪认罚程序较为发达的国家，认罪程序的从宽幅度大多在法律条文中作对应的明确规定。在意大利的认罪程序中就明确规定，对于嫌疑人、被告人的减刑不得大于1/3。俄罗斯的认罪程序中也规定，对于被追诉人认罪的从宽幅度不得超过法律规定最高刑期的2/3。左卫民教授认为，如果被告人具有自首或者坦白情节，除非犯罪情节特别严重，原则上应当从轻、减轻乃至免除处罚，尤其是有罪口供被采纳，用作主要定案证据的，原则上应当比照本应判处的刑罚减少1/3到1/4的刑罚。[①] 魏晓娜教授则主张，对于认罪认罚的犯罪分子，在实体处罚上，应当明确给予选择协商程序的被追诉人以1/3的量刑折扣。[②] 但是，也有学者主张应当对从宽的幅度进行一定的限制，不宜夸大认罪认罚在降低案件复杂程度和节约司法资源方面的价值，从而给予不当的量刑折扣刺激。

---

① 左卫民．认罪认罚何以从宽：误区与正解——反思效率优先的改革主张．法学研究，2017（3）．

② 魏晓娜．完善认罪认罚从宽制度：中国语境下的关键词展开．法学研究，2016（4）．

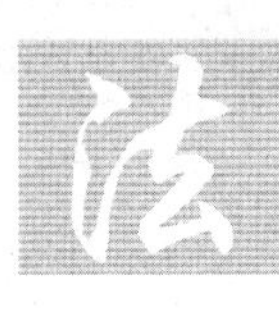

但是，认罪认罚从宽的情形比较复杂，立法上“一刀切”地作出规定未必是最佳方案。此外，我国刑法立法对于刑罚的从轻、减轻或者从重与意大利等国的立法模式并不相同，历来不在刑法典中具体规定相应比例，一般交由有关司法解释解决。未来，可以考虑由最高人民法院修订其《关于常见犯罪的量刑指导意见》（2017年）中有关常见量刑情节适用的规定，将认罪认罚设置为独立的量刑从宽情节，明确具体的量刑优惠比例。现行《关于常见犯罪的量刑指导意见》在“常见量刑情节的适用”部分的第4条（自首）、第5条（坦白）、第6条（当庭自愿认罪）均涉及了嫌疑人、被告人自愿认罪的情形，将来可以增设认罚的情形。同时，按照未来修订后刑法关于自首、立功、认罪认罚的明确规定进一步调整、设定《关于常见犯罪的量刑指导意见》中的量刑优惠及其幅度，而且对于自首或坦白后又认罚的嫌疑人、被告人给予量刑优惠的幅度，可以比目前规定的比例更大。①

（三）刑法如何实现自首、立功与认罪认罚从宽处罚制度的协调

要体系性地建构量刑中的从宽处罚阶梯，确保认罪认罚从宽制度落地，在刑法立法上就应该考虑：

1. 对自首、坦白从宽的现行规定进行检视，为认罪认罚量刑的从宽设计“腾出一定空间”。应当承认，《刑法》第67条第1款关于自首的规定中，一概使用“可以型”从宽处罚规定并不合适。例如，对于犯罪情节较轻且自首的犯罪分子，其实完全可以规定“应当免除处罚”，因为对于犯罪人自首，其犯罪情节又较轻的情形，犯罪对于社会的危害极其有限，犯罪人没有再犯可能性，免除处罚完全能够实现刑罚的一般预防功能，建立其与免除处罚的强制对应关系毫无问题。被告人也才能在这种法定裁量情节和“必减主义”的对应关系中感受到国家对其的宽宥。此外，《刑法》第67条第3款规定，因犯罪人如实供述自己的罪

① 现行《关于常见犯罪的量刑指导意见》第4条、第5条规定，对于自首情节，通常可以减少基准刑的40%以下；对于坦白情节，通常可以减少基准刑的20%以下。将来修订相关刑罚减让标准时，至少可以考虑规定对于自首且认罚的，通常可以减少基准刑的50%以下；对于坦白又认罚的，通常可以减少基准刑的40%以下；对于被动承认指控的犯罪事实且认罚的，通常可以减少基准刑的30%以下。

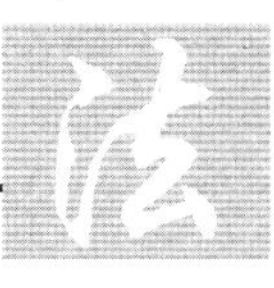

行，避免特别严重后果发生的，可以减轻处罚。其实，对这种情形一概不能免除处罚未必符合个案的具体情况，将其修改为“可以减轻处罚或者免除处罚”更符合宽严相济刑事政策的要求。

2. 规定认罪认罚从宽制度后，预防刑对量刑的影响成倍放大，但放大到何种程度，需要在立法上认真斟酌。如果将认罪认罚从宽制度定位于程序上有一些特殊考虑，实体上要给被告人以优待，但量刑的优待程度如果仍像原来一样——对自首可以从轻处罚，对坦白也是可以从轻处罚，对认罪认罚也是可以从轻处罚，到了实务操作中，立法规定大多被进一步“缩水”为即便被告人自首、坦白，也不予从轻处罚，这就是有问题的。所以，在认罪认罚从宽制度实施后，量刑应当在较大幅度内从宽，且从宽幅度应大于现在自首、立功的从宽幅度，至少在大量案件中，减轻处罚的适用不应成为障碍。

3. 与被告人犯罪后态度有关的情节对量刑的影响应当形成梯次。对此，大致可以按照以下次序确定：(1) 单纯自首处罚尽可能轻；对于“自首型认罪”且认罚的，处罚比单纯自首更轻。(2) 单纯坦白比自首处罚略重；对于“坦白型认罪”且认罚的，处罚比单纯坦白要轻很多，甚至可以比单纯自首略轻一些。(3) 并无自首、坦白情节，但相对被动地承认被指控的犯罪事实且认罚的，在从宽处罚方面，可以从轻或者减轻处罚。

为此，建议未来在刑法中规定：(1) 对于自首的犯罪分子，可以从轻或者减轻处罚，其中，愿意接受处罚的，可以减轻或免除处罚。对于犯罪情节较轻且自首的犯罪分子，应当免除处罚。(2) 犯罪嫌疑人坦白自己罪行的，可以从轻处罚，其中，愿意接受处罚的，或者因其如实供述自己的罪行，避免特别严重后果发生的，可以减轻或免除处罚。在前述两种情形中，对“认罪＋认罚”都可以免除处罚，但这并不存在“宽大”无边的问题。与此可以类比的是《法国刑法典》第132—59条规定：“如表明罪犯已获重返社会，所造成的损失已予赔偿，由犯罪造成的危害已告停止，可予免除刑罚”。另外，如果对于“认罪＋认罚”的任何情形都不设置免除处罚的规定，就没有与程序法的规定保持协调。《刑事诉讼法》第173条第2款规定，犯罪嫌疑人认罪认罚的，人民检察院应当告知其享有

的诉讼权利和认罪认罚的法律规定，听取犯罪嫌疑人、辩护人或者值班律师、被害人及其诉讼代理人对从轻、减轻或者免除处罚等从宽处罚的建议的意见，并记录在案。(3) 犯罪嫌疑人、被告人虽未自首、坦白，但在证据面前或经教育后承认指控的犯罪事实，愿意接受处罚的，可以从轻或减轻处罚（参见表 9－1）。

表 9－1　刑法立法相关具体条文设计方案（建议稿）

	现行刑法规定	修改建议
第 61 条	对于犯罪分子决定刑罚的时候，应当根据犯罪的事实、犯罪的性质、情节和对于社会的危害程度，依照本法的有关规定判处。	对于犯罪分子决定刑罚的时候，应当根据犯罪的事实、犯罪的性质、情节和对于社会的危害程度，以及犯罪分子的认罪认罚情况，依照本法的有关规定判处。
第 67 条	犯罪以后自动投案，如实供述自己的罪行的，是自首。对于自首的犯罪分子，可以从轻或者减轻处罚。其中，犯罪较轻的，可以免除处罚。 被采取强制措施的犯罪嫌疑人、被告人和正在服刑的罪犯，如实供述司法机关还未掌握的本人其他罪行的，以自首论。 犯罪嫌疑人虽不具有前两款规定的自首情节，但是如实供述自己罪行的，可以从轻处罚；因其如实供述自己罪行，避免特别严重后果发生的，可以减轻处罚。	犯罪以后自动投案，如实供述自己的罪行的，是自首。对于自首的犯罪分子，可以从轻或者减轻处罚，其中，愿意接受处罚的，可以减轻或者免除处罚。对于犯罪情节较轻且自首的犯罪分子，应当免除处罚。 被采取强制措施的犯罪嫌疑人、被告人和正在服刑的罪犯，如实供述司法机关还未掌握的本人其他罪行的，以自首论。 犯罪嫌疑人虽不具有前两款规定的自首情节，但是如实供述自己罪行的，可以从轻处罚，其中，愿意接受处罚的，或者因其如实供述自己罪行，避免特别严重后果发生的，可以减轻或者免除处罚。 【增加一款作为第 4 款】犯罪嫌疑人、被告人虽未自首、坦白，但在证据面前或者经教育后承认指控的犯罪事实，愿意接受处罚的，可以从轻或者减轻处罚。

在这里有必要进一步展开的是：有的人可能认为，对于无自首、坦白情节，但被动承认指控的犯罪事实且认罚的，在从宽处罚方面，给予被告人从轻处罚即可，减轻处罚可能并不合适。但是，由于我国刑法对大量犯罪的成立要求造成具体损害或者有数量、数额的明确要求，如果对并无自首、立功的认罪认罚情形仅从轻处罚，对被告人的从宽幅度极其有限，就无法实现认罪认罚从宽制度的立法

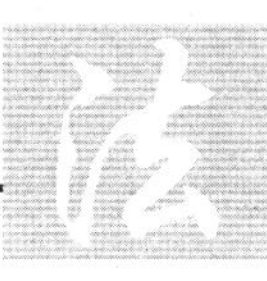

主旨。对此，试举一例说明：对于诈骗罪，依照最高人民法院、最高人民检察院《关于办理诈骗刑事案件具体应用法律若干问题的解释》（2011 年）第 1 条的规定，诈骗公私财物价值 50 万元以上的应当认定为“数额特别巨大”，应当判处 10 年以上有期徒刑或者无期徒刑。这是一个刚性规定。假如被告人甲诈骗他人财物价值 60 万元，案发后将赃款如数退还给被害人，还取得了被害人谅解，但被告人没有自首、坦白情节，仅在侦查机关所取得的证据确实充分之后“承认指控的犯罪事实”，按照现行《刑法》的规定被告人并无其他可以减轻处罚的法定情节。如果在关于认罪认罚从宽的实体法中，仅规定对这种情形的认罪认罚“可以从轻处罚”，对被告人的宽宥程度就过于有限，对其至少还应当判处 10 年以上有期徒刑，这样认罪认罚从宽的“制度优势”就完全体现不出来。因为即使被告人完全不退还任何财物给被害人，实务中对其量刑也不过就是 10 年有期徒刑，诈骗财物 50 万元是这一量刑区间的“门槛”，被告人的行为刚好满足某个量刑区间要求的，其拒不认罪，甚至连一分钱的赃物都不退还，对其处罚也重不了多少。这样，认罪认罚的被告人与那些顽抗到底、拒不退赃的人相比所应享受到的实体优待就无法真正显现出来，认罪且退赃的人可能会产生“吃亏”的感觉，甚至会认为自己被办案人员“蒙骗”。因此，对于认罚，但认罪行为不符合自首坦白条件的，在从宽程度上也要规定“可以从轻或者减轻处罚”，以给司法上适用认罪认罚从宽留有空间，同时让被告人都能够真切感受到认罪认罚从宽制度的优待。

四、结　语

在现行《刑事诉讼法》已经规定认罪认罚从宽处罚制度的前提下，为兑现对被告人认罪认罚即可从宽的司法承诺，在实体法上如何作出回应是无法绕开的问题。本章的思考或者建议也许是很不成熟的，但是其所提出的问题是有价值的，即按照刑事一体化的理念，如何实现刑事程序法和实体法的有效互动？至于具体的制度设计，也可能见仁见智、众说纷纭，如果本章的讨论能够引发读者关于这方面的思考，写作的目的也就达到了。

第十章　立法活跃化与刑法学的应变

自 1997 年我国大规模修改刑法之后，最近二十多年来的立法一直处于活跃态势。这种立法取向是否具有合理性，在这种背景下，刑法教义学应当始终保持其立法怀疑主义的姿态，还是将立法变革作为理论发展的契机，从而在基础观念和具体思考方法上有一定程度的转向，是很值得研究的问题。

一、立法活跃化及其所承受的批评

（一）刑法立法活跃化趋势鸟瞰

众所周知，各国立法者在最近二十多年来似乎都对积极刑法立法观情有独钟，在立法上大量做增设轻罪的“加法”，注重发挥刑事政策的功能，使得刑法逐步从法治国背景下的法益保护法和自由保障法迅速转向兼顾社会防卫的法律，刑事政策发展的一般化趋势是处罚的扩张与严厉。

我国近年来的刑法立法也深受刑事政策的影响。对此，不得不提及《刑法修正案（八）》、《刑法修正案（九）》和《刑法修正案（十一）》。2011 年 2 月，全国人大常委会通过了《刑法修正案（八）》，共 50 条，主要内容是取消 13 个罪名

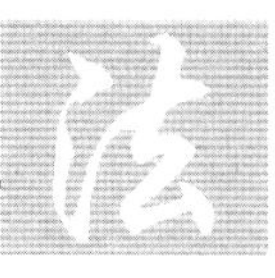

的死刑，增加规定坦白制度，完善刑罚执行制度等，增加规定危险驾驶罪、拒不支付劳动报酬罪；修改完善生产、销售假药罪等。2015 年 8 月 29 日，全国人大常委会通过了《刑法修正案（九）》，共 52 条，主要致力于解决以下问题：进一步削减 9 个罪名的死刑；维护公共安全，加大对恐怖主义、极端主义犯罪的惩治力度，增设了若干新罪；维护信息网络安全，完善惩处网络犯罪的法律规定；进一步完善反腐败的制度规定，加大对腐败犯罪的惩处力度；维护社会诚信，惩治失信、背信行为，如增加规定组织考试作弊罪、虚假诉讼罪等。2020 年 12 月，全国人大常委会通过《刑法修正案（十一）》，共 48 条，其主要内容大致包括七个方面：涉及未成年人刑事责任年龄的下调，以及对已满 14 周岁不满 16 周岁未成年人遭受负有监护职责人员性侵时的特殊保护；关于维护民众安全感的刑法制度的修改（如增设高空抛物罪、妨害安全驾驶罪、危险作业罪等）；关于金融犯罪处罚标准的修改；关于民营企业发展的保护；大幅度修改侵犯知识产权犯罪，降低入罪门槛，提高其法定刑；强化野生动物保护、遗传资源管控等公共卫生方面的刑事立法以及其他方面（如袭警罪等）的增加、修改。

对《刑法修正案（八）》（2011 年）、《刑法修正案（九）》（2015 年）、《刑法修正案（十一）》（2020 年）略做观察，就不难发现最近十多年来我国刑法立法具有以下鲜明特色：大幅度拓宽了处罚领域；增设大量与恐怖活动、有组织犯罪、集团犯罪有关的危害公共安全、破坏经济秩序犯罪；在一定程度上转变了法益观；增加了新的处罚手段，刚柔相济；赋予了刑法参与社会治理的新机能。当然，上述立法也一定会引发学界一定程度的质疑。①

从上述分析可以看出，由于“日常生活的浪潮（Wellen）将新的犯罪现象冲刷到了立法者脚前”②，各国立法的总体趋势就只能是严密法网。民众的不安感增强，有组织犯罪、涉众型犯罪增加，公民的新型权利如个人信息权、隐私权被

① 更为详尽的分析，请参见周光权．转型时期刑法立法的思路与方法．中国社会科学，2016（3）。

② 米夏埃尔·库比策尔．德国刑法典修正视野下的刑事政策与刑法科学关系研究．谭淦，译．中国应用法学，2019（6）．

侵犯，恐怖袭击等特定事件的出现，被害人的呼吁，媒体的夸张等，都成为推动立法的巨大力量。各国刑法立法趋势充分表明："不是人而是机会立法：大部分法律实际取决于灾难。"[①]

（二）对于刑法立法活跃化的主要批评

对于当代立法活跃化的趋势，有的学者持批评态度，认为各国当下深受政策思想影响的刑法制定直接导致了功能性、象征性刑法立法的激增，这是一种值得警惕的现象。

对此，戴尔玛斯-马蒂教授提出，象征性刑法是现代刑事政策导向的一种危机现象，其不能满足法治国家刑事政策的任务，使立法缺乏通盘考虑，而且会损害人们对规范的信赖，可能导致"刑法的瓦解"[②]。松原芳博教授则认为，立法对法益的不重视、对谦抑性的背离以及立法象征性可以说是同一个问题的不同侧面，其结果都表现为立法的象征性：许多立法与其说是要保护国民的利益，不如说是为了回应国民"体感治安"的降低，试图保护其"安心感"，从而使立法带有明显的象征性色彩；抛弃谦抑性的立法本来就是提倡性和表态性的，其形式意义大于实质意义。[③]

姜敏教授提出，我国大量立法尤其是惩治恐怖主义犯罪的立法是象征性立法。基于严密防御恐怖犯罪的保守策略，刑法反恐立法重塑了有罪本质和潜藏于刑法体系下的打击目标，重构了安全保护的实现方式，改变了刑法立法的正当性。高压打击和严密防御策略对控制恐怖犯罪具有积极意义，但其以"安全"为帅，不顾刑法基本原则的一致性，进行非理性扩张，不断挤压和侵犯公民基本权利，导致其越界。在法治语境下，以刑法这种法律手段反恐必须守界：在合法性诉求上，必须受宪法的约束和限制；在宏观层面，应遵循法治精神，谋划正确的指导理念，追寻德性以矫正和消解不断膨胀的工具性价值取向；在微观层面，既

---

① 列奥·斯特劳斯·约瑟夫·克罗波西．政治哲学史：上．李天然，等译．石家庄：河北人民出版社，1993：82.

② 戴尔玛斯-马蒂．刑事政策的主要体系．卢建平，译．北京：法律出版社，2000：4.

③ 松原芳博．刑法总论重要问题．王昭武，译．北京：中国政法大学出版社，2014：17.

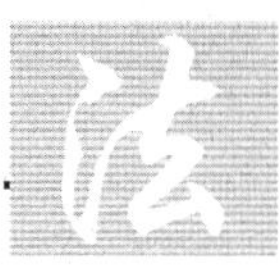

应针对恐怖行为的共性，构建一般性限制原则，又应针对不同恐怖行为进行类型化，重视其个性，构建特殊限制原则。[①]

王钢教授从比较研究的角度对立法功能性进行了批评。他认为，自 1969 年德国推动刑法大改革至今的五十多年间，德国刑事立法活动非常频繁。在此期间，德国立法机关不但对刑法典总则犯罪论部分的规定进行了彻底的修订，而且针对犯罪的法律后果以及刑法分则乃至附属刑法中的诸多罪名进行了持续的改革，在恐怖主义犯罪、妨害公务犯罪、毒品犯罪以及保安监禁等领域尤其如此。整体而言，德国立法者在过去半个世纪中日趋侧重功能主义的积极刑事立法观，导致德国刑法逐步从传统法治国背景下的法益保护法和市民防御法转向以社会控制为主导的国家干预法和社会防卫法，造成了诸多难以与现有法律体系和学说理论相协调的象征性立法。对这种立法趋势，理论上应当持保留态度。[②]

（三）刑法立法活跃化的合理性

必须承认，当下的立法在很大程度上更好地回应了刑事政策需求。对此，学者指出，我国刑法的犯罪化立场，已经由过去的相对消极、谦抑，悄然转向相对积极、扩张，并且这仍将成为今后一个时期的立法趋向[③]，这是中国刑事立法现代化的标志。[④] 迄今为止的刑法修改，基本上都是站在“现代化政策”的角度，在立法上进行犯罪化，即“做加法”。藤木英雄教授认为：“刑事政策要兼顾考虑‘非犯罪化’和‘现代类型犯罪’之间的关系，但是从刑法的角度看，刑事政策的重点问题是研究‘现代类型犯罪’问题，即在‘现代类型犯罪’问题上应当强调‘犯罪化’”[⑤]，只不过，在犯罪化立法过程中需要注意协调好活跃的立法与刑法的补充性（法益保护的最后手段）、不完整性（不介入市民生活的各个方面）、宽容性（不处罚不当罚的行为）之间的微妙关系。

---

① 姜敏．刑法反恐立法的边界研究．政法论坛，2017（5）．

② 王钢．德国近五十年刑事立法述评．政治与法律，2020（3）．

③ 梁根林．刑法修正：维度、策略、评价与反思．法学研究，2017（1）．

④ 储槐植．走向刑法的现代化．井冈山大学学报（社会科学版），2014（4）．

⑤ 李海东．日本刑事法学者：下．“藤木英雄”部分．中国法律出版社、日本成文堂，1999：211．

总体而言，我国现代型活跃化刑法立法存在其合理性。

1. 活跃化的立法始终关注着转型社会的现实问题，立法具有实证基础

近年来的立法对犯罪发展态势及其刑事政策有合理认识。刑事政策首先是立法政策。立法设定预防、惩治和控制犯罪的基本策略，立法活动有其自身发展规律和科学内涵。刑法的制定必须尊重犯罪防控规律，对症下药，有的放矢，而不能违背事物发展规律，陷于空想，凭感觉出台一些政策。更不能过多地受非理性的“重罚呼吁”的影响，频繁地制定一些临时性政策，变成依靠“运动”控制犯罪，而对犯罪成因的多样性、犯罪现象的复杂性、与犯罪斗争的长期性缺乏清醒认识。

刑法立法的实证基础是犯罪总体态势和具体行为的危害性。治安状况是检验既定现行刑事政策效果的主要标准，从而也是调整刑事政策的原始动因；某种危害行为的种类、发生频率、强度等，是制定刑法的主要依据和基本出发点。立法是一种前实证的“超越性刑法”，立法者不得不结合经验知识，去充分考虑特定行为的危害性，进而提高立法的实证基础。我国当下的刑法立法对于犯罪总体态势、治安状况等有清楚认识，立法具有针对性。

当然，由于近年来的立法在进行犯罪化时，增设的罪名大量属于危险犯，或者是将共犯行为正犯化，立法所依据的行为客观危险在哪里、危害究竟有多大这些实证判断如何得来，是否可靠，有时候确实会成为有争议的问题，立法上树立“假想敌”，保护目的理想化的成分不能说绝对不存在。由此可能导致的现象是：立法者有可能根据其直觉确定处罚的对象，立法者的抉择不绝对取决于实证上的危害后果或实存的法益保护需要，而受制于对危险的感受和判断；立法理由上对行为的损害难以进行有效论证，相关方案有时难以为审议法律草案的立法参与者所普遍接受。

但是，从总体上说，我国刑法立法的实证基础是比较牢靠的。在立法之初，法律草案起草部门就实践中相关问题的严重性进行了大量深入调研，收集了足够多的实例样本，其能够凸显问题的严重性，并对国外的通常处理方式进行过比较研究，所提出的立法文本是有说服力、站得住脚的，尽最大可能防止了把社会危

害特征暂时不清楚、不清晰的行为犯罪化，确保立法有坚实的实证支撑，对立法必要性的阐述也具有说服力。[①] 换言之，在推进犯罪化的过程中，我国立法者能够着眼于社会的现实问题，通过犯罪学实证研究确认刑法干预的必要性，而不是将刑法作为回应社会公众情绪或宣示立场的工具，更不存在用刑法防范臆想中的行为危险的问题。

2. 活跃化的立法始终注重其明确性

立法尽可能明确才能发挥其指引行为的功能。明确性原则要求刑事政策的目标和对象明确，行为规则和手段具体、界限分明。因为只有内容明确的刑事政策，才能为司法机关正确地利用，才能动员人民群众有效地同犯罪作斗争；只有内容明确的刑事政策，才能为社会上的危险个体所了解，政策的威慑效应才能发挥。反之，如果政策的内容模棱两可、含混不清，不仅会使人无法遵循，而且会造成认识混乱、贻误社会治理的良机。在这个问题上，贝卡利亚论述得非常透彻："从全面计理生活的幸福和灾难来讲，立法是一门艺术，它引导人们去享受最大限度的幸福，或者说最大限度地减少人们可能遭遇的不幸"。而要达到这个目标，"就应该把法律制定得明确和通俗"[②]。对此，我国立法者也看得很清楚，在增设轻罪的构成要件时，充分顾及了法益保护的基本原理，尽可能地明晰刑法分则罪名所保护的法益，并以此指导构成要件的设置，在犯罪行为的类型化、列举行为样态方面下了很多功夫，使新设罪名真正成为现有体系的有益补充，而不是成为刑法体系中的"另类"。

3. 活跃化的立法注重新增罪名处罚的轻缓化

立法对刑罚的设置应当尽可能轻缓化。刑事政策对于个人权益的限制，唯有在合乎预防犯罪目的所需的最小限度内，在程序及实体方面均不能存在瑕疵时才能进行，这是比例原则的要求，因此，反对重刑配置应当是现代刑法立法的题中之义。立法问题涉及错综复杂的法律关系，与整个社会系统的互动性特别强。

---

① 周光权．积极刑法立法观在中国的确立．法学研究，2016（4）．

② 贝卡利亚．论犯罪与刑罚．黄风，译．北京：中国大百科全书出版社，1993：104．

如果立法大幅增加对某一特定犯罪的最高刑，该类犯罪也许会下降，但是，一个未预期且不可避免的副产品就是另一类关联的犯罪也许会上升，因为实施关联犯罪所受的惩罚更轻，成本更低。犯罪的成本之一是预期的惩罚，对甲罪处罚重，行为人就可能实施乙罪来置换。① 在我国近年来制定的刑法修正案中，都较好地贯彻了轻刑化的思想，法定最高刑为 3 年以下有期徒刑的犯罪占据大多数。

此外，由于近年来增设的轻罪中有不少是经济犯罪，而对付这类犯罪需要高度的政策性。在发达国家，其经济犯罪的刑罚大多较轻。为了促进经济发展，在制定有关经济犯罪的刑法规范时，必须实现刑事政策的合理化，不宜打击面太大，更不要动辄适用重刑。"从宏观上看，经济犯罪是经济生活参与人在发展商品经济活动中附随产生的消极行为（在这一点上，它不同于其他所有犯罪），为了维护经济秩序必须惩罚这种犯罪，但是如果处罚过重，则可能在惩罚犯罪的同时遏制了参与经济活动的积极性。"②

4. 极其注重与其他法律的衔接

刑事政策与国家其他政策之间能否合理地衔接，是刑事政策系统性的基本要求。系统性意味着刑事政策必须与国家在某一时期的政治、经济、文化等各项政策相协调。这是因为刑事政策在国内政策系统中只是一个组成部分，它与其他政策组成一个有机体，彼此之间相互依赖和支撑。刑事政策不能脱离国家政治的体制、治国方略而存在，也与社会的福利、就业、社会保障、医疗卫生等经济和社会政策，以及文化政策紧密相关，在制定刑事政策时，必须兼顾考虑其他政策的要求，确保刑事政策的合理化。近年来的立法在将刑法作为其他法律的保障法，注重与其他法律协调一致方面下了不少功夫。这一点在《刑法修正案（十一）》中表现得特别充分，立法与未成年人保护、环境资源保护、药品管理法、著作权法、生物安全法等无缝衔接。③

---

① 理查德·波斯纳．法官如何思考．苏力，译．北京：北京大学出版社，2009：70.

② 杨春洗．刑事政策论．北京：北京大学出版社，1993：37.

③ 周光权．刑事立法进展与司法展望：《刑法修正案（十一）》总置评．法学，2021（1）.

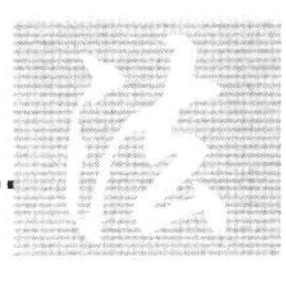

基于上述分析，可以认为我国刑法近年来的修订并没有违背刑法谦抑性原则，且立法有实证基础，增设新罪有助于实现妥当地处罚[①]，有其必要性、针对性，不是情绪化的产物，认为我国立法仅具有工具性、象征性的观点过于大而化之，未必站得住脚。

二、立法活跃时代刑法教义学的应变：观念论

面对刑法立法活跃的现状，刑法学必须对其宏大叙事进行自我反思，在方法论上更加开放，而不是单纯地在每一次刑法修改之后都去指责立法者的作为与之前的刑法学思想不一致，简单地认为立法“不按规矩出牌”。立法不是嘲笑的对象，是解释的对象，刑法学者一味地去批评立法，表现出一种“决不妥协”的姿态，会使得刑法教学丧失很多发展的契机，肯定不是务实的选择。

目前，对于刑法学而言无法绕开的事实是：立法上已经实现了重大转向，即从形而上学的理性思考转向更为现实的具体考虑、经验判断；从结果导向转向行为导向；从惩罚传统犯罪转向惩罚特殊领域犯罪（打击恐怖主义犯罪、有组织经济犯罪、网络犯罪）；从报应转向积极的一般预防；不再死守用法益概念约束立法者这一阵地。因此，现代刑法立法明显具有功能性，从消极立法变为积极立法。[②] 为回应这一现实，刑法教义学应当具备一定的“应变能力”。

（一）不宜站在传统古典主义刑法观的立场批评现代型刑法立法

对此，在这里结合法益问题进行分析。批评活跃化立法的学者大多仅把实存的或传统上认为重要的法益侵害行为作为惩罚对象，只承认刑法立法的有限作为。其实，这是古典主义刑法观的逻辑，在现代社会将这一主张彻底化、极端化是不合时宜的。

长期以来，刑法学被法益保护的话语所笼罩，刑法对犯罪人法律地位的特殊

---

① 周光权．论通过增设轻罪实现妥当的处罚．比较法研究，2020（6）.

② 周光权．积极刑法立法观在中国的确立．法学研究，2016（4）.

干预，需要一种奠基于自由理论且在价值论上具有一致性的正当理由，实存的、传统上认为重要的法益为处罚合理化提供了支撑。按照这种逻辑，当然可以批评最近的刑法修改没有遵循“可被识别”的刑事政策上公认的指导原则。

但是，古典刑法思想不能自在自为地成为绝对真理，在现代社会固执地坚持古典主义的政策思想是难以为继的。传统上实存的利益之外的新型权利、法益处分自由等都成为当代刑法的保护对象。现在的刑法典“背离了古典自由主义的、旨在保护个人权利的刑法模式，而总是延伸到新的领域，如环境、毒品、有组织犯罪、恐怖主义、高科技犯罪和产品责任。……德国刑法并非在谦抑，而是在不断向外扩展，其中包含了远远处于‘古典’刑法理论之外的领域”①。从教义学的角度看，过于重视客观的、自然科学意义上结果以及因果关系的古典刑法观，将处罚局限于不法特征明确的实害犯，对不作为犯、未遂犯、抽象危险犯尽量不处罚的立法方案，是一个“失败的方案”②。在刑法观念逐步转向功能主义，刑法与刑事政策考虑紧紧铰接在一起的今天，用古典刑法观的“矛”攻击当代中国刑事立法的“盾”，其所得出的结论并不能令人信服。因此，在评价刑法扩张处罚范围的立法趋势时，“不应该轻率地陷入一种片面的立场，并信誓旦旦地保证‘古典自由主义刑法’的优点，事实上，纯粹的古典自由主义刑法从来没有存在过”③。

更何况，对于法益的内容究竟是什么，本来就有不同解读切入点。有时候只需要换一个角度思考问题就可以认为，那些批评现代型立法仅重视行为规范违反、仅重视道德的重建而不重视保护法益的主张，其实有失全面，对于当代刑法立法新增的大量罪名而言，解释出其存在需要保护的法益其实并非难事。

上述分析表明，关于立法象征性的批评基本上是以古典刑法观为参照系所做的臆断，增设轻罪在今后很长历史时期内仍然是立法上的首要任务。

---

① 埃里克·希尔根多夫．德国刑法学：从传统到现代．江溯，等译．北京：北京大学出版社，2015：25.

② 罗克辛．刑事政策与刑法体系．蔡桂生，译．北京：中国人民大学出版社，2011：65.

③ 埃里克·希尔根多夫．德国刑法学：从传统到现代．江溯，等译．北京：北京大学出版社，2015：25.

（二）立法意味着平衡和决断，其与刑法教义学主张形式体系合理、解释上尽量没有漏洞在方法论上原本就不同

一般来说，对刑事和民事交织的情形，要实现刑事政策意义上的立法化，刑法学上很少能够达成共识。例如，对恶意欠薪、组织传销行为是否要进行惩罚，刑法学者很可能基于自由导向而拒绝这种增设轻罪。但是，个人在现实世界的具体自由边界未必是确定不变的，也不能由刑法学者轻易加以判断。但是，立法者在面临两种对立选择时，必须下决心去确定个人的消极义务、积极义务的大致范围。在这个意义上，刑法立法上的政策选择显然不是刑法学意义上的逻辑推演，而是对各种不同利益进行最大限度的平衡，以及在此基础上“当断则断”时所作出的决断。

1. 从立法的决断程序上看。“我们必须认识到政策是政治的产物，因此必须关注政治家、公务员、压力群体以及选民在政策形成方面所起的作用。很大程度上，某些政策是其他政策的产物。这里应分析一下累积的过程：社会政策引起对其他政策的需求，为其他政策创造机会，并为作进一步的政治反应创造新的条件。”①

2. 从立法决断的实体依据上看。库伦教授指出，目前并不能根据一个可以普遍使用的观点来判定，人类的哪些利益重要或不重要，需要或者无须用刑法进行保护。学者指出，随着一种显著区别于刑法迄今为止所对付的所有危险和威胁的认识的不断增加，将刑法限制于保护可衡量的法益成为一种毫无希望的做法，因为这种威胁是由人类实施的，对现实生活基础不间断的毁灭。“但仍有部分观点想倒转历史车轮，把刑法局限于与19世纪的‘经典’模式相符的，至少是被狭义定义的‘核心领域’（Kernbereich）。”② 例如，对经济犯罪、职务犯罪打击范围的拓展，显然不能解释为是立法者为了防止经济和社会生活中的道德衰退、“官德败坏”，而应将其理解成是对白领犯罪、职务犯罪重视程度提高的必要反应，将其解释为对于相关犯罪危害性的直观感受以及在此基础上的政策

---

① 迈克尔·希尔．理解社会政策．刘升华，译．北京：商务印书馆，2003：22.

② 冈特·施特拉腾韦特，洛塔尔·库伦．刑法总论Ⅰ．杨萌，译．北京：法律出版社，2006：32.

选择。

3. 从立法决断的具体进程看。立法者的裁量空间必须得到承认，刑法谦抑性原则只具有相对意义。对于处罚对象的确定，难免会取决于立法者的“预判”，在此一定存在一个自由裁量空间。对立法的批评，在很多时候不过是刑法学者基于其对法益概念、法益类型的固定思考而对立法所进行的指责，也可以说是从思维定势出发的“关公战秦琼”。刑法学者基于法益保护理念所做的判断，未必比立法者的预判或决断更精准。对刑法学上的法益保护可以进行一般性的思考，也可以将法益作为分析工具去批评立法，但是，立法者必须完成的使命是解决当下的具体难题，学者先预设出一个古典主义刑法思想的分析框架去批评为完成现代性社会治理使命而制定的刑法条文，属于意义有限的“跨界”对话。

4. 从立法决断的效果看。确实，有的立法规定在实践中很少用到，但是，“备而不用”与立法的象征性之间不能画等号。例如，有的学者倾向于认为，我国诸多新罪名的设立更多的只是回应社会情绪，其形式意义大于实质意义，象征性远胜于其实效性。譬如，《刑法修正案（九）》增设的“强制穿戴宣扬恐怖主义、极端主义服饰、标志罪”在司法中就极少得到适用。[①] 但是，关于恐怖主义、极端主义犯罪，国际上通过立法进行规制基本上是“规定动作”，如果我国刑法对此不规定，就反恐和打击洗钱犯罪与其他国家或国际组织开展国际合作的前提就不存在，因此，对此必须进行犯罪化立法。此外，设立这些罪名对恐怖主义威胁保持震慑力还是非常必要的。如果一定要说立法的象征性，国外反恐立法的这一趋势可能更明显，在美国“9・11事件”之后，世界上多数国家刑法的反恐立法都迅速作出积极回应，纷纷表明对恐怖主义犯罪持毫不妥协的态度，以维护公民人身安全和公共秩序，这种回应更应该是批评者眼中毫不手软的立法象征性趋向。但是，针对恐怖主义行为进行刑法立法，本来就是一个特殊领域中的特殊问题，是立法者以牺牲一部分（传统上所说的）公民个人自由来换取生命安全和身体健康权利的无奈之举。实际上全世界的政府似乎都准备放弃对传统公民权

① 王钢．德国近五十年刑事立法述评．政治与法律，2020（3）.

利的保护，以适应反恐需要，这确实会带来人们的一些担忧。但是，问题的关键不在于批评立法的象征性，而在于“我们需要最好的法律思维以提供合适的警力和政府权力，并同时还保留对这些权力的制约，这是人类基本自由的基础”[①]。

这样说来，立法者基于其政策选择或政治决断在很多时候做“加法”就是合适的，其考虑的因素大致有：当下的社会是不是有序？针对某些不法行为，仅仅实行治安管理处罚是不是足够？增设大量抽象危险犯，负面影响可能有多大？现在的立法环境和过去相比，在哪些方面（例如，恐怖主义犯罪、网络犯罪、环境犯罪等）有所差异？以及假设不增设新罪，在司法审判中是否存在突破罪刑法定原则进而滑向类推解释的危险，等等。

换言之，在进行刑法立法时，需要立法者作出价值判断和选择，不可能严格遵循或者迁就（形式）体系性的刑法学思想。部分学者批评立法象征性是从法教义学角度，结合法益概念、一般预防目的、正犯与边缘行为的关系等去辨析刑法修正案的得失，认为修法存在总论虚置与现象立法、立法的体系性思维与法条内在逻辑的矛盾等问题[②]，这些思考都与现代功能主义刑法观相悖。如果刑法学要将自己定位为一门关于更细微的、更根本的刑法变革的科学，就必须确保理论建构和社会发展不脱节，不能将纯粹的法律概念作为思考的出发点。如果刑法学意欲对当下的社会状况、刑事政策思路及刑法运用进行说明，它就必须面对特定历史时期的社会发展现实，从尽量认可立法开始，对立法朝着合乎时代要求的方向去解释。

（三）法益的范围是变化的；集体法益概念可能是多余的

必须认识到，法益概念是变动不居的。对于法益概念的立法指导价值和立法约束功能，理论上应当认可。对此，张明楷教授认为，实质的法益概念所要达到的目的，是向立法者提供刑罚处罚的合法界限，因而具有批判立法的机能。因

① 理查德·保罗，等．思辨与立场：生活中无处不在的批判性思维工具．李小平，译．北京：中国人民大学出版社，2016：6.

② 车浩．刑事立法的法教义学反思：基于《刑法修正案（九）》的分析．法学，2015（10）.

此，需要根据实质的法益概念，提出增设新罪的构成要件的合理要求。实质的法益概念具有宪法根据，因而对刑事立法者产生宪法性的规制作用。[①] 当然，对此也有人提出质疑，认为法益究竟在多大意义上能够指导立法，本身就是有疑问的。法益固然可以使刑法处罚变得正当，但是，现在所有可能的东西都能够变成法益。刑法上不法的形象变得比较模糊了，丧失了其规范的轮廓。[②] 务实地看，立法者在有些时候确实是基于刑事政策上的考量，认为针对某种行为存在处罚必要性，从而对该行为予以犯罪化，因此，就立法而言，法益保护似乎成为处罚必要性、犯罪化的另一种“便利”说法，难以担当立法指导性观念的重任。但是，我认为，法益能够成为立法指导观念，问题是什么才是某罪真正的法益？法益始终处于变化之中，在现代社会有很多新型的法益，最明显的是环境资源、野生动物保护、生物安全方面的新型犯罪所涉及的可能就是值得动用刑法保护的一些新型法益。因此，从立法论的角度看，法益概念以及法益保护都是变动的。

此外，有学者认为，通过对新型行为的犯罪化强化对侵犯集体法益的犯罪治理思路可能有违法益侵害实质化与宪法比例原则，集体法益过于抽象，保护集体法益的入罪规定可能降低定罪标准，进而导致法益保护原则的虚空。刑法应避免成为单纯的社会控制手段，应当重返以自由和人权为核心的刑法，防止积极预防性刑法观演变为激进式刑法观。[③] 但是，这一批评未必妥当。一方面，集体法益这个概念的含义未必清晰，教义学上提出集体法益概念，从理论上将某些犯罪的保护法益预先假定为是“稀薄化”的，然后对立法进行批评，这在方法论上未必妥当。另一方面，许多犯罪（尤其是经济犯罪、行政犯罪）的保护法益从形式上看是集体法益，但是其背后往往存在值得刑法保护的具体的人身、财产法益（妨害药品管理罪等就是适例）。从这个意义上讲，集体法益概念是多余的，从集体

---

① 张明楷．论实质的法益概念：对法益的立法批判机能的肯定．法学家，2021（1）．

② 哈塞默尔．面对各种新型犯罪的刑法．冯军，译//中国人民大学刑事法律科学研究中心．刑事法学的当代展开．北京：中国检察出版社，2008：60．

③ 刘艳红．积极预防性刑法观的中国实践发展：以《刑法修正案（十一）》为视角的分析．比较法研究，2021（1）．

法益切入去批评立法的思路未必走得通。

在刑法教义学中，固然要重视立法上增设的新罪中所暗含的法益，但更应当将法益概念的约束功能从立法转向司法，要充分认识到法益概念对于司法活动有重要指导意义和处罚限定价值。这一道理很简单，例如，不能将以递交举报材料为名的勒索财物行为认定为强迫交易罪，因为在这里不存在需要保护的市场交易秩序，需要刑法保护的法益是他人的财产权，故被告人只能成立敲诈勒索罪。如果刑法教义学只顾着批评某罪的保护法益不明确这一点，而不去讨论该罪的体系性位置以及实行行为，不去积极探求与此关联的具体行为对象进而揭示法益的存在，其就可能丧失解释能力。

（四）过度的立法怀疑主义可能使刑法学丧失发展的契机

1. 立法对于社会的实际影响不可能因为刑法学的批评而消失。无论是认为刑法修改过于频繁也好，还是认为刑法修改与学者的预期不一致也好，我们都得承认，刑法修正案的相关规定及时回应了转型社会所产生的某些特殊问题。例如，早在 2011 年制定《刑法修正案（八）》时，就曾有部分学者强烈反对危险驾驶罪的立法，其主要站在古典主义刑法观的立场，认为增设该罪与我国刑法立法一贯坚持的“结果本位”做法不一致。[①]《刑法修正案（八）》通过之后，又有不少学者对其提出进一步的批评。例如，有学者认为，修正案立法以扩大国家刑罚权力、缩小或限制公民的自由为内容，使得我国刑事立法在工具主义的轨道上前行，社会治理过度刑法化。这种做法具有高度的社会风险与危害，它将改变国家权力与公民权利的结构，导致国家司法资源的不合理配置，削弱刑法的公众认同，阻碍社会的创新。[②] 但是，统计数据已经表明，在规定了危险驾驶罪之后，全国每年因为醉酒驾车致死的情形下降比例并不小。公安部提供的数字表明，2011 年“醉驾入刑”1 年，当年因酒驾致死 1 220 人，比上年下降 37.7%；到

① 冯亚东．增设“危险驾驶罪”不可行//陈泽宪．刑事法前沿：第 6 卷．北京：中国人民公安大学出版社，2012：373.

② 齐文远．修订刑法应避免过度犯罪化倾向．法商研究，2016（3）；何荣功．社会治理“过度刑法化”的法哲学批判．中外法学，2015（2）.

2016年5月1日，“醉驾入刑”五周年之际，全国因醉驾导致的死亡人数与法律实施前五年相比下降18.3%。这充分说明，在规定危险驾驶罪之后，每年我国因为醉酒驾车导致的死亡人数至少减少了200人以上，立法防止生灵涂炭，功莫大焉。在保障民生方面，刑法的贡献也是很大的。① 再比如，有不少学者认为拒不支付劳动报酬罪的设立是没有必要的，其保护法益不明，甚至是用刑事手段解决民事纠纷。但是，在企业主故意逃避债务，通过一系列行为故意使权利义务关系模糊化，让被害人取得债权陷入极度困难的境地，寻求一般的民事诉讼保护明显不可能，且政府有关部门通知被告人进行整改也无法取得相应效果时，被告人和劳动者的关系可以说超越了普通民事债务的界限，刑法增设新罪介入就是合理的。

2. 过度的立法怀疑主义势必从一开始就将刑法理论和立法实践对立起来，遏制了刑法教义学对立法科学化产生具体影响的机会。② 不可否认，刑法立法必须从发达的刑法教义学中汲取养分，理论能够为立法实践提供指导和支撑。“我们很难在政策制定的结束与政策执行的开始之间明确画出一条分界线。政策执行中的大量反馈又会反过来影响未来的政策制定。许多政策的概括性都很强，因此其实际影响取决于人们在执行阶段对它们的理解。”③ 在刑法执行过程中，符合时代要求的、解释力较强的刑法教义学对于法律功能的发挥、未来刑法立法的合理性都具有特殊指导价值。但是，如果刑法教义学固守其“清高”的自我定位，将学问停留在书斋里，而自动放弃其对于未来立法活动的影响力，势必会造成理论和实践的两败俱伤、各受其害：一方面，刑法教义学与立法和司法脱节，其穿透力、解释力有限；另一方面，立法活动无法从刑法教义学中得到合理化建议，立法的合理性难以得到提升。因此，刑法教义学应当转变观念，对立法更多地给予理解和认同，肯定立法的合法性并对其进行合理解释。“现在的合法性意指人

---

① 当然，危险驾驶罪的刑罚附随后果可能过于严重，这是值得思考和亟待解决的另一个问题。

② 米夏埃尔·库比策尔．德国刑法典修正视野下的刑事政策与刑法科学关系研究．谭淦，译．中国应用法学，2019（6）．

③ 迈克尔·希尔．理解社会政策．刘升华，译．北京：商务印书馆，2003：71．

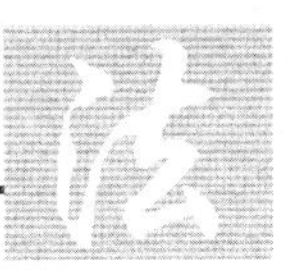

们内心的一种态度，这种态度认为政府的统治是合法的和公正的”①。

三、立法活跃时代刑法教义学的应变：方法论

面对立法活跃化的现实，刑法教义学必须认真反思传统法治主义的话语体系的说法太笼统、太模糊，无法回应复杂的犯罪现象。所以，不是简单地批评立法，而应该反过来思考立法变革会对刑法学发展带来何种影响，重新定位刑法学在现代社会的使命。在新的立法改革趋势面前，刑法理论应当重新审视自我定位，正视自身的不足，在概念工具和方法论上及时进行更新、拓展。唯其如此，才能在新的刑法变革时代找到自身的价值。②

刑事政策是专门针对新出现的社会问题的回应。近年来我国的多个刑法修正案都有力地证明了这一点。刑法教义学方法对此必须有清醒认识。必须承认，自20世纪70年代起，德国以及整个欧洲的刑法立法都产生了翻天覆地的变化，在刑法发展过程中，刑事政策得以强化，而这种改变并没有违背公众的意志，反而是得到公众的各种正面期待和赞同的。对于现代刑法的这种发展，必须放到刑事政策背景中去解释。刑事政策的运用能够得到公众认同，但是，刑法学无论在概念还是方法论上，似乎都还没有充分准备好应对已经实际到来的刑法变革，各种批评还停留在有些想当然的层面上。如果承认基于刑事政策的立法是功能主义的，那么，刑法教义学也应当以功能主义的面目出现，“刑事政策体系中的刑法教义学”这一理论层面的改变既是当然的，更是刻不容缓的。

（一）刑法教义学有必要进行适度的理论修正

对此，从《刑法修正案（十一）》对洗钱罪的修改谈起。传统刑法学对于窝藏、转移赃物等掩饰、隐瞒犯罪所得罪这样一些赃物犯罪都是从帮助他人犯罪，

---

① 迈克尔·罗斯金，等．政治科学．林震，等译．北京：华夏出版社，2001：5.

② 米夏埃尔·库比策尔．德国刑法典修正视野下的刑事政策与刑法科学关系研究．谭淦，译．中国应用法学，2019（6）.

而且是事后的帮助行为这样一个视角出发思考问题的，即仅处罚本犯以外的第三人所实施的赃物犯罪行为。基于这种传统观念，对本犯将自己犯罪所得之物加以掩饰、隐瞒的行为不会单独定罪处罚。1997 年《刑法》第 191 条关于洗钱罪的规定也持这一立场，规定本犯之外的他人协助提供资金账户等行为的，属于洗钱行为。但是，《刑法修正案（十一）》把这个规定改为包括“自洗钱”在内，即实施毒品犯罪、黑社会性质组织犯罪、恐怖活动犯罪、走私犯罪、贪污贿赂犯罪、破坏金融管理秩序犯罪、金融诈骗犯罪的行为人，掩饰自己犯罪所得的来源和性质，尤其是跨境转移财产的，也构成洗钱罪，将本犯处理犯罪赃物的行为予以犯罪化，改变了一直以来认为处理赃物属于不可罚的事后行为的观念，成倍地扩大了犯罪范围。这是立法思路上的一种重大变化。刑法教义学应当回应这样的一个变化。与此同时，需要研究洗钱罪规定的“射程”即是否适用于掩饰、隐瞒犯罪所得、犯罪所得收益罪的问题；以及需要探究在法定刑的适用上要考虑本犯洗钱和帮助他人洗钱这两种行为在量刑上是否应该有差异的问题，而不是一味地对立法进行批评。为回应立法的变革，刑法教义学在犯罪竞合论上进行适当调整就是无可回避的。

（二）在解释论上重视对构成要件行为的危险性的判断

必须承认，如果将对立法的质疑带到刑法解释论上，很多案件都难以被妥当处理。这里以“张某宣扬恐怖主义、极端主义案”略作分析。2016 年 4 月，被告人张某在北京市朝阳区其暂住地内，将 1 部暴恐视频上传至其百度网盘文件中分享，致使该视频被多人浏览、转存及下载；并使用其暂住地内的台式电脑在微信群内发布暴恐视频 5 部。被告人张某还将包含上述视频在内的 10 部视频下载并保存在其台式电脑桌面的“新建文件夹”中。经审查，涉案视频内容均涉及宣扬恐怖主义和宗教极端思想，属于典型的暴力恐怖宣传品。检察机关指控张某犯宣扬恐怖主义、极端主义罪，非法持有宣扬恐怖主义、极端主义物品罪。被告人张某及其辩护人主张其对有关物品的特殊性缺乏认识，不具有犯罪故意，也不知道自己的行为违法。法院认定被告人张某犯宣扬恐怖主义、极端主义罪，判处有期徒刑 1 年；犯非法持有宣扬恐怖主义、极端主义物品罪，判处有期徒刑 6 个月，

决定执行有期徒刑 1 年 2 个月。[①] 要准确处理本案，需要回应以下问题：（1）有必要规定宣扬恐怖主义、极端主义罪，非法持有宣扬恐怖主义、极端主义物品罪吗？（2）“刑法立法的象征性”是什么意思？设立宣扬恐怖主义、极端主义罪，非法持有宣扬恐怖主义、极端主义物品罪是否就意味着刑法立法是象征性的？（3）法院对于被告人主观要件的认定是否妥当？（4）被告人究竟构成几个犯罪？

由于恐怖主义、极端主义是人类公敌，对其行为必须“打早打小”，这是世界各国的共识。基于应对恐怖主义、极端主义的现实考虑，在刑法中有必要规定宣扬恐怖主义、极端主义罪，非法持有宣扬恐怖主义、极端主义物品罪。这些罪名有明确的保护法益，即不特定多数人的人身和财产安全，立法对构成要件行为的描述也很清晰，设立这些罪名并不意味着我国刑法立法是象征性的。在本案中，被告人的危害行为客观存在。对于被告人所辩解的没有违法性认识这一点，法院判决予以积极回应：非法持有宣扬恐怖主义、极端主义物品罪在客观方面表现为行为人明知是宣扬恐怖主义、极端主义的图书、音频视频资料或其他物品而非法持有，情节严重的行为。《最高人民法院、最高人民检察院、公安部关于办理暴力恐怖和宗教极端刑事案件适用法律若干问题的意见》中规定：“对是否‘明知’的认定，应当结合案件具体情况，坚持重证据，重调查研究，以行为人实施的客观行为为基础，结合其一贯表现，具体行为、程度、手段、事后态度，以及年龄、认知和受教育程度、所从事的职业等综合判断”。本案视听资料及北京市公安局反恐怖总队出具的审查意见证明，张某持有的视频含有“伊斯兰国”组织招募、培训成员，以极度血腥残忍手段实施暴力、恐怖袭击的内容。根据张某与微信群朋友圈的聊天记录及其当庭供述，可以确定张某看过其所下载的视频，应当知晓这些视频涉及极端组织实施暴恐活动的内容。我国通过网络、电视等媒体多渠道对极端组织的性质及危害性进行过报道。张某生活在大城市当中，本人具有中专学历，结合其职业特点，能熟练使用电脑及手机等现代工具，与社会的联系较为紧密，其应当意识到这些反映极端组织实施暴力、恐怖活动的视频

① 参见北京市第三中级人民法院（2017）京 03 刑初 13 号刑事判决书。

为法律所禁止，仍非法持有，且其持有的多部视频具有极强的煽动性、示范性、恐吓性和暴力性，属于典型的暴力恐怖宣传品，危害程度极大，其行为已构成非法持有宣扬恐怖主义、极端主义物品罪。我认为，这是一份说理比较透彻的判决书，对违法性认识之有无进行了详细阐释，并在此基础上认定被告人的刑事责任。被告人分别上传暴力、恐怖视频的行为构成宣扬恐怖主义、极端主义罪，在其电脑中储存有关视频则构成非法持有宣扬恐怖主义、极端主义物品罪，理应数罪并罚。因此，如果不轻易认为立法是象征性的，仔细解释各罪的构成要件行为及其法益侵害性，就能够准确定罪量刑，妥当处理案件。

在这里还有必要讨论抽象危险犯的司法判断问题。近年来立法上所增设的一些新罪，有不少罪名属于预备行为正犯化的情形，行为仅有抽象危险。传统刑法教义学认为，抽象危险是立法上所预设的危险，对其不需要司法上在个案中仔细审查行为危险性。那么，对这些犯罪客观构成要件的判断很可能就转变为对于行为是否违反规范的简单审查和判断。如果要实现妥当的处罚，现代刑法教义学必须直面抽象危险犯大量增加的现实，抛弃单纯的行为犯概念，在抽象危险犯中也有必要由法官审查立法者所预设的危险在具体案件中是否存在，从而避免仅看重行为背后的行为人意思。例如，行为人醉酒后雇请代驾，待代驾将车在行为人家门口的路边停稳离开后，行为人认为代驾停车技术有限而去挪车时被抓获的，可以认为该行为就连立法者所预设的危险都不存在，从而得出行为人不构成危险驾驶罪的结论。唯有如此，刑法学才能有效避免用行为人刑法取代行为刑法，防止刑法成为单纯的预防手段，从而使立法上按照自由刑法的要求所确定的行为规范继续保持其最后手段性，在司法上坚持刑法谦抑性原则。

（三）在进行体系建构的同时，关注实现妥当处罚的“问题思考”

在具体分析和处理案件时，需要对保护法益是否存在、构成要件是否符合，作出与现代社会的要求相合拍且精细化的分析。在刑法教义学上更多地考虑现代社会改革与发展对特定利益的重视程度，而不必纠结于某个罪名是否应该增设及其在分则中应置于何处。因此，刑法教义学的侧重点是解释立法者已经制定出的法条，而不是批评立法。

在对刑法立法进行解释，对具体案件进行处理时，刑法学者必须结合犯罪发生领域的基本制度等进行细致分析，才能更好解释犯罪的客观构成要件，进而推动刑事政策在具体领域的良性运作（例如，对危险作业罪的解释就必须考虑矿山开采、金属冶炼行业的行为发生机理、制约机制、政策界限等）。解释好刑法，使之实现政策目标是刑法学不可推卸的使命。例如，对立法上所增设轻罪的着手实行如何把握，实务上对着手（实行）和既遂犯的实行是不是可以分别理解等，都需要在教义学上进行回应；催收非法债务罪和非法拘禁罪、寻衅滋事罪的关系等也需要厘清；立法上增设了大量网络犯罪会带来共犯论的哪些变化等，都很值得研究。

（四）准确厘定处罚范围，同时防止轻罪重罚

如何针对实务争议案件进行问题思考，始终是刑法教义学的核心内容。例如，如何界定 1997 年《刑法》就已经作出规定的某些罪名的适用范围，在实务和理论上也一直有不同意见，对此在解释论上值得关注。例如，对于聚众淫乱罪的适用实务上限定较少，但是理论上对此并不认可。如果认为“法律关注的是其行为对他人的冒犯，而不是因为他私人生活中的不道德，这种不道德在绝大多数的国家里都不是一种应予惩罚的行为”[①]。在刑法教义学上就应该将本罪的行为类型限定为可能为他人所知悉，影响社会风尚的聚众淫乱行为。而对于成人之间自愿、秘密发生的聚众淫乱，如果刑法一律予以处罚的话，可能会混淆道德与法律的界限，展示刑法“强硬的家长主义”面貌。在刑法教义学上，将成人之间自愿、秘密的聚众淫乱予以非犯罪化的主要理由在于：首先，使用刑罚手段制裁该类行为并非有效。基于私密行为本身的严格隐蔽性，即使投入极大的司法资源，也难以保证能够有效查获、惩罚该类行为。其次，该类行为不具有严重的法益侵害性，不会妨害社会管理秩序。多个成人之间自愿且隐秘发生的淫乱，既不会妨碍社会风尚，也不会侵犯参与者的权益，还不会对未成年人造成不良影响，属于“无被害人的犯罪”，不具有严重的社会危害性。最后，惩罚该类行为会使公权力

---

① 哈特．法律、自由与道德．支振锋，译．北京：法律出版社，2006：42.

过分介入公民私生活，从而对人们正当的社会行为造成严重制约。由于这类行为在秘密的情形下进行，如果对之严加惩治，前提条件是查清事实真相，这就势必会诱导、逼迫公权力肆意介入个人的私密空间，侵犯公民的隐私权。因此，即便对聚众淫乱罪这样的罪名而言，重要的也不是批评立法，而是进行合理解释，尤其是进行必要的限缩处罚范围的解释，使立法在适当的场景下准确地发挥其作用。

同时，在立法上增设了相应的轻罪时，对某些行为的惩处就不能动辄适用重罪，因此，重罪的适用范围应该受到限定，以此防止轻罪重判。这里以高空抛物罪的增设进行说明。由于过去的立法中缺乏惩罚高空抛物的轻罪，实务上就出现了一些将高空抛物行为简单认定为以危险方法危害公共安全罪的判决。但是，高空抛掷物品砸中特定对象时，该结果就是固定化的，不可能再波及其他人，行为不具有“危险的不特定扩大”的性质，不具有进一步导致不特定或者多数人伤亡的具体危险，不能认定为以危险方法危害公共安全罪；即便是在人员密集的场所实施高空抛物行为，可能侵犯多数人的生命、身体，但由于其也不具有“危险的不特定扩大”的特点，不应认定为以危险方法危害公共安全罪。[①] 也正是为了避免将高空抛物行为人为地“拔高”认定为重罪，《刑法修正案（十一）》第 33 条才在《刑法》第 291 条之一后增加一条，作为第 291 条之二，对高空抛掷物品规定独立的罪名和法定刑，并将其作为妨害社会秩序罪看待。根据这一规定，高空抛物行为原则上就不再具有危害公共安全罪的本质，其属于最高刑为 1 年有期徒刑的轻罪，如果其行为造成死伤的，根据具体情形分别认定为故意杀人、过失致人死亡、故意伤害、过失致人重伤、重大责任事故、故意毁坏财物等罪，不成立以危险方法危害公共安全罪。应当认为，及时设置轻罪对于减轻司法压力、防止轻罪重判是有实际意义的。[②] 在今后的司法中，自然也就不能无视这些轻罪的存在。在刑法教义学上就需要对轻罪的适用空间，其何时和重罪竞合等问题进行细

① 张明楷．高空抛物案的刑法学分析．法学评论，2020（3）．

② 周光权．刑事立法进展与司法展望：《刑法修正案（十一）》总置评．法学，2021（1）．

致梳理。

基于上述分析，应当认为，对刑法教义学而言，在立法功能主义背景下，把法律条文解释得没有矛盾是重中之重，持续的根本性批评的实际效果极其有限，且无助于刑法教义学的长远发展。基于此，我们才可以对立法活跃时代刑法教义学的“变貌”充满期待。

四、结　语

刑法教义学无疑具有相对稳定性，学者的独立思考立场也值得坚守。但是，面对立法活跃化的趋势，以及无可避免地不断增设轻罪的趋势，如果刑法教义学仍然固执地坚守其在传统社会所确立并流传至今的古典主义立场，其适应性就很可能大打折扣，无法回应现代社会尤其是信息社会的呼吁，难以及时作出应变。因此，在当下，对刑法教义学而言，需要仔细梳理哪些基本原理是可以一直坚守的，哪些需要作出变通或者调整，从而提升其功能性、回应性，以无愧于社会和时代的期许。

第十一章　法定刑配置的科学化

对于刑法立法，人们一般关注的是处罚范围的划定以及犯罪构成要件的具体设计问题。近年来，我国刑法学界对于刑法立法的讨论也大多集中在刑法修正案新增的轻罪是否可能导致刑法象征性立法、处罚前置化等范畴，对于科学立法的诸多问题尚未深入讨论。“我们可以预料到刑法在不同领域的扩张，但与之并行的，并不必然就是规则在质量上的优化与系统性的贯彻。”[①] 如何合理配置法定刑，显然属于立法“质量上的优化”问题，但学者们对此的体系性思考显然并不充分，刑罚立法的一些缺陷在实务中突显出来之后，也大多只得到了碎片化的讨论，刑法立法论上“重定罪轻量刑”的现象也较为突出。为此，反思我国刑法立法中法定刑配置的不足，并从学理上系统地阐释优化法定刑配置的若干关键问题，对于推动未来刑法立法的科学化具有重要意义。

一、我国《刑法》分则中法定刑配置的检视

从总体上看，我国《刑法》分则对具体犯罪所配置的法定刑幅度是比较大

① 托马斯·魏根特．德国刑法向何处去？——21 世纪的问题与发展趋势．张志钢，译//赵秉志．刑法论丛：第 49 卷．北京：法律出版社，2017：388.

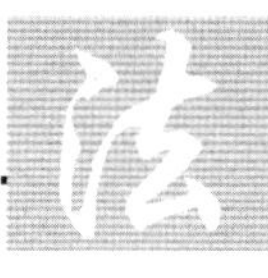

的，对此，学者们大多作为立法不足加以批评。不过，由于立法机关负责确定犯罪行为的量刑幅度，通常情况下会对重罪和轻罪的刑罚作出弹性规定，因此，绝大多数犯罪的法定刑一定都会有较大幅度。事实上，很多国家或地区刑法中所规定的法定刑并不比我国刑法所规定的法定刑幅度小，从有期徒刑 1 年以下跨度到有期徒刑 10 年的立法例并不少见。例如《德国刑法》就赋予了法官很大的刑罚裁量权，其法定刑幅度远比我国《刑法》要大。比如说，《德国刑法》第 263 条规定的诈骗罪最低刑为处 5 欧元罚金，情节严重的，处 10 年以下有期徒刑。因此，法定刑有较大幅度并不是立法缺陷，问题的关键是法官如何根据责任刑、预防刑的法理准确量刑，即便法定刑幅度大，也不会导致轻罪重判或重罪轻判，立法为法官行使自由裁量权留有一定空间，自有其合理性。那么，我国《刑法》在法定刑配置问题上值得反思的真正问题究竟是什么呢？我认为，其包括：法定刑配置总体趋重的态势是否需要适度调整？绝对确定刑的立法方式是否需要舍弃？第一档最高刑为 5 年有期徒刑的立法是否合适？不同犯罪之间的法定刑配置失衡的现象如何避免？对于立法上意欲处罚双方的对向犯，是否在法定刑设计上要尽量“同罚”？如此等等，不一而足。对此，有必要择其要者从宏观和微观层面进一步展开讨论。

（一）从宏观上看，我国《刑法》分则重刑化设计的痕迹明显

我国《刑法》的重刑设计比较明显，具体表现在：(1) 在我国《刑法》中，法定最高刑为死刑、无期徒刑及 15 年有期徒刑的罪名较多，法定刑配置过重，再加上实践中“顶格判刑”的论调很有市场，导致刑罚总体趋重。(2) 不仅对组织、领导恐怖组织罪，组织、领导黑社会性质组织罪，危害公共安全犯罪以及多数经济犯罪的处罚偏重，而且对发案率较低的某些传统犯罪的法定最高刑配置也较高。(3) 对某些预备行为正犯化的情形，也配置了相对比较重的刑罚。例如，《刑法》第 120 条之二准备实施恐怖活动罪所规定的为实施恐怖活动准备凶器、危险物品或者其他工具、组织恐怖活动培训或者积极参加恐怖活动培训等，都明显属于恐怖组织犯罪的预备行为，但其第一档刑为 5 年以下有期徒刑，法定最高刑为有期徒刑 15 年。如此配置法定刑的还有《刑法》第 120 条之三宣扬恐怖主

义、极端主义、煽动实施恐怖活动罪，其所规制的行为明显具有教唆性质，但对其的处罚比很多危害公共安全罪的实害犯还要重。(4) 除《刑法》总则中规定累犯从重处罚之外，在《刑法》第 356 条对毒品再犯的处罚作出了规定，也展示了立法上对于特殊危险个体严厉惩处的态度，对难以从违法性或罪责升高的角度解释的犯罪现象从重处罚，是刑罚设计重刑化取向的旁证之一。

除《刑法》之外，学者指出，在我国最近二十多年来先后制定的十几部刑法修正案中，从总体上考察，死刑废止进程减缓、无期徒刑增加、轻刑种呈现萎缩趋势、法定刑的调整比例中提高法定最高刑的情形占比最高、附加刑加重等，都凸显了立法上的重刑化趋势，刑法修正案并未完整地体现宽严相济的刑事政策。因此，需要重新调整，以适应刑罚轻缓化的要求，谨慎地评估刑罚的预防作用。[①] 这一批评意见在很大程度上是成立的，值得关注。

（二）微观层面：具体犯罪的法定刑协调问题

如果结合具体罪名进行考察，就会发现我国《刑法》分则各罪的法定刑设计值得探讨的地方更多，至少包括以下内容。

1. 绝对确定的法定刑所采用的刑期都是死刑、无期徒刑或有期徒刑 15 年等重刑，司法裁判时没有回旋余地，使罪刑相适应难以真正实现。例如，1997 年《刑法》第 239 条第 1 款规定，以勒索财物为目的绑架他人，或者绑架他人作为人质，致使被绑架人死亡或者杀害被绑架人的，处死刑，并处没收财产。2015 年《刑法修正案（九）》第 14 条将这一绝对确定刑修改为“杀害被绑架人的，或者故意伤害被绑架人，致人重伤、死亡的，处无期徒刑或者死刑，并处没收财产”，绝对死刑的规定由此修改为可以在无期徒刑或者死刑之间进行选择。这一针对确定刑的修改显然使得法定刑配置逐步合理。目前，我国《刑法》在第 121 条劫持航空器罪等少数条文中，还保留着绝对死刑、绝对无期徒刑等绝对确定刑的规定，亟待作出修改、调整。

2. 某些个罪的起刑点过高引发相关犯罪的法定刑趋重攀比。例如，1997 年

① 孙万怀，崔晓．法定刑的修订趋势及其反思．法治现代化研究，2021 (5).

《刑法》第239条第1款规定，以勒索财物为目的绑架他人的，或者绑架他人作为人质的，处10年以上有期徒刑或者无期徒刑。应当认为，1997年《刑法》第239条第1款将绑架罪的起刑点确定为有期徒刑10年的做法已经产生了“波及”效果。例如，非法剥夺他人人身自由罪，1979年《刑法》第143条第2款规定，犯前款罪致人死亡的，处7年以上有期徒刑。修订后的《刑法》第238条第2款规定，犯前款罪致人死亡的，处10年以上有期徒刑。同一行为，在修订后的刑法中法定刑提升了3年，其理由何在？这主要是将这一行为与绑架罪（第239条）中致人死亡的法定刑相攀比的结果。[①] 由于有期徒刑10年的起刑点导致审判实务中对绑架罪犯量刑时很难下判，2009年《刑法修正案（七）》第6条在1997年《刑法》原条文的基础上增加了“情节较轻的，处五年以上十年以下有期徒刑，并处罚金”的规定，将起刑点从有期徒刑10年降到5年。这一修改的方向是正确的，因为将绑架罪的起刑点确定为有期徒刑10年之后，由于本罪的既遂标准是行为人有效控制人质，假如起刑点过高，被告人即便主动释放人质的，也要被判处10年以上有期徒刑，在这种情况下，被告人极有可能铤而走险“撕票”，重刑设计显然不利于保护人质。不过，应当认为，《刑法修正案（七）》第6条将本罪的法定刑起点修改为有期徒刑5年也还没有改到位，因为该刑期比故意杀人罪的起刑点还高，由此与罪刑相适应原则仍有抵触，需要对本罪及其他类似犯罪如抢劫罪、故意杀人罪等的起刑点进行对照研究后作出调整，将本罪的起刑点再往下降。不可否认，绑架勒索犯罪牵动被害人以外的其他人，引起更多的恐慌，所以，对其的处罚可以比抢劫罪更重。[②] 但将绑架罪的法定刑起刑点确定为有期徒刑5年，由此无法对被告人适用缓刑，也没有充分考虑人质的有效保护问题，立法理性不足，反而有凭感觉和情绪化立法的嫌疑。事实上，将本罪和抢劫罪、故意杀人罪的法定刑起点（有期徒刑3年）保持一致是可行的（在实际量刑时，对绑架罪犯可以判得比抢劫罪、故意杀人罪更重一些）。因此，某些犯罪

---

① 周光权．法定刑配置的合理性探讨：刑罚攀比及其抗制．法律科学，1998（4）．

② 林东茂．刑法分则．台北：一品文化出版社，2018：212.

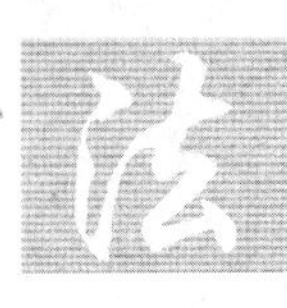

的起刑点过高问题值得未来立法时予以特别关注。目前，劫持船只、汽车罪，传授犯罪方法罪、组织越狱罪、运送他人偷越国（边）境罪等的起刑点规定为有期徒刑 5 年；抢劫枪支、弹药、爆炸物、危险物质罪的起刑点则为有期徒刑 10 年，今后如时机合适，对上述规定应当及时做出修改，降低这些犯罪的起刑点。

3. 不少犯罪第一档法定刑的最高刑为有期徒刑 5 年也明显不合适。在我国《刑法》分则中，大量犯罪的第一档最高刑为有期徒刑 3 年（如故意伤害罪、盗窃罪、贪污罪、受贿罪等），但也有不少犯罪的第一档最高刑即为有期徒刑 5 年（如违规制造、销售枪支罪，寻衅滋事罪，非法采集、供应血液、制作、供应血液制品罪以及部分走私犯罪等）。第一档刑的最高刑如果过高，第二档刑的设计和衔接就比较困难，实务中对该类犯罪的量刑就会总体偏重，尤其是要准确实现罪刑相适应原则的难度就会加大。例如，《刑法》第 333 条第 1 款规定，非法组织他人出卖血液的，处 5 年以下有期徒刑，并处罚金；以暴力、威胁方法强迫他人出卖血液的，处 5 年以上 10 年以下有期徒刑，并处罚金。该条第 2 款规定，组织卖血、强迫卖血对他人造成伤害的，依照故意伤害罪的规定定罪处罚。适用该条第 2 款的难题在于：除故意伤害致死的情形之外，无论是非法组织卖血罪还是强迫卖血罪，《刑法》第 333 条第 1 款的规定都可能比故意伤害罪的处刑要重，尤其是使用暴力强迫卖血造成轻伤的场合，对被告人如果定强迫卖血罪，其起刑点为有期徒刑 5 年，如果适用故意伤害罪，其起刑点为有期徒刑 6 个月，最高刑也才有期徒刑 3 年，适用故意伤害罪对被告人明显处罚更轻；即便是强迫卖血造成重伤的情形，适用故意伤害罪和强迫卖血罪在起刑点上也存在很大差异，强迫卖血罪的处罚更重，这是显而易见的。但《刑法》第 333 条第 2 款又明确规定对这些情形都要按照故意伤害罪定罪处罚，由此就可能给司法裁判造成很多困扰。

4. 相近或相似犯罪之间的法定刑存在诸多不协调，这是未来修改刑法时要考虑的重大问题。某一犯罪的法定刑是否合理，从法理上看，当然要考虑行为的客观危害程度、行为人的罪责以及一般预防的需要。此外，也需要将某罪和最类似犯罪的处罚轻重相类比，从而大致地判断罪刑之间的关系是否均衡。例如，可以认为，盗窃罪和大量非法采矿罪都有盗取他人财物的特征，二者的法定刑差异

不应当太大，才能满足罪刑相适应的要求。《刑法》第343条规定，犯非法采矿罪，情节严重的，处3年以下有期徒刑、拘役或管制，并处或者单处罚金；情节特别严重的，处3年以上7年以下有期徒刑，并处罚金。实践中，非法采矿犯罪的数额相差很大，但由于量刑区间较小，无法体现罪责刑相适应，难以有效震慑、遏制犯罪。与非法采矿罪的实质大致相当的盗窃罪的起点却差距很大，且矿产资源具有不可再生性，与一般财物相比更为重要，但非法采矿罪的起刑点却远高于盗窃罪，法定刑却比盗窃罪轻。与非法采矿罪具有一定可比性的还有盗伐林木罪，盗伐林木达到“数量特别巨大”，最高刑可达有期徒刑15年，其惩罚力度明显比非法采矿罪更大，而林木属于可再生资源，矿产属于不可再生资源。因此，从提升犯罪之间法定刑协调性、实现罪刑相适应的角度看，适度提高非法采矿罪的法定刑是可以考虑的。除了非法采矿罪和盗窃罪的法定刑失衡之外，我国《刑法》分则中需要体系性地考虑优化法定刑配置的相似或相近犯罪还有很多，例如，违规制造、销售枪支罪第一档刑的最高刑比非法制造枪支罪还要高；走私文物等罪第一档刑的最高刑比走私武器、弹药罪，走私假币罪更高；集资诈骗罪与非法吸收公众存款罪的法定刑明显不均衡；挪用资金数额特别巨大的，判处7年以上有期徒刑，比对应的挪用公款罪法定刑要重；抽逃出资罪与挪用资金罪的法定刑失衡。如此等等，不一而足。

5. 对于对向犯法定刑的设计存在不均衡。对向犯的类型比较多，相应地，处罚问题也比较复杂，成为非常值得研究的问题，尤其是在对向犯的行为人罪名不同的情形下，如何具体地确定双方行为的危害性大小，需要在立法时仔细斟酌。例如，对行贿罪规定比受贿罪更重的法定刑就不太合适。《刑法修正案（九）》降低了受贿罪的法定刑，但没有对应地降低行贿罪处罚标准，由此形成了行贿罪的前两档法定刑与受贿罪的处罚“倒挂”的现象。在《刑法修正案（九）》之前，受贿罪的法定刑原本是高于行贿罪的，但立法一方面修改了受贿罪的主刑与附加刑，另一方面未修改行贿罪的主刑，导致对行贿罪的处罚重于受贿罪的局面。即行贿罪的基本刑为5年以下有期徒刑或者拘役，并处罚金；而受贿罪的基本刑为3年以下有期徒刑或者拘役，并处罚金，其最高刑低于行贿罪。行贿罪的

第二档法定刑为5年以上10年以下有期徒刑，并处罚金，受贿罪的第二档法定刑为3年以上10年以下有期徒刑，并处罚金或者没收财产，其最低刑低于行贿罪。不仅如此，从基本犯的客观构成要件表述来看，受贿罪必须符合“数额较大或者有其他较重情节的”条件，而行贿罪的构成要件仅有“为谋取不正当利益，给予国家工作人员以财物的”的规定。法条传递给外界的信息是，行贿罪的不法与责任要重于受贿罪。此外，修改后的《刑法》第390条第2款关于行贿罪从宽处罚的规定，也明显比《刑法修正案（九）》之前更为严格。同时，《最高人民法院、最高人民检察院关于办理贪污贿赂刑事案件适用法律若干问题的解释》（2016年4月18日公布）对行贿罪和受贿罪确定了相同的定罪数额标准。这至少意味着，就基本犯而言，行贿罪与受贿罪应当“同罚”。但是，认为行贿是腐败的源头以及行贿与受贿危害相同，以及主张对行贿与受贿“同罚”的观点都不妥当，行贿罪的不法与责任要比受贿罪更轻，对行贿罪的法定刑设计必须贯彻罪刑相适应原则，对该罪基本犯的处刑不应当高于受贿罪基本犯的最高刑，换言之，对行贿罪的基本犯不得科处3年以上有期徒刑。作为法定刑升格条件的“情节严重”与“情节特别严重”，仅限于因行贿谋取不正当利益的情节严重或者特别严重，而非泛指行贿情节严重或者特别严重。唯其如此，才能在行贿罪和受贿罪这一对向犯的刑罚适用中全面准确地贯彻罪刑法定原则。①

应当指出，上述关于《刑法》分则法定刑设计不足的分析，仅属于不完全归纳。其实，值得反思的问题远比前面列举的要多。例如，立法上如果对罪名设计分拆得太细，法条之间就可能形成复杂的交叉、重合关系，法定刑设计难度就会加大。例如，我国《刑法》在诈骗罪之外，还规定了种类繁多的金融诈骗犯罪以及合同诈骗罪等，有的金融诈骗犯罪（如保险诈骗罪）的定罪数额标准高于诈骗罪，但其法定最高刑远低于诈骗罪，从而引发适用上的争议。此外，《刑法》分则条文如果对法律拟制的规定设计得不尽不合理，也会带来轻罪重罚、量刑失衡的疑问。

---

① 张明楷．行贿罪的量刑．现代法学，2018（3）．

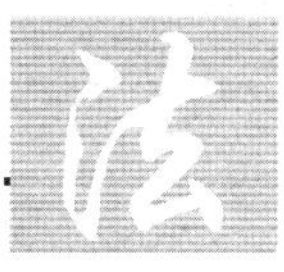

二、优化法定刑配置的理念

上述分析表明，在我国刑法立法中，在法定刑设置方面出现了一些需要进一步完善的规定。影响刑罚立法设计的因素固然很多，但缺乏明晰且一以贯之的刑罚理念可能是最为主要的。推进法定刑配置的合理化，就必须受正确的刑罚理念的指引，立法科学化才有可能实现。

（一）科学建构影响法定刑配置的刑罚理论

从观念上看，法定刑配置究竟要重点考虑何种因素，与刑罚的理念有关。对此，英国哲学家哈特提出了极为有用的分析工具。哈特将刑罚理论应该回答的问题分为两个层面：为什么要处罚，以及为什么要处罚这些特定的行为人？对这两个层次的问题，可以提供不同的回答。就刑罚制度的合法化以及法定刑配置的立法活动而言，通常可以选择目的论（威慑、隔离、矫正），由此实现对于犯罪的一般预防；对于具体案件的量刑，则可以优先考虑将报应论作为刑罚的合法化根据。这样一来，为了阻止人们犯罪，就需要刑罚的立法活动；同时，为了确保量刑公正，对具体罪犯所判处的刑罚就不能比他实际应该受到的处罚更为严厉。①

也许人们可以质疑哈特将整个刑罚制度的正当化奠基于一般预防，将对个人的处罚正当化与报应挂钩的主张，认为其可能会造成国家的正当化和处罚个人的正当化对立，因而并不妥当。但是，必须承认，哈特从两个不同侧面分别考察刑罚制度正当化的观点无疑是具有启发性的。对于国家方面的正当化而言，是从合目的性的角度考虑的，因预防犯罪这一社会利益而使得处罚正当化，刑罚由此必须合比例。对于处罚个人的刑罚正当化，即个人之所以必须忍受刑罚带来的“害恶”，是因为行为人的责任，在报应的意义上对其所进行的处罚就是正义的。但是，不能认为就刑罚问题的国家的正当化和处罚个人的正当化之间存在不可调和

① 马克斯·德克·达博．积极的一般预防与法益理论：一个美国人眼里的德国刑法学的两个重要成就．杨萌，译//陈泽宪．刑事法前沿：第4卷．北京：中国人民公安大学出版社，2008：209.

的矛盾。如果在立法上根据行为的客观法益侵害性和责任确定刑罚幅度，将其作为手段，进而实现预防犯罪的目的，那么，手段和目的之间的关系就是协调的，可以说手段正当，目的也正当，这个意义上的预防就是最妥当、最小化的预防，由此能够使国家利益和个人的利益保持某种平衡，统合犯罪预防与刑罚正义二者之间的关系。

如此一来，法定刑配置在预防与报应之间就不能偏废。一方面，如果不以行为的严重性为取向的，仅着眼于刑法对于未来的犯罪控制发挥作用，考虑一般预防或防止行为人重新实施犯罪的特别预防，立法就可能出现偏差：一般预防可能异化为对所有人的恐吓，最终滑向费尔巴哈意义上的“心理强制”，对个人缺乏起码的尊重；而为了实现特别预防，就可能在立法上规定较重的刑罚，给行为人一个足以使之受到震慑的警告、恫吓，从而导致法定刑配置的重刑化倾向。例如，《刑法修正案（十一）》第 9 条针对《证券法》的最新修订作出了积极回应，提升了违规披露、不披露重要信息罪的处罚力度，将基本犯的法定刑上限从原来的有期徒刑 3 年提升至有期徒刑 5 年，增加了情节特别严重的量刑档次，相应的幅度为有期徒刑 5 年以上 10 年以下。上述修改，从外观上表现为严刑峻法，其内在逻辑是满足一般预防的刑罚诉求。另一方面，仅仅考虑报应的逻辑配置法定刑也是不合适的。把刑罚看作对行为人所实施的实行行为及其危害后果的回应即报应，当然能够部分地说明法定刑配置的正当性和妥当性，报应的需求基本决定了各罪的法定刑轻重，使得刑度与行为不法的严重程度以及行为人罪责的严重程度相当。但仅仅从“以眼还眼、以牙还牙”的绝对报应角度，并不能将法定刑设置的所有考虑因素都阐释清楚。例如，以甲实施故意杀人行为导致乙、丙死亡为例，《刑法》第 232 条在故意杀人罪中规定其法定刑幅度为 3 年以上有期徒刑至死刑，当然有针对过去已经发生的死亡事件进行回顾的思考，从而实现刑罚报应的一面，但是，考虑到无论如何对被告人甲落实报应要求，也无助于挽救乙、丙的生命，那么，对甲动用刑罚一定还含有向社会传递某种信息，从而追求预防目标的侧面，立法者试图据此重建民众对于规范的信心，维护并强化民众对刑法规范的认同。对此，井田良教授认为，刑罚的主要任务在于保护行为规范，刑法是

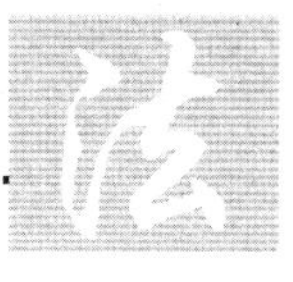

一种在公民当中维持、强化规范和价值，并使规范和价值内化于公民心中的整体社会机制，该机制首先是以运转良好的社会化为其载体的；同时，刑法也具有对社会化加以补充和部分补救的功能。不过，刑罚论的结构不是单一的而是二元的。因为我们难以否认，在如今的刑法中，由于现实发生了损害结果而出现的报应需要，同样也具有为刑罚提供根据的功能。否则我们就无法解释，为什么对于既遂犯原则上需要处以相较于实行终了的未遂来说更重的刑罚。对规范的保护和对结果的报应，这是我们在论证国家刑罚的根据时，需要区分开来的两个要素。一旦我们将报应因素驱逐出刑罚论，便会滑向一元的刑罚论，而这种理论只能与主观化色彩极强的一元不法论相兼容。在这里，我们需要对刑法学的基础再作思考。行为无价值和结果无价值的问题在刑罚论的层面上也得到重现，这就证明这一学派论争的确是刑法学的基础性问题。①

如此说来，法定刑配置必须以犯罪严重性（法益侵害性）和罪责为取向，同时顾及一般预防的需求。一方面，对某一犯罪配置何种法定刑更为妥当，必须首先准确评估该行为的法益侵害性以及行为人的罪责。刑法教义学如果重视结果导向，就应该肯定由于出现了某种严重的结果而加重刑罚的做法。对于越是重大的法益侵害行为，就应该规定越重的法定刑。决定法定刑轻重的一个核心考量因素是被害法益的价值。对法益的评价是随着时代的变化而变化的，因此对应法定刑的轻重，在不同时期做适度调整是合适的。② 那么，准确判断行为的客观危害以及行为人的主观认识，是优化法定刑配置的前提，如果这一步出现误判，法定刑设计不合理以及犯罪之间处罚失衡或不协调就在所难免。而要实现相对的报应，就需要增强立法的实证基础，结合大量案件准确评估刑罚的报应需求。从这个角度看，前面第一部分所讨论的我国《刑法》分则对法定刑配置所出现的若干偏差，可能都与对行为的法益侵害性和罪责判断的“失准”有着密切关联。

另一方面，如果放弃绝对报应论以及传统的心理责任论，就必须认同法定刑

---

① 井田良．走向自主与本土化：日本刑法与刑法学的现状．陈璇，译//陈兴良．刑事法评论：第40卷．北京：北京大学出版社，2017：382.

② 井田良．変革の时代における理论刑法学．东京：庆应义塾大学出版会，2007：31.

配置受制于预防的功利目标这一点。但是，特殊预防不可能成为支撑法定刑设计的基本思想，仅将行为人的个人危险性作为立法取向的刑罚设计存在疑问。例如，我国《刑法》第 237 条第 2 款将多次猥亵儿童行为的法定刑提高到有期徒刑 5 年以上，就有过于重视特殊预防的考量。国家动用刑罚，当然要考虑把刑法看作是一种犯罪的预防工具，但是，其目的不仅在于预防具体行为人再次实施犯罪行为，还在于尽最大可能有效地防止所有潜在行为人实施犯罪行为，无论是刑法中明确地规定刑罚，还是司法裁判中对被告人科处刑罚，都需要追求一般预防这个目标。

（二）对法定刑配置应当进行合宪性控制

前述分析，主要是从刑罚理念出发所进行的讨论。沿着这一进路能够得出的结论是：如果按照在报应范围内考虑一般预防的法定刑配置逻辑，立法者所设计的刑罚就不应当是重刑化的，而应当是符合宪法上的比例原则的。在这个意义上，刑罚理念和宪法上的比例原则二者的内在要求是暗合的。

比例原则从其内容来说，包括适当性原则、必要性原则以及均衡性原则。① 比例原则在刑法上具体化为罪刑相适应原则，其是一项具有宪法位阶的基本法律原则。根据比例原则的要求，立法者运用刑罚的合法性在于对一般预防的追求，在此过程中，应当遵循犯罪人再教育原则以及针对有责性侵害的法益保护、比例性、补充性原则所提出的各项限制。② 由于制裁必须受到宪法性约束③，比例原则所要求的是通过科处刑罚所追求的社会效益（预防具有社会危害性的行为再次重演）应当与刑罚投入所蕴含的成本（尤其是对公民人身自由、财产以及名誉等方面的剥夺）在观念层面进行对比。如果从社会效用角度看，刑法的运用对于社会及个人所造成的损害与刑罚所有产生的预防效果不具有可比性，立法者就应当放弃对相关行为的刑罚处罚。唯有在有责性基础上对某一法益造成足够严重的侵

① 姜明安．行政法．北京：北京大学出版社，2017：124－125.

② 艾米利·多切尼．意大利法律制度中的犯罪：概念及其体系论．吴沈括，译．清华法学，2016 (1).

③ 佐伯仁志．制裁论．丁胜明，译．北京：北京大学出版社，2018：223.

害，国家才有必要动用刑罚。与刑罚理念相协调的比例原则对于法定刑配置至少提出了以下要求：（1）将比例原则的下位规则运用于对刑事立法的审查，需要根据适当性原则对恣意的刑罚配置予以禁止；需要结合必要性原则保持刑罚谦抑性；再根据过度禁止原则，确定刑罚的轻缓化方针，即使刑罚处罚是不可避免的，也应当进一步考量其是否过于严苛。从上述要求中可以看出，对于某一行为，在经过立法者衡量后认为确有处罚必要之后，还需要根据禁止过度原则检验该项处罚是否过度，这就是残酷刑罚的禁止原则，包括禁止所有残忍的、鄙视性的、不人道的以及屈辱性的刑罚，因为这些刑罚方法严重侵害人性尊严，任何刑事处罚都不应彻底摧毁一个人的个别存在及社会存续所依凭的基础。[①] 由此引申出：立法者在设计某一犯罪的法定刑时，应当尽可能朝着刑罚轻缓化的角度思考问题。（2）毋庸置疑，死刑适用的效果是剥夺公民基本的生存权。但是，规定有死刑的国家都认为其并不违反比例原则（当然，对此也有相反的观点）。[②] 就我国《刑法》的死刑配置而言，如果考虑维护公共利益的需要，考虑某些犯罪的严重危害性，以及死刑在实务上得到控制的现实，都能够使我们得出结论：对个别犯罪配置死刑与刑罚理念并无抵触，也不存在违反比例原则的合宪性疑虑，但是，控制死刑、减少死刑，以及尽可能不判处死刑，是立法及司法上需要努力的方向。为此，就需要进一步减少我国《刑法》分则中部分犯罪的死刑配置问题，尤其对运输毒品等罪可以考虑不再保留死刑。（3）按照比例原则的要求，罚金刑的上限应当随着犯罪行为的获利数额或者犯罪行为的交易数额浮动，并在《刑法》总则规定罚金的上限与下限，在分则中针对某些非法获利金额特别大的经济犯罪确定罚金上限等，这才属于理想的立法。但是，我国《刑法》分则对几乎所有的犯罪“上不封顶”的过高罚金，以及实务上多起判处被告人罚金数百亿的判决，都使罪刑相适应原则以及宪法上的比例原则饱受考验。如果肯定通过刑罚的犯罪预防必须受到宪法上的比例原则的制约，那么，对罚金刑确定上限就是实现

① 李惠宗．宪法要义．台北：元照出版有限公司，2001：81.

② 戴维·奥布莱恩．法官能为法治做什么：美国著名法官讲演录．何帆，等译．北京：北京大学出版社，2015：224.

罚当其罪的题中之意。

（三）基于法定刑配置理念的误识匡正

接下来，有必要结合前述法定刑配置的基本刑罚理念以及合宪性控制的逻辑，对于法定刑配置的若干认识误区进行必要的梳理和纠偏。

1. 犯罪预防对于法定刑配置的影响不能被高估。一方面，原本就不能简单地认为，犯罪的一般预防与刑罚的轻重成正比，从而轻易提高刑罚，这样反而会钝化国民对刑罚的感受，最后只能是不得不再次提高刑罚，重刑化由此引起连锁反应。[①] 不断提高某些犯罪法定刑的做法，势必使得今后在配置法定刑时只能是一步步“水涨船高”，一次次提高刑罚，从而陷入“退无可退”的境地。换言之，法定刑配置不能靠感觉，基于刑罚法规对于犯罪的一定评价而展示出来的一般预防效果，是看不见、摸不着的，也是经验科学没有办法证明的，并不是越高的刑罚量就越有利于实现一般预防，精准预防的实现涉及对刑罚本质与功能的理解与把握。另一方面，就特殊预防而言，如果法定刑配置过重，罪犯刑期较长，以监禁为中心的消极特别预防得到强化，以教育改善为内容的积极特别预防趋于衰退，再加上我国实务中罪犯要想获得减刑、假释本来就很困难，民众对于罪犯必须把“牢底坐穿”就有一种期待，最终使得罪犯很难回归社会。

2. 重刑化的立法取向必须被抑制。从世界范围的刑法立法看，近年来立法者大多在刑罚制度设计上“做加法”，要么是不断创设新的处罚规定，要么是提高现有犯罪的法定刑，逐步迈入了刑事立法的活跃化时代。以日本的重刑化趋势为例就能够看清楚很多问题：日本国会 2004 年通过修改刑法，把有期徒刑的上限从 15 年提高到 20 年；在加重刑罚的情况下，有期徒刑从 20 年提高到 30 年。此外，日本 2001 年修改刑法后，醉酒后驾驶机动车致人死亡的，最高可判处 20 年自由刑。但这一畸高的量刑幅度和交通肇事犯罪中致死行为的刑罚产生严重失衡。2007 年，立法者为了缩小处罚的差距，对于道路交通中的一般性过失致死的最高刑从有期徒刑 5 年上升到 7 年，犯罪之间的法定刑攀比趋势由此可见端

① 松原芳博．刑法总论重要问题．王昭武，译．北京：中国政法大学出版社，2014：10.

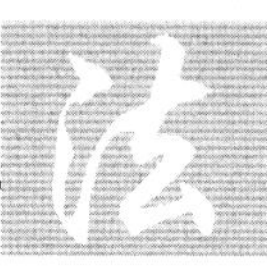

倪。“如今日本的立法和司法中，强化刑罚的投入是主导性的趋势。人们倾向于在越来越早的阶段让国家借助于刑法介入事件，并由此把刑事可罚性的领域向前扩张。因此，对于在法益上造成重大损害的行为人，如尤其是对于生命、健康或者自由造成重大损害的行为人，以越来越重的刑罚予以反映。简而言之，当代日本刑法的标志是刑罚扩张和严厉的趋势。”① 造成日本刑法立法重刑化发展的原因很多，其既可能来自立法者对于通过刑罚制裁就能有效保护法益的误解与依赖；也可能是立法者过于迁就被害人及社会舆论的压力。这一点，在我国也具有相似性。近年来，我国社会结构以及公民意识发生了巨大变化，自媒体得到广泛运用，国家作出刑事政策决策的机制已经有所改变，公众要求保护被害人的利益、保护安全感的呼吁通过大众媒体等渠道得以传播、强化，立法机关能够及时接收到这些信息，从而有可能使得法定刑幅度的确定被扭曲。但是，刑法的目的是保护法益，法定刑立法及适用也都是为了保护法益，在国家、社会及个人法益中，并不包含被害人的报应情感、公众的严惩呼吁等内容。对保护法益如果产生误解，可能导致国家刑法立法权的运用比较随意、缺乏控制。同时，由于实务上对行为人科处超出其责任的刑罚的危险随时存在，法定刑运用的实际效果并不等同于最合适的预防效果，从目的合理性的角度，难以将重刑化取向予以正当化，日本刑法立法的重刑化取向不值得我们借鉴。

易言之，立法对刑罚的设置应当尽可能轻缓化，刑罚对于被告人权益的限制和剥夺，唯有在与其罪行相对应且合乎防止犯罪目的所需的最小限度内，才有可能符合法治的要求。学者指出，对各种犯罪的定义更加精确、谨慎，整体上处罚更加轻缓，是一部法典的优点。② 因此，反对重刑配置应当是现代刑法立法的题中之意。对此，波斯纳法官指出，立法问题涉及错综复杂的相互关系，与整个社会系统的互动性特别强。如果立法大幅增加对特定犯罪的最高刑，该类犯罪也许

① 井田良．社会变迁背景下日本刑法的发展．樊文，译//陈泽宪．刑事法前沿：第7卷．北京：中国人民公安大学出版社，2013：267.

② 卡尔·路德维格·冯·巴尔．大陆刑法史：从古罗马到十九世纪．周振杰，译．北京：法律出版社，2016：247.

会下降，但是，一个未预期且不可避免的副产品就是另一类关联的犯罪也许会上升，因为实施关联犯罪所受的惩罚更轻，成本更低。犯罪的成本之一是预期的惩罚，对甲罪的处罚如果加重，行为人就可能用实施乙罪来置换。①

三、优化法定刑配置的若干具体方法

在合理的刑罚理念和宪法上的比例原则的指引下，遵循一定的方法论，法定刑配置的优化就是可以期待的。

（一）处罚轻缓的实现路径

1. 目前，我国《刑法》分则的法定刑配置是以自由刑为中心的，这可能会使得重刑化倾向难以避免。如果法定刑设计严格建立在对犯罪行为的严重性及罪责准确评估的基础上，并受到比例原则的约束，刑罚总体上势必越来越轻缓，且《刑法》分则各罪的刑罚总量投入应当从自由刑的"独当一面"转变为自由刑和罚金刑齐头并进。从比较法的角度看，在德国刑法立法中，单处罚金的规定为数不少；在实务中，罚金刑基本上把自由刑逼到了边缘，自由刑已不再是刑法对犯罪作出反应的唯一力量。此外，除罚金被大量适用外，德国的缓刑判决也很多。德国刑法立法和司法中刑罚轻缓化的做法，并没有导致犯罪数量的增加，社会治安也并未由此恶化。因此，在我国未来的刑法立法中，也可以考虑对许多轻罪仅规定罚金刑，通过对被告人财产剥夺来同时实现报应的刑罚正义与积极一般预防的目标。

2. 可以考虑在《刑法》总则中对轻罪和重罪的区分作出明确规定。这是贯彻罪刑相适应原则的必然要求，也能够为《刑法》分则确定具体犯罪的法定刑提供大致的指引和约束。今后增设新罪时，必须先将其归入轻罪或重罪范畴，再为其配置法定刑，从而确保刑罚配置时不至于沦为恣意，处罚轻重至少能够做到"八九不离十"。学者指出，我国应以有期徒刑 3 年作为分界线，区分轻罪和重

① 理查德·波斯纳．法官如何思考．苏力，译．北京：北京大学出版社，2009：70.

罪，使法定刑设置有一个大致的标准，同时为未遂犯、累犯、缓刑、前科消灭、告诉才处理等的确定提供标准，促进刑罚思想的理性回归。[①] 我认为，这一主张具有其合理性，值得立法机关仔细斟酌。

3. 对某一犯罪配置的刑罚轻重可能需要随着时代而转变。法益的重要性、实行行为的危险性在不同时代有所差异，因此，对于同一犯罪的法定刑在不同历史条件下作出趋轻或趋重的调整是很正常的。此外，有些过去认为是边缘性的犯罪，在现代社会给予重罚也是可能的。例如，洗钱罪事实上也可以归入广义的赃物犯罪的范畴，对其处罚按理说应当要轻于本犯。但是，我国《刑法》第 191 条洗钱罪的第一档法定刑是有期徒刑 5 年，而不少上游犯罪本犯的第一档法定刑是有期徒刑 3 年，因此，完全可能出现对处理赃物的洗钱罪犯判刑重于本犯的情形；在《刑法修正案（十一）》将“自洗钱”入罪之后，也完全可能出现对“自洗钱”行为的判刑重于该行为人上游犯罪行为的情形，例如，行为人甲受贿 18 万元，其受贿罪的刑期是 3 年以下，如果甲将受贿所得 18 万元通过地下钱庄转移到境外，洗钱犯罪情节恶劣的，对该洗钱行为的量刑高于有期徒刑 3 年也是有可能的。这样的法定刑设计如果从传统理论出发，是很难接受的。但是，如果对于这一立法给予合理解释，也可以认为洗钱罪的法定刑配置具有合理性。对此，学者指出，由于洗钱罪的对象很广泛，行为样态包括对犯罪所得的隐匿和掩饰，以及以促进犯罪行为的实行为目的而使用该利益（例如，为了挥霍而贪污或受贿，然后再自洗钱的）。因为对利益的使用本身就是在“促进”产生这些利益的基础犯罪、上游犯罪，所以，在诸如以自己的名义使用因通常的经济犯罪而获得的利益的场合，在美国也会被处以 20 年以下的监禁、50 万美元以下或者对象财产价值两倍以下的罚金以及没收财产这样的重刑。其结果是，对经济犯罪利益的使用行为的刑罚反而要远远重于经济犯罪本身的刑罚。[②] 因此，学理上不能因为（广义的）赃物犯罪的处罚重于上游犯罪，就简单地批评立法不合理。

---

① 王文华．论刑法中重罪与轻罪的划分．法学评论，2010（2）．

② 佐伯仁志．制裁论．丁胜明，译．北京：北京大学出版社，2018：271．

（二）分门别类地确定法定刑配置的方法论

1. 关于故意犯、过失犯的法定刑设计

立法者对哪些情形属于故意犯罪、哪些行为成立过失犯罪必须心中有数，从而能够根据责任类型选择、确定法定刑。间接故意和有认识过失之间的界限并不是泾渭分明的，如果对于这两种犯罪所设计的法定刑差异很大，在实务中就会带来区分犯罪困难所产生的量刑失衡。如果某种犯罪类型当中同时有处罚故意犯和过失犯的规定的，对故意犯和过失犯的法定刑就应该尽量有所衔接，最好让过失犯的法定刑上限衔接故意犯的法定刑下限，这样法官在具体量刑时，即便对故意犯和过失犯很难区分，至少也可以在法定刑有衔接的地方选择适用刑罚。对于有些犯罪的不法内涵比典型的故意犯轻，但是，又比典型的过失犯重的情形，处以衔接点的刑罚也是一个比较稳妥的方法，这样才能将刑法理论上难以区分故意犯和过失犯对实务所造成的影响降到最低。对于同一个案件，即便法官所采取的理论不同，一个法官认为是故意犯，一个法官认为是过失犯，最终量刑上的差异也不会太大。事实上，德国刑法立法就采用了这一做法，其故意杀人罪的法定最低刑是有期徒刑 5 年，过失致人死亡罪的法定最高刑也是有期徒刑 5 年。实体法中作出如此安排，量刑实务上就能够把不同理论在同一个具体案件中所可能造成的评价差异压缩到最小，从而得出一个合理的量刑结论。①

立法上不仅要注意故意犯和过失犯的量刑衔接，还要考虑过失犯之间的法定刑配置均衡问题。例如，过失致人死亡罪、重大责任事故罪的法定刑幅度是相同的（两罪的第一档刑均为 3 年以下有期徒刑；第二档刑均为 3 年以上 7 年以下有期徒刑）。两种犯罪都可能发生过失致人死亡的结果，但重大责任事故罪动辄死亡数十人甚至上百人，但《刑法》对其法定刑设计却保持着相对克制的姿态，较之于过失致人死亡罪显得较为轻缓。为此，《刑法修正案（六）》将“强令工人违章冒险作业”从重大责任事故罪中分离出来，并将法定最高刑由 7 年提升至 15 年，间接回应了惩治安全生产犯罪立法的犯罪预防诉求。2020 年《刑法修正案

① 蔡圣伟．刑法问题研究（一）．台北：元照出版有限公司，2008：413.

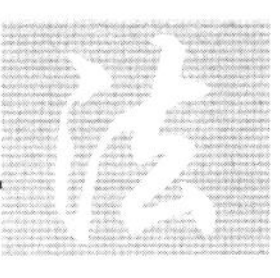

（十一）》对《刑法》第134条第2款的罪状进行了修改，使其囊括了两种行为类型：强令他人违章冒险作业或明知存在重大事故隐患而不排除、仍冒险组织作业。经由《刑法修正案（十一）》修订后，强令、组织他人违章冒险作业罪的规制类型囊括了危险创设类型和危险维持类型，刑法对安全生产领域犯罪行为的规制更为科学，能够达到提升惩罚力度、激活重罪的效果。[①] 这种在过失责任相同的情形下，根据行为的法益侵害性大小以及预防必要性的不同而配置法定刑的立法修改，具有其合理性。

2. 传统犯罪与有组织犯罪等的法定刑配置分化

对于传统犯罪，如果其并不严重危及被害人生命或身体健康权的，在法定刑配置上应当尽可能轻缓，因为这些犯罪的危害性是有限的，配置轻刑就能够实现社会正义，设置一定幅度的轻刑也就能够供法官量刑时调节。从经验观察的角度看，对这些犯罪处罚轻缓化不会导致犯罪总量的增加，更符合理性的要求。但是，对于那些采用轻缓的刑罚手段难以阻止其继续犯罪的行为人，尤其对已经一而再、再而三地犯罪并接受刑罚处罚，但却没有任何效果的人以及危险性已经融入其所选择的特定犯罪生活方式中的行为人，比如恐怖主义或者其他有组织犯罪的行为人，在处罚上未必要考虑轻缓化，有时反而应当更加严厉。在我国《刑法》分则以及近年来通过的刑法修正案中，许多犯罪的刑罚威慑都呈现了明显提高的趋势，包括危险的暴力犯罪、性犯罪、有组织地实施的严重经济犯罪、恐怖主义犯罪、黑社会性质组织犯罪、毒品犯罪、拐卖妇女儿童罪等。这种立法抉择与国外刑法的动向几乎同步。各国立法者之所以不约而同地严惩这些犯罪，首先是考虑了重大法益的不可侵犯性，也直接或间接地受到了公众舆论（民意）对这些犯罪在严重性评估上的影响，同时还有取得更大威慑效应的考虑。此外，为保护潜在的被害人，立法也有意对上述行为人判处更长时间的自由刑。[②]

应当说，在立法上对恐怖主义、黑社会性质犯罪等有组织犯罪、危害公共安

---

① 杨绪峰．强令、组织他人违章冒险作业罪的司法误识与纠偏．政治与法律，2022（2）．

② 沃尔夫冈·福利许．刑罚的理念和刑法在欧洲的发展．樊文，译//陈泽宪．刑事法前沿：第9卷．北京：社会科学文献出版社，2016：145．

全罪、涉众型经济犯罪处罚更重是相对合理性的。但是，对经济犯罪而言，由于其罪名较多，也需要考虑法定刑设计的分化问题，有的经济犯罪行为人的持续危险性有限，行为人对有的犯罪的违法性认识可能性较低，有的行为是否成立犯罪纯粹取决于国家是否采取缓和的经济规制政策。“从宏观上看，经济犯罪是经济生活参与人在发展商品经济活动中附随产生的消极行为（在这一点上，它不同于其他所有犯罪），为了维护经济秩序必须惩罚这种犯罪，但是如果处罚过重，则可能在惩罚犯罪的同时遏制了参与经济活动的积极性。”① 因此，为了促进经济发展，在制定有关经济犯罪的刑法规范时，必须实现刑事政策的合理化，不宜打击面太大，更不宜动辄使用重刑。

（三）法定刑配置必须考虑司法的习惯和难处

1. 法定刑配置的立法需要顾及司法实务中量刑的长期习惯。如果司法上能够广泛认同判处轻刑的，立法上配置的重刑即便多一些，其严厉的态度也能够通过司法行为予以软化；反过来，如果司法上一贯“下手重”，立法上再奉行重刑主义，被告人的境遇就可能堪忧，法定刑配置就应该趋轻。在许多国家，虽然法官的自由裁量权大，但总体上长期习惯于对被告人判处较轻的刑罚。例如，“在德国，判处重刑的比例较低。无期徒刑很少见，而且可以假释。整体来看，在判定有罪的被告人中，只有5%的人会被处以监禁刑，还有12%的人被处以缓刑，其他人则被处以罚金。目前，德国社会似乎并未将犯罪和刑事司法视为亟需解决的问题”②。由于我国司法上长期有适用重刑的传统，大量案件的量刑偏重，如果考虑到这一点，在法定刑的立法设计上就应当尽可能轻缓。因此，完全不考虑司法实务现状，理想化地设计法定刑是不合适的。

2. 法定刑配置需要考虑实务的难处，从而尽量不规定确定刑，给法官量刑留有回旋余地。前文已对我国《刑法》中确定刑立法进行了部分列举，对其缺陷进行了讨论，但基本都限于学理层面。从实务的角度看，国外法官在根据确定刑

① 杨春洗．刑事政策论．北京：北京大学出版社，1993：37.

② 托马斯·魏根特．德国刑事程序法原理．江溯，等译．北京：中国法制出版社，2021：318.

作出裁判时，遇到了很多障碍，有很多教训值得我们吸取。例如，《德国刑法》第211条规定，对谋杀罪犯处以无期徒刑。由于成立谋杀罪就必然导致无期徒刑，别无其他刑种可以选择，法官经常就很为难。为了确保罪刑相适应，从而满足宪法所要求的比例原则，德国联邦最高法院力求对谋杀罪进行限制性解释，尽可能朝着被告人可能不成立谋杀罪的方向进行思考，以解决“判不下去”的难题。问题是，在一些极端案件中，无论怎么解释，被告人也仍然成立谋杀罪。但是，对其按无期徒刑量刑又似乎难以和犯罪人的罪责相匹配。于是，除了法院以外，学者们也为谋杀罪处罚轻缓化的实现想了很多办法，一部分学者认为应当对“谋杀”的要素进行进一步限制，比如要成立阴险的谋杀就要求行为人有责地破坏了自己和被害人之间的信赖关系；另外一部分学者则认为《德国刑法》第211条对谋杀情形的规定只起到例示性的作用，虽然该规定表明相应行为的不法和行为人的责任原则上都达到了可以判处无期徒刑的程度，但是，如果有例外情况使行为人的罪行依据综合评价不能认为是特别应当受到重罪谴责的，就可以否定谋杀罪的成立。但是，这些见解在个案的判断当中会导致不明晰的结果，扩大了法官自由裁量，难以保证同案同判。尽管在这些极端案件当中不应当对行为人判处无期徒刑，但上述解决办法也都不太理想，导致这个问题还没有完全解决。如果德国法官想要在各种类型的谋杀案件中满足罪刑相适应的要求，可能最终还是只有通过修改谋杀罪确定法定刑的进路来实现。[①]

（四）将期待可能性类型性地考虑之后的刑罚轻缓化：以收买被拐卖的妇女罪为重点

对于行为人基于各种可以在一定程度上得到谅解的原因而实施的行为，在立法上例外地考虑其非难可能性较低，从而在立法上减轻或免除处罚，这在国内外刑法中有很多先例。比如，《日本刑法》第148条第2款规定，使用伪造或变造的货币的，处无期或者3年以下惩役；其第150条规定，以使用为目的，收受伪造或者变造的货币的，处3年以下惩役。但是，其第152条规定，收受假币后，

① 王钢．德国判例刑法（分则）．北京：北京大学出版社，2016：17.

明知是伪造或变造的货币而使用或者出于使用的目的而交付给他人的，仅处假币面额 3 倍以下罚金。这是《日本刑法》关于收受假币后知情使用罪的规定。即行为人收到假币之后，方知其为假币，尽管如此却仍然使用，或者出于使用的目的而交付给他人的，对于上述行为，本罪规定特别轻的法定刑（仅判处罚金刑）予以处罚，其理由在于行为人将收到假币之后所蒙受的损失转嫁给他人，这一行为可以说要求行为人实施合法行为的其他可能性类型性地很低。对本罪的处罚极其轻缓，因此，对其适用范围就需要给予限定。对此，学者指出，结合这种立法意图，应该说这里的收受仅限于通过合法手段取得，应该将窃取或者诈骗等违法手段排除在外。明知是假币，仍然接受交付的行为，构成收受伪造的假币罪，如果此后仍然使用的成立一般的使用罪，因为在这种情况下不能认定其期待可能性类型性地很低。①

对于对向犯的处罚，当然与犯罪之间的法定刑协调问题有关。对收买被拐卖的妇女罪法定刑轻重的讨论，一方面考虑的是，只应当在收买行为的客观危害性和主观责任范围内兼顾一般预防的必要性配置该罪的法定刑，那么，针对该行为配置有期徒刑 3 年就是合适的。至于行为人收买被害人之后，又实施非法拘禁、故意伤害或强奸等行为的，原本就应当在其他犯罪的法定刑配置范畴内思考问题，通过数罪并罚显然能够确保罪刑相适应原则的实现。另一方面，值得注意的是，本罪法定刑的设计与《日本刑法》第 152 条收受假币后知情使用罪的规定相类似，实际上已经在法定刑配置时嵌入了立法者关于期待可能性问题的类型性思考。收买行为固然具有法益侵害性，应当在立法上明确予以惩处，但是，对于生活在相对贫困、闭塞地区且处于社会底层的收买者基于传宗接代、维持其所期待的生存状态等理由，收买被拐卖的妇女的行为，立法者在设计法定刑时，类型性地顾及了这些影响被告人责任进而决定法定刑轻重的因素，考虑了收买者“可恨之人”的“可怜之处”，从而对收买被拐卖的妇女罪配置相对较轻的法定刑，这

① 西田典之，桥爪隆．日本刑法各论：第 7 版．王昭武，刘明祥，译．北京：法律出版社，2020：384.

一立法考量当然有其合理性。如果认识到这一点，就可以认为收买被拐卖的妇女罪的法定刑幅度是合适的，暂无提高的必要。

虽然理论上有不少学者针对收买被拐卖的妇女罪应当提高其法定刑展开了很多论述，其中也不乏合理见解，但我认为，一方面，赞成提高该罪法定刑的观点在很大程度上受个案和舆论的影响。从实务发生的案件看，最近10年来，拐卖妇女罪、收买被拐卖的妇女罪都是大幅度下降的。对于收买行为而言，动用重刑来实现严厉威慑的需求并不存在，此时，如果仍然要求对该行为予以重罚的必要性就是缺乏的，媒体的报道或许能够展示个案中具体被害人的悲惨遭遇，但并不能准确地反映该类犯罪的整体发展态势。因此，对于法定刑应当提高或者降低的讨论，就必须要依赖于科学的数据和犯罪的实际，尽可能还原现实的信息，防止媒体扭曲犯罪态势进而影响立法。由于目前我国刑罚总体朝着趋于严厉化的方向发展，民众对于重罚有一种“迷思”或特殊期待。对于这种认识，如果一味地予以迁就，刑法专业人士不对这种重罚情绪进行引导和过滤，反而认为有必要满足这些需求，就会为今后刑法立法的法定刑科学配置造成阻碍，最终造成不具有专业知识的外行操控专业人士的局面，立法过程中的利益权衡、通盘考虑等受到限制，非理性的情绪由此滋生，从而引发连锁反应。其实，在民众对某些犯罪产生不切实际的重罚呼吁（尤其是发出增设死刑的诉求）时，刑法学者有义务保持理性，并尽可能借助于实证数据告诉民众处罚水平的提高不会产生其所期待的一般预防效果，反而会使被判刑的人产生“社会离心力”，增加刑罚执行的困难，最终给社会和谐、社会发展增加不菲的成本。

另一方面，主张提高该罪法定刑的学者对于收买行为和拐卖行为究竟哪一个危害更大的判断存在想当然的成分。“没有买卖就没有杀戮”这一表述虽然很形象，但是，刑法教义学的思考不是事实考察，而是规范判断；对于犯罪参与行为危害性大小的判断不能仅凭想象。收买行为和拐卖行为究竟哪一个是源头，并不是简单就可以下结论的，不能仅凭“没有买卖就没有杀戮”就得出“买卖同罚”或收买被拐卖的妇女罪的法定刑必须提高的结论。必须看到，世间万物的联系都是纵横交错的，因果链条极其复杂，多因一果是常态，一因一果是例外。拐卖行

为或收买行为的实施都是多重因素促成的；拐卖妇女行为和收买行为之间哪一个是因，哪一个是果，必须具体判断。在个案中，有可能是职业化的“人贩子”已经确定被害人之后，四处寻找“买家”，如果甲不愿意收买被害人，拐卖者就去寻找下一家，此时，显然拐卖是源头行为；在为数不少的案件中，“买家”先提出具体要求，拐卖者获得了买主的信息后，才着手实施拐卖行为。因此，就拐卖与收买行为而言，不好简单地得出结论说哪个行为是源头，实务问题的复杂性不是一句“没有买卖就没有杀戮”所能够概括或替代的，不能由此得出收买行为一定需要重罚的结论。其实，如果是拐卖者先有详细的犯罪计划，拐卖被害人之后寻找“买家”的，显然拐卖者的法益侵害性和罪责更重；如果是收买者将其需求传递给拐卖者之后，后者着手实施拐卖行为的，收买者也仅处于教唆犯的境地，按照共犯从属性（实行从属性）的法理，也可以认为其危害性轻于正犯，拐卖者才是事件的核心角色，收买者仍然是边缘人物，将收买者事先向拐卖者提出需求的情形认定为其在共同犯罪中的作用大于或至少等于拐卖者的主张，其实是《唐律》中“诸共犯者，造意为首”逻辑的翻版，与现代刑法客观主义的思考方法并不相符。因此，将收买被拐卖的妇女罪的法定刑维持现状，在理论上是完全讲得通的。

四、结　语

“重定罪轻量刑”的现象，不仅在司法实务中存在，在立法和理论研究上也是值得重视的问题。在立法过程中，立法者更多关注犯罪构成要件的设计是否明确、合理，对于刑罚配置基本上本着“大致差不多就行”的态度，理性思考有待提升；传统刑法理论一般重视犯罪论研究，刑罚论属于边缘问题，从而将犯罪论和刑罚论之间的紧密关联割裂之后进行思考。上述三种现状均亟待改变，无论在立法、司法还是理论研究中，对定罪论和刑罚论的问题都应当一体地进行考察，应当将连同法定刑配置在内的刑罚论置于刑法问题思考的中心位置。

我国刑法分则的法定刑规定值得改进的地方很多。优化法定刑配置首先需要

考虑量刑公正，在此基础上兼顾刑罚的犯罪预防目的。在这种刑罚理念指引下所设计出来的法定刑，应当是总体轻缓、符合理性要求且能够满足惩治犯罪需要的，也经得起宪法上比例原则的检验。在推进法定刑配置合理化方面，理念与方法的探讨还是一个未竟的话题，这里的讨论也仅仅是开了一个头，更多深入思考还有待进一步展开。

第十二章　我国刑法中终身监禁的合宪性改进

《刑法修正案（九）》第 44 条规定，犯贪污、受贿罪，数额特别巨大，并使国家和人民利益遭受特别重大损失，“被判处死刑缓期执行的，人民法院根据犯罪情节等情况可以同时决定在其死刑缓期执行二年期满依法减为无期徒刑后，终身监禁，不得减刑、假释”。从我国终身监禁（life imprisonment）的设立初衷看，立法者试图将其作为特定罪犯死刑适用的替代措施以寻求正当化。但是，我国学术界有观点认为该规定违反宪法相关规定，惩罚过于严厉和不人道，因而并不具有合理性。本章正视这种批评，并分析终身监禁的不同形态，对该制度合宪与否进行研讨，进而对我国刑法立法如何进一步完善终身监禁的规定提出合理化建议。

一、终身监禁合宪性的学理讨论

在我国，终身监禁是否符合宪法受到一定程度的质疑。对此，张明楷教授明确指出，终身监禁的设置与宪法相违背。我国《宪法》第 38 条规定：“公民的人格尊严不受侵犯”，即国家必须尊重个人。犯罪人也是人，即便其被剥夺自由，也应该给予其人道待遇，尊重其固有的人格尊严。终身监禁把犯罪人当作实现消极的一般预防目的的工具来利用，损害了犯罪人的个性，其不仅给犯罪人造成终

身痛苦，而且是一种“终结生活的惩罚”。在终身监禁侵犯了人的尊严这个意义上，应当认为其与宪法的精神相抵触。① 孙国祥教授也持大致相同的观点，其认为终身监禁与刑罚目的之间存在矛盾，不符合人道主义的趋势，因而与宪法的内在精神之间存在不一致之处。“与逐渐废除死刑一样，在刑罚人道化的旗帜下，世界上几乎没有国家对罪犯予以实际上的终身监禁，绝大部分允许假释，或者给予特赦的机会。联合国有关囚犯待遇的公约等也要求，对罪犯不得判处无释放可能的终身监禁。”②

张永强博士认为，终身监禁不得减刑、假释的刚性设计，使终身监禁治理腐败的政策宣示功能得到了彰显，但激励性的缺失和必要性的不足，又使其面临正当性的责难。终身监禁与死刑一样，都是残酷、不人道的，不符合刑罚轻缓化的时代潮流。③ 吴雨豪博士则认为，在刑罚目的上，终身监禁不仅违背了改造和回归罪犯的特殊预防目的，不符合宪法上的比例原则，而且无明显的一般预防功能，作为一种重刑的威慑力缺乏相关证据支撑，亦不是提高司法公信力的合理手段。在具体的刑事执行问题上，终身监禁催生了罪犯的绝望心理，使得监狱考核机制失效，加重了监狱负担。无论是从功利主义还是从人道主义的立场出发，终身监禁都不宜作为死刑的替代措施。④ 唐春杨博士在对美国终身监禁进行考察后也指出，不可假释的终身监禁虽然是作为死刑替代措施而适用，但从美国的学说争议和服刑人员的角度来看，其和死刑一样都是残忍地放弃社会复归的刑罚，二者具有同质性。⑤

其实，国外学者在更早的时候就从宪法视角出发对终身监禁提出质疑，认为其有违宪法上尊重人的尊严与价值的要求。终身监禁带来持续性的长期剥夺自由和完全从社会中放逐的效果。即使在管理罪犯的过程中，也应该维持人的社会的

---

① 张明楷．宪法与刑法的循环解释．法学评论，2019（1）.

② 孙国祥．贪污贿赂犯罪研究：下册．北京：中国人民大学出版社，2018：1224.

③ 张永强．终身监禁死刑替代功能的立法反思．现代法学，2020（2）.

④ 吴雨豪．论作为死刑替代措施的终身监禁．环球法律评论，2017（1）.

⑤ 唐春楊．アメリカにおける終身刑の最新動向について．一橋法学，18 巻 3 号（2019）：952－955.

实存的基本前提条件。对此，德国学者里普曼（Liepmann）在 1921 年第 31 届德国法律家大会中，对终身监禁这种手段的违宪性就发表了以下见解："基于执行约 20 年期间的经历，在受刑者们身上'善的动机的弱化、完全的意志消沉、超慢性的恐怖症、不信任、对社会的反感与憎恶'等已经得到确认……对于这些受刑者，已经没有给予治疗的喜悦，因而他们只是动植物般地延续着生命，成为像机器一样无感觉、丢失了情感的人，进而完全成为了废人。"① 日本学者生田胜义同样批评终身监禁侵犯人的尊严问题，其指出在日本有一种见解认为，即使是不可假释的终身监禁也比死刑强，经常被引用的死刑犯大道寺将司的一句话是"即使一生无法走出围墙，围墙内的生活也是人生"。然而，"如果问你想被判处死刑还是终身监禁，你会选择哪个呢？会不会选择危害较小的终身监禁呢"，以此来正当化的构想本身就存在疑问，因为这两种刑罚都是违背人类尊严的刑罚，逼迫人们在它们之间作出选择，这本身就是非人性的。②

上述分析表明，理论界对于终身监禁违宪的主张可以说是压倒性。但是，笔者认为，对于终身监禁这一概念，原本就可以在不同层面加以理解。即便对于最为严厉的、"牢底坐穿"的绝对型终身监禁，也难以轻易认定其违宪。某一规定即便存在合宪性疑虑，但其与违宪之间也还有质的差异，如果能够通过合宪性调适实现制度合理化，就不能简单地基于违宪的理论判断将其彻底否定。从这个意义上讲，笼统地认为终身监禁违宪的分析方法可能过于粗略，并不合适；如何对这一制度进行改进，从而打造"合宪的终身监禁"才是关键。

二、终身监禁合宪性的比较法考察

（一）终身监禁的类型

多数情况下的终身监禁，都只是一种形象的说法，是立法者可以直截了当地

---

① 金日秀，徐辅鹤．韩国刑法总论．郑军男，译．武汉：武汉大学出版社，2008：711.

② 生田勝義．『終身刑』論と刑法のあり方（1）：国家的統制法の縮減と社会的調整（規整）法の展開 Controlからregulationへ．立命館法学，391 号（2020 年）：132.

告诉民众罪犯的罪行非常严重、需要重罚的徒刑。被冠以终身监禁的大量情形是罪犯有机会走出监狱的长期监禁。对于这种“可重返社会”意义上的终身监禁，理论上除了认为其是重刑，通常不宜适用之外，对其并无根本性质疑，因为现代自由刑的本质特征是，犯罪人在自由刑的执行中感受到它是一种痛苦，但同时对国家而言，它又是一个矫正和教育犯罪人，并因此让犯罪人重新回到有秩序的社会的极其重要的方法。因此，自由刑主要具有实现矫正功能的作用。①

在美国，被判处终身监禁的犯罪人，如果在服刑中表现良好，一般执行 10 年（或者 15 年）后就可以获得假释。除此之外，有的监禁名义上有期限，属于有期监禁，但其实际执行效果也是终身监禁。美国有些州的刑法典规定了较为合理可行的上限刑期，如 25 年、30 年、50 年等，但也有很多州的刑法典并没有规定徒刑的上限，在审判实践中可以对被告人判处超过 100 年甚至上千年的监禁，其最终效果也等于终身监禁。②

德国在废除死刑之后，终身监禁就成为最严厉的刑罚措施。在德国现行刑罚体系中，终身监禁是作为有期徒刑的例外情形规定在《德国刑法典》第 38 条第 1 款中的，即“自由刑是有期限的，但法律规定为终身自由刑的，不在此限”。根据《德国刑法典》分则的规定，有一系列罪名可以被判处终身自由刑。其中，谋杀罪（第 211 条）和情节特别严重的杀人罪（第 212 条第 2 款）应当被判处终身自由刑。此外，性侵儿童致死罪（第 176 条），性侵和强奸致死罪（第 178 条），抢劫致死罪（第 251 条）等发生致人死亡后果的犯罪，可以选择性地适用终身自由刑。《德国刑法典》的总则并没有规定适用终身自由刑的一般性条件。其第 46 条关于量刑的基本原则只是强调了责任是量刑的基础，并且规定了相关的酌定量刑情节，因此对于行为人判处终身自由刑主要还是根据刑法分则的规定进行，同时遵循总则关于量刑原则的规定。此外，在《德国刑法典》第 54 条第 1 款中规定了数罪并罚吸收原则，在罪犯所犯数罪中的一罪被判处终身监禁的，数罪并罚

① 弗兰茨·冯·李斯特，埃贝哈德·施密特．李斯特德国刑法教科书．徐久生，译，北京：北京大学出版社，2021：336.

② 储槐植，江溯．美国刑法．北京：北京大学出版社，2012：260.

后也只能执行终身监禁。但在德国，被判处终身监禁的罪犯，在服刑满 15 年之后可能回归社会。

我国《刑法》第 46 条所规定的无期徒刑，其原初意义就是剥夺终身自由的终身监禁，但因为存在对无期徒刑减刑、假释的规定，在现行法的实务上，其并不一定会有终身监禁的效果，即在我国，并不会使被判处无期徒刑的罪犯断绝了重新回归社会的希望，从而自暴自弃。被判处无期徒刑的人，只要他们接受改造，确有改恶从善的表现，都可以获得减刑和假释。“关键是要他们自己去争取。由此可见，判处无期徒刑，并不意味着把罪犯关押到死，使罪犯感到前途无望。相反地，倒可以促使罪犯为了争取减刑、假释而努力改造自己，重新做人。”① 从最终执行效果上看，由于绝大部分的罪犯都会根据改造情况得到减刑或假释，因抗拒改造未被减刑、假释，实际被执行终身羁押的情况很少发生。这也与绝大多数国家终身监禁实际上并不终身的做法大体相当。

与此不同的是绝对型终身监禁。由于罪犯必须在监狱终其一生，理论上多数主张认为这种自由刑成为“一种延长的死刑”，是对犯人身体的折磨，使其在身体上不再危害社会。因此，这种刑罚执行方法受到一定程度的质疑。日本学者指出，某种自由刑如果让罪犯无法复归社会，他虽然活着但等同于被杀死了，这种刑罚比死刑还残忍。② 张明楷教授也认为，终身监禁并不比死刑人道，也不比死刑轻缓，它只不过是一种“分期”执行的死刑，是侵害人格尊严、比死刑更为残酷的惩罚方法。③

但是，也有很多学者倾向于认为，即便是不可假释的终身监禁的严厉程度也低于死刑。④ 对此，陈兴良教授明确提出：“从表面上看，对贪污贿赂罪规定终身监禁是加重刑罚之举，但从其具有替代原先应当适用死刑立即执行的功能来

---

① 王作富．中国刑法研究．北京：中国人民大学出版社，1988：299.

② 川出敏裕，金光旭．刑事政策．第 3 版．东京：成文堂，2023：86.

③ 张明楷．死刑的废止不需要终身刑替代．法学研究，2008（2）.

④ 储槐植，江溯．美国刑法．北京：北京大学出版社，2012.

看，又是限制死刑适用之举，从而也是减轻之举。"[①] 换言之，对于某一犯罪，以前可以适用死刑的，如果改为最高刑是终身监禁，这种变化也意味着刑罚变得更为轻缓了，国外的实践中也承认这一点。比如，在1965年前的英格兰和威尔士，对于犯谋杀罪的，其唯一刑罚是死刑。但是，现在对于这一犯罪的死刑变成了终身监禁。这样的变化，也说明刑罚是变轻了，死刑的严厉性无论如何都超过了终身监禁。[②] 虽然这种意义上的终身监禁受到一定程度的质疑，但其也具有一定的存在合理性。从美国的实践看，过去几十年中，严厉惩处罪犯一直是该国主要的刑事司法政策。从1994年开始，美国二十多个州和联邦政府通过了"三振出局"法案，对于已触犯二次严重犯罪的重刑犯，在第三次被定重罪时，可以受到很长时期的监禁，包括终身监禁而不得假释。美国的这一从严政策在西方国家是很突出的，很多美国人所赞同的那些做法——严厉的刑罚、"三振出局"、几十年甚至终身监禁——在其他西方国家中是难以想象的。[③] 由此可以认为，终身监禁的适用在出发点上考虑了犯罪的严重危害性，在目标上顾及了公共利益的维护，在实务上得到相当严格的控制，具有现实的存在合理性。"一个国家的文化特点在这个国家的极刑方式上表现得淋漓尽致"，尽管有些国家已废止死刑，然而，在日本并没有将其提上政治议程的迹象，原因在于国民舆论希望维持死刑制度。在这种情况下，一些致力于废止死刑的人士开始考虑引入不可假释的终身监禁这一"替代刑"[④]。虽然到目前为止，日本也并未设立不可假释的终身监禁制度，但并不妨碍学者在一定程度上认同其价值。在目前彻底废止死刑比较困难的现状下，死刑废止论者提出的方案是设计作为死刑的替代刑的不可假释的终身刑。对于这种提案，有反对观点认为，不可假释的终身监禁过于残酷，但作为只是废止死刑后的过渡性制度，该制度是值得认真考虑的。[⑤]

---

① 陈兴良．贪污贿赂犯罪司法解释：刑法教义学的阐释．法学，2016（5）.

② 杰瑞米·侯德．阿什沃斯刑法原理．时延安，史蔚，译．北京：中国法制出版社，2019：2.

③ 斯蒂芬·E. 巴坎．犯罪学：社会学的理解．秦晨，等译．上海：上海人民出版社，2011：608.

④ 生田勝義．『終身刑』論と刑法のあり方（1）：国家的統制法の縮減と社会的調整（規整）法の展開 Controlからregulationへ. 立命館法学，391号（2020年）：117－118.

⑤ 佐伯仁志．制裁论．丁胜明，译．北京：北京大学出版社，2018：48.

（二）国外均不认为绝对型终身监禁违宪

绝对型终身监禁是否存在合宪性疑虑，是一个值得讨论的问题。对此，可以从宪法所重视的人性尊严和比例原则两个视角出发进行分析。“人性尊严可以被描述为人因其为人所享有的自我价值。每个人——按照联邦宪法法院的说法，作为人都拥有尊严，无论其特征、身体或精神状态，或其劳动或者社会地位。”[①] 任何人都不能被剥夺人性尊严，也不能因为“不尊严”的行为而丧失人性尊严。容易受损的是人性尊严所保障的尊重请求权。人性尊严保障每个人的主体特征不被质疑，其不应该成为国家行为的客体。

比例原则要求量刑尤其是对罪犯的监禁可能性、时间长短与违法造成损害的严重程度成比例。“比例性原则的基础是对价值及其排列的思考。”[②] 国家运用刑法限制公民权利并非可以恣意为之。国家不得用违法的手段对付个人违法的行为，这是近代立宪主义关于国家理性的当然要求。因此，在刑法上制定具体规范来惩罚犯罪时，必须受到宪法比例原则的约束，这其实是“限制的限制”。比例原则追求手段和目的之间的平衡，不能为达到目的不择手段。广义的比例原则的下位原则包括适当性原则、必要性原则、过度禁止原则。其中，过度禁止原则是狭义的比例原则。刑法上的罪刑相适应原则是宪法比例原则在刑法领域的具体贯彻。就刑罚的设置而言，适当性原则要求具体规定具有合目的性；必要性原则要求刑法干预最小化，对刑罚权进行限制以合乎宪法目的，哪一种刑罚手段对被告人的负面影响最小，就应该选择适用该种刑罚手段；过度禁止原则对于绝对型终身监禁的制约最大，因为对被告人的处罚要适当，不能太过分、太严苛，否则可能违反过度禁止原则这一狭义的比例原则。针对某些犯罪配置不可假释的终身监禁这种重刑，是否可能违反比例原则就成为疑问。

虽然这种终身监禁存在上述两方面的合宪性疑虑，但是，非常值得注意的

---

① 福尔克尔·埃平，塞巴斯蒂安·伦茨，菲利普·莱德克．基本权利．张东阳，译．北京：北京大学出版社，2023：293.

② 戴尔玛斯-马蒂．刑事政策的主要体系．卢建平，译．北京：法律出版社，2000：120.

是，观察国外的宪法实践，基本可以认为，绝对型终身监禁确实是非常严厉的刑罚，如果大量适用显然是不合适的，但是，其还没有达到违宪的程度。

德国联邦宪法法院于 1977 年确认了终身监禁符合宪法。从《德国刑法典》第 38 条的规定中无法得出确立自由刑的最高期限的要求。如果从行为危险性的角度来看，犯罪情节极其恶劣的，如果确有必要，即便是长期的监禁也不会侵犯所涉人员的人格尊严。如此说来，执行期限长短不是问题的关键，德国和法国宪法委员会甚至认为，在刑罚措施之外，为防止罪犯再次犯罪的保安监禁处分措施，即便存在无限期被执行的可能性，其做法也没有侵犯被保安监禁人的人格尊严。①

在美国，也从来不存在关于非常彻底、绝对的终身监禁被宪法所反对的判决，这在很大程度上与更严的死刑都得到宪法认可这一点有关。美国联邦最高法院在多年没有罪犯被处决的情况下，于 1972 年在“弗曼诉佐治亚州案”中，美国最高法院以微弱多数裁决死刑判决违宪。然而，不到 4 年，至少 35 个州以及美国国会制定了规定实行死刑的新法令，民意测验表明压倒多数的人支持此类法令。1976 年 7 月，新的立法标准和舆论联合起来彻底推翻了前述弗曼案的判决，在一连五个案件里，美国法院明确主张死刑本质上并非是联邦宪法第八条修正案规定所禁止的“残酷和异常的刑罚”②。“经过多次反省和众多判决经验的总结，最高法院认为：对于谋杀罪来说，适用死刑不能认为是酷刑。但在适用时必须谨慎从事。”③ 自 1976 年之后，美国大多数州以及联邦的法律中都规定了死刑。在美国，死刑的执行在很长时期内都在增加，公众也支持适用死刑，这种法律状况在短时期内是不会被改变的。④

美国最高法院对死刑给予合宪性判断，一方面，与预防犯罪、社会治理的现

① 江溯．德国判例刑法总则．北京：北京大学出版社，2021：537.

② 斯坦利・I. 库特勒．最高法院与宪法：美国宪法史上重要判例选读．朱曾汶，林铮，译．北京：商务印书馆，2006：591.

③ 卡尔威因，帕尔德森．美国宪法释义．徐卫东，吴新平，译．北京：华夏出版社，1989：257.

④ 汉斯・海因里希・耶赛克，托马斯・魏根特．德国刑法教科书：下．徐久生，译．北京：中国法制出版社，2017：1028.

实需求有关；另一方面，与宪法对法院的审查权留出巨大空间有关。宪法立法中有意使用概括性语言，法院可以随着时代的发展对其含义进行解释，例如美国宪法所规定的“禁止残忍和异常的刑罚”，就给宪法性判断留有余地。[①] 法院也就不会轻易认定某一刑罚制度违宪。可以认为，如果连死刑这种直接侵害公民基本的生存权的刑罚制度都不违宪的话，直接认定终身监禁违宪未必合适。从实证的角度看，虽然难以证明终身监禁比长期自由刑具有更强的威慑效果，但是，在死刑被废除以后，终身监禁可被理解为国家决策的象征，它是对有意识地侵害最重要法益的犯罪行为的断然回答。[②]

（三）国外避免绝对型终身监禁合宪性危机的具体实践

近期的重刑化，通过将犯罪人视为“社会的敌人”而否定其与“善良市民”之间的转换可能性，这其中蕴含着容忍对行为人科处超出作为刑罚忍受程度的行为人之“责任”的刑罚的危险，同时，在实际效果上，也不能谓之为形成了“最合适的预防”。因此，从目的合理性的角度，如果认为绝对型终身监禁不需要作任何改进，就并非合理的主张。[③]

“刑罚执行法官的任务是在监狱决定每个囚犯的监狱治理的主要形式，给予囚犯临时释放或提前释放等待遇。”[④] 必须看到，终身监禁的执行，可能因为长期的监禁导致明显的人格障碍。在适用终身监禁时，刑罚的目的仍然值得坚持，即犯人不应当彻底丧失走出监狱的机会，其应该保持一种希望，即能够在将来有一天回归正常的社会生活，而且不再犯罪。因此，终身监禁的存在应当以更好地维护人的尊严为前提条件，如果犯人无法再怀有被释放、重新回到自由状态的希望，那么刑罚的人道性就是可疑的。

---

① 戴维·奥布莱恩．法官能为法治做什么：美国著名法官讲演录．何帆，等译．北京：北京大学出版社，2015：171.

② 汉斯·海因里希·耶赛克，托马斯·魏根特．德国刑法教科书：下．徐久生，译．北京：中国法制出版社，2017：1031.

③ 松原芳博．刑法総論．第3版．东京：日本評論社，2022：14.

④ 戴尔玛斯-马蒂．刑事政策的主要体系．卢建平，译．北京：法律出版社，2000：72.

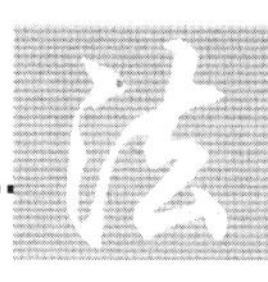

也正是考虑到这一点，德国联邦宪法法院在 1977 年确认终身监禁符合宪法的同时，对其合宪性方向提出了指引，即这种刑罚的适用需要给罪犯返归社会提供机会和希望。德国立法机构为贯彻宪法法院的精神，于 1981 年 12 月通过刑法修正案，在刑法典中增加了第 57 条 a，为判处终身自由刑的犯罪人规定了明确的假释条件。《德国刑法典》第 57 条 a 规定，具备下列条件之一的，法庭可将终身自由刑的余刑予以假释：（1）被判刑人已服刑超过 15 年；（2）被判刑人的罪责没有重大到要求继续执行的程度；（3）具备《德国刑法典》第 57 条第 1 款第 1 句第 2 项和第 3 项规定的先决条件。而相关的先决条件即《德国刑法典》第 57 条第 1 款第 1 句第 2 项和第 3 项明确规定，具备下列条件时，法庭可将有期自由刑余刑的执行予以假释并交付考验：有利于公共安全利益，且经被判刑人同意。裁判时，应特别考虑被判刑人的人格，其先前生活、犯行状况、再犯时所威胁法益的重要性、行刑过程中的表现、生活关系以及假释对其的预期影响。

从上述规定可以看出，《德国刑法典》第 57 条 a 进行了合宪性调适，进而规定终身自由刑也同样可以被假释。根据该规定，即使是被判处了终身监禁的人，也有重返社会的现实可能性，从而消除刑罚制度与宪法对人类尊严保护之间的紧张关系。如此一来，作为德国刑法中最严厉的刑罚措施的终身自由刑，也就失去了“终身”的绝对意义。

此外，值得重视的是，国外除了在立法上进行合宪性调适之外，对刑法分则中没有及时作出修改，看起来似乎不那么合宪的终身监禁相关规定，非常重视法官的刑法解释，通过具体的裁判实践来限制终身监禁的不当适用，以此化解终身监禁立法的合宪性危机。法官是行使公权力的人，“其作用在于与政治和行政权力之间维持紧张感的同时，解释以《宪法》为顶点的法律体系，为社会构筑新的规范。”① 例如，《德国刑法典》第 211 条规定，谋杀罪的唯一法定刑是终身监禁。但对谋杀罪一概适用绝对的终身监禁可能并不合适，因为完全可能会出现的情况是某一谋杀行为虽然满足了该罪的构成要件，但行为人并无承担应当被科处最重

① 新藤宗幸．司法官僚．朱芒，译．上海：译林出版社，2021：188.

刑罚即终身监禁的责任，此时，如何理解谋杀罪中的不法内涵与结构，尤其是判断行为人的动机是否特别卑劣、行为方式是否特别卑劣、行为目的是否特别卑劣等①，就是法官需要审慎斟酌的问题。

三、宪法性约束与我国终身监禁的改进

（一）我国当下终身监禁的适用受到极其严格控制

我国刑法第383条虽然对贪污、受贿罪保留了死刑，但近年来随着宽严相济刑事政策的贯彻，死刑适用被严格控制，对这类犯罪极少判处死刑立即执行。为了既减少死刑适用，又能够有效惩治贪污、受贿数额特别巨大且情节严重的犯罪情形，《刑法修正案（九）》对特别严重的贪污、受贿犯罪规定了终身监禁，即从贯彻慎用死刑政策和罪责相当考虑，死罪可免，但规定终身监禁措施，作为对罪当处死、判处死缓的贪污、受贿犯罪分子的一种不执行死刑的替代执行措施。

立法上作出这一规定，也是不得已而为之。在对罪犯不适用死刑立即执行之后，其最高刑期在死缓考验期满之后就成为无期徒刑。由于对无期徒刑可以减刑、假释，在执行中一些司法机关对减刑条件把握过宽，减刑频率过快、次数过多；对一些贪污贿赂罪犯的假释条件掌握过于宽松，致使一些因严重犯罪被判处死缓或者无期徒刑的罪犯的实际执行刑期过短，与被判处死刑立即执行的犯罪分子相比，法律后果相差悬殊。特别是在贪污、受贿这类犯罪中，有的犯罪分子利用过去拥有的权力、影响以及金钱和社会关系网，通过减刑、保外就医等途径，实际在狱内服刑期较短，严重妨碍了司法公正，有损公平正义，社会反应强烈，在一定程度上影响了惩治这类犯罪的法律效果和社会效果。据此，我国刑法对因特别严重的贪污、受贿犯罪被判处死缓的罪犯，规定了不得减刑、假释的终身监禁措施，这是针对刑罚具体执行作出的措施性规定。被判处终身监禁的罪犯除了特殊情况依法决定特赦外，将予以终身关押。

---

① 乌韦·穆尔曼．德国刑法基础课．周子实，译．北京：北京大学出版社，2023：156.

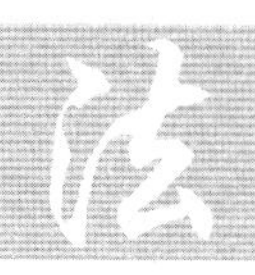

有观点认为，在刑法中规定这种绝对的终身监禁措施，有利于维护司法公正，也符合宽严相济的刑事政策，能够取得社会认同。当然，对这一替代措施的适用，限制得非常严格，一方面，适用对象有限，只对特别严重的贪污、受贿被判处死缓的犯罪，对其他严重犯罪不适用。因此，没有在总则中将终身监禁作为一般性规定，而是规定在分则关于贪污、受贿犯罪量刑的规定中，维持了刑罚体系的总体稳定。另一方面，有犯罪情节的要求，并非对所有贪污、受贿的死缓罪犯都适用终身监禁，而是由人民法院根据犯罪情节等情况具体决定是否适用。当然，对这一措施也需要在适用中进一步总结经验。①

（二）关于我国终身监禁规定的“总体合宪性”

不可否认，我国终身监禁的特色是绝对型的，这决定了其会受到更多质疑。学者如果认为终身监禁的期限长，就批评其侵犯人格尊严，这种说法未必成立。但是，被终身监禁的人如果不能再回到社会，没有重获自由的希望，确实就有合宪性的疑虑。所以，如果严格按照宪法的精神，最为理想的制度设计是在终身监禁中仍然应当考虑保障被判处终身监禁的人的再社会化以及为其创造一种有可能通向自由的、负责任的生活条件。宪法上的尊重人格尊严的题中之义是要求立法和司法的程序给被判处终身监禁的人提供重获自由的机会。

此外，从实际执行上看，终身监禁立法模式使得立法、司法和执行活动当中所追求的刑罚目的发生一些冲突。立法者设计具体犯罪的法定刑时，面对日益增多的特定犯罪，会强调危害的一般预防，以阻断犯罪的蔓延；法官量刑时，会以公正报应为目的；在刑罚执行过程中，会注重个别预防，对个别受刑人在矫治和再社会化的需要方面予以特别考虑。预防、报应、矫治罪犯这三大目的，在不同阶段的侧重点不同，但是，也应该大致协调，这是刑罚综合理论的要求。然而，一旦采用绝对型终身监禁，这一目标之间就会存在矛盾，对于一辈子不可能再走出监狱的人很难再接受有针对性的矫治。在现代法治国家，要充分认识到使罪犯再社会化、重返正常的重要性，这也是社会的共同责任。以此作为前提，刑法的

---

① 郎胜．我国刑法的新发展．中国法学，2017（5）.

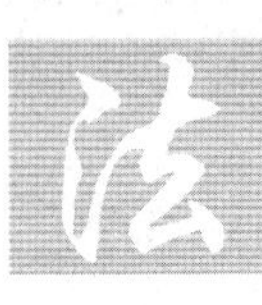

个别预防目的才会受到重视。对此，有学者正确指出："刑法的功用要能针对行为人进行矫治，提供行为人重返社会的机会，达到让跌倒的人重新站起来，从中找回自己的尊严，并使他们重新回归社会的目的。"[①]

但是，能否因为终身监禁的内容没有设计出罪犯可能重返社会的制度空间，就认为其是违宪的？我认为，应当肯定我国终身监禁的"总体合宪性"，批评我国终身监禁规定违宪的观点具有一定程度的片面性。

首先，对终身监禁是否合宪的判断是综合性的，其标准不是单一的。终身监禁是对刑事政策的运用。政策的核心问题是对犯罪行为如何作出有效的反应，以及哪些处罚力度是合适的，是重一点好还是轻一点好？这是非常复杂的事情。对此，长期从事刑法立法工作的人士也坦承，提高自由刑的刑期，影响面很广，涉及对刑事政策的调整，需要特别慎重。尽管近年来在立法上有一些重要的制度创新，但也还需要在实践中不断总结完善。[②] 起到明确政策边界之作用的，当然是约束立法者的宪法，尤其是关于基本权利的规定。但是，是剥夺生命的死刑对基本权利的影响大，还是对个人行动自由、人格尊严有损害的终身监禁对基本权利的影响更大，原本就是见仁见智的问题，不好断然下结论。刑罚严厉程度的确定要考虑行为的主观与客观不法，以及行为人的罪责程度，这就是所谓的刑罚与不法及罪责相当，对这种相当程度的评估，一定是在一个整体的规范环境当中进行的。此处的"整体综合环境"，包括对前后出台的刑罚规范严厉程度的比较。如果对某一种犯罪之前适用死刑的概率很大，新的规定可以"免死"，而"免死"的代价也极其巨大，就引发了评估、决断的必要，使得生存还是死亡真正成为一个问题。因此，对终身监禁的合宪性判断，显然涉及运用宪法进行评价的领域，立法者无论怎么选择都是两难，此时，不好说"二选一"就一定违宪。多数国家不认为死刑违宪也充分说明了维护宪法权威的机构非常理解立法的困境。对于终身监禁这种刑事政策选择的合宪性判断，必须"目光来回穿梭"，这种反复推敲

① 林山田．刑法通论：下．北京：北京大学出版社，2012：307.

② 郎胜．我国刑法的新发展．中国法学，2017（5）.

不是在罪犯被长期关押的事实与终身监禁规范之间进行，而是在宪法规范和法律规范之间展开。“在宪法上，刑罚和民事赔偿的界限非常难以界定，而且事实上是模糊的。”① 如果认为对于哪些行为是犯罪，哪些是民事侵权进行包括比例原则在内的宪法判断都尚且困难，对某一刑罚制度是否违宪的判断也就更不容易了。此外，对某种刑罚是否尊重人格尊严，有时受执行方式、过程的影响。例如，日本刑法学者认为死刑规定不违宪，但是死刑执行方法过于残忍、让人恐怖的则违宪。② 从这种逻辑出发，也可以认为终身监禁总体上合宪，但在执行过程中野蛮对待、羞辱罪犯的，才可能违反我国《宪法》第38条的规定。

其次，认定某一法律条文违宪是影响特别深远、极其重大的事情，不应轻易得出违宪的结论。“除非有明显的事实证明法律违反宪法，否则应首先推定其合宪，在法律规范的合宪性推定前提下展开法律解释。在存在违宪嫌疑的情况下，只要法律规范解释方案中存在合宪解释的可能，法院则选择合乎法律的宪法解释方案，最大限度维护法律规范的效力……如果以一种高度戒备防范的心态处理宪法和法律的关系，动辄宣告法律违宪，或许有助于维护宪法的权威，却有可能伤及一体化的法秩序。”③ 将这一主张放到对终身监禁的讨论中也非常合适，且能够得到国外宪法实践的印证：即便对于绝对型终身监禁，也不会被直接宣告为违宪。以德国为例，对此具有审查权的机构即德国宪法法院并未直接裁定绝对型终身监禁违宪，而是“委婉地”指出对于终身监禁在执行中应当给予被告人“重生”的机会，之后由立法机构修改刑法规定对被终身监禁的人可以予以假释。

再次，选择何种类型的终身监禁，受制于立法者在某一时期更加侧重于采取报应还是预防的刑罚观。主张终身监禁违宪的学者可能对刑罚报应更为青睐。“报应主义者在任何特定情形下，实际上都不能确定精确的刑罚量。他们只能提供一个适当刑罚的‘严重性范围’：刑罚低于一定量可能太少，而高于一定量又可能太多。在这个范围内，‘有限报复’的倡导者建议，可以根据功利因素进行

① 约书亚·德雷斯勒．美国刑法精解．王秀梅，等译．北京：北京大学出版社，2009：12.

② 井田良．講義刑法学·総論．第2版．东京：有斐閣，2018：613.

③ 李海平．合宪性解释的功能．法律科学，2021（2）.

调整。”[①] 其实，各国刑法对于罪犯的处遇采取何种刑罚观都是相对的，例如，对于偶犯规定抑制性措施；对于可以改善的罪犯规定惩戒性措施；对于不可遏制的罪犯，则规定更长期限甚至不得假释的隔离性措施。如果坚持相对灵活的、针对不同犯罪轻重有所不同的刑罚观，刑法中规定绝对型终身监禁也就无可厚非。对贪污、受贿罪中原本应该判处死刑的慎用死刑，予以终身监禁，对罪犯是一定程度的宽大处理，这种刑罚观并非不可接受。在立法上保留死刑、司法实践中严格控制和慎重适用死刑的情况下，这一规定有利于体现罪刑相适应的刑法原则，维护司法公正，符合宽严相济的刑事政策。[②]

最后，即便面对绝对型终身监禁这种立法，法官在认定具体犯罪情节时，如果采用缓和的立场，限制终身监禁的适用，其司法裁判结论就可能和宪法上比例原则的要求无限接近，符合罪刑相适应原则的要求，极大地消弭绝对型终身监禁和宪法之间的紧张关系。我国的绝对型终身监禁要求法官根据贪污、受贿罪犯的具体犯罪情节判处。按照比例原则的要求，法官有义务衡量一系列复杂因素来形成量刑结论，从而在符合比例的范围内确定恰当的处罚，斟酌判定是否对被告人适用终身监禁。与这种观点不同的是，在量刑时，将犯罪人绝对置于司法机关的管控之下，承认法官的量刑尽可能少受制约。如此一来，终身监禁可能被过度适用。这种意义上的量刑很容易遭受一些批评，因为对罪犯的监禁刑期越长，消极影响就不可避免地越大。对此，缓和的立场认为，行使司法裁量权对罪犯适用终身监禁是可以被接受的，只要其符合量刑原则和程序。就此而言，缓和的立场与比例原则的差别，可能更多地表现在程度上[③]，因为二者都需要借助于合宪性思考，宪法规范和刑罚规范共同充当了司法裁判的依据。此时，尽管宪法是以间接的方式控制着裁判结果，终身监禁的宣告是宪法规范和刑罚规范共同作用的产物，但是，“宪法作为案件裁判根据组成部分的事实是无法否定的”[④]。

---

① 约书亚·德雷斯勒．美国刑法精解．王秀梅，等译．北京：北京大学出版社，2009：22.

② 郎胜．《中华人民共和国刑法》理解与适用．北京：中国民主法制出版社，2015：704.

③ 杰瑞米·侯德．阿什沃斯刑法原理．时延安，史蔚，译．北京：中国法制出版社，2017：109.

④ 李海平．合宪性解释的功能．法律科学，2021（2）.

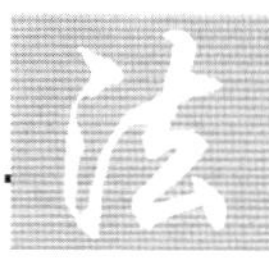

（三）宪法的内在精神与我国终身监禁制度的改进思路

上述分析表明，对于我国的终身监禁规定不宜直接认为其违宪，更不宜全盘否定这一制度设计，该规定具有合宪性，至少总体合宪。不过，应当对其进行合宪性改造。换言之，在主张我国终身监禁规定合宪的基础上，还需要考虑对这一规定进行完善，使之更加全面符合宪法的内在精神实质。

刑法应当尊重基本权利和自由，这是一项基本宪法原则。刑事政策模式是国家理性的表征。刑事司法权力的行使是个人权利的保障，因此，刑罚权的运用一旦和权利保障目标存在一定程度的抵触时，就需要及时作出调整。从国家的角度看，预防犯罪以维护社会利益为目标，可以在一定程度上使得刑罚措施正当化。但是，预防必须符合刑罚的性质且为宪法所许可。从绝对型终身监禁的执行看，个人确实成为了实现预防犯罪这一社会目的的手段而被迫作出牺牲，且是无限的牺牲，这种和责任难言匹配的牺牲未必合适，终身监禁中使犯罪人完全丧失希望的这一侧面，需要作出一定程度的调整，任何刑事处罚都不应彻底摧毁一个人的个别存在及社会存续所依凭的基础。① 所以，问题的关键在于，刑罚的适用在强调对犯罪人的报应的同时，也应该注重犯罪人回归社会。终身自由刑和死刑一样，与倡导犯罪人重新复归社会之间存在根本性的矛盾，司法实践应该充分肯定对犯罪人重新社会化的实践成果，废除死刑或终身监禁也可以实现刑罚的目的，不会引发社会犯罪率的显著上升。

必须承认，终身监禁极为深远地减损罪犯的基本权利。对于这种绝对型终身监禁的性质及其改进问题，德国的经验值得我们借鉴。1977 年 6 月，德国联邦宪法法院在判决中承认了终身监禁的合宪性，提出为了保卫社会对罪行严重的罪犯适用终身自由刑是符合宪法的；同时，又强调被判处终身自由刑的犯罪人也应当有权利在有生之年复归社会，因为“保护人性尊严是德国宪法法院的主要准则。而设立除非获得特赦而终身不得假释的无期徒刑就是对人性尊严的攻击”，“监狱机关对于无期徒刑罪犯改造最重要的职责就是帮助他们重塑生活的信心、

① 李惠宗．宪法要义．台北：元照出版有限公司，2001：81.

实现再社会化和削减监禁对他们人格造成的不利影响"，各个州政府有义务"从人性尊严、法治和社会国的角度关注各个罪犯改造和重归社会的能力"①。德国联邦宪法法院明确指出，只有一个有限制的、注重比例原则的解释才可能是更加符合宪法精神的。"此外，联邦宪法法院还要求，至少应当给予被判处终身自由刑的罪犯一定的机会，让其生命仍有部分可在自由中度过。联邦宪法法院认为，这源自人的尊严与社会国原则的共同作用。如果终身自由刑没有重享自由的希望，那么它就违反了从人的尊严中产生的对残忍、贬低人格与非人道的刑罚的禁止，并且违反了从社会国原则中产生的确保个体生存基本权利的明确要求。没有重获自由希望的终身自由刑，让行为人仅仅成为了法的客体。"② 因此，犯罪人回归社会，是一个刑罚的执行目标。在实现这一目标的过程中，并未将终身自由刑的执行排除在外。

在德国宪法法院表明上述意图之后，基于法治国家的敏感性，《德国刑法典》第 57 条 a 规定在被判处终身监禁的罪犯服刑 15 年之后可以假释。通过假释，立法回应了德国社会和理论界一直存在的反对终身自由刑的主张，满足了《德国基本法》第 1 条第 1 款规定的保护人类尊严的要求，使得刑罚执行与让被监禁人有能力在将来承担社会责任而不是再犯罪二者能够有机结合起来。

就我国宪法的内在精神而言，严格控制死刑、原则上不适用死刑，最大限度地保护、尊重个人的人格尊严，并且尽可能给予所有罪犯重返社会的希望，应当是宪法所追求的目标。基于此，我国未来在修改《刑法》的相关规定时，对于终身监禁的合宪性改进至少需要考虑以下内容：

（1）应当继续将终身监禁维持在现有的贪污罪、受贿罪范围，不宜在分则中对其他犯罪规定终身监禁，更不宜在总则中一般性地规定终身监禁，也没有必要考虑将终身监禁普遍地作为死刑的替代措施使用。对此，张明楷教授正确地指出，终身刑不应成为死刑的替代刑；死刑的削减与废止不依赖于终身刑的设置；

① 吴雨豪．论作为死刑替代措施的终身监禁．环球法律评论，2017（1）．

② 乌韦·穆尔曼．德国刑法基础课．周子实，译．北京：北京大学出版社，2023：158．

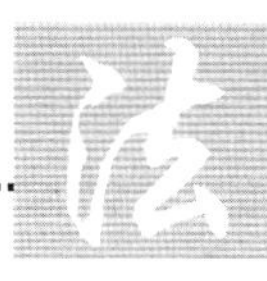

终身刑不具备刑罚的正当化根据，无助于刑罚体系的完善，不能顺应刑罚的发展趋势，不符合行刑的合理目标，因而不应成为一种刑罚措施；当前，我国应当在削减与废止死刑立即执行的同时，合理运用现行刑法规定的死缓与无期徒刑。[①] 有的学者认为，目前仅对贪污、受贿犯罪规定终身监禁是不合适的，《刑法》第20条第3款规定对正在进行行凶、杀人、抢劫、强奸、绑架以及其他严重危及人身安全的暴力犯罪，采取防卫行为，造成不法侵害人伤亡的，不属于防卫过当，不负刑事责任。这说明这些犯罪都比贪污、受贿罪的法益侵害性更大，更应该规定终身监禁。[②] 笔者不赞成这一主张，因为终身监禁毕竟是极其严厉的处罚措施，在我国刑罚总体趋重的背景下，刑罚还应该更为缓和，这才是刑罚配置的应然方向。“刑罚个别化是未来科学法典的必然之举。从宽处罚、缓刑、附条件释放等普遍性原则不过是改革必然之路上的各个环节而已。”[③]

(2) 应该删除“终身监禁，不得减刑、假释”中“不得假释”的表述，仅保留不得减刑的内容，允许对罪犯予以假释。终身监禁有宣示作用和一般预防功能，其仍然属于“生刑”，期限比目前的有期徒刑长一点即可，没有必要对这种罪犯限定为“不得假释”。

(3) 终身监禁的最短服刑期限可以考虑限定为26年，即罪犯在服刑期间表现良好，没有违规行为，服刑超过26年后，如果其同时符合假释条件，法院可以决定对其是否假释，假释考验期10年。终身监禁罪犯的最短服刑期如何规定，并不是一个简单问题。在意大利，无期徒刑是终身监禁刑，但罪犯在服刑26年之后，如果确有悔悟的，可以被假释。[④] 在德国的司法实践中，被判处终身监禁的罪犯有近八成最终能够得到假释，其处刑时间在15年到19年之间；犯有特别严重罪行的罪犯，平均服刑期限为23年到25年。这里之所以将我国终身监禁的

① 张明楷．死刑的废止不需要终身刑替代．法学研究，2008 (2).

② 吴雨豪．论作为死刑替代措施的终身监禁．环球法律评论，2017 (1).

③ 卡尔·路德维格·冯·巴尔．大陆刑法史：从古罗马到十九世纪．周振杰，译．北京：法律出版社，2016：241.

④ 陈忠林．意大利刑法纲要．北京：中国人民公安大学出版社，1999：266.

最短服刑期限设计为26年，主要是考虑到与有期徒刑以及无期徒刑的服刑期相衔接。我国刑法之前在很长时期内规定有期徒刑的最高刑期为15年，数罪并罚不得超过20年。对此，有意见提出，应当适当延长犯罪情节严重、社会危害性极其严重的罪犯的刑期。《刑法修正案（八）》对此进行了突破，但并没有让有期徒刑普遍地“水涨船高”，而仅对部分有期徒刑的最高刑期予以延长：对于有期徒刑总和刑期在35年以上的，其最高刑提升到25年。此外，《刑法》第50条第2款还规定了限制减刑制度，即对被判处死刑缓期执行的累犯以及因故意杀人等严重犯罪判处死缓的罪犯，人民法院根据犯罪情节等情况可以同时决定对其限制减刑。被限制减刑的，缓期执行期满后依法减为无期徒刑的，实际最低服刑年限不能少于25年。这种仅在一定范围内延长有期徒刑刑期和死缓、无期徒刑最低实际执行刑期的做法，符合教育改造罪犯的实际情况，也表明了国家对社会危害严重的罪犯重点打击的立场，具有其合理性。但由此也带来被告人实际执行刑期延长的问题。如果对服刑时间较短的终身监禁罪犯也予以假释，势必没有体系性地考虑刑罚制度的协调性，因为《刑法》第50条第2款对被判处死刑缓期执行罪犯限制减刑时，根据《刑法》78条第2款第3项的规定，其实际执行的刑期不能少于25年。因此，在我国刑法中规定终身监禁服刑26年之后可以假释是合适的。如此一来，我国刑法所规定的终身监禁就从绝对型转变为相对型。

上述建议的合理性在于：一方面，不轻易认定我国《刑法》第383条的终身监禁规定违宪；另一方面，充分关注刑罚制度的协调、衔接，对因贪污、受贿被判死缓的终身监禁罪犯不得减刑，与《刑法》第50条第2款对被判处死缓限制减刑的规定相呼应，可以确保终身监禁比限制减刑所对应的死缓政策略显严厉，同时不再保留其被广泛质疑的绝对化色彩，使之成为相对型终身监禁，相关刑法规定和宪法之间的紧张关系自然得到根本性缓解。

四、结　语

围绕绝对型终身监禁，违宪说似乎是理论上的多数说。笔者赞成“总体合宪

说”的主张，但并不否定绝对型终身监禁和人性尊严之间存在根本性的紧张关系，为此提出有必要进一步完善这一规定，确保终身监禁更加符合宪法精神。

此外，值得考虑的是，无论立法上对终身监禁如何设计，关键还是司法上的精准判断和合宪性解释。由于刑法将对公民自由的干涉予以正当化，因此其必须如同所有国家干涉一样，与宪法精神保持内在的一致。如果一个刑法规范允许若干个有意义的解释，且其中部分与宪法保持一致，部分与宪法相违背，那么应当优先选择与宪法内容或精神相一致的解释，将宪法精神、刑法规范和现代社会的实际需要结合起来思考。[①] 因此，即便未来我国终身监禁不再保持其绝对性，对于那些表面上符合《刑法》第 383 条终身监禁适用规定的情形，如果对罪犯科处这一刑罚仍然与其罪责不相适应的，也应当在进行整体评价的基础上通过合宪性解释来对其适用进行限定，最大限度控制终身监禁处罚规定的适用可能性，确保其成为不到万不得已不适用的处罚措施。总之，对包括死刑在内的所有刑罚制度的具体运用，都应当寻求刑罚与宪法价值的一体性，以宪法价值为基础形成社会共识。[②]

① 周光权．刑事司法领域的宪法判断与刑法制度文明．中国社会科学，2022 (8).

② 韩大元．宪法思维四讲．北京：中国人民大学出版社，2017：65.

第十三章　死刑的立法控制

刑法立法的主要内容是提供认定罪与非罪、此罪与彼罪的标准，并确定具体的处罚幅度，故罪名设置和法定刑配置同样重要。在刑罚配置方面，比较理想的状况是在刑法规定的刑罚中将死刑排除，并且在自由刑和罚金刑的运用中，建立以罚金刑为原则，以自由刑为例外的刑事政策。[①] 这一点暂时难以做到。但无论如何，在立法上确定处罚标准时，必须协调好社会秩序维护和保障公民个人行动自由之间的复杂关系，避免轻罪重罚，尤其要注意合理配置死刑。我国刑事立法一直对此有清醒认识，在最近二十多年的立法中，竭力追求刑罚立法的科学化、精准化，注重限制和控制死刑配置。但是，我们应当确立何种死刑观念、死刑配置如何更加科学化、配置死刑的罪名是否还可以削减等，都是值得研究的问题。

一、我国死刑立法概览

新中国成立后的第一部刑法即 1979 年《刑法》仅有 192 个条文，罪名较少，处罚也相对较轻，其中规定了死刑的罪名为 38 个。1981 年以后，随着社会转型

① 陈惠馨．德国近代刑法史．台北：元照出版有限公司，2014：33.

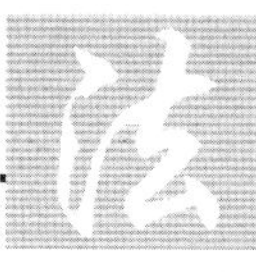

的加快，犯罪现象日趋猖獗，为适应惩罚犯罪的需要，截止到1997年3月，我国先后又通过了25部单行刑法，并在100余部行政法律中规定相关罪刑条款。在这些单行刑法中，刑罚普遍偏重，尤其增设了不少配置了死刑的罪名，导致罪刑失衡现象比较严重。其中，1982年至1995年，在全国人大常委会制定的12个单行刑法增加规定了33个死刑罪名，配置了死刑的罪名最多时达到71个。1997年《刑法》对犯罪与刑罚的相关规定都作了重大改动，取得了立法上的重大进展，特别是体现了限制死刑的立法思路。在总则中，对死刑适用条件规定得更客观、明确，分则中规定了死刑的罪名削减至68个，尤其是经济犯罪、职务犯罪和其他非暴力犯罪的死刑都减少了很多。在当时的历史条件下能够做到这一点已经殊为不易。

显而易见，从1979年《刑法》颁行到《刑法修正案（八）》通过之前，我国在这30年间的刑法立法，对于死刑问题基本上都是在做“加法”，死刑罪名在一定程度上增加，刑罚总量加重。这主要是因为当时中国社会正在转型，这个过程中各种社会矛盾、暴力犯罪不断涌现，动用刑罚手段似乎更符合我们的惯性思维。在这种情况下，立法者一直面临特别大的压力，就是死刑的增加问题。尤其是在增设新罪时，很多人在立法时就会考虑这个罪名要不要配置死刑。所以增加而不是减少死刑，一直是立法时难以绕开的问题。这也和我们的重刑主义思想有关系，中国从封建社会发展过来，严刑峻法的思想有些影响。另外，死刑在发挥其威慑功能方面，的确有民事、行政法律难以比肩的效果。所以死刑罪名数量一直降不下来。

转机出现在2011年2月：全国人大常委会通过《刑法修正案（八）》，取消了13个罪名的死刑。① 2015年8月29日，全国人大常委会又通过了《刑法修正

---

① 具体包括：(1) 走私类犯罪（4个）：走私文物罪，走私贵重金属罪，走私珍贵动物、珍贵动物制品罪，走私普通货物、物品罪；(2) 金融诈骗类犯罪（3个）：票据诈骗罪，金融凭证诈骗罪，信用证诈骗罪；(3) 发票类犯罪（2个）：虚开增值税专用发票，用于骗取出口退税、抵扣税款发票罪，伪造、出售伪造的增值税专用发票罪；(4) 盗窃罪；(5) 妨害社会管理类犯罪（3个）：传授犯罪方法罪，盗掘古文化遗址、古墓葬罪，盗掘古人类化石、古脊椎动物化石罪。

案（九）》，进一步减少9个死刑罪名。[①] 上述22个罪名的死刑规定，在实践中较少适用，取消死刑后对犯罪人最高还可以判处无期徒刑。对相关犯罪在取消死刑之后通过加强司法，该严厉惩处的依法严厉惩处，可以做到整体惩处力度不减。如果出现个别情节特别恶劣，符合数罪并罚或者其他有关犯罪规定的，还可以依法判处更重的刑罚。目前，我国刑法中的死刑罪名还剩46个。

对于我国刑法中的死刑配置，应该持何种态度，未来如何进一步削减死刑，都是立法中无法绕开的问题。结合上述立法进程不难看出，我国刑法立法对于死刑制度基本坚持严格控制、审慎规定的态度。关于死刑适用对象，1979年《刑法》规定的是“罪大恶极”的犯罪分子。“罪大”，是指犯罪性质和后果极其严重，给社会造成的损失特别巨大；是犯罪的客观危害的体现。“恶极”，是指犯罪分子的主观恶性和人身危险性特别大，是罪犯的一种主观心理，通常表现为犯罪分子蓄意实施严重罪行，丧尽良知，不思悔改，极端蔑视法制、仇视社会。1997年《刑法》第48条规定：死刑只适用于罪行极其严重的犯罪分子。之所以将“罪大恶极”修改为“罪行极其严重”，是为了强调客观上的危害对死刑适用的决定性意义，防止“恶极”的主观判断在死刑适用条件中所占的比重过大，犯罪分子仅因“恶极”就同时被认定为“罪大”的情形发生。因此，不能认为修订后的《刑法》第48条规定的“罪行极其严重”与1979年《刑法》规定的“罪大恶极”意思相同。对这里的“罪行极其严重”的理解，必须结合具体罪名来进行，而不能仅仅做抽象判断。例如，在目前被判处死刑的案件中，故意杀人罪的死刑适用率相对较高，判处死刑的“罪行极其严重”标准往往被表述为杀人“手段特别残忍”。对此，实务中通常将其正确地理解为：在杀害过程中，行为人蓄意使用特别残忍手段反复折磨被害人，致使其在死亡之前处于肉体与精神的极度痛苦状态的情形。如果受害人在死亡过程中并未遭受这种痛苦，就不宜理解为犯罪分子杀人“手段特别残忍”，例如，在有些杀人案件中，犯罪分子杀人后又分尸，但因为

① 具体包括，(1) 经济犯罪（5个）：走私武器、弹药罪，走私核材料罪，走私假币罪，伪造货币罪，集资诈骗罪。(2) 妨害社会管理秩序罪（2个）：组织卖淫罪，强迫卖淫罪。(3) 军人违反职责罪（2个）：阻碍执行军事职务罪，战时造谣惑众罪。

分尸的对象已非“人”，而是不能感受痛苦的尸体，所以，对该杀害行为就不能认定为手段特别残忍，对罪犯就不宜认定为故意杀人“罪行极其严重”，依法不能适用死刑。[①] 按照这种逻辑，对于故意杀人、故意伤害致人死亡、强奸、绑架、抢劫等严重暴力犯罪和严重影响人民群众安全感的犯罪，因以不特定人为侵害对象，该判处死刑的要依法判处死刑。对于因恋爱、婚姻、家庭、邻里纠纷等民间矛盾激化引发的犯罪，由劳动纠纷、管理失当等原因引发，犯罪动机不属恶劣的犯罪，因被害方过错或者由义愤引发的或者具有防卫因素的突发性犯罪，应酌情从宽处罚，并协调各方共同做好促进调解工作，化解矛盾，促进社会和谐。

二、检视死刑问题的应有姿态

（一）讨论死刑问题的出发点

死刑是对罪犯生命的剥夺，其立法和司法都必须慎之又慎。对死刑问题的讨论必须注意：（1）应当体现立法上的一种人文关怀，即对人（包括实施严重犯罪的罪犯）的命运、权利给予充分的关注。刑罚制度尤其是死刑制度是冰冷的、物质的、操纵个人的，是整个社会的规范化训练机制的一部分。但是，怎么在刑罚制度操纵个人、产生效果的同时，使其尽量保持一种节制，是我们应当特别留意的问题。因此，立法上对于具体犯罪中的死刑配置，并不是越多越好。（2）密切注视中国的实际问题。死刑制度在中国，无论是其配置还是适用，都与其他国家有不同的特征，需要给予特别的关注。在中国，偶发型暴力犯罪严重危及公众的人身安全，因此，需要保留最为严厉的刑罚来压制犯罪，所以，死刑的存在有其合理性，但是，对死刑的运用（包括立法和司法）也都必须保持慎重。（3）限制死刑或者消灭死刑的思想早已存在，在这些思想中，透露出一种非常浓厚和沉重的启蒙意识，在很大程度上继承了启蒙思想和 18 世纪以来刑事古典学派的刑法

---

① 陈兴良．故意杀人罪的手段残忍及其死刑裁量：以刑事指导案例为对象的研究．法学研究，2013（4）．

思想。在刑罚制度中进行思想启蒙的探讨是有必要的，死刑的立法控制在很大程度上深受这种启蒙思想的影响。(4) 在今天，死刑在立法中被有限地保留，这主要是因为需要继续把死刑作为社会治理策略之一加以考虑。归结起来，我们今天对死刑的态度应该是：死刑的立法必须要符合正义的要求，必须考虑罪刑相适应原则，必须要有所节制。

必须承认，由新闻媒介所反映的社会舆论是比较典型的足以影响立法的外界压力。“这种要求进行处罚的情绪达到某种程度，而国家如果对之置之不理，国民就会对政治不信任，遵纪守法的精神就会松懈，有时还会行使自我救济的实力。因此，政府必须注意社会的舆论动向，如果对此视而不见，就等于作政治上的自杀。可以想见。新闻媒介对受害状况及国民呼声的报道是促进刑罚法规的立案和立法的重要的原动力。”① 但是，理性地分析死刑问题时，需要考虑保留死刑的所谓“民意”是否可靠。许多已经彻底废除死刑的国家的立法实践已经证明：在死刑立法问题上，对民众的直觉未必要“照单全收”，其只能作为立法时需要考虑的因素之一而非决定性影响力量。换言之，对死刑立法过程中的所谓民意，必须要仔细甄别和审慎对待。死刑改革面临的障碍不少，应该说即便在社会公众乃至许多受过良好教育的人心目中，“因果报应”的观念也依然存在；在媒体报道中，在网络上，也时常会出现“不杀不足以平民愤”的说法。但对这些说法，在立法过程中，不能不加甄别地全盘接受。立法、司法都要尊重和考虑民意。但是，什么是真正的民意，其所针对的是何种情形，需要分情况甄别。有的立法问题适合由全民参与讨论，但是，对死刑这个话题，所谓的民意有时候其实是“众声喧哗”、人云亦云！因为对很多老百姓而言，一提到死刑，就会马上联想到在电影中或者从他人转述中得到的“血腥场面”，从而把死刑和极端事件(罪犯夺取人命) 联系起来，进而得出罪犯应该被处死的“痛快”结论，对“不杀不足以平民愤”自然也就高度认同，其中蕴含的朴素观念较多，理性化程度有限。所以，对死刑话题进行公众讨论所形成的结论，其影响立法的程度应该是极

① 西原春夫．刑法的根基与哲学．顾肖荣，等译．北京：法律出版社，2004：14.

其有限的，真理与发声人数的多寡关联性很弱。

（二）国外的重刑化立法不值得模仿

毋庸讳言，在我国刑法立法发展中一直存在“重刑结构”的问题，为此，必须要慎重考虑避免刑罚配置的重刑化趋势。

从比较法的视角看，在很多国家，立法上的犯罪化和重刑化、应对措施强硬化是并驾齐驱的。[①] 例如，在德国1998年的刑法修改，为了实现一般预防就朝着加重刑罚以及相关应对措施严厉化的方向迈进；为有效对付恐怖主义，2010年6月，德国议会通过了《对极端型犯罪行为人扩展保安处分的法律》，把以前作为保安处分（行为监督中的居住监视）措施的戴电子脚环扩大到预防犯罪领域，规定对于意图实施严重危害国家安全的暴力犯罪和资助恐怖主义而被判刑的犯罪行为人，为防止其再犯罪，可以使用电子脚环。在日本自20世纪90年代中期以降，刑法的重刑化趋势明显：提高有期徒刑的最高期限，加重了性犯罪、杀人罪、伤害罪的法定刑。2001年的日本刑法修正案规定，行为人（故意）危害交通的驾驶行为（如醉酒后驾车）过失地导致他人死亡的，最高可以判处20年自由刑。由于该罪法定刑和道路交通中通常的过失致死罪的处罚失衡，2007年立法者不得不将后罪的法定最高刑从5年提高到7年。

但是，国外将犯罪化和重刑化、应对措施严厉化捆绑在一起的做法未必值得我们效仿，理由在于：首先，我国刑法规定的法定刑原本就较高，配置死刑、无期徒刑、3年以上有期徒刑的条文无论是绝对数还是占全部罪刑条文的比例均高于其他国家的刑法规定，我们的刑罚不仅重于经济比我们发达的国家，也远远高于经济和我国相当或低于我国的国家。同时，实务中一般也都倾向于在法定刑幅度内选择较重的刑罚。如果未来立法在此基础上再“加码”，就会导致重刑主义。其次，经验证明，重刑化的做法并不能有效遏制犯罪，罪犯在犯罪之前都不会去看刑法典，不关心刑罚轻重，费尔巴哈的心理强制说并没有实证支撑；一味重刑化会让国民的法感情迟钝化，且导致犯罪的法益侵害之间没有区分（制造枪支、

---

① 井田良．変革の时代における理论刑法学．东京：庆应义塾大学出版会，2007：31.

收受财物都等同于杀人）。最后，日本刑法对相同犯罪所规定的法定刑轻于我国刑法的规定，且罪犯被判处 6 年以下有期徒刑的，都有适用缓刑的可能。即便晚近的日本立法实行重刑化，其刑罚仍然轻于我国的。因此，在当下中国，通过犯罪化“立规矩”远比实行严厉处罚更重要，当务之急是扩大犯罪圈以严密刑事法网，但在处罚上尽可能轻缓、灵活。重刑化不是立法指向，刑法立法的政策思想应当定位于储槐植教授所提出的“严而不厉”①。在此基础上，才能对我国死刑立法的应有选择进行理性研讨。

（三）我国的应有选择

前已述及，去重刑化是我国刑罚发展的应有取向。例如，自《刑法修正案（八）》以来所增设的新罪，配置的法定刑大多为 3 年以下有期徒刑。对于原有犯罪的刑罚修改，《刑法修正案（十一）》在非法吸收公众存款罪中增加“提起公诉前积极退赃退赔，减少损害后果发生的，可以从轻或减轻处罚”情形，将职务侵占罪基准刑从“五年以下有期徒刑或者拘役”降低为“三年以下有期徒刑或者拘役”，在挪用资金罪中增加“提起公诉前退还挪用资金的，可以从轻或减轻处罚，犯罪较轻的，可以减轻或免除处罚”等情形，去重刑化的倾向明显。

刑法参与社会治理的基本特征应当是：严密法网、处罚轻缓，即实现“严而不厉”。我认为，在增设新罪、编织法网，扩大处罚范围方面，《刑法修正案（九）》可圈可点；但是，在确保罪刑相适应，实现处罚轻缓化、处罚手段多元化方面，还有很多值得改进的地方。对此，我们要借鉴有的国家刑法处罚手段上的“刚柔相济”特征。例如，俄罗斯刑法规定绑架罪是重罪，但是，在绑架人质之后又主动释放人质的，不予追究刑事责任。德国刑法在建立犯罪组织罪、建立恐怖组织罪中同时规定，行为人自愿阻止该组织的继续存在或者防止其实施犯罪行为的，或者自愿将其所知道的情况及时地向有关机关报告，以阻止犯罪行为的，减轻刑罚或者免除刑罚。类似立法都是通过对部分行为减免刑罚来瓦解共同犯罪人，以有效预防犯罪。反观中国刑法立法，当对收买被拐卖的妇女、儿童者或者

① 储槐植．刑事一体化与关系刑法论．北京：北京大学出版社，1997：305.

行贿人减免刑罚有利于抑止特定结果的发生时，必须从政策上对某些特定主体“网开一面”或者“给出路”，这对国家来说代价最小、收益最大。如此说来，刑法如果在未来要更为成功地参与社会治理，就不能一味做“加法”，也还要审时度势、宽严相济，学会在法定刑配置和具体处罚标准的确定上做必要的“减法”。在这种趋势下，合理调整分则中具体犯罪的法定刑、入罪条件等，实现“轻轻重重”，是刑罚理性配置的应然方向。与这种趋势相匹配，有必要进一步削减某些罪名中所规定的死刑，依法严格控制死刑的适用，统一死刑案件的裁判标准，确保死刑只适用于极少数罪行极其严重的犯罪分子。

其实，对于《刑法修正案（八）》和《刑法修正案（九）》削减死刑，有不少人持反对态度，其主要理由大致有：死刑具有威慑功能；当前中国犯罪形势严峻，需要运用死刑保持高压态势，大量取消死刑的时机尚不成熟；有的犯罪（例如，走私武器、弹药罪，走私核材料罪等）危害国家安全，需要保留死刑。死刑削减问题，牵动全社会的神经，不仅全国人大常委会委员关注，全社会也都很关心。对有关问题进行讨论，对于达成控制、减少死刑的共识，具有重大意义。我赞成《刑法修正案（八）》和《刑法修正案（九）》削减死刑的构想：控制甚至废除死刑是人道主义的要求，符合国际潮流；两次立法所取消的22个罪名的死刑，在实践中较少适用，取消不会对社会治安形势形成负面影响；取消上述犯罪死刑后，如出现情节特别恶劣，符合数罪并罚尤其是故意杀人等罪规定的，还可依法判处更重的刑罚；削减死刑罪名，兼顾了国际人权斗争的需要，向国际社会表明中国对死刑问题一直都很重视，除了司法机关慎重适用死刑以外，立法上也致力于严格限制死刑罪名；死刑的威慑功能有限，不能过于迷恋死刑。

在这里，需要认真考虑是不是只有死刑才具有威慑力。其实，取消某一罪名的死刑，其最高刑极可能是无期徒刑，刑罚威慑力还是非常强的。有的人认为，现行《刑法》中的某些犯罪即便发案率极低，但只要配置了死刑的，就不宜轻易削减死刑，不能因为某些犯罪的死刑适用率低就降低刑罚力度，因为“备而不用”也能够保持刑法的威慑力，有其实际意义。但这是不正确的主张，因为死刑的威慑功能其实极其有限。欧盟国家都废除了死刑，这些国家的司法统计数据表明，即便对杀人、抢劫等暴力犯罪废除死刑，其相关案件总数仍然呈下降趋势。

由此可见，死刑罪名减少之所以引起这么多争论，原因还是在于我们缺乏正确的死刑观，缺乏理性的态度，对死刑有一种“迷思”。因此，减少死刑的当务之急是摒弃崇尚死刑的观念，不要给死刑附加过多的社会功能，例如，不能将死刑配置和社会稳定直接挂钩。有的人认为，取消某些罪名的死刑会不利于维护社会稳定。这是存在认识误区的。其实，大量实证研究表明，对罪不至死的人判处死刑，才会真的不利于社会稳定，因为国家对一个原本不应该适用死刑的人判处死刑，其实要“得罪”罪犯的亲友数十人，等于树立了很多社会对立面。

一个社会如果要达到“善治”状态，就不能过于依赖功能极其有限的死刑。犯罪总是与一定的社会形态有关，最好的社会政策，才是最好的刑事政策，以1997年《刑法》配置了死刑，但《刑法修正案（八）》第30条删除了相关死刑规定的集资诈骗罪为例：集资诈骗犯罪频发，反映了很长时期内我国金融的国家管制较强，金融的市场化程度较低，老百姓手中的钱出口窄、投资途径少的现实。在这样的大背景下，各种形式的集资诈骗行为才会层出不穷，集资双方才甘于冒险。因此，问题的关键还是要加快推进金融体制改革，拓宽投资、融资渠道，解决企业融资难题。这样，集资诈骗罪就能够逐步减少。如果不进行相关配套改革，即使规定死刑也压不住集资诈骗犯罪；反过来，如果金融市场化改革成功，不要说不设置死刑，就是对集资诈骗行为规定很低的自由刑，也能够实现刑罚威慑效果。因此，问题的关键仍然在于在相关的经济领域推进制度革新，而不是一味强调重罚。

三、未来立法削减死刑的着力点

《刑法修正案（八）》下决心取消了13个罪名的死刑，是开了一个好头；《刑法修正案（九）》的跟进，也是值得肯定的刑法立法发展方向，同时表明了立法者的价值取向。这理应对中国未来立法持续发挥影响：一方面，在增设新罪时，不会动不动就配置死刑。刑法立法并不是只有重刑主义一个进路，并不是只有一

种做“加法”不做“减法”的思路，并不是只有一种严厉的思路，对于有的问题换个角度去思考也是可能的。另一方面，对某些原本不应该配置死刑的罪名，需要逐步考虑取消死刑配置，要尽可能把死刑罪名从现在的46个降到10个以下，进一步减少死刑罪名。

（一）原则上只宜对涉及人命的犯罪配置死刑

“杀人者死”，是很早就流传下来且被最大限度地得到认同的朴素观念。康德指出：“谋杀者必须处死，在这种情况下，没有什么法律的替换品或代替物能够用它们的增或者减来满足正义的原则。没有类似生命的东西，也不能在生命之间进行比较，不管如何痛苦，只有死。因此，在谋杀与谋杀的报复之间没有平等问题，只有依法对犯人执行死刑”①。康德的主张带有纯粹报应、同态复仇的意味，因此，饱受质疑。② 但其对正义的追求，是不容否定的。而我国现行《刑法》中配置了死刑的很多犯罪，从行为的社会危害性上看，都与“杀人”这种类型化的行为无涉，属于原本就不应当配置死刑的情形。《公民权利和政治权利国际公约》第6条第2项规定：在未废除死刑的国家，判处死刑只能是作为对最严重的罪行的惩罚。所谓最严重的罪行，根据联合国经济和社会理事会于1984年5月25日通过的《关于保护面对死刑的人的权利保障措施》的解释，是指蓄意以害命为结果或其他极端严重的罪行，就是指故意剥夺特定人或者非特定人的生命的恶性暴力犯罪。死刑的设置，固然要考虑利用刑罚手段进行威慑和打击的一面，但是，我国《刑法》第5条规定了罪刑相适应原则，强调刑罚必须与犯罪的危害相匹配，不能轻罪重判，否则就不具有正当性。当某一种犯罪行为并没有侵害他人的生命，或者没有危及生命的可能性时，或者罪犯只是为了谋取经济利益，“图财”但不“害命”时，或者行为对社会秩序仅有局部破坏性时，对行为人判处死刑，国家出面去“要”罪犯的“命”，这就缺乏正当性。

事实上，取消某一个罪名的死刑，不等于这个罪名就不存在了。例如，对集

① 康德．法的形而上学原理：权利的科学．沈叔平，译．北京：商务印书馆，1997：166.

② 诺伯特·霍斯特．何以刑罚．王芳凯，译．北京：北京大学出版社，2023：35.

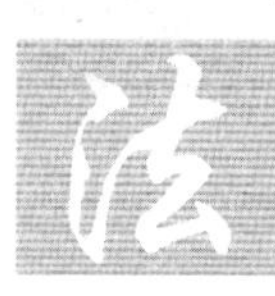

资诈骗罪取消了死刑，但是，对该罪的罪犯最高还可以判处无期徒刑。对一个谋财而没有害命的人最高判处无期徒刑，使他丧失了到社会上再次行骗的机会，难道不是对他最严厉的惩罚？难道刑罚的威慑力就不再存在？为什么对这种罪犯判处无期徒刑，彻底剥夺其再犯能力，还不利于维护社会稳定？

此外，有学者指出，重刑化的结果，可能产生社会大众法感情钝化的结局，还会使故意杀人罪与其他不同犯罪类型的反应强度拉近，导致价值部分的负面效应。例如，非法制造、买卖枪支罪在法律效果上几乎与故意杀人罪没有差别，那么，如何对枪支和生命的价值加以区分，就是一个难题。因此，重刑化的效应，会使得法益保护的界限可能崩溃，从而形成法律适用上的困难。[①]

可以认为，原则上只对命案的罪犯适用死刑，这是我国刑法学界的共识，同时也是国际上暂时保留死刑的国家所公认的死刑设置及适用的原则。换言之，死刑，原则上针对危及生命的犯罪设置。这一原则既与死刑的正当性、人道性相一致，与报应的观念相符合，也把握了利用刑法进行威慑的限度，因为用死刑这种最严厉的刑罚去威慑原本罪不至死的行为，等于用大炮威慑蚊子，其实并不合适。

（二）对受贿罪可以保留死刑，但对贪污罪可以取消死刑

我国现行《刑法》将贪污罪、受贿罪的量刑规则规定在同一条文中，对其死刑适用标准是一并考虑的。客观地说，和普通经济犯罪相比较，贪污、贿赂罪有一定的特殊性，其除了有侵犯财产的性质外，还有损害国家公职人员职务行为廉洁性、公正性的成分，它们动摇了公众对国家工作人员的信赖，甚至动摇了我们的执政根基，因此，和市场交易中出现的经济犯罪相比，它们的危害要大一些。因此，把贪污、贿赂犯罪的死刑问题，和一般经济犯罪的死刑问题相提并论，本来就是有问题的。此外，在我国，贪污、贿赂罪死刑的适用非常严格，除了有数额上的特殊要求之外，还要求情节严重，所以，即使保留了死刑，也不会导致刑罚的滥用。因此，总体而言，对贪污、受贿罪保留死刑，有一定合理性。

---

① 柯耀程．变动中的刑法思想．北京：中国政法大学出版社，2003：386.

但是，如果在未来要进一步削减死刑，可以考虑的一个思路是对贪污罪不再规定死刑，仅对受贿罪保留死刑。具体来说，贪污罪是将公共财物据为己有的行为，属于贪财型犯罪，仅“谋财”而不“害命”。其与受贿罪存在差别。受贿罪犯在收受他人财物之后，可能实施滥用职权、玩忽职守等犯罪，该渎职行为可能对公众的人身安全有危险，因此，具有既“谋财”又“害命”的可能性，因此，对其保留死刑具有正当性。例如，被告人郑某某于 1997 年 6 月至 2006 年 12 月，利用其担任国家医药管理局局长、国家药品监督管理局局长和国家食品药品监督管理局局长的职务便利，收受贿赂 649 万元，并在统一换发药品批准文号专项工作中玩忽职守。被告人郑某某受贿后的玩忽职守行为，致使国家和人民的利益遭受重大损失：其一，导致药品监管失控。经国家食品药品监督管理局于 2006 年对部分省市药品生产企业进行抽查，发现有大量的药品批准文号系在统一换发药品批准文号期间以造假获得，现已被注销。其二，增大了人民群众的用药风险。在清查中已发现经郑某某批准换发了批准文号的个别药品已被确定以假药论处。其三，严重损害了国家机关的公信力，造成了恶劣的社会影响。为了消除隐患，国家食品药品监督管理局已于 2006 年 9 月决定对全部已经换发的药品批准文号进行全面重新清理。法院经审理，对被告人郑某某判处死刑。[①] 显而易见，法院对被告人适用死刑的最主要理由是，被告人受贿后，多次下调药品审批标准，有导致他人死亡以及患者肾功能衰竭的高度嫌疑。

（三）对运输毒品罪应该废除死刑

按照现行《刑法》的规定，对制造、贩卖、运输、走私毒品的罪犯都可以判死刑。对此，多数学者的意见是：在全面废除毒品犯罪死刑还不太现实的情况下，可以先把运输毒品罪的死刑单独挑出来加以讨论，对这类罪犯不适用死刑。理由在于：（1）运输毒品的人很多都是被利用的，这些人往往处于社会底层，对这种人判死刑不太合适。结合法院的裁判结论分析，运输毒品犯罪的危害相对要小一些，不像制造、走私毒品的危害那么大。（2）运输毒品距离远近与死刑适用

---

① 参见北京市第一中级人民法院（2007）一中刑初字第 1599 号刑事判决书。

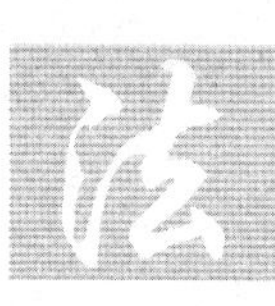

之间的关系问题没有得到认真对待。例如，对于短距离运送毒品的行为是否成立运输毒品罪，一直存在较大分歧。有少数判决否定该行为的犯罪性质，其认为虽然被告人移动了毒品，但系在同一区域内，空间距离较短，不宜认定为运输毒品。[①] 最高人民法院《刑事审判参考》第 853 号“高某贩卖毒品、宋某非法持有毒品案”的裁判理由部分指出：“为防止不当扩大打击面，认定为运输毒品罪还是应当适当考虑运输距离和目的。”但是，在多数案件中，对于运输毒品距离远近与犯罪既遂之间的关系并未深究，从而对运输距离较短的罪犯也不当地适用了死刑。(3) 在多人参与运输的案件中，要么判处死刑的同案犯过多，要么对共犯参与作用的判决有误。例如，在“朱某某运输毒品被判死刑案”中[②]，一、二审对参与运输的两名被告人运输毒品作用大小的评价存在重大疑问，被告人朱某某对于运输毒品的作用不可能超过被告人陈某某的作用。一、二审在对运输毒品作用大小的认定过程中只是抽取了整个运输环节中的一个小片段，即被告人朱某某开车和陈某某接取毒品的过程，然而，实际上陈某某在整个运输环节作用更为重要，其除了接取毒品，还要继续想办法将毒品运输到特定地方，因为陈某某本人对云南宾川县的地理环境不熟悉，才需要朱某某的辅助配合。从整个毒品运输的过程来看，受买方雇佣的实质运输者是被告人陈某某，被告人朱某某只是该运输过程中特定环节的参与者，朱某某并不负责后期的运输过程。不能因为在接取毒品这个事实片段中，司机是朱某某，就认为他起的作用更大，而应当关注朱某某在整个运输毒品的过程中所起的作用的大小。一、二审试图从“朱某某负责向境外毒贩联系毒品”的事实出发，说明朱某某对运输毒品所起的作用更大，但这没有任何证据支撑：公诉机关出示的证据中没有任何一份证据证实了朱某某联系毒品事宜。仅有的公安机关单方制作的“通话清单”认为朱某某曾与境外号码有过联系，以及通过朱某某蓝色“oppo”手机提取到，于 2019 年 12 月 4 日接收到他人发送的“我还在缅甸，5 号回家，有事用信息或微信联系”的内容，进而推断

---

① 参见广东省徐闻县人民法院（2016）粤 0825 刑初 182 号刑事判决书。

② 参见云南省德宏州中级人民（2020）刑 31 初 103 号刑事判决书，云南省高级人民法院（2022）云刑终 222 号刑事裁定书。

朱某某与境外毒贩联系毒品。一方面，朱某某是否持有某号码的手机根本未经查实，无法作为关键证据认定“朱某某负责向境外毒贩联系毒品”；另一方面，通过朱某某蓝色“oppo”手机提取的短信内容难以与本案联络毒品事宜建立联系，无法基于该短信内容认定“朱某某负责向境外毒贩联系毒品”。基于已有的事实和证据，从毒品运输过程来看，将朱某某认定为主犯，将陈某某认定为从犯，存在重大疑问。事实上，根据最高人民法院《全国部分法院审理毒品犯罪案件工作座谈会纪要》（最高人民法院法〔2008〕324号）、《全国法院毒品犯罪审判工作座谈会纪要》（最高人民法院法〔2015〕129号）的精神，对于一个毒品案件，原则上只能判处一个死刑。“对于部分共同犯罪人未到案的案件，在案被告人的罪行不足以判处死刑，或者共同犯罪人归案后全案只宜判处其一人死刑的，不能因为共同犯罪人未到案而对在案被告人适用死刑”，但是，在很多案件中，对于运输毒品所起的作用并不超过其他共犯的行为人，法院也适用了死刑。（4）从体系思考的角度看，对运输毒品罪取消死刑是具有合理性的。上述会议纪要明确“对于贩卖毒品案件中的上下家，要结合其贩毒数量、次数及对象范围，犯罪的主动性，对促成交易所发挥的作用，犯罪行为的危害后果等因素，综合考虑其主观恶性和人身危险性，慎重、稳妥地决定死刑适用”。举重以明轻，对于毒品交易的上、下家，都要慎重适用死刑，那么，对于行为性质更为轻微，仅为毒品交易下家提供毒品接取、运输服务的人，更应当审慎适用死刑，这样才有利于贯彻罪刑相适应原则。

（四）对某些发案率极低的犯罪可以考虑取消死刑

有的犯罪在实践中完全没有发生过，行为没有实际危害，只有非常抽象的危险性，死刑设置瞄准并不存在的“假想敌”，相关立法成为“无本之木”。例如，《刑法修正案（九）》取消死刑的走私核材料罪就是这样：在现实生活中，并没有出现走私核材料的案件，更不用说因走私核材料而应判处死刑的案件。对于这样的罪名设置死刑，除了给人留下批评的口实之外，没有实际意义。再说，今后如果真有走私核材料的犯罪，还可以对相关行为人以《刑法》第125条第2款规定的非法买卖危险物质罪判处死刑。在现行《刑法》中，与走私核材料罪类似，发案率极低但配置了死刑的罪名还有一些，今后需要逐一加以研究，尽可能压缩某些犯罪的死刑。

必须提及，按照上述思路削减死刑，不会给司法实务造成困扰，更不可能放纵严重犯罪。虽然1997年《刑法》规定了68个死刑罪名，但实务中常用的死刑罪名只不过四五个而已，主要包括故意杀人罪、强奸（致死）罪、抢劫（致死）罪，贩卖、运输、制造毒品罪等。涉这些罪名的死刑适用案件几乎达到全部死刑案件的90%以上。实务中，作为一种最严厉的刑罚手段，死刑之所以适用率很低，主要是因为刑罚人道化是历史发展潮流——人死不能复生，死刑错判无法纠正；且大量案件中的罪犯均“罪不至死”。上述因素决定了无论在立法上还是司法中，与死刑有关的罪犯和罪名都是极其罕见的“特例”。未来的立法进一步削减死刑罪名，在司法实务中是完全可以接受的，不会给实务带来任何难题或困扰。

四、结　语

党的十八届三中全会通过的《中共中央关于全面深化改革若干重大问题的决定》中，在“完善人权司法保障制度”部分明确提出要逐步减少适用死刑罪名。应该说，这是一个非常正确的决策。

我国现行《刑法》中设置了死刑的罪名还有46个，从世界范围来看，最高刑为死刑的罪名还是太多了。因此，在我国，从立法上大规模削减死刑的空间仍然是存在的。当然，希望有朝一日在我国完全废除死刑的主张或许是最明快的，但未必是最务实的。因此，今后还应当通过多个刑法修正案，将死刑罪名削减到个位数，甚至只保留故意杀人罪这一个罪名的死刑，对所有经济犯罪、贪污罪、运输毒品罪等谋财而不害命的犯罪，一律不再适用死刑；而对抢劫、强奸、绑架、拐卖妇女儿童、故意伤害、生产销售假药及有毒有害食品等犯罪，仅在故意造成被害人死亡的情形下，“准用”故意杀人罪的死刑规定，从而对严重危及人身安全的犯罪保持刑罚高压态势，最大限度地在立法上控制死刑。

“轻罪时代”呼唤社会治理转型（代跋）

最近十余年来，我国法院判处的刑期在 3 年以上的重罪案件持续走低，犯罪结构呈现轻罪化趋势。2019 年 10 月，最高人民法院《关于加强刑事审判工作情况的报告》指出，我国刑事案件中判处 3 年以下刑罚的比例为 81.6%。2020 年最高人民检察院《关于人民检察院适用认罪认罚从宽制度情况的报告》则显示，检察机关起诉的轻罪案件已占到 83.2%。

数据表明，随着国家治理体系的科学建构和治理能力的进一步增强，以及社会经济发展水平的提高，恶性暴力犯罪近年来大幅度下降，犯罪发展态势在我国进入了“轻罪时代”，由此呼唤社会治理方式的转型。对于学界而言，需要认真研究从刑事一体化视角切入我国轻罪治理体系问题。与刑事一体化相关，至少有三个问题值得讨论。

第一，在刑法中增设高空抛物罪、催收非法债务罪等轻罪的积极刑法立法观是符合中国国情的。这种立法观念考虑了社会治理的需要，是社会治理成熟的标志。积极刑法立法观对轻罪的增设，是基于法益侵害的原理，提供了判断罪与非罪的标尺，试图在自由和安全之间取得某种平衡。此外，增设必要的轻罪，能够对有社会危害性的行为给予相应的妥当处罚，防止司法实务中违反罪刑法定原则进行类推，有利于保障被告人的权利，避免轻罪重罚。所以，需要肯定中国刑法

中构建轻罪治理体系的意义，这种立法观既有现实的一面，也有正面的功能，因此，刑法学者不能动辄批评刑法立法是象征性的、情绪化的或者形式化的。

第二，从刑事一体化的角度看，需要反思在轻罪大量出现的情形下，刑法理论尤其是传统刑法教义学理论的不足，进一步深化相应的研究。比如刑法中增设的轻罪，有很多属于抽象危险犯，传统的理论认为抽象的危险是立法者预设的危险，只要行为符合立法所描述的客观构成要件，对该行为就应该定罪。然而，如此看待抽象危险犯可能太简单了，在积极刑法立法观视野中，抽象危险犯或许是可以分层的。

有的抽象危险犯的行为一旦实施，就具备了抽象危险。但是有的抽象危险犯的行为实施后，立法者所预设的风险是否已经具备，还需要司法层面的判断。因此抽象危险犯当中有相当部分属于需要司法裁判的危险。当然，即便这样理解抽象危险犯，它和具体危险犯的区别仍然是存在的。对此，结合危险驾驶罪就能够看得很清楚。例如，对于醉酒后在路边短距离挪车或在人迹罕至的道路上驾车的，都可以从司法判断的角度认为该醉酒驾车行为并不具备立法者所预设的、值得刑罚处罚的抽象危险。

第三，刑事一体化视角的轻罪前科消灭制度。长期以来，我们对如何做好犯罪记录工作十分重视，却没有建构相应的前科消灭制度。而我国法院每年处理的刑事案件当中，大约有85%的罪犯被判处3年以下有期徒刑，如此则每年新增的轻罪罪犯约100万人，如果没有适当的消灭制度，这些人的犯罪前科就会终身伴随他们，刑满后个人的生活、子女的求学就业都会受重大影响，他们一辈子生活在被歧视、被敌对的阴影中。

观察国际社会，主流是建立轻罪前科消灭制度，有的国家甚至走得更远，即便有重罪前科，在符合一定条件时也可予以消除。那么，在未来之中国，如果想减少社会的对立面，建构更加和谐的社会生活环境，实现国家治理体系和治理能力的现代化，需要在今后的刑法立法中考虑建立前科消灭制度，对于被判处3年以下有期徒刑的罪犯、过失犯罪的罪犯、不满18周岁的罪犯，还有一些特别轻微的轻罪（如危险驾驶罪等）的罪犯，经过一段时间后将其犯罪前科予以消除，

使他们能够尽快回归社会。启动前科消灭的刑法立法，应当越快越好。唯有如此，才能够体现国家法律对曾经"犯错"的国民的宽宥，同时确保犯有轻罪的人所受的所有处罚与其过错相协调，符合比例原则。

总之，按照刑事一体化的理念，对于轻罪的立法、学理研究，以及对轻罪罪犯的教育、改造、挽救等，都应当进行深入探讨。在刑事一体化的理念和方法指引下探索轻罪治理体系的完善，我国刑法学的研究才会赢得新的发展机遇，刑法学与犯罪学、刑事政策学、刑事诉讼法学的一体化思考才能真正实现。

图书在版编目（CIP）数据

法典化时代的刑法立法 / 周光权著 . -- 北京：中国人民大学出版社，2024.1
（中国当代法学家文库 . 刑法学研究系列）
ISBN 978-7-300-32393-0

Ⅰ.①法… Ⅱ.①周… Ⅲ.①刑法－立法－研究－中国 Ⅳ.①D924.02

中国国家版本馆 CIP 数据核字（2023）第 235322 号

"十三五"国家重点出版物出版规划项目
中国当代法学家文库・刑法学研究系列
法典化时代的刑法立法
周光权　著
Fadianhua Shidai de Xingfa Lifa

出版发行	中国人民大学出版社		
社　　址	北京中关村大街 31 号	**邮政编码**	100080
电　　话	010－62511242（总编室）		010－62511770（质管部）
	010－82501766（邮购部）		010－62514148（门市部）
	010－62515195（发行公司）		010－62515275（盗版举报）
网　　址	http://www.crup.com.cn		
经　　销	新华书店		
印　　刷	涿州市星河印刷有限公司		
开　　本	720 mm×1000 mm　1/16	**版　　次**	2024 年 1 月第 1 版
印　　张	22.5 插页 4	**印　　次**	2024 年 1 月第 1 次印刷
字　　数	338 000	**定　　价**	138.00 元